장애 조직신학을 향하여

Toward a Systematic Theology of Disability

장애 조직신학을 향하여

지은이 · 최대열
펴낸이 · 이충석
꾸민이 · 성상건
편집디자인 · 자연DPS

펴낸날 · 2018년 11월 10일
펴낸곳 · 도서출판 나눔사
주소 · (우) 03354 서울특별시 은평구 불광로 13가길
         22-13 (불광동)
전화 · 02)359-3429팩스 02)355-3429
등록번호 · 2-489호(1988년 2월 16일)
이메일 · nanumsa@hanmail.net

ISBN 978-89-7027-341-9-93230

값 32,000원
※이 도서는 한국출판문화산업진흥원 2018년 우수출판콘텐츠 제작 지원 사업 선정작입니다.
※잘못된 책은 바꾸어 드립니다.

이 도서의 국립중앙도서관 출판예정도서목록(CIP)은 서지정보유통지원시스템 홈페이지
(http://seoji.nl.go.kr)와 국가자료공동목록시스템(http://www.nl.go.kr/kolisnet)에서 이용하실 수 있습니다.
(CIP제어번호 : CIP2018034576)

장애 조직신학을 향하여

Toward a Systematic Theology of Disability

최대열 Dai Yeol Choi | 지음

나눔사

이 책을 저의 지도교수(Doktorvater) 청안(靑眼) 김균진 박사님께 드립니다. 김 박사님은 제가 연세대학교 신학과 학부에 입학해서 대학원 박사학위를 마치기까지 신학과 신앙과 인생을 가르쳐 주셨습니다. 가장 부족한 저에게 최고의 스승님을 주신 하나님께 감사드립니다.

성부와 성자와 성령의 거룩하신 삼위일체 하나님께 모든 영광과 존귀와 감사와 찬송을 올려드립니다. 신학은 삼위일체 하나님의 학문입니다. 삼위일체 하나님이 자기 자신을 계시하심으로써 우리가 하나님의 존재와 사역과 능력과 소망에 대하여 알아가고, 또한 그에 따라 삼위일체 하나님나라를 향하여 살아갈 수 있게 되는 것입니다. 신학도 학문이라 인간이 하는 일이지만, 그 일은 오직 삼위일체 하나님의 은혜로 가능한 것입니다. 그러므로 신학을 하는 사람은 은혜 받은 사람이며 복 있는 사람으로서 언제나 겸손과 진실과 감사와 섬김으로 신학에 임해야 한다고 생각합니다.

아무 것도 아닌 저를 불러 주신 성삼위일체 하나님께 감사드립니다. 죄인 중의 죄인인 저를 예수 그리스도의 십자가와 부활로 구원하여 주시고, 하나님나라를 바라보며 살도록 불러주시고 세워주신 삼위일체 하나님께 진심으로 감사드립니다. 아무 능력 없는 자를 교회와 세계를 섬길 수 있도록 신학과 목회의 자리로 인도해 주신 삼위일체 하나님께 항상 감사드립니다.

하나님은 저에게 참 좋은 스승님들을 허락해 주셨습니다. 가정의 부모님, 교회의 목사님과 주일학교 선생님들, 그리고 연세대학교에서 귀한 신학을 가르쳐 주신 교수님들께 감사드립니다. 연세대학교 신학과의 저의 위대한 스승들 한태동, 문상희, 유동식, 은준관, 김찬국, 민경배, 김광식, 김중기, 박준서, 김균진, 서중석, 강희천, 이양호 교수님께 감사드립니다.

특히 연세대 신학과 학부에 처음 입학하였을 때부터 박사학위를 마치기까지 그리고 그 이후로도 지금까지 신학과 신앙과 인생을 가르쳐 주신 청안(靑眼) 김균진 교수님께 감사드립니다. 김 교수님은 저에게 처음으로 조직신학에 관심을 갖고 공부할 수 있도록 길을 열어주신 분이십니다. 학부와 석사와 박사의 전 과정을 이끌어 주시며 조직신학에 대하여 철저하게 가르쳐 주셨습니다. 저의 석사학위와 박사학위 논문을 친히 지도해 주셨고, 조직신학적 사유와 함께 조직신학의 글쓰는 방법을 가르쳐 주셨습니다. 그래서 저의 신학사상의 대부분은 김 교수님의 신학에 기초하고 있습니다. 여기에 실린 저의 글도 대부분 김균진 교수님의 위대한 조직신학 저서 『기독교신학』에 기대어 있습니다. 저의 지도교수(Doktorvater) 김균진 박사님께 거듭거듭 진심으로 감사드립니다.

장애신학 정립을 위해 함께 연구하고 경주하시는 분들께 감사드립니다. 한국기독교교회협의회는 일찍이 장애신학에 관심을 갖고 한국교회에 신학적 논의의 장을 열어 주었습니다. 장애인소위원회의 황필규, 이범성, 이문희, 류홍주 목사님과 이예자 선생님에게 감사드립니다. 세계밀알연합은 지난 20년 가까이 지속적으로 장애인신학세미나를 열어 장애신학을 개진해 왔습니다. 이재서 총재님과 장승익, 정승원, 김한옥, 김옥기 교수님에게 감사드립니다. 제가 속한 대한예수교장로회(통합) 교단에서 함께 장애신학을 연구하는 이계윤 목사님과 안교성, 채은하, 황홍렬 교수님에게 감사드립니다. 그리고 저와 함께 장애인복지선교협의회를 섬기고 있는 신경희 목사님과 발달장애인선교연합회를 섬기고 있는 이상록 목사님에게 감사드립니다.

끝으로 목회의 처음 기본을 가르쳐주신 명수대교회 이동시 원로목사님께 감사드립니다. 그리고 명성교회 장애인사역을 맡겨주시고 선교와 목회와 신학에 힘쓸 수 있게 해주신 김삼환 원로목사님과 지속적인 관심으로 격려해 주시는 김하나 담임목사님께 감사드립니다. 그리고 동료교역자들과 성도들에게 감사드립니다. 특히 명성교회 사랑부에서 함께 은혜 받으며 봉사하고 섬기는 장애인과 장애인가족과 봉사자들에게 깊이 감사드립니다.

이 책은 저의 장애신학 시리즈의 두 번째 책으로 장애를 매개로 한 조직신학적 접근입니다. 저는 3년 전에 장애신학의 성서해석으로 『성서, 장애 그리고 신학』(나눔사, 2015)을 출간하였습니다. 금번에 출간한 이 책은 저를 가르쳐주신 분들의 가르침과 장애와 관련하여 저와 함께한 분들의 삶을 가지고 기독교 교리를 해석하고, 또 오늘 우리의 삶의 자리에서 장애와 함께 제기되는 신앙적 질문들에 대해서 신학적 답들을 찾아가고자 시도한 장애에 대한 조직신학적 이해의 예들입니다. 이름 하여 '장애 조직신학'(A Systematic Theology of Disability)입니다.

삼위일체 하나님의 은혜와 많은 분들의 도움이 아니었다면, 아마 지금의 제가 없고 이 책도 없었을 것입니다. 언제나 그렇듯 글의 미흡함은 모두 저의 무지와 나태에 따른 것임을 밝혀 두며, 다시금 하나님께 감사드리고, 저를 가르쳐주시고 도와주신 모든 분들께 감사드립니다. 끝으로 이 책을 출간해주신 나눔사의 이충석 대표님, 성상건 장로님, 손종오 장로님께 감사드리고, 이 책의 출간을 지원해주신 한국출판문화산업진흥원에 진심으로 감사드립니다. 모든 영광과 존귀와 감사와 찬양을 다시금 거룩하신 삼위일체 하나님께 올려드립니다.

2018년 7월 31일 명성교회 은혜교육관 최대열

서론

장애 조직신학을 향하여

장애 조직신학을 향하여*

I. 서언: 장애 조직신학의 요구

신학은 삼위일체 하나님의 학문이다. 신학은 삼위일체 하나님에 기초해서 삼위일체 하나님으로부터 시작하여 삼위일체 하나님에 의해 이루어지는 삼위일체 하나님에 관한 학문이다. 동시에 신학은 인간의 학문이다. 인간이 하나님의 계시, 말씀, 역사에 반응하여 삶의 자리에서 이성, 경험, 소망을 가지고 수행하는 작업이다. 신학은 삼위일체 하나님 없이 결코 할 수 없는 하나님의 학문인 동시에 또한 인간이 삼위일체 하나님의 은혜로 할 수 있는 인간의 학문이다.

학문은 체계 안에서 통일적인 이해를 추구한다. 학문은 현실에서 마주하게 되는 수 없이 많은 다양한 현상들, 심지어 대립, 갈등, 모순처럼 보이는 현상들에 대하여서도 일목요연한 체계 안에서 논리 정연한 이론을 정립함으로써 현실을 이해하고 파악하고자 한다. 학문은 사물과 사태

---

* 이글은 2012년 한국기독교교회협의회(NCCK)가 출간한 『장애 너머 계신 하나님』에 실었던 "장애인신학의 역사와 전망"을 근간으로 하여 조직신학적 내용을 추가한 글이다.

를 이해 가능하고 설득 가능하게 설명하고자 한다. 그리하여 마주하는 문제들에 대하여 가능한 답안과 대안을 제시하고, 다가오는 문제들을 예견하고 대처하고자 한다. 학문은 개인이나 집단의 편익, 그리고 그것을 넘어 이웃, 사회, 인류, 생태계가 함께 누리는 삶의 행복과 의미를 구축하고자 한다.

학문으로서 신학은 성도와 교회가 경험한 신앙사건에 대한 체계적인 이해와 직면한 과제에 대한 체계적인 대안을 찾기 위해 시작되었다. 예수 그리스도의 역사적인 사건과 교회에 일어난 신앙 사건에 대하여 이해 가능하고 설명 가능한 신학적 해석이 필요하였다. 구체적으로 성서의 수많은 구절들과 성도의 다양한 신앙 경험들 사이의 체계적이고 보편적인 정리가 요구되었다. 또한 교회 공동체에서 복음을 전하고 신앙을 교육할 체계적인 내용의 정립이 필요하였다. 또한 고대의 철학, 문학, 사상, 이방 종교 그리고 보다 직접적이고 심각하게는 이단의 등장과 공격에 맞서 기독교 신앙을 수호하고, 변증하고, 전파하기 위해서 체계적인 교리의 정립이 요구되었다.[1]

신학의 이러한 고전적인 성격을 고스란히 물려받고 있는 신학분야가 바로 조직신학이다. 조직신학은 신학의 기초이며 뼈대이다. 조직신학은 기독교 신앙의 내용들을 체계화시키는 기능으로서 기독교의 진리 또는 사상체계를 기술한다.[2] 조직신학이란 용어는 18세기 초 프란츠 부데우스(Franz Buddeus)가 처음 사용하였는데, 이것은 교의학의 조직적이며 체

---

1) 스탠리 그렌츠/신옥수 옮김, 『조직신학: 하나님의 공동체를 위한 신학』(고양: 크리스천다이제스트, 2003), 34-37 참조.
2) 김균진, 『기독교신학 1』(서울: 새물결플러스, 2014), 6-7. 김균진은 신학의 메시아적 특성을 특히 강조한다. 그는 신학의 패러다임, 모델, 형태는 다를 수 있지만, 하나님나라를 향하는 메시아적 전망은 모든 기독교 신학의 기초라고 주장한다. "이 기초에 충실할 때, 신학은 기독교적 신학이 될 수 있다. 기독교신학의 본질은 메시아적 정신에 있다."

계적 성격 때문에 '조직신학'(組織神學)이라 불리게 되었다. 여기서 '조직'(組織)은 '체계'(system)를 가리킨다. 체계란 일정한 원리에 따라서 낱낱의 부분이 짜임새 있게 조직되어 통일된 전체를 뜻한다. 쉽게 말해, 수많은 현상과 내용을 알기 쉽고 설명하기 쉽게 논리적으로 정리한 하나의 틀이다. 체계는 언제나 완벽을 추구하지만, 역사상 결코 현실의 다양한 모든 현상들을 완벽하게 파악하여 설명하고 설득할 수 있는 완결된 체계를 이룬 적은 없다.

조직신학은 전통적으로 고대로부터 정리되어 내려오는 신학의 교의들을 다루는 교의학적 과제를 가지고 있다.[3] 즉 교의를 이해, 해석, 적용, 교육한다. 교의학은 교회의 정리된 신앙고백에 대한 이해이며 해석, 곧 기독교신학의 요약이다. 또한 조직신학은 성도와 교회가 현실에서 마주하고 도전받는 문제들에 대하여 기독교적 답변을 마련하여 제시한다. 성도와 교회는 언제나 새로운 질문과 문제들을 직면한다. 또한 조직신학은 기독교인 성도와 기독교공동체 교회의 구체적인 삶의 실현을 위한 구체적인 방법과 의미에 대해서 논술한다. 그리고 조직신학은 새로운 변화와 수없이 많은 다양한 환경, 전통, 경험에 대해서도 동일하게 기독교의 진리를 변호하려는 변증학과 복음을 증거 하려는 선교학적 작업을 주요 과제로 가지고 있다.[4]

장애신학의 출발도 신학의 이러한 전통에서 예외가 아니다. 장애신학에 대한 요청은 크게 두 가지 동인에서 비롯된다. 하나는 기독교 신앙

---

3) 볼프하르트 판넨베르크/김영선 · 정용섭 · 조현철 옮김, 『판넨베르크의 조직신학 I』(서울: 은성, 2003), 34. 교의학(theologia dogmatica)이라는 용어는 17세기 요한 아틀링(Johann Atling)이 역사신학에 대비하여 사용하였다. 판넨베르크는 그의 조직신학을 교의학으로 구성하여 전개하였다.

4) 김균진, 『기독교신학 1』, 65. 전통적으로 조직신학은 교의학(Dogmatik), 변증학(Apologetik), 윤리학(Ethik) 으로 구성되는데, 현대에 이르러 윤리학은 실천신학과의 접경에 위치하여서 소원해지고, 교의학과 변증학을 주로 다룬다.

자체가 이해를 추구하는 것이고, 다른 하나는 사회와의 관계에서 현실적인 이해를 추구하는 것이다. 그런데 이 둘은 별개의 분리된 것이 아니라 서로 영향을 주고받으며 긴밀하게 연관되어 있다.

먼저, 기독교는 본질적으로 신앙에 대한 이해를 추구한다. 안셀무스(Anselm of Canterbury)의 "이해를 추구하는 신앙"(Fides Quaerens Intellectum)이 신학의 전제이며 동기이다. 신학에 대한 정의가 여러 가지이지만, 포괄적으로 말해 기독교의 신앙에 대한 이해를 신학이라고 할 수 있다. 개인이든 공동체이든 기독교는 자기가 믿는 바에 대한 해명과 정립을 추구한다. 그것은 자기 스스로의 신앙에 대한 정리이며 또한 외부에 대한 자기 신앙정체성의 표현이고, 무엇보다 세상을 살아가는 삶의 이론적 토대이다. 이러한 기독교의 신학 작업은 기독교 개인이나 공동체가 관심을 갖는 만큼 그 신학의 넓이와 깊이가 비례한다. 장애인이나 장애를 가까이 경험하는 사람이 다른 사람에 비해 장애라는 주제에 대하여 신학적인 작업에 접근이 훨씬 용이하고 익숙하여 그 넓이와 깊이를 더해갈 수 있다.

다음으로, 기독교는 현실적으로 세상에 대해 신앙으로 반응한다. 예수 그리스도의 복음이 장애인과 함께 출발하였음에도 불구하고, 오랜 세월 교회는 장애인에게 큰 관심을 기울이지 못하였다. 그러다가 지난 20세기 후반 이후로 교회는 장애인에 대한 관심을 되찾고 있으며, 장애를 신학의 주제로 삼아 가고 있다. 세계의 역사에서 인권운동은 갈수록 점점 더 소수자나 약자의 인권으로 확장되어 왔다. 그것은 오랫동안 무관심하고 무시되었던 소수 약자(minority)의 인권과 행복 그리고 사회에서의 평등과 참여를 추구하게 되었다. 인종, 성, 계급, 계층, 지역, 세대의 차별을 넘어 지난 세기 후반에 들어 장애인 차별이 본격적으로 다루어지게 되었다. 현대사회가 갈수록 복지를 주요 지표로 삼음에 따라 장애인에 대한 관심은 더욱 중요한 주제가 되어가고 있다. 특히 장애인의 치료와 교육과 재활과 사회에의 완전하고도 평등한 참여와 자립생활은 중요한 관심사가 되었다. 사회의 장애인에 대한 관심은 자연스럽게 교회로 하여금 기독교의 장애인에 대한 이해와 신학과 선교와 봉사에 대하여 질문하게 되었다.

지난세기 후반에 신학은 이러한 역사적 · 사회적 의식을 반영하듯 상황신학, 특히 해방신학적 상황신학이 크게 발흥하였다. 구체적으로 남미의 해방신학, 유럽의 정치신학, 서구의 여성신학, 북미의 흑인신학, 한국의 민중신학 등이 그 대표적인 예이다. 이 신학들은 삶의 경험으로부터 출발하지만, 개인의 차원에 머무르지 않고 문제를 야기시키는 사회구조를 문제삼으며, 불의한 억압과 압제로부터 개인과 사회를 해방시키고 변혁하고자 하는 사회운동의 성격을 갖는다. 그런 맥락에서 보면, 장애신학이 전적으로 해방신학 아래에 자리매김하고 그곳에서 출발의 모든 원인을 찾아야 하는 것은 아니지만, 신학사적으로 지난 세기의 상황신학이라는 흐름 속에 들어 있음은 부인할 수 없다.

이런 사회적 흐름, 교회의 관심, 그리고 신앙 자체의 학문성은 장애(인)에 대한 관심과 그에 따른 여러 장애신학적 작업을 일으켰다. 그동안 단편적인 신학 작업들 속에서 이제 보다 체계적인 신학 작업, 이름 하여 소위 '장애 조직신학'(A Systematic Theology of Disability)에 대한 요구가 제기되고 있다.[5] 이것은 장애신학을 보다 체계적으로 정리하되, 특히 조직신학적 틀에서 조망하고 새로이 정립하고자 하는 시도이다. 이것은 장애신학의 정의와 방법과 내용들을 규정하고, 최소한 기독교의 교의학적 주제들에서 장애(인)를 하나의 주제로 인정하고 수용하여 해석하고 실천하려는 신학 작업이다. 이러한 장애 조직신학의 정립은 장애인과 비장애인이 성

---

5) 장애 조직신학에 대한 연구 의지는 필자와 함께 이동영 교수가 제안한 바 있다. 이동영, "조직신학적 관점에서의 장애신학의 구성 가능성의 모색," 『성경과 장애인』 192.

서와 세계, 자신과 생활에 대하여 보다 온전하고 균형 있게 전망하고 숙고하게 하며, 성도와 교회가 삼위일체 하나님나라를 향하여 장애를 의식하며 장애인과 함께 살아가는 삶을 위한 기초를 구축하게 한다.

II. 장애신학의 정의를 향하여

대부분 학문이 그렇듯 장애신학에 대한 체계적 연구 역시 장애신학을 정의하는 작업으로부터 출발한다. 장애신학이란 무엇인가? 이에 비견하여 또한 장애인신학은 무엇인가?

박재순은 장애인신학을 장애인의 목소리로 장애인의 아픈 현실을 드러냄으로써 장애인의 문제를 장애인의 자리에서 보도록 하여 장애인이 교회와 사회에서 스스로 서게 하는 것이라고 규정하였는데,[6] 김홍덕은 장애인신학에 반해 장애신학(Disability Theology)을 주창하였다. 그에 따르면, 장애인신학이 성경 속 장애인의 이야기 또는 일반 장애인 개인의 이야기라고 한다면, 장애신학은 장애라는 주제로 풀어가는 하나님나라 이야기이다.[7]

김홍덕의 이 구분은 장애신학을 하나님나라 신학으로 부각시키는데 크게 기여하였다. 장애신학은 단순히 장애인만 위한 것도 아니고 장애만 생각하는 것도 아니다. 장애인신학이 설령 장애인의 장애 경험을 이야기

---

6) 박재순, "장애인에 대한 조직신학적 접근," 『장애인 차별과 교회』(서울: 한국기독교교회협의회, 2008), 136–138.

7) 김홍덕, 『장애신학』(대전: 대장간, 2010), 35–36. "일차적으로 장애인신학은 성경 속 장애인의 이야기라고 말할 수 있지만, 장애신학은 하나님의 장애 메타포를 통해 써내려가는 하나님나라 이야기다. 장애인신학이 장애인의 경험에 초점을 맞춘다면, 장애신학은 하나님의 마음에 초점을 맞춘다. 이차적으로 성경을 읽는 독자에게 장애 모티브를 통해 하나님나라의 속성을 말해주고 현재의 장애인들을 통해서도 하나님나라의 모습을 드러나게 하는데 관심을 두는 것이 장애신학이다."

한다고 해도 그것은 장애를 계기로 삼위일체 하나님 신앙으로 나아가야 한다. 혹시 장애인의 장애를 이야기하는 신학이 있다 하더라도 장애신학은 그것을 구분하여 배척할 것이 아니라 오히려 수용하고 포용하여 더 많은 장애 담론을 담을 수 있도록 신학을 구성해 나가야 한다. 그런 의미에서 필자는 장애인신학도 일종의 장애신학이며, 이미 장애신학 안에 포함되어 있고, 장애신학이라고 생각한다.

지금껏 전개되어 온 장애신학은 크게 세 가지 유형으로 정리할 수 있는데, 그것은 역사적 전개와 맞물려 있기도 하다.

첫째, 장애인을 위한 신학이다. 이것은 장애인을 위한 선교, 교육, 의료, 봉사, 복지, 상담, 재활 등을 주요 내용으로 담고 있다. 장애인선교신학, 장애인복지신학, 장애인재활신학, 장애인디아코니아신학의 입장이다. 이러한 신학들은 장애인을 위한 선교와 교육과 봉사를 위해 가장 기초적인 신학 작업을 소개하고 있으며, 주로 장애인을 위한 실제적이고 구체적인 실천방법들을 담고 있다.[8]

이 신학 작업은 지금까지 많은 경우에 장애인을 돌보기 위하여 비장애인이 주도적으로 작업하였다. 물론 장애인 당사자들이 한 경우도 있지만, 이 신학에서 장애인은 대부분 주체가 아니라 객체, 곧 대상이었다. 이 신학 작업의 교육, 전수, 공유 대상도 비장애인인 것이 일반적이다. 이 작업의 결과나 연구보고서를 읽어야할 사람이 누구인가라는 질문에 대한 답은 일반적으로 장애인을 위해 사역하려는 비장애인이었다.

그래서 이 첫 유형의 장애신학은 장애인 당사자가 소외되어 있음을 수용하여 이제 장애인 당사자의 입장을 반영하는 것으로 확장되고 있다.

---

8) 예를 들면, 이준우, 『우리가 아끼고 사랑해야할 사람들』(서울: 여수룬, 1994); 이계윤, 『장애인 선교의 이론과 실제』(서울: 한국특수요육연구소 출판부, 1996); 강창욱·김해용·이준우, 『장애인복지선교 개론』(서울: 서현사, 2006); 김한호, 『장애인과 함께 하는 디아코니아』(서울: 한장연, 2010) 등.

무엇이 정말로 바르게 장애인을 이해하는 것이고 장애인을 진정으로 위한 것인지 고민하며 접근하고자 한다. 이 신학은 장애인을 위한 신학에서 출발하여 장애인과 함께 하는 신학으로 나아가고 있고, 장애인에 대한 직접적인 도움을 넘어 장애에 대한 다양한 학문적 접근으로 넘어가고 있다.

둘째, 장애인에 의한 신학이다. 이것은 주로 장애인의 관점에서 장애의 경험을 가지고 성서와 신앙과 교회와 사회를 조망하고 해석하고 변혁하고자 하는 장애신학이다. 좁은 의미에서 이것은 문자 그대로 장애인을 위한, 장애인에 의한, 장애인의 신학이라고 말할 수 있다.[9]

오랫동안 신학은 장애인이나 장애의 문제를 중심주제로 다루지 않았다. 정통신학이나 해방신학이나 여러 현대신학에서 장애는 여전히 관심의 대상이 되지 못한 생소한 주제였다. 그러던 것이 장애인에 대한 사회적 의식의 발전과 관심의 증가에 따라 주로 장애인 당사자들에 의해 신학 작업이 전개되었다. 제임스 찰턴(James Charlton)은 장애인의 문제와 장애 주제에 장애인 당사자가 주체적으로 참여할 것을 주창하며 "우리 없이 우리에 대한 것은 없다"(Nothing about us without us)고 주장하였는데,[10] 이 신학은 이러한 장애인 당사자주의와 맥을 같이한다.

이 신학 작업은 대부분 장애인의 장애 경험, 장애에 대한 의식, 장애에 기초한 사고(思考)로부터 출발한다. 자연히 장애인이나 장애인보호자가 신학의 주체가 될 수밖에 없었다. 장애신학은 장애인만 할 수 있는 것도 아니고 해서도 안 될 일이지만, 그러나 현실적으로 장애와 장애 경험을 가지고 장애인 당사자나 보호자가 우선하게 되는 것은 불가피한 일이

---

9) 예를 들면, Nancy L. Eiesland, *The Disabled God*(Nashville: Abingdon Press, 1994); 박재순, "장애인에 대한 조직신학적 접근"; 채은하, "장애인 현실과 장애인 신학," 「구약논단」 27(2008).

10) 제임스 찰턴/전지혜 옮김, 『우리 없이 우리에 대한 것은 없다』(서울: 울력, 2009). 장애인 당사자주의를 대변하고 있다. "우리의 일은 우리가 한다."

다. 이 신학의 수혜나 전달 대상도 일차적으로 장애인이다. 이 장애신학은 장애인과 그의 가족들과 보호자들에게 그동안의 신학이 제공하지 못했던 해석과 해방과 소망을 제공해준다.

이 장애신학은 기존의 신학을 비판의 대상으로 삼기도 한다. 기존의 신학을 '장애 차별적 신학'(the ableist theology) 또는 '장애를 일으키는 신학'(the disabling theology) 또는 그 자체가 '장애 입은 신학'(the disabled theology)으로 규정하기도 한다. 왜냐하면 전통신학이든 상황신학이든 그동안의 신학은 장애 문제에 무관심하였고, 의식적이든 무의식적이든 장애인을 소외하고 차별시키는 신학이었기 때문이다.

단정 짓기 곤란하지만, 이 장애인신학에서는 일반적으로 장애인이 주체가 되는 반면 비장애인은 객체, 곧 대상이 된다. 장애인의 경험과 관점과 옹호와 이익이 중심이 되다보니 비장애인이 주변으로 전락될 위험성을 안고 있다. 여타의 상황신학이 직면했던 것과 동일한 문제, 곧 신학의 당파성과 보편성의 문제가 가장 큰 문제로 부각되었다.

그러므로 이 두 번째 유형의 장애신학은 신학의 주체나 주제를 이제 장애인만으로 제한하지 않고 보다 포괄적으로 확장시켜 나가고 있다. 장애인만이 아닌 비장애인도 함께하는 신학으로, 장애옹호를 위한 주제에서 모든 신학적 주제로, 장애관련 성서구절에서 성서 전체에 대한 해석으로, 장애신학의 이론에서 세계변혁까지, 교회 안의 현실문제에서 교회 밖의 현실문제에 이르기까지 확장시켜 나가고 있다.

이계윤은 장애인신학(Disability Theology)에 담겨진 4가지 함의를 통해 장애인신학을 정의하고자 하였다. 첫째, 장애인의 신학(Theology of the disabled)이다. 그동안의 신학이 장애인을 배제한 신학이었는데, 결국 신학은 장애인이 주류를 이루는 장애인의 신학이어야 한다. 둘째, 장애인을 위한 신학(Theology for the disabled)이다. 주로 비장애인이 장애인을 위하여 전개한 신학을 말하는데, 이것은 대개 장애인 당사자가 주변인으로 존재하였기에 그 자체로 한계를 갖는다. 셋째, 장애인에 의한 신학(Theology by the disabled)이다. 이것은 장애인 당사자에 의하여 주체적으로 전개되고 수립된 신학체계이다. 넷째, 장애인과 함께하는 신학(Theology with the disabled)이다. 이것은 장애인과 비장애인이 함께 이루어내는 신학을 말한다. 이계윤은 Disability Theology를 '장애신학'이라기보다는 '장애인과 함께하는 신학'이라는 관점에서 바라보고 정의하고자 하였다.[11]

흥미로운 사실은 김홍덕과 이계윤 모두 Disability Theology를 말하는데, 김홍덕은 이것을 '장애신학'이라고 부르고, 이계윤은 '장애인신학'이라고 부른다. 모든 신학이 그렇듯 장애인신학도 고정된 것이 아니라 움직이는 것이고 되어가는 것이다. 장애인신학은 장애신학이 되어가고 있고, 이제 장애인신학은 곧 장애신학이다.

셋째, 장애를 주제/매개로 한 장애신학이다. 앞서 소개한 장애인을 위한 신학이나 장애인에 의한 신학이나 모두 그 한계를 인정하고 이제 장애인과 비장애인을 주체나 객체로 구분하는 이분법적 구도를 넘어서 인간과 사회의 중요한 문제 중의 하나인 장애라는 주제 자체를 종합적이고 체계적으로 고찰하는 장애신학으로 나아가고 있다. 그리고 그 관점과 체계를 가지고 다시 인간과 사회와 역사와 세계를 해석하고 변혁하고자 한다.

최근 장애 문제에 관하여 기존의 의료, 교육, 재활, 상담, 복지 등 한 분야의 연구를 넘어서 다양한 학문이 다양한 각도에서 함께 연구하는 장애학(Disability Studies)이라는 학문이 발흥하였다. 장애학이란 정의가 쉽지 않지만, 장애를 개인의 결함으로 보지 않고 오히려 장애를 규정하는 정

---

11) 이계윤, "장애인신학의 정의와 이해," 『장애인신학』(서울: 한국장로교출판사, 2015), 9-11.

치적, 경제적, 사회적, 문화적 요인 등을 탐구하며 장애인의 적극적 참여를 중시하는 다학제적 학문이라 할 수 있다.[12]

이제 장애신학은 신학분야에 있어서 장애라는 주제에 대하여 장애학과 같은 역사적 흐름을 가지고 있다. 이 장애신학은 앞서 소개된 다소 상반된 두 가지 유형의 장애인신학을 포괄할 뿐 아니라 장애를 주제로 다른 신학 내·외부의 여러 학문분야들과 연계하여 장애라는 주제를 총체적으로 다루고자 한다.[13]

장애신학이 전개됨에 따라 신학분야 안에서도 성서신학, 조직신학, 기독교윤리, 교회사, 실천신학, 목회상담학, 선교학 등 여러 분야가 함께 장애를 주제로 연구할 필요성을 느끼고 있고, 더욱이 밖으로 사회복지, 특수교육, 재활의학, 재활공학, 사회정치학 등 여러 분야와 함께 연구할 필요성이 더욱 커지고 있다. 최근 장애신학의 논문들이 갈수록 이러한 경향을 띠어가고 있다.

이 세 번째 유형의 장애신학은 장애인과 비장애인 모두가 주체이며 또한 동시에 모두가 객체가 될 수 있다. 아울러 장애의 문제와 관련하여 사회와 세계를 중요한 주제로 포함하고 있다. 또한 이 장애신학에서는 관련된 학문분야 만큼이나 아니 그 이상으로 장애를 둘러싼 관심주제나 접근 방법도 다양하다. 이러한 연구 결과의 전수도 장애인과 비장애인 모두와 그들이 이루고 있는 사회이다.

역사적으로 첫 번째 유형과 두 번째 유형의 전개와 확장이 세 번째 유형으로 나아가는 추세이다. 또한 세 번째 유형의 장애신학이 앞선 두 유형을 포괄하는 것처럼 보인다. 그러나 첫 번째 유형이나 두 번째 유형

---

12) 조한진, "장애학의 개관," 『한국에서 장애학 하기』(서울: 학지사, 2013), 21.
13) 김홍덕, "장애에 대한 기독교적 이해와 과제," 『장애학으로 보는 문화와 사회』(서울: 학지사, 2015), 121-123.
   김홍덕은 장애신학과 장애학의 접목을 시도하고 있다.

의 깊이 있는 연구 없이 세 번째 유형은 자칫 모래 위에 지은 누각이 될 수 있다. 이 세 가지 유형의 연구는 각각 나름대로 충분한 의의를 가지며 상호존중 속에 함께 협력함으로써 하나님나라를 향한 삼위일체 하나님의 장애신학에 보다 효과적인 영향력을 발휘할 수 있다.

장애신학은 지금까지 장애와 관련하여 수행되어 온 모든 신학을 포괄해야 한다. 장애인 선교와 봉사와 복지와 교육을 위한 신학도 장애신학에 포함되어야 하고, 장애인 또는 장애와 관련하여 질문하는 많은 신학적 질문도 마땅히 장애신학에 포함되어야 하고, 뿐만 아니라 장애학과 맥을 같이하며 전개된 장애에 관한 여러 담론들 또한 다양한 학문들과의 연계 속에 장애신학에 포함되어야 한다. 그리하여 장애를 둘러싼 인간과 사회의 중요한 문제들에 대해 장애인과 비장애인이 함께 신학을 하고, 함께 삼위일체 하나님나라를 향하여 교회와 사회의 일군이 되도록 하여야 한다.

장애신학은 삼위일체 하나님의 은혜로 장애인과 비장애인이 함께 세계의 모든 피조물과 더불어 장애의 경험을 가지고 장애라는 주제를 계기/매개로 삼아 삼위일체 하나님나라를 향하여 나아가는 신학이다. 장애신학은 삼위일체 하나님의 계시, 사랑, 구원, 역사의 은혜에 기초하여 가능한 신학이다. 장애신학은 장애인과 비장애인이 함께하는 신학이고, 온세계 안에서 모든 피조물과 함께하는 신학이다. 장애신학은 신체 · 정신 · 관계 · 사회 · 환경 등 모든 장애의 경험을 가지고 장애를 담론의 주제로 삼아 하는 신학이다. 장애신학은 삼위일체 하나님나라를 소망하며 그 실현을 향하여 나아가는 신학이다.

III. 장애신학의 재료와 방법

장애신학은 어떻게 하는가? 장애신학은 지금까지 전개되었던 신학들과 신학을 구성하는 요소에 있어서 별반 다르지 않다. 물론 장애신학은 정통주의 신학, 자유주의 신학, 신정통주의 신학, 해방신학 등 여러 신학들과의 공통점과 차이점을 분별함으로써 신학사적 위치와 현대 신학에서의 좌표를 찾아볼 필요가 있다. 그럼에도 불구하고 신학함의 재료나 신학을 구성하는 요소에 있어서는 큰 차이가 없다.

신학을 구성하는 재료로 주로 성서, 전통, 이성, 경험, 상황 등을 말한다. 장애신학도 이 요소들을 중심으로 해서 신학 작업을 한다. 장애신학이 전혀 다른 어떤 새로운 요소를 더 추가하기보다 이 요소들을 어떻게 바라보고 어떻게 적절히 다루는가 하는 기준과 관점의 차이가 중요하다. 다만, 장애신학은 다른 신학에 비해 특히 장애 경험과 장애 상황에 주목하며 장애 관점을 강조한다. 장애신학의 입장에서 이 요소들 각각과 그 관계에 대한 보다 체계적이고 전문적인 연구가 필요하다.

첫째, 성서는 모든 신학의 가장 기본이 되는 재료이다. 성서는 하나님의 계시, 하나님의 역사, 하나님의 비전을 담고 있다. 성서를 떠나서 신학을 할 수는 없다. 장애신학도 마찬가지이다. 장애신학도 가장 우선적으로 장애에 대한 기독교적 이해를 찾기 위해 성서로부터 출발한다. 지금까지 가장 많은 신학 작업이 성서적·기독교적 장애인관을 정립하는 것이었다. 이것이 장애신학의 가장 기본적인 작업이라고 생각하기 때문이다. 교회의 장애인을 위한 또는 장애인과 함께하는 사역을 위해 실제로 이 작업은 매우 중요하다.

성서는 이미 그 안에 장애신학을 담고 있다. 사도 바울의 육체의 가시에 대한 해석도 일종의 장애신학이며(고후 12:7-10), 교회에 대한 유기체적 이론이나 신유와 섬김의 사역도 일종의 장애신학이다(롬 12:6-8, 고전 12:22-27). 그러므로 장애신학의 작업은 기독교의 역사와 더불어 처음부터 시작된 것이라 할 수 있다.

앞으로도 장애인의 관점에서 또는 장애라는 주제로 성서의 특정 구절과 성서 전체를 읽고 해석하는 작업을 계속해야 한다. 특히 장애와 관련한 상처와 억압으로 보이는 난해구절들에 대한 재해석은 매우 중요한 신학 작업이며, 성서 전체를 장애신학의 관점에서 해석하는 것 또한 매우 중요한 작업이다.

둘째, 전통은 신학의 중요한 재료이다. 전달받은 신학 자체가 이미 하나의 전통이다. 기독교 교회는 2천년의 역사를 가지고 있다. 구약시대까지 합친다면 기독교는 더 오랜 역사적 전통을 가지고 있다. 전통의 내용도 교리, 신학, 제의, 직제, 문화, 역사, 사상, 그리고 위대한 신학자와 성직자 등 광범위하다. 이러한 전통은 오늘 우리에게 계승되는 동시에 또한 오늘 우리의 것으로 삼기 위해 현대적 재해석과 현실에의 적용을 필요로 한다.

장애신학은 장애라는 주제와 관점에서 이 역사와 전통을 정리하고 재해석하는 작업을 해야 한다. 사실 그동안 장애인이나 장애와 관련한 기독교의 전통이 많이 드러나지 않았다. 현대 장애인복지의 관점에서 본다면, 기독교의 장애 우호적인 전통을 찾기가 쉽지 않다. 그럼에도 불구하고 간간히 드러나는 교회의 사랑의 전통을 찾아 발굴하고 해석해야 하고, 장애인이나 장애에 관심을 가졌던 인물이나 사상이나 교회 문화 등을 고찰해야 한다.[14]

---

14) 예를 들면, Brian Brock & John Swinton, *Disability in the Christian Tradition*(Grand Rapids: W. B. Eerdmans, 2012). 이 책에는 초대교회 교부들로부터 시작하여 어거스틴, 아퀴나스, 루터, 칼뱅, 헤겔, 키에르케고르, 본회퍼, 칼 바르트, 장 바니에, 스탠리 하우워스 등의 장애 관련 언급과 해석이 실려 있다.

셋째, 이성은 신학의 중요한 도구이다. 학문으로서의 신학은 엄밀히 말해 이성적 작업이다. 인간은 하나님이 주신 인간의 모든 기관과 기능을 가지고 신학을 할 수 있다. 인간의 몸과 지정의의 정신과 관계 등 모든 것이 신학의 도구이지만, 그럼에도 학문으로서의 작업에서는 체계와 이론을 정립해 나아가는 이성의 작업이 중요하다.

신학에서는 인지와 학습과 응용을 위한 지능으로서의 이성을 넘어서 보다 근원적인 사랑과 믿음과 소망의 이성이 중요하다. 장 칼뱅(Jean Calvin)의 지적처럼 신학에서의 이성은 믿음의 이성이다. 불신앙의 이성이 아니라 은혜 받은 믿음의 이성이 중요하다. 신학의 이성은 사랑의 이성이다. 사랑하기 위해서 알아가는 것이다. 성도는 하나님을 사랑하기 위해서 하나님을 알아가고, 이웃과 세계를 사랑하기 위해서 이웃과 세계를 알아간다. 사랑으로부터 출발하고, 사랑을 위하여, 사랑하며 작업을 수행하는 이성이다. 신학의 이성은 삼위일체 하나님나라를 소망하는 이성이다. 신학은 단순히 지능으로만 하는 것이 아니다. 신학은 삼위일체 하나님 앞에서 삼위일체 하나님나라를 향하여 자신과 교회와 사회와 생태계의 모든 생명과 함께 하는 것이다.

넷째, 경험은 신학의 중요한 요소이다. 프리드리히 슐라이어마허(Friedrich Schleiermacher) 이후로 현대신학에서 경험의 중요성은 더욱 커졌고, 이것은 개인의 주관적이고 인식론적인 신학 작업의 길을 열어 놓았다. 성경이 신앙과 신학의 근본적인 출발점이라고 한다면, 경험은 신앙과 신학의 현실적인 출발점이다. 말씀이 있어서 신학이 가능하지만(존재론), 신학은 경험과 함께 진행된다(인식론). 모든 신학은 성도와 교회가 경험한 하나님의 은혜와 역사로부터 출발하기 때문이다. 거룩한 하나님 경험과 현실 세계에서의 모든 경험은 신학을 하는 중요한 재료이다.

장애신학에서는 인간의 하나님에 대한 보편적인 종교경험과 함께 특히 장애라고 하는 특별한 경험 또한 중요하다. 장애인의 영적이고 신앙적인 경험과 장애로 인한 심리적이고 사회적인 다양한 경험, 특히 장애차별과 장애극복의 경험은 장애신학을 구성하는 매우 중요한 요소이다. 이 경험들에 대한 장애신학적 반성이 절실하다. 장애경험은 정도는 다르지만, 모든 사람에게 존재한다. 직접 장애를 경험하는 당사자나 장애인을 가까이에서 돌보는 사람은 훨씬 더 장애사회에 민감하다.

다섯째, 상황 또한 신학의 중요한 요소이다. 신학 작업에서는 개인적인 경험을 넘어 역사적 · 사회적 상황 또한 중요하다. 신학은 그 신학이 발생하고 주창하게 된 삶의 자리와 속한 공동체의 고유한 상황 안에 있다. 지난 세기의 여러 상황신학 뿐 아니라 전통적인 신학도 사실은 그 신학이 기원하여 형성되고 구축된 구체적인 역사적 · 사회적 상황을 가지고 있다.

장애신학을 위해서는 장애인을 둘러싼 사회적 구조와 장애에 대한 사회적 의식이 중요하다. 장애신학은 장애발생을 증가시키는 사회적 구조, 장애차별을 정당화하는 사회적 구조, 장애 이데올로기를 답습하고 재교육하여 강화시키고 고착화시키는 사회적 구조에 대하여 반성하고 저항하고 개혁해야 한다.

최근에는 전 세계적인 생태계의 위기 상황 또한 중요하다. 장애는 개인만의 문제가 결코 아니다. 장애는 사회적인 문제이며 인류의 문제이며 생태계 전체의 문제이다. 인간뿐 아니라 수많은 피조물들이 장애 안에 있고, 장애를 당하고, 장애를 경험하고 있다. 생태계의 현실 자체가 이미 장애 상황 안에 있다. 장애신학은 장애와 관련하여 사회의 의식과 구조와 문화와 제도와 현실을 만들어내는 사회적 상황 전반을 고찰해야 한다.

결국 장애신학은 신학이 다루어야 하는 모든 것들을 포함한다. 그런 점에서 장애신학은 전통신학이나 다른 상황신학과 크게 다르지 않다. 오히려 장애신학은 전통신학인 동시에 상황신학이 되고 해방신학이 되어야 한다. 다만 전통신학이나 다른 상황신학이 간과하거나 무시하였던 장애인과 장애라는 주제를 재발견하여 중심주제로 세우는 것을 강조할 따름이다. 신학이 삼위일체 하나님나라를 향한 반성과 실천이라고 한다면, 장애신학 역시 장애인이나 장애라는 주제를 매개로 할뿐 기본적인 정향이나 방법에는 큰 차이가 없다. 그런 점에서 장애신학의 신학사적 위치나 현대신학 지도에서의 좌표는 중요한 연구주제이다.

신학은 대개 이 다섯 가지 재료에 대하여 어떤 재료에 어느 정도의 무게를 두는가와 재료들의 관계를 어떻게 설정하느냐에 따라 그 성격이 달라진다. 모든 신학은 다섯 가지 재료로 구성된 오각형 구조 내 어딘가에 위치한다. 이것들 중 어느 것 하나 없이 불가능하다. 전적으로 이성으로만 하는 신학도 없거니와 전적으로 경험으로만 하는 신학도 없다. 성서로만 신학을 한다고 하지만, 이미 거기에는 그가 속한 상황과 그의 개인적인 경험과 이성이 함께 작용하고 있다. 물론 그 외에 다른 요소들이 중요하게 작용할 수도 있다. 이성이 중요하게 작용하지만, 그 이성은 성서와 경험에 기초한 이성이고 전통과 상황 속에 놓여 있는 이성이다.

앞으로 교회는 내·외부적인 요청에 따라 장애신학에 더욱 많은 관심을 기울이게 될 것이다. 설령 그것이 장애신학이라는 타이틀이나 꼬리표 없이 진행된다 하더라도 개인적인 현실과 사회적인 관심 속에 장애는 점점 더 큰 삶의 조건이며 중요한 주제가 되어 가고 있기 때문이다. 그런 점에서 장애신학이 더욱 요청되며 장애신학은 앞으로 더욱 많은 관심을 촉발할 것이다. 그리고 그것은 다른 신학의 영토를 빼앗는 것이 아니라 함께 삼위일체 하나님나라의 신학을 더욱 풍성하게 하는 것이 될 것이다. 따라서 이제 장애신학과 더불어 다른 신학들도 장애의 문제를 다룰 수밖에 없다. 그런 차원에서 장애신학은 삼위일체 하나님의 은혜 아래에서 전통신학, 오순절신학, 남미 해방신학, 흑인신학, 여성신학, 생태신학, 디아코니아신학 등 기독교의 모든 신학들과 함께 손을 잡고 삼위일체 하나님나라를 향하여 나아가야 할 것이다.[15]

지난 30여 년 동안 장애와 장애인과 관련하여 여러 신학적 작업이 이미 상당히 진행되어 왔다. 조직신학은 구약신학, 신약신학, 역사신학과 선교신학의 새로운 연구 결과의 기초 위에서 교회의 교리는 물론 기독교 신앙의 모든 내용들을 비판적으로 검토하고 새롭게 정립하며, 이를 통해 기독교 실천의 새로운 전망을 제시하고, 그 시대에 맞게 기독교의 진리를 변증하는 신학의 중심영역이다.[16] 장애 조직신학은 장애를 매개로 하여 최근의 신학은 물론 여러 학문의 성과, 특히 지난 30여년의 장애학과 장애신학의 결과를 토대로 하여 체계적인 삼위일체 하나님나라의 신학을 추구한다.

Ⅳ. 장애신학의 방향과 과제

장애신학은 하나의 기독교신학이다. 장애신학은 전통신학과 현대신학에 기초하고 있다. 장애신학이라고 해서 이전의 신학과 전혀 다른 복음을 내세우는 것이 결코 아니다. 장애신학은 장애의 경험과 상황을 매개로 하여 삼위일체 하나님과 교회와 세계로 나아간다. 장애는 기존의 신학이 미처 관심을 두지 못했던 부분이며, 장애의 경험이 강한 사람일수

---

15) 최대열, "모든 사람을 위한 장애인신학," 『장애인신학』(서울: 한국장로교출판사, 2015)과 "함께 걸어가는 장애인신학," 『하나님나라와 장애인』(서울: 세계밀알, 2015) 참조.
16) 김균진, 『기독교신학 1』, 67.

록 장애가 하나님을 이해하고 하나님의 뜻을 이루어 가는데 좋은 도구가 될 수 있기 때문이다. 그래서 이동영은 장애신학을 구성함에 있어서 장애인과 비장애인의 분리가 아니라 함께하는 신학으로 기존의 전통적인 신학을 존중해줄 것을 주장하였다.[17]

장애신학은 전통신학의 유산과 현대신학의 흐름에 따라 크게 다음의 4가지의 방향성(Orientierung)을 가지고 있다. 장애신학은 삼위일체 신학, 종말론적 신학, 통전적 신학, 생명의 신학을 추구한다. 이 모든 것을 정리하면 '삼위일체 하나님나라의 장애신학'이라고 말할 수 있다.

첫째, 장애신학이 다른 신학에 비해 장애 경험을 중요하게 생각하여 강조하지만, 결코 신학의 근원인 하나님을 앞설 수는 없다. 모든 신학은 삼위일체 하나님으로부터 출발한다. 삼위일체 하나님은 모든 신학의 기초이자 전제이며 출발이자 종국이다. 신학은 삼위일체 하나님의 존재와 역사 그리고 능력과 소망을 알아가며, 하나님의 뜻을 이루어가며 하나님께 영광을 돌린다. 장애신학은 삼위일체 하나님의 영원한 사랑의 존재와 사랑의 경륜을 근간으로 하고 있다.

현대신학은 삼위일체론을 재발견하여 모든 신학을 삼위일체 하나님에게 근거시켰고 삼위일체 하나님으로부터 출발하였다. 삼위일체 하나님 없이 이제 현대신학은 불가능하다. 삼위일체론은 신론인 동시에 신학의 근거가 되었고 신학의 방법론이 되었다. 장애신학은 현대 삼위일체론이 강조한 삼위일체 신학과 방향을 같이한다.

둘째, 장애신학은 종말론적 신학이다. 현대신학은 삼위일체론과 함께 또한 종말론을 재발견하였다. 종말론은 교의학의 부록이 아니라 처음부터 기독교신학을 초지일관 관통하고 있는 주제이다. 기독교는 철저하

---

17) 이동영, "조직신학적 관점에서의 장애신학의 구성 가능성의 모색," 167–173.

게 종말론적이다. 종말론은 하나님의 구원의 경륜과 최후 승리에 대한 찬양이며, 오늘의 죄악과 불의에 맞서 개혁하고 투쟁하게 하는 원동력이다.

장애신학은 장애인과 함께 장애를 넘어서 하나님나라를 소망한다. 장애신학은 장애에 대한 교회와 사회의 차별에 맞서 삼위일체 하나님의 나라를 제시하고자 한다. 장애신학은 장애와 함께 장애를 넘어 장애가 더 이상 장애가 되지 않는 삼위일체 하나님나라를 지향하며 나아간다.

셋째, 장애신학은 통전적 신학을 지향한다. 통전이란 어느 한쪽으로 편향되지 않고 모든 것을 균형과 조화 가운데 포용하는 것이다. 장애신학은 인간을 영적 존재나 육적 존재 어느 하나의 것으로 치우쳐 생각하지 않고, 인간의 영적 생활과 함께 육체적 건강을 함께 고려한다. 장애신학은 장애를 개인의 문제나 사회의 문제 어느 하나의 것으로 치우쳐 생각하지 않고, 인간 개인의 구원과 함께 사회적 개혁을 추구한다.

무엇보다 장애신학은 장애인만 하는 신학이나 장애인만 위한 신학이 아니다. 장애신학은 장애인과 비장애인 모두가 함께하고 모두를 위한 신학이다. 장애신학은 모든 인간의 것이며 모든 인간을 위한 신학이다. 장애신학은 인류뿐 아니라 온 세계의 생태계를 고려한다. 장애신학은 모두를 위한 모두의 신학이다. 장애신학은 하나의 공적신학이다.

넷째, 장애신학은 생명의 신학이다. 장애신학은 이 시대 이 땅에 존재하는 모든 죄, 불안, 불의, 억압, 압제, 절망, 죽음의 세력에 대항하여 모든 생명을 회복시키고 충만하게 하는 신학이다. 장애신학은 인간 개인만이 아니라 사회와 인류와 온 생태계를 끌어안고 삼위일체 하나님의 사랑의 사귐에 장애가 되는 모든 것을 해소하고 해결하고자 한다. 장애신학은 생명의 영이신 성령 안에서 모든 것을 살려내는 신학이다. 장애는 인간만의 것이 아니라 생태계의 모든 존재들의 것이다.

장애 중의 가장 심각한 장애는 삼위일체 하나님과의 사귐을 가로막고 삼위일체 하나님나라로 나아가는 것을 가로막고 방해하는 장애이다. 모든 장애의 근원은 삼위일체 하나님과의 영적인 장애이다. 그러나 흔히 교회에서 소위 '영적 장애'를 언급함으로써 장애인의 실제적인 고난과 아픔 그리고 소외와 차별을 희석시키거나 회피하려 해선 안 된다. 모든 장애는 삼위일체 하나님의 사랑과 은혜와 능력 안에서 해결되고 해소되고 극복되어야 한다.

장애신학의 이러한 정향성은 결국 삼위일체 하나님나라로 귀결된다. 장애신학은 장애인의 고난과 차별의 장애 경험으로부터 출발하였지만, 장애인과 비장애인이 함께 장애를 계기로 삼위일체 하나님나라를 바라며 나아가게 한다. 장애는 장애인 개인의 개별성뿐 아니라 모든 인간 실존의 보편성에도 해당하는 것이다. 모든 인간은 장애를 경험하며 누구나 장애인이 될 수 있다. 나아가 장애는 인간에게만 해당하는 것이 아니라 모든 피조 세계의 것이다. 생태계가 장애 안에 있다. 삼위일체 하나님나라는 서로 사랑 안에서 함께 존재하고, 사랑 안에서 모든 것을 함께하는 나라이다. 장애신학은 하나의 삼위일체 하나님나라 신학이다.

장애신학은 장애를 매개/주제로 삼아서 하는 삼위일체 하나님나라 신학이다. 장애신학은 현실에서 장애경험과 장애상황이 계기가 되어 장애라는 질문을 가지고 하나님 앞에 나아가는 신학이다. 신학이란 끊임없이 직면하고 제기되는 성도와 교회의 질문과 그에 대한 기독교적 성찰과 답변이다. 장애신학은 이미 여러 과제들을 안고 있다. 그리고 또 앞으로도 장애인과 비장애인이 직면하는 수많은 문제들에 대하여 신학적으로 대답하여야 한다.

그럼, 지금 부상되는 장애 조직신학의 과제는 무엇일까? 이 과제들은 조직신학 일반의 과제를 따라 장애와 관련하여 전통신학으로 전수받은 위로부터의 과제(교의적 과제)와 함께 교회와 사회에서의 장애 현실로부터 요청받는 아래로부터의 과제(윤리적, 변증적, 선교적 과제)이다. 장애에 대한 조직신학적 접근은 기존 신학이 목회나 봉사의 차원에서 장애에 기울였던 특별한 관심의 관점에 따른 단편적인 이해를 넘어서 장애신학을 삼위일체 하나님나라를 향하여 다른 신학들과 함께 손잡고 걸어가는 보다 체계적인 신학으로 나아가게 한다. 다음은 장애 조직신학의 방향성을 위한 주제들이다. 장애 조직신학이 해야 할 과제이며, 그 신학 작업을 하는 자세와 방향에 관한 것이다.

첫째, 성서적 · 기독교적인 장애인관의 정립이다. 이 과제는 장애신학의 가장 기초적인 작업으로 무엇보다 시급한 과제이다. 교회의 장애인 사역과 성도의 삶이 그 위에 기초하기 때문이다. 그렇다고 해서 이 과제가 단번에 완결될 수 있다고 생각하는 것은 큰 오산이다. 오히려 이것은 여러 장애신학 작업과 함께 계속하여 정립되어 가는 것이다.

둘째, 기존의 신학이 답하지 못했던 장애에 관한 여러 신앙적인 난제들에 대해서 대답해야 한다. 장애인에게 껄끄러운 성서구절에 대하여 해석해야 하고, 장애인에게 껄끄러운 교리에 대하여 해석해야 한다. 특히 장애차별적인 성서구절과 이를 정당화하는 교리에 대하여 재해석해야 한다. 이것은 개인적으로 매우 끈질긴 신앙실존의 문제들인 동시에 교회 공동체의 의식과 현실을 지배하고 있는 허위의식을 걷어내는 중요한 주제들이다.

셋째, 비장애인의 장애와 관련하여 순진하게 갖는 질문에도 대답해야 하고, 악한 의도를 가지고 집요하게 제기하는 질문에 대해서도 대답해야 한다. 그것은 단순히 장애인을 변호하려는 것이 아니라 장애와 관련하여 기독교의 진리를 소개하고 수호하기 위한 것이다. 장애를 매개로 하여 기독교를 반대하고 방해하는 세력들이 있고 교회를 박해하고 중상하는 세력들도 있다. 장애 조직신학은 이단과 사이비들의 장애에 대한 신학적 왜곡과 포교를 위한 물량공세에 맞서야 한다.

넷째, 장애 조직신학은 장애인과 비장애인 모두를 위한 것이며, 또한 장애인과 비장애인 모두의 것이 되어야 한다. 그러기 위해서 장애 조직신학은 장애를 기초하되 장애를 넘어서는 보편적인 신학을 추구해야 한다. 이것은 경험이나 상황에서 출발한 모든 신학들이 직면하는 당파성과 보편성의 딜레마이기도 하다. 장애신학은 장애인과 비장애인 모두를 위하여 장애에 대한 신학적 관점을 가지고 이 시대의 모든 신학적 주제에 참여해야 한다.

다섯째, 장애인과 함께하는 가장 모범적인 성도의 생활과 교회의 모습에 대하여 고민하고 대답해야 한다. 모범이란 시대마다 나라나 지역이나 문화마다, 교파나 교단이나 교회마다 다를 수 있다. 그러나 적어도 그 시대와 문화 속에서 가장 성서적으로 모범적인 답안을 구체적으로 찾고 제시하려는 최선의 노력을 해야 한다. 삼위일체 하나님의 교회는 장애인과 비장애인의 구별을 넘어서 사랑으로 하나 된 삼위일체 하나님나라를 향한 공동체를 이루어가야 한다. 장애 조직신학을 기초로 장애인과 함께하는 예배와 성례전과 교회생활의 모범에 대한 연구가 시급하다.

여섯째, 장애인이 교회와 성도와 세계와 삼위일체 하나님나라를 위하여 존재하는 의미와 의미 있는 삶의 현실을 제시해 줄 수 있어야 한다. 장애인도 동등한 교회의 구성원으로서 교회와 세계를 위하여 일할 수 있도록 교회의 제도를 마련하고, 현실적인 참여를 격려하며 지원하고, 비장애인을 위한 신앙교육과 함께 장애인 당사자를 위한 신앙교육 또한 필요하다.

일곱째, 삼위일체 하나님나라를 지향하는 사회의 모습을 제시하고 변혁을 주도해야 한다. 교회가 세계를 위한 것이듯이 장애신학은 장애라는 주제를 통하여 사회로 하여금 하나님나라를 지향토록 하여야 한다. 장애신학은 하나의 공적신학이다. 장애신학은 개인과 사회의 모든 삶의 모든 부분을 포함한다. 이를 위해 보다 많은 학문들 사이의 보다 깊이 있는 공동연구가 진행되어야 하며, 현실적인 변화가 일어나도록 교육과 운동과 법제화와 제도의 실현과 의식화 작업이 아울러 전개되어야 한다.

여덟째, 장애 조직신학은 단지 장애인만이 아니라 전 인류 그리고 그것을 넘어서 하나님이 창조하신 모든 피조물, 곧 생태계에 관심을 갖는다. 생태계 역시 장애신학의 관심 주제이다. 장애는 인간의 전유물이 아니다. 장애 동물도 있는데, 신학이 아직 미처 관심을 기울이지 못하고 있다.[18] 모든 생태계가 장애 안에 있다. 생태계 전체에서 삼위일체 하나님의 은혜와 사랑과 교통이 실현되도록 하여야 한다.

아홉째, 장애에 대한 체계적인 신학을 구성함에 있어서 중요한 사실 하나는 '장애'의 개념이 고정된 것이 아니라 계속 변화하고 있다는 사실이다. 인간이나 사회나 세계에 대한 개념 또한 변화한다. 오랫동안 장애를 주로 장애인 개인의 것, 그것도 주로 육체적인 것으로 보고 고찰해 왔던 것이 사실이다. 그러나 장애의 범주도 훨씬 더 확장되었거니와 무엇보다 장애의 개념이 개인이 아니라 사회적이고 생태적인 개념으로 변화되고 있다. 장애는 단순히 개인이 아니라 그 사회의 문화, 제도, 의식 전반에 스며들어 있다. 따라서 지금까지 전개되었던 장애신학의 결과들을 정리하고, 또한 변화하고 확장되는 개념과 담론들을 담을 수 있는 체계와 틀을 갖추어서 보다 심도 있고 포괄적인 장애 조직신학으로 나아가야 한다.

---

18) 앤드류 린지/장윤재 옮김, 『동물신학의 탐구』(대전: 대장간, 2014), 49–60, 77–89. 동물신학은 신학이 동물이 당하는 고난을 인식하고 하나님의 피조물로서 동물권을 주장하지만, 필자가 보기에 그것은 인간에 의한 동물 전반에 대한 고난이지 아직 장애동물에 대한 관심과 의식에는 미치지 못하고 있다.

V. 장애에 대한 조직신학적 시도의 예

임성빈은 일찍이 장애인신학이 성서에 기초하고 다양한 경험을 포괄하여 설득력 있는 교회의 신학이 되어야 할 것을 제안하였다.[19] 이동영은 조직신학적 관점에서 장애신학의 구성을 시도하였는데, 그는 장애인과 비장애인이 함께 하는 장애인신학으로서 전통신학을 고려하여 장애신학의 삼위일체론, 인간론, 기독론과 구원론, 교회론을 전개하였다.[20] 정승원은 교회 현실에서 제기되는 장애인에 관한 문제들에 대해 '하나님나라의 공동체'라는 관점에서 조직신학적으로 계속하여 접근하였다.[21] 이범성과 황홍렬은 각각 장애인선교신학을 정립함에 있어서 조직신학적 주제를 따라 짧지만 매우 핵심적인 내용을 정리하였다. 이범성은 장애인의 현실로부터 출발하여 인간론, 신론, 교회론과 교회의 사역을 정리하였고,[22] 황홍렬은 성경과 교회의 장애인 이해로부터 출발하여 장애인신학의 기초로서 삼위일체론, 장애인선교의 목적으로서 하나님나라, 장애인선교를 위한 교회론, 장애인선교 방법으로서 하나님의 선교를 정리하였는데, 그 구체적인 내용으로 하나님의 형상의 인간론, 신론, 장애 입은 예수 그리스도의 기독론, 성령론 등을 다루었다.[23]

이 책은 필자가 장애에 대하여 조직신학적 접근을 시도한 몇 가지 예들이다. 몰트만의 표현을 차용하면, 일종의 '장애에 대한 조직신학적

---

19) 임성빈, "장애인신학의 올바른 방향 모색," 『장애인 상담과 선교를 위한 자료집』 5 (1997), 13–20.

20) 이동영, "조직신학적 관점에서의 장애신학의 구성 가능성의 모색," 『성경과 장애인』(서울: 세계밀알, 2013), 165–193.

21) 정승원, "장애인을 위한 언약공동체 신학," 『신학으로 이해하는 장애인』(서울: 세계밀알, 2009); 정승원, "하나님 나라 주역으로서의 장애인," 『성경과 장애인』(서울: 세계밀알, 2013); 정승원, "지적장애인의 구원은 가능한가?," 『하나님 나라와 장애인』(서울: 세계밀알, 2015) 참조.

22) 이범성, "장애인신학과 선교," 『장애인신학』(서울: 한국장로교출판사, 2015), 182–211.

23) 황홍렬, "장애인선교신학 정립을 위한 한 시도," 『장애인신학』(서울: 한국장로교출판사, 2015), 212–240.

기여'이다.[24] 이 책의 기본 골격은 전통적인 조직신학인 교의학의 체계를 근간으로 하였다.[25]

제1장은 장애에 대하여 '근본적'(radical)으로 성찰한 신학적 이해이다. 장애에 대한 이해는 장애인으로부터 출발한다. 장애인이란 사회가 정한 신체적 · 정신적 장애를 가지고 있어서 일상생활과 사회생활에 심각한 제약을 경험하는 사람을 가리킨다. 그런데 여기서 장애는 장애인이 선 · 후천적으로 갖게 된 신체적 · 정신적 장애도 장애이지만, 그로인해 경험하게 되는 일상생활과 사회생활에서의 제약도 장애이다. 그래서 장애는 개인의 문제인 동시에 사회적 문제이다.

다시 근본적으로 생각하면 장애는 무엇인가 긍정적이고 의도적이고 원활한 흐름을 가로막고 있는 현상이나 상태를 가리킨다. 그것이 인간의 일상생활이나 사회생활에 적용될 때 흔히 장애라고 말하는데, 사실 그것은 하나님, 인간(자신과 타인), 사회, 생태계 사이에도 해당되는 것이다. 그런 의미에서 인간은 창조주가 아니라 피조물이기에 모든 피조물과 함께 유한성으로서의 장애를 가지고 있다. 장애는 개인의 문제인 동시에 사회적 문제이고, 한 개인의 문제인 동시에 모든 개인의 문제이다. 장애는 장애인만의 문제가 아니라 모든 인간의 문제이고, 모든 사회와 생태계의 문

---

24) 위르겐 몰트만/김균진 옮김, 『삼위일체와 하나님의 나라』(서울: 대한기독교출판사, 1982), 7–8. 몰트만은 초기의 3대 주저 『희망의 신학』, 『십자가에 달리신 하나님』, 『성령의 능력 안에 있는 교회』 이후 1980년 『삼위일체와 하나님의 나라』부터는 조직신학적 주제를 따라 집필을 시작하였다. 그는 이것을 가리켜 일련의 '조직신학을 위한 기여' 라고 불렀다. '신학을 위한 기여'라는 개념은 신학적 체계의 유혹과 교의학적 명제의 강요를 피하고, 삼위일체 하나님나라를 향하여 과거와 현재의 신학적 대화와 또 다른 전통들과의 에큐메니칼한 사귐을 추구한다.

25) 조직신학의 체계는 신학자마다 다소 간의 차이가 있지만 대개 다음의 순서들을 따른다. 계시론 – 신론 – 인간론 – 기독론 – 구원론 – 교회론 – 종말론. 물론 그 사이에 또는 하부에 여러 주제들이 다루어지기도 한다. 예를 들면, 신 인식론, 성서론, 삼위일체론, 창조론, 성령론, 성례론 등. 필자의 위대한 스승 김균진 박사는 그의 『기독교신학』을 1. 신학의 기본적 문제들 2. 계시론 3. 성서론 4. 신론 5. 창조론 6. 인간론 7. 그리스도론 8. 성령론 9. 구원론 10. 교회론 11. 성례론 12. 종말론으로 구성하였다.

제이다.

신학적으로 생각해보면, 장애는 하나님 앞에서 인간의 본질이다. 그러나 달리 생각해보면, 장애는 하나님께 나아가는 접근로이고, 하나님께서 은혜주시는 자리이고, 하나님의 관점으로 시야를 넓히는 렌즈이고, 하나님께서 사용하시는 도구이다. 장애에 대한 신학적 성찰은 인간이 경험하는 모든 소외와 차별에 대하여 보편적으로 적용할 수 있는 신학의 관점과 내용과 방향을 제시한다.

제2장은 삼위일체적 장애신학의 구성이다. 신학은 신론이 기본이다. 하나님에 대한 이해가 신학의 모든 교의와 주제를 관통한다. 기독교의 하나님은 삼위일체 하나님이다. 그러므로 모든 신학적 이해는 삼위일체의 틀 위에서 삼위일체에 대한 이해와 함께 구성된다. 지난 세기 기독교신학은 삼위일체를 재발견하고 삼위일체 신학을 전개하였다.

삼위일체론은 성부와 성자와 성령의 세 위격이 하나의 본질을 이루는 것을 의미한다. 성부와 성자와 성령은 영원한 사랑 안에서 상호내재하며 모든 사역에서 공동사역을 한다. 삼위는 다른 어느 위격 없이 존재할 수 없으며 위격 간에는 어떠한 차별도 있을 수 없다. 삼위일체론은 상호간의 사랑 안에서 각자의 개성을 존중하며 다양성 가운데의 통일을 추구한다. 삼위일체론은 신학이 인간, 교회, 사회, 역사, 생태계를 이해하는 기본 내용과 원리를 제공한다.

삼위일체적 장애신학은 장애와 장애인의 현실에 대하여 삼위일체론적 관점에서 해석한다. 삼위일체론은 사랑의 사귐으로 해석되고 사랑의 섬김으로 적용된다. 삼위일체 하나님의 형상은 상호 사귐의 인간, 교회는 삼위일체 하나님의 사귐의 공동체, 사역은 삼위일체 하나님의 사귐의 사역, 사회는 삼위일체 하나님나라를 이루어가는 현장으로 이해된다.

제3장은 신학적 인간학에서의 장애인에 대한 이해이다. 장애신학은

갈수록 범위가 넓어지는 추세이지만, 그 처음 출발선은 장애인에 대한 이해에 있다. 기독교신학에서 인간은 하나님의 형상으로 창조되었지만, 타락한 죄인이고, 그래서 예수 그리스도가 절대적으로 필요한 존재이다. 인간이 예수 그리스도를 믿고 삼위일체 신앙을 고백할 때에 그는 구원을 얻고 하나님의 자녀가 되고 교회의 지체가 된다. 거기에는 장애로 인한 어떤 차별이나 차등이 있을 수 없다.

그동안 신학적 인간론은 장애인에 대한 관심을 미처 갖지 못하여서 오직 비장애인을 보편적 인간으로 간주하여 신학적 논의를 전개하였다. 이것은 마치 여성 없이 남성만을 대상으로 인간을 연구하고, 흑인 없이 백인만을 대상으로 연구하는 것과 같이 반편의 인간학이다.

신학적 인간론은 장애신학으로 말미암아 그동안 잊고 있었던 장애인을 다시 신학의 전면에 세운다. 장애인도 하나님의 형상이며, 그러나 또한 죄인이다. 장애인이라고 해서 죄가 없는 것이 아니다. 장애인이 장애로 말미암아 죄 지을 조건과 능력에서 비장애인에 비해 조금 덜할 수 있을지는 몰라도 동등한 죄인이다. 그러기에 장애인에게도 예수 그리스도는 절대적으로 필요하다. 예수 그리스도를 믿을 때에 장애인도 동일하게 구원을 얻으며 하나님의 자녀가 되고, 교회에서 동등한 지체로 참여하게 된다. 구원의 근본 동인은 개인적인 장애경험이나 사회적인 장애상황이 아니라 삼위일체 하나님의 은혜이며 예수 그리스도에 대한 믿음이다.

제4장은 장애신학의 기독론이다. 장애신학의 기독론은 전통적인 위로부터의 기독론과 해방신학의 아래로부터의 기독론을 포괄한다. 특히 장애신학의 예수 그리스도에 대한 상징적 이미지 '장애 입으신 하나님'의

의미에 대하여 신학적으로 고찰이다.[26) 지난 세기 상황신학, 특히 여러 해방신학은 인식론적으로 구성원의 하나님에 대한 접근을 보다 용이하도록 자신들의 경험과 공감되는 예수 그리스도에 대한 이해와 실천론적으로 구성원의 구체적인 삶의 현장에서 따를 수 있고 적용할 수 있는 본으로서 예수 그리스도에 대한 이해를 개진하였다. 즉 흑인에게는 흑인 그리스도, 민중에게는 민중 그리스도, 여성에게는 여성 그리스도에 대한 이미지로 하나님에게 더 가까이 다가서게 하였다. 예수 그리스도는 성육신하여 역사에 현존하였던 하나님으로서 인간에게 인간으로서의 인식 접근과 적용 실천이 훨씬 가깝기 때문이다.

예수 그리스도를 장애 입으신 하나님으로 표현하는 것은 성육신과 예수 그리스도의 삶에 대한 하나의 장애신학적 해석이다. 장애 입으신 하나님은 예수 그리스도의 성육신에 대한 장애신학적 해석이며 표현이다. 하나님이 사람의 몸을 입고 이 세상에 오셨다는 것은 결국 무한하신 하나님의 유한한 존재로의 제한을 의미한다. 그것은 일종의 장애사건이며, 장애 입으신 하나님으로서의 현현이다. 무한하신 하나님이 시공간의 역사 속에 인간으로 실존하신다는 것은 하나님의 엄청난 자기 제약이다.

필자는 장애 입으신 하나님과 장애하나님 사이의 연속선과 함께 불연속선을 주장한다. 장애 입으신 하나님이라고 하면 얼핏 하나님을 신체적·정신적 손상 또는 결여, 기능상의 제약, 편견과 소외와 차별을 가진 존재를 떠올리곤 한다. 그러나 장애 입으신 하나님은 장애에 매여 있거

---

26) 필자는 the disabled God을 '장애 입으신 하나님'으로 번역하였다. 그것은 장애 다음에 붙일 마땅한 한국어 동사가 없기 때문이다. 그래서 통상적으로 '장애하나님'으로 많이 번역한다. 필자가 굳이 '장애 입으신 하나님'으로 번역하는 것은 두 가지 이유에서이다. 하나는 신성모독의 논란을 피하고 스스로 현실적인 인간의 몸으로 성육신하신 하나님을 표현하기 위한 것이고, 다른 하나는 '장애 입은'과 반대되는 '장애 입히는' (사람이나 사회나 신학)을 대조적으로 표현하기 위해서이다. 최대열, "몰트만의 장애(인)신학," 「한국기독교신학논총」(77), 100; 성서적 전거로서 고린도전서 15:53, 에베소서 4:24의 엔뒤오(ἐνδύω, 옷 입다)를 들 수 있다. 우리는 예수 그리스도의 '성육신'을 흔히 '사람의 몸을 입고 오셨다.'고 표현한다.

나 머물러 있지 않다. 장애 입으신 하나님은 장애인의 장애를 공감하고 체휼하시는 분이신 동시에 또한 장애인을 위로하시며 장애를 극복하게 하시는 분이다. 장애 입으신 하나님을 장애하나님과 동일시 할 수 없지만, 장애로 인한 불편과 차별을 경험하는 장애인에게는 공감, 동정, 위로, 소망, 도전하게 하는데 훨씬 가깝고 능력이 있다.

제5장은 장애신학의 교회론이다. 교회는 본질적으로 삼위일체 하나님의 교회이다. 삼위일체 하나님의 사랑에 기초하고, 그 사랑으로 운영되고, 그 사랑의 사귐을 목표로 한다. 비록 현실 교회에서 장애인에 대한 차별의 죄악이 존재한다 하더라도 그것이 진정한 교회의 정신이나 모습은 아니다. 교회에서 장애인에 대한 소외와 차별은 회개되고, 제거되고, 철폐되어야 하고, 오히려 장애인에 대한 사랑과 섬김이 시도되고, 격려되고, 실현되어야 한다.

교회는 장애인과 비장애인 모두에게 예배 공동체, 신앙 공동체, 사랑의 공동체이다. 뿐만 아니라 장애와 관련하여 장애인과 함께하는 사랑의 형제자매공동체, 위로의 공동체, 평화의 공동체이고, 특히 장애로 인하여 억압하고 차별하는 모든 죄와 불의로부터 장애인과 비장애인 그리고 사회 전반을 구원하는 구원의 공동체, 해방하는 해방공동체이고, 삼위일체 하나님 나라를 소망하며 나아가는 투쟁의 공동체이다.

제6장 교회공동체에서의 신앙과 장애이다. 교회 공동체에서 신앙과 장애의 관계는 무엇인가? 장애신학의 현실적인 출발이 되는 소외와 차별은 사회는 물론이고 심지어는 교회 공동체 안에서도 일어난다. 그러나 정말 기독교 공동체인 교회가 장애인 차별을 정당화하고 강화시키고 있는가? 결코 그렇지 않다. 교회는 삼위일체 하나님의 사랑으로부터 기원하여 설립되었으며, 삼위일체 하나님의 사랑으로 운영되는 공동체이다. 교회에서 고백되는 믿음의 내용은 장애인과 비장애인 모두에게 동일하다.

다만, 삼위일체 하나님의 믿음과 소망과 사랑의 공동체를 이루기 위해서 비장애인에게는 양보와 배려의 사랑이, 장애인에게는 도전과 용기의 믿음이, 공동체에는 일치와 연합을 향한 인내의 소망이 특별히 필요하다.

제7장은 장애신학의 선교론이다. 여기에서는 선교학의 모델로서 장애인선교를 소개한다. 한국의 장애인선교의 역사와 유형을 정리하는 데, 실제 사역의 내용을 대한예수교장로회(통합) 교단을 하나의 예로 들어 고찰한다. 그리고 선교학적 관점에서 장애인선교의 특징을 12가지로 정리한다. 장애인선교는 모든 선교의 기본 정신으로부터 출발하는 동시에 또한 지금까지의 모든 선교가 개발한 방법들이 종합적으로 적용된다. 그러므로 장애인선교는 수많은 선교들 중의 하나이지만 그 내용과 방법에서 모든 선교의 기본이며 종합이다. 장애인선교를 제대로 이해하고 실천한다면, 다른 모든 선교를 수행하는데 매우 유익하다.

제8장 함께 걸어가는 장애신학이다. 이글은 현대신학에서 장애신학이 위치한 좌표와 앞으로의 전망에 대한 글이다. 모든 신학은 하나님나라를 향해 나아가는 미완의 신학이다. 장애신학이라고 해서 기독교신학이 아닌 다른 어떤 신학이 아니다. 장애신학은 기독교의 전통신학을 이어받고 있으며, 현대에 전개되고 있는 여러 신학들과 대화하며 함께 삼위일체 하나님나라를 이루어가는 신학이다.

장애신학은 전통신학의 기초 위에서 현대의 여러 신학들과 함께 대화하고 손을 잡아야 한다. 특히 지난 세기 후반기에 발흥한 남미 해방신학, 여성신학, 흑인신학 등의 해방신학적 상황신학으로부터 많은 영향을 받았다. 그리고 디아코니아신학과는 또 다른 동반자로서 손을 잡고 있다. 앞으로 세상에 또 어떤 신학이 전개될지는 모른다. 그러나 장애신학이 존재함으로 해서 앞으로 모든 신학은 장애(인)를 신학적 주제로 의식하게 될 것이다. 그리고 장애신학은 그 모든 신학들과 대화하며 함께 나아가야 한다. 장애신학은 삼위일체 하나님나라를 향하여 기독교의 모든 신학들과 손을 잡고 함께 걸어간다.

9장과 10장은 장애 조직신학 구성을 위하여 대표적인 현대 신학자 위르겐 몰트만(Jürgen Moltmann)과 헨리 나우웬(Henrie Nouwen)의 장애신학에 대한 연구이다. 9장은 위르겐 몰트만의 장애신학이다. 몰트만은 현존하는 최고의 신학자이다. 그는 지난 세기 후반 희망의 신학을 시작으로 하여 정치신학을 거쳐 삼위일체 신학과 생태신학 등을 선두에서 이끌며 주요 조직신학적 주제들을 연구하였다. 그는 장애인과 비장애인을 억누르고 있는 현실 문제들을 지적하여 이로부터 해방할 것과 장애인과 비장애인이 주님 안에서 서로 함께 포용하고 사랑할 것을 주장한다. 또한 그의 신학적 업적들은 장애신학을 구성함에 있어서 매우 유익한 개념과 방법과 내용을 제공해 준다. 그의 신학에 기대어 장애신학은 삼위일체 하나님나라의 신학으로서 성령 안에서 장애를 넘어서 서로 사랑하며 함께 하나님나라를 지향하는 교회와 사회를 이루어갈 것을 제안한다.

10장은 헨리 나우웬의 장애신학이다. 나우웬은 영성신학자로서 특히 장애인공동체에서 장애인과 함께 생활하며 신학 작업을 하였다. 그의 영성신학은 그 자체로 이미 하나의 장애신학이다. 그에 따르면, 모든 인간은 상호의존적 존재로서 서로 함께 의존하며 공존하는 존재임을 자각하고 수용하여야 한다. 장애 없는 인간이나 장애인 없는 사회가 아니라 장애 있는 인간과 장애인과 함께하는 사회가 당연한 것이다. 교회는 장애인을 삼위일체 하나님의 사랑으로 환대하며 서로 사랑해야 한다. 그에 따르면, 장애인도 성령의 은사를 가지고 이웃과 교회와 사회를 섬길 수 있다.

장애신학의 신론이라고 해서 전통적인 신론과 완전히 다른 특별하고 이상한 신론을 주장하는 것이 아니다. 신론뿐 아니라 어떤 교의나 교리든지 장애신학이 전통적인 이해와 완전히 색다르고 특별한 어떤 것을 추구하는 것이 아니다. 장애신학이 교의학적 주제를 다룬다면, 그것은 기존의 신학이 미처 보지 못하거나 간과하였던 부분을 찾아 더욱 풍성하도록 하고자 함이다. 장애의 경험, 장애의 관점은 기존의 신학이 간과하거나 놓치고 있었던 것을 새롭게 발견하게 한다.

필자는 기독교 교의들이 지금까지 장애(인)를 미처 의식하지 못하여 함께 숙고하거나 고백하지 못하여서 누락되었을 뿐이지 결코 장애인을 악의적으로 배제하거나 차별한 것은 아니라고 생각한다. 교회 공동체의 신앙은 장애인과 비장애인 모두의 것이다. 장애인이 믿는 기독교신앙과 비장애인이 믿는 기독교신앙이 다른 것이 결코 아니다. 장애신학은 지금까지 미처 관심 갖지 못했던 장애인을 사랑하고 장애라는 주제를 의식함으로써 장애의 경험과 관점을 가지고 교의를 재해석하여 장애인과 함께 신앙을 고백하는 신학과 예배와 예식과 교회생활로 나아가야 한다.

VI. 결어: 삼위일체 하나님나라의 장애 조직신학을 향하여

모든 학문이 보다 완벽한 체계를 추구하듯이 신학 또한 보다 완벽한 체계를 추구한다. 그러나 인간의 모든 학문은 이해와 설명이 곤란한 현실에 직면하여 기존의 체계를 해체하고 새롭게 보다 완벽한 체계를 다시 구축하고자 한다. 그러나 학문으로서 인간의 모든 작업은 언제나 미완성이며 진행형이다. 지금껏 모든 것을 완벽하게 다 이해하고 설명한 완벽한 체계는 한 번도 없었다.

토마스 쿤(Thomas Kuhn)은 과학이론조차 하나의 패러다임(paradigm) 안에서 발전적으로 전개된 것이 아니라 패러다임 자체가 혁명적으로 변화되어 왔음을 주장하였다.[27] 시스템(system), 패러다임(paradigm), 프레임 (frame) 등은 기존의 것으로 해결되지 않는 것이 많아질수록 새로운 것으로 확장되거나 변화된다. 신학의 패러다임이나 신학적 체계도 마찬가지이다. 그래서 몰트만은 이런 이유로 그의 중반기 신학 작업을 체계라는 용어를 자제하고 '신학을 위한 기여'라고 명명하였다.[28] 이후로 조직신학은 열린 체계를 지향한다.

열린 체계의 신학은 삼위일체 하나님나라를 향한 대화의 신학이며 종말론적 신학을 의미한다. 장애신학은 삼위일체 하나님의 신학이다. 삼위일체 하나님의 영광을 위한 신학이고, 하나님나라를 이루어가는 신학이며, 삼위일체 하나님나라를 바라보며 지금의 신앙과 현실 세계를 끊임없이 개선하고 개혁해 나아가는 신학이다.

장애신학은 지금까지의 모든 신학들과 대화하며 포괄하는 신학이다. 장애신학은 전통적인 신학을 그 유산으로 가지고 있다. 장애신학이라고 해서 그동안 교회를 통하여 전해 내려온 진리와 전혀 다른 어떤 복음을 말하는 것이 아니다. 그렇다고 해서 장애와 장애인을 전혀 고려하지 않은 신학전통들을 무비판적으로 따라가는 것도 아니다. 그러므로 장애신학은 위로부터의 신학인 동시에 아래로부터의 신학이다. 그런 의미에서 장애신학을 한다는 것은 전통신학이며 상황신학이다. 그리고 이를 위해서 수많은 신학적 전통들과 대화하는 신학이고, 수많은 학문들과 사상들과 문화들과 대화하는 신학이다. 장애신학은 이후로 다른 신학에 대해서도 장애와 장애인이라는 존재에 대한 고려 없이는 더 이상 진행할 수

---

27) 토마스 S. 쿤/김명자 옮김, 『과학혁명의 구조』(서울: 동아출판사, 1992), 31–44.
28) 위르겐 몰트만/김균진 옮김, 『삼위일체와 하나님의 나라』, 8. "이 개념은 신학적 체계의 유혹과 교의학적 명제의 강요성을 피하고자 한다." 또한 위르겐 몰트만/김균진 옮김, 『신학의 방법과 형식』(서울: 대한기독교서회, 2001), 13–14.

없게 하는 신학사적 위치를 갖는다.

　스탠리 그렌츠(Stanley Grenz)의 말대로 "모든 그리스도인은 신학자이다. 의식적으로든 무의식적으로든 각 개인의 신앙은 하나의 신념 체계(a belief system)를 포함하고 있다. 그리고 신자 개개인은 의도적으로 또는 은연중에 이러한 신념들의 내용 및 이 신념들이 그리스도인의 삶과 관련하여 지니는 의미를 성찰한다."[29] 장애신학으로 말미암아 이제 신학을 하는 모든 신학자, 그룹, 교회공동체는 장애인과 장애를 신학적 주제로 의식하고 그들의 신학에 포함하게 된다.

　신학이 장애와 장애인에 관심을 갖기 시작하였다는 것은 장애에 대한 체계적인 신학을 시작하였음을 의미한다. 장애에 대한 개별적이고 단편적인 여러 지식과 정보와 이론들은 다시 기존의 신학이 미처 발견하지 못한 부분을 보완하며 더 넓고, 더 깊고, 더 풍성한 체계를 추구한다. 이미 2천년의 역사 속에 신학은 조직신학 또는 교의학이라고 하는 기독교의 주요 주제들로 뼈대를 구성하였다. 그 안에서 성경, 이성, 경험, 전통, 상황의 그물이 엮어지고 짜여졌다. 장애 조직신학이란 이러한 조직신학적 틀과 주제에 대하여 장애를 매개로 하여 장애인과 비장애인 모두가 삼위일체 하나님나라를 바라보면서 온 세계를 무대로 신학적 체계화 작업에 참여함을 의미한다.

　장애 조직신학은 이미 완성된 것이 아니라 이제 문을 열며 시작하는 단계이다. 이 책은 그 시작의 몇 작업을 한 것들을 모은 것이다. 장애 조직신학은 여전히 미완이며 불완전하다. 이후로도 여전히 수많은 조직신학적 주제들이 우리 앞에 놓여있다.[30] 예를 들면, 장애신학 서설

---

29) 스탠리 그렌츠, 『조직신학: 하나님의 공동체를 위한 신학』, 31.
30) 김홍덕, "장애에 대한 기독교적 이해와 과제," 117. 김홍덕은 다음과 같은 질문들을 제기한다. 에덴동산에는 과연 장애가 없었을까? 하나님이 장애인을 창조하셨나? 장애인은 과연 부정한 사람들인가? 완전함(perfect)과 온전함(whole)에는 어떤 차이가 있나? 하나님은 왜 진노의 표현으로 장애를 만드셨나? 고통

(prolegomena), 신 인식론과 장애 경험(계시론), 장애신학의 성서해석학(성서론), 하나님의 창조와 장애(창조론), 하나님의 형상과 장애인(인간론), 죄와 장애(죄론), 장애인의 구원(구원론), 장애인의 은사(은사론), 장애인과 함께하는 성례전(성례론), 교회의 직제와 장애인의 참여(직제론), 장애인과 함께하는 성도의 삶(기독교윤리), 종말에 관한 장애인의 희망(종말론) 등.

필자가 작업하여 소개하는 장애 조직신학은 세상에서 유일하거나 정답인 장애 조직신학(the systematic theology of disability)이 결코 아니다. 필자뿐 아니라 앞으로 수많은 사람들이 장애 상황에서 장애를 경험 삼아 장애를 매개로 전개할 장애 조직신학들 중의 단지 하나일 뿐이다(a systematic theology of disability). 신학은 세상에 오직 하나만 있는 것이 아니다. 삼위일체 하나님의 은혜와 역사가 다양하듯이 그에 반응하여 하는 사람들의 신학 또한 다양하다. 앞으로 많은 사람들이 장애를 소재와 매개로 하여 삼위일체 하나님의 존재와 역사와 나라를 향한 체계적인 연구를 계속하기를 소망한다.

받는 공동체와 회복의 메타포로서 장애의 회복, 장애는 죄의 결과인가? 하나님의 하시는 일을 나타내기 위해 장애인을 만드셨다니? 상처 입은 치유자로서 예수 그리스도, 바울 서신의 약함과 강함의 의미, 예수 그리스도의 몸이 주는 신비한 연합과 통합의 원리, 종말론적 회복이란?

제1장

장애에 대한 신학적 이해

장애에 대한 신학적 이해

I. 서언: 신학적 주제로서 장애

장애인은 오랫동안 주목받던 존재가 아니었다. 그것은 유감스럽게도 교회에서도 마찬가지였고, 사회에서는 더욱 그러하였다. 전통적인 신학에서 장애인이나 장애가 중심 주제가 된 적은 별로 없다. 성서에 장애인이 등장하고 교회에 장애인이 출석하지만, 장애와 장애인이 신학의 주제가 되지는 못하였다. 지난세기 후반에 이르러 장애인에 대한 사회적 관심이 증가하고, 그에 따라 장애인에 대한 연구가 활발해지면서 교회와 신학 또한 장애인과 장애를 의식하게 되었다.

신학의 역사에 있어서 지난세기 후반에 소위 '해방신학'이라고 하는 상황신학들이 급부상하였다. 남미 해방신학으로부터 시작된 해방신학적 경향은 당시 사회에서 일어나고 있었던 소수자의 권리 운동들과 함께 맞물려 소수자 신학들을 발흥하게 하였다. 이러한 경향은 세계적으로 제3세계 신학으로 전개되면서 제3세계의 '소수자 신학'으로까지 확장되었

다.[1]

　　지난 세기 소수자에 대한 사회적 관심은 그들의 인권과 평등과 복지를 주장하였으며, 그것은 곧 소수자 스스로가 자기 자신과 시대와 사회를 비판하는 의식을 갖춤으로써 보다 진일보한 권리와 해방과 개혁의 길로 나아가게 하였다. 대표적으로 여성, 흑인, 민중에 대한 사회적 관심과 당사자 스스로의 의식화는 사회에 새로운 변화를 일으켰다. 신학은 이러한 사회적 추세의 동인이고, 동반이고, 결과로서 여러 소수자의 해방운동을 전개하게 하였다. 남미 해방신학, 여성신학, 흑인신학, 한국의 민중신학 등 여러 소수자의 신학들이 전개되는 한 자락에 교회의 장애인에 대한 관심과 기독교 장애인 당사자의 의식이 깨어나기 시작하였다.

　　장애와 장애인을 신학적 주제로 삼는다는 것은 먼저 신학의 정의와 관련되어 있다. "신학이란 무엇인가?" "신학은 무엇을 연구하는가?" 가장 간단하게 말하자면, 신학은 말 그대로 "하나님(神)에 대한 학문(學)"이다. 그런데, 사람이 하나님을 연구한다는 것이 가능한 일인가? 신학은 오히려 하나님이 사람과 관계하셔서 자기 자신을 계시함으로써 가능하게 된 것이고, 사람이 하나님의 은혜 안에서 하나님에 대한 사랑과 믿음과 소망으로 하는 것이다. 기독교의 하나님은 삼위일체 하나님이시고, 그 하나님은 세계를 창조하시고 주관하시며 구원하시는 분이다. 그러므로 신학은 조금 더 풀어 말해 삼위일체 하나님과 그 하나님이 관계하시는 온 세계를 연구한다. 세계는 인간과 우주만물과 역사 전체를 포괄하는 것이다. 그러고 보면, 이 세상의 어느 것도 신학의 주제나 범위에서 제외될 수 없다. 신학은 세계의 모든 것을 주제로 삼을 수 있다. "하나님도 한 분이시니 곧 만유의 아버지시라 만유 위에 계시고 만유를 통일하시고 만유 가

---

[1] 한국문화신학회, 『소수자의 신학』(서울: 동연, 2017). 이 책은 한국의 여러 소수자 그룹의 고난과 억압을 대변하며 각 소수자들의 신학을 소개하였다. 특히 여기서 박숭인은 온전함을 지향하는 장애인신학을 전개하였다.

운데 계시도다"(엡 4:6).

얼핏 보기에, 신학은 시대적으로 성도와 교회가 관심하는 것에 주목하였다. 시대마다 교회가 우선적으로 관심하는 주제나 분야가 있었다. 그것은 특정 교리이기도 하였고, 특정한 부류의 사람이기도 하였고, 시대의 특정한 삶의 문제이기도 하였다. 그것은 다른 각도에서 보면, 그 시대와 사회를 향한 삼위일체 하나님의 관심에 상응한 것이었다. 바야흐로 지난 세기 후반으로부터 장애인과 장애에 대한 관심이 역사상 그 어느 때보다 커져 가고 있다.[2]

II. 장애 개념에 대한 비판적 이해

1. 장애의 정의에 대한 비판적 성찰

장애에 대한 이해는 현실적으로 장애인으로부터 출발한다. 최근에 '장애학'(Disability Studies)이 장애를 학제적으로(interdisciplinary) 접근하고 있지만, 그 역사적 출발과 근거는 장애인을 위한 것이든, 장애인에 의한 것이든, 장애인과 함께하는 것이든 모두 장애인으로부터였다. 장애인이 있어서 장애에 대한 관심과 연구가 시작되었다.

장애인이란 누구인가? 국어사전에 따르면, 장애인이란 "신체의 일부에 장애가 있거나 정신 능력이 원활하지 못해 일상생활이나 사회생활에서 어려움이 있는 사람"이다. 장애인복지법에 따르면, 장애인이란 "신

---

2) 최대열, "장애인신학의 역사와 전망," 『장애 너머 계신 하나님』(서울: 대한기독교서회, 2012), 11. "드디어 장애인신학의 때가 찼다. 이 말은 이전에 장애인신학의 시도가 없었다는 의미가 아니라 적어도 지금처럼 장애인신학에 대한 요청이 절실한 적이 없었다는 의미이다."

체적 · 정신적 장애로 인하여 오랫동안 일상생활이나 사회생활에서 상당한 제약을 받는 자"로 정의하고 있다. 여기서는 먼저 이 정의에 대하여 근본부터 비판적으로(radical) 고찰해 보고자 한다.

장애인에 대한 이 정의는 크게 두 가지 요소로 구성되어 있다. 첫째는 "신체적 · 정신적 장애로 인하여"이다. 이것은 다양한 의미의 장애를 유발하는 일차적이고 직접적인 근본 원인을 외견상 규정한 것이다. 둘째는 "오랫동안 일상생활이나 사회생활에서 상당한 제약을 받는 자"이다. 이것은 정신적 · 신체적 장애로 말미암아 발생하고 경험하게 되는 이차적이고 부차적인 현상을 규정한 것이다. 그런데 사실은 그 역도 마찬가지이다. 개인적으로 정신적 · 신체적 장애가 있어서 일상생활이나 사회생활에 제약을 받기도 하거니와 사회적으로 장애 차별적인 사회의식과 사회구조로 말미암아 신체적 · 정신적 장애를 경험하기도 한다. 최근의 장애학은 사회적 장애가 개인적 장애를 규정하고 초래하는 것으로 보는 추세이다.[3]

사전적 정의는 우선 장애를 개인의 신체적 · 정신적 결함이나 손상으로 규정하고 있다. 장애 개념에 대한 이러한 이해는 역사적으로 개인적인 차원의 의료적인 개념으로 출발한다. 이것은 장애를 개인적으로 유전, 질병, 사고, 자해, 전쟁 등의 이유로 신체적 · 정신적으로 결함이나 손상을 당하여 기능을 상실하거나 제약을 겪는 것으로 본다. 이것은 장애를 사회적인 차원이 아니라 개인적인 차원에서 바라보고 있는 것이다. 장애를 사회적 차원에서 고려하지 않고, 장애인 그룹에 대한 사회적 의식 없이 장애인 개인의 것으로 취급한다.

장애와 질병은 실생활에서 겪는 고난과 차별이 유사할 수 있는데,

---

3) 강민희, "장애의 정치경제학," 『한국에서 장애학 하기』(서울: 학지사, 2014), 148-150. 강민희는 장애를 정치 · 경제의 결과물로 본다.

의학적으로는 다소간 거리가 있다. 간략하게 비교하면, 질병(disease)이 당대의 의학이나 의술로 치료가 가능한 것인데 비해 장애(disability)는 당대의 의학이나 의술로 치료가 불가능하여 거의 항구적으로 지니고 살아야 하는 것이다. 그래서 시대나 사회마다 질병과 장애 간에 다소의 차이가 있음을 종종 발견하게 된다. 레위기 21장의 고대 이스라엘의 제사장직 제외 규정은 오늘의 장애 범주와는 상당한 거리가 있다. 현대 복지사회에서는 난치병이나 희귀병이 실생활에서 겪는 고통, 불편, 상처, 차별, 소외, 낙인 등을 고려하여 장애의 범주로 계속 확대 편입되는 추세이다.

전근대적인 사회에서 이 장애는 주로 개인적인 차원에서 종교나 도덕과 결부되었다. 그래서 장애는 종종 종교적 불경이나 죄악의 결과 또는 인격적인 불결이나 결함의 결과로 간주되었다. 이 장애 이데올로기 형성에는 전통적으로 여러 장애 중에서 실질적인 기능보다 외형적인 손상이 우선하였다. 전통적으로 정신적 장애보다 신체적 장애가, 신체장애에서도 내부 장애보다 외부 장애가 시각적으로 우선하여 부각되었다. 그래서 지적장애인보다는 지체장애인이, 내부 장기 장애인보다는 외부 신체 장애인이 보다 확실하게 심각한 장애인으로 낙인찍혔다.

이 정의는 신체적 · 정신적 장애로 인하여 "오랫동안" 일상생활이나 사회생활에서 상당한 제약을 받는 결과를 초래한다고 규정하고 있다. 만약 오랫동안이 아니라 일시적인 것이라고 한다면, 개인의 경우에 그것은 장애라기보다 질병으로 분류해야 할 것이고, 사회의 경우에 그것은 지나가는 유행이나 개선하기 쉬운 제도로 분류해야 할 것이다. 그래서 장애란 개인에게는 대개 평생에 걸쳐 상당한 제약을 가하는 것이고, 사회에서는 오래된 의식과 관습과 제도로서 전체를 지배하는 것이다.

이 정의는 일상생활이나 사회생활에서 "상당한 제약"을 받는다고 규정하고 있다. 상당한 제약이라는 것이 정확히 어느 정도, 어느 단계까지

인지는 규정이 애매모호하다. 한국의 경우에 장애등급제를 운영하고 있으나 이로 인한 인권침해와 편중복지가 심하게 발생하고 있다. 그래서 장애등급제 폐지와 함께 실제 필요한 서비스에 대한 평가와 지원 정책이 논의되고 있다.

또한 여기서 비판적으로 검토할 것은 실제로 일상생활과 사회생활에서 상당한 제약을 받기는 꼭 신체적·정신적 장애로 인한 것만은 아닐 수 있다는 것이다. 잦은 질병이나 심리적 불안에서부터 불편한 인간관계나 갈등 중인 조직과의 관계, 나아가 자신에 대한 무지와 사회의 급변과 미래에 대한 불확실성 등 모든 것이 상당한 제약의 원인이 될 수 있다. 달리 말하면 장애에 대한 개념이 개인의 신체적·정신적 장애를 넘어 훨씬 더 광범위하게 포괄적으로 적용될 수 있다는 것이다.

이 정의는 장애인을 "일상생활과 사회생활"에서 상당한 제약을 받는 자라고 규정하고 있는데, 그러면, 왜 일상생활과 사회생활을 언급하고 있는가? 도대체 일상생활과 사회생활은 무엇이며, 왜 그것이 그렇게 중요한가? 그것은 인간의 존재에 대한 이해와 맞물려 있다.

인간이 인간인 것은 첫째로 인간의 인간다운 삶이 있기 때문이고, 둘째로 인간은 홀로 독존하는 존재가 아니라 서로 함께 어울려 사는 존재이기 때문이다. 인간은 인간으로서의 일상적인 생활이 있다. 인간은 다른 피조물과 함께 살지만, 다른 피조물과는 구별되는 고유한 삶을 산다. 그것은 신학적으로 하나님의 형상(Imago Dei)에 기초한다. 일상적인 생활이란 그 시대에 그 사회 안에서 인간이 일상적으로 살아가는 생활을 의미한다. 인간은 사회적 존재이며 사회생활을 기본으로 하고 있다. 사회생활이란 그 시대 인간이 그 사회 안에서 함께 살아가며 그 삶을 통해 함께 이루어가는 생활을 의미한다.

장애인복지법에서 장애인을 일상생활이나 사회생활에서 상당한 제약을 받는 자로 규정한 것은 장애인을 일상생활이나 사회생활에서 비장애인과 구별하고 분리하고자 하는 의도가 결코 아니다. 오히려 장애인이 일상생활이나 사회생활에 상당한 제약이 있으므로 어떻게든 일상생활이나 사회생활에 참여하고 영위하도록 하고자 하는 의도가 담겨 있다고 보아야 할 것이다.[4] 그리고 사실 장애 범주와 장애 개념이 계속 변화하듯이 인간의 일상생활이나 사회생활 역시 고정된 것이 아니라 계속 변화하는 것이다. 신학적으로 장애와 함께하고 장애인과 함께하는 것 자체가 인간의 일상생활이고 사회생활이다. 그것이 삼위일체 하나님나라의 삶이다.

현재 일반적으로나 장애인복지에서 보는 장애에 대한 정의는 신체적 · 정신적 제약과 일상생활과 사회생활에서 상당한 제약 두 가지로 구성된다. 두 가지가 모두 해당되어야 장애라고 규정할 수도 있지만, 둘 중에 어느 하나만 해당하여도 장애라고 규정할 수 있다. 또한 신체적 · 정신적 장애 때문에 일상생활과 사회생활에서 상당한 제약을 경험할 수도 있지만, 역으로 일상생활과 사회생활에서 상당한 제약을 경험하기에 신체적 · 정신적 장애로 규정될 수도 있다.

2. 장애 개념의 확장

장애인에 대한 규정은 시대마다 나라마다 사회마다 다를 수 있다. 그것은 의료수준, 장애를 바라보는 시각, 장애인에 대한 의식, 관습. 법, 제도 등이 상이하기 때문이다. 달리 말하면 장애의 개념은 고정된 것이 아니라 변화하는 것이다. 역사적으로 지금껏 계속하여 변하여 왔고 또 앞으로도 변할 것이다. 그렇게 본다면, 최소한 장애를 개인이 지니고 있는

---

4) 현행 15개의 장애 범주 가운데 자폐성장애와 정신장애는 자폐성장애 또는 정신장애로 인하여 일상생활과 사회생활에서 상당한 제약을 받으므로 타인의 도움을 필요로 하는 사람으로 규정하고 있다.

것으로 제한하여 규정한다 하더라도 그것이 사회적으로 규정되고 제한되고 적용되어 왔음은 인정해야 한다.

장애가 사회적 개념인 것은 지금껏 사용되어온 장애인에 대한 호칭이나 명칭에서부터 확연히 드러난다. 장애인을 가리키거나 부르는 이름이 결코 객관적이거나 우호적이지 않았다. 그것은 오랫동안 차별, 비난, 폄하, 모욕적인 것이었다. 이미 사회가 장애인을 부정적인 존재로 보고 대하여 왔으며 언어, 관습, 제도, 문화 속에서 부정적으로 평가하여 왔음을 반영하고 있다.

장애는 그것을 경험한다는 점에서 분명히 개인적인 것이지만, 무엇이 그것을 경험하게 하고 어떻게 경험하게 하고 그 결과를 어떻게 형성하여 가는가에 있어서 분명히 사회적인 것이다. 그러므로 장애는 개인적인 것인 동시에 또한 사회적인 것이다. 장애는 의학적, 심리적, 사회적, 복지적 개념이다. 장애는 사회적 개념이고 또한 사회학적 개념이다.

세계보건기구(WHO)는 이러한 개인적이고 사회적인 차원을 고려하여 일찍이 장애를 손상(impairment), 기능제약(disability), 사회적 장애(handicap)로 정의하였다. 이것은 앞서 고찰한 바처럼 장애를 손상으로 보는 관점에서 그로 인한 일상생활과 사회생활에서 제약받는 기능상 장애와 사회적 편견과 차별의 장애를 포함한 정의였다. 그러나 이러한 정의도 장애를 담기에는 다소 좁은 그릇이었다. 이후에 세계보건기구는 사회적 장애를 장애인을 둘러싼 환경으로 확대하였는데, 사실 그것은 꼭 장애인에게만 해당하는 것이 아니라 비장애인을 포함하는 모든 인류의 것이며, 그럴 때에 일련의 장애 발생을 보다 예방할 수 있고, 장애와 함께하는 건강한 사회를 구성할 수 있다고 보았다. 그래서 지금 세계보건기구는 장애를 훨

씬 더 넓은 의미로 사용하고 있다.[5]

이러한 장애 개념은 분명히 장애인으로부터 출발한 것이다. 그러나 이제 장애 개념을 개인적인 차원을 넘어서 장애인과 비장애인 모두를 포함하는 사회적 차원에서 바라보고 있다. 이러한 장애 개념의 변화와 장애 의식의 변화에 대해서 신학적으로 접근해야 할 필요가 있다.

영어의 disability는 the condition of being unable to perform as a consequence of physical or mental unfitness로 정의된다. 접두어 dis는 불가(不可)나 무능(無能)의 의미 보다는 탈락(脫落)이나 박탈(剝脫)의 의미를 가지고 있다. 그러므로 장애인의 장애의 경우에 그것은 무엇을 할 수 없는 무능력한 사람이라기보다는 사회적 환경에서 무엇을 수행하지 못하도록 제약된 사람으로 보는 것이 보다 적절하다.

장애(障礙)란 무엇인가? 국어사전에 따르면, 장애란 1) 어떤 일의 성립, 진행에 거치적거려 방해하거나 충분히 기능하지 못하게 함, 2) 신체 기관이 본래의 제대로 기능하지 못하거나 정신 능력에 결함이 있는 상태, 3) 유선 통신이나 무선 통신에서 신호의 전송을 방해하는 잡음이나 혼선 따위의 물리적 현상을 가리킨다. 이중에 두 번째의 것이 장애인에게 적용되는 장애 개념인데, 이글에서는 세 가지 모든 것을 다 포함하여 말할 수 있다.

먼저 생각할 것은 장애라는 단어의 뉘앙스로 그것이 어떤 것이든 전반적으로 긍정적이지 않다는 것이다. 세 가지 뜻풀이 모두 아무런 방해나 걸림이 없는 활발하게 소통하거나 원활하게 운행되는 상태에 반(反)하

---

5) 1980년 WHO는 장애를 손상(Impairment), 기능상 제약(Disability), 사회적 불리(Handicap)로 분류하여 규정하였다. 이것이 ICIDH(International Classification of Impairment, Disability, Handicap)이다. 2001년 WHO는 장애를 손상(Impairment), 활동 제한(Activity Limitation), 참여 제약(Participation Restriction)을 포괄하는 용어로 규정하였다. 이것이 ICF(International Classification of Functioning, Disability, and Health)이다. 조한진, "장애의 정의·분류·측정,"「한국에서 장애학 하기」, 48-52.

고 있다. 원인이나 목적이나 결과에 관계없이 현상적으로 무엇인가 가로 막혀 원활하지 않고 기능을 제대로 감당하지 못하고 있는 상태를 뜻한다. 그것은 인간이 개인적으로 장애 요소를 몸소 지니고 있는 것일 수도 있고, 인간 앞에 물리적으로나 심리적이고 사회적으로 장애 요소가 놓여 있는 것일 수도 있다. 둘 다 장애이다. 그러므로 장애는 장애인만 아니라 장애물, 장애가정, 장애사회, 장애교회, 장애생태, 장애신학 등 기본적이고 원론적이고 이상적으로 제 기능을 감당하지 못하고 있는 모든 현실에 사용할 수 있는 용어이다.

3. 장애에 대한 관점의 확장

지금껏 살펴본 바와 같이 장애는 개인적인 것인 동시에, 아니 그 이전에 이미 사회의 의식이고 제도이고 체제이다. 장애인 개인에 대해서 말할 수 있지만, 장애는 언제나 사회적 산물이다. 장애인에 대한 규정도 장애에 대한 개념도 지금껏 계속 변화하여 왔으며 또 앞으로도 계속 변할 것이다.

세계보건기구는 통계적으로 사회에 약 15%이상의 장애인이 있다고 추정하고 있다. 통계학적으로 장애는 어느 사회에나 존재할 수밖에 없는 평균과 기준과 편차의 문제이기도 하다. 어느 사회든지 전반적인 관리와 통제와 편익을 위해서 평균과 기준을 세워 운영한다. 그리고 그것은 개인의 일상생활이나 사회생활에 영향을 미치게 된다. 사회적인 평균과 기준은 개인이 사회적으로 겪는 불편과 차별과 관련된다. 평균과 기준에서 멀어지면 멀어질수록 사람은 사회적으로 더 심한 불편과 장애를 겪게 된다.

그러므로 장애의 문제는 미시적으로 개인의 고통, 불편, 상처, 차별의 문제를 넘어서 보다 거시적으로 그 사회에서 다수와 소수, 중심과 주변, 주류와 비주류의 문제이기도 하다. 사회에서 누가 주류를 형성하며 누가 사회를 주도하고 있는가에 따라서 법과 제도와 관습과 문화가 변하기도 하고 더 나아가 장애의 기준과 범위가 변하기도 한다. 하나의 예로 평균적인 신체의 치수를 중심으로 단계별로 기준 치수를 세워서 의류가 제조판매 되고 있는데, 평균에서 거리가 먼 신체를 가진 사람들은, 그들이 크든지 작든지 관계없이, 옷을 사 입는 데 많은 불편과 차별 그리고 그에 따르는 평균 이상의 경비를 지출해야 하는 경제적 부담을 안게 된다.

사회의 장애 개념과 개인의 장애 경험은 인간의 의식과 세계관에도 큰 영향을 미친다. 장애인이 장애를 입고 개인적인 지식과 생각으로만 장애를 수용하고 대처하는 것이 아니다. 장애인이 장애를 입게 되는 것도 다분히 사회적인 요소와 환경에 기인하고 있지만, 그것을 수용하고 대처하는 것 또한 이미 사회적인 상황 가운데 놓여 있다.

인간의 의식은 천상에서 내려온 순수한 영혼만으로 구성되는 것이 아니다. 인간의 사고는 인간의 보편적 고유성과 그의 유전적이고 형질적 특성 위에 그가 실제로 살고 있는 사회적이고 시대적인 환경과 그가 직간 접으로 겪은 삶의 경험들과 수많은 관계들 안에서 형성되어가는 것이다. 장애인은 장애로 인하여 실생활에서 생각하고 생활하고 미래를 계획하고 설계하고 누군가와 어떤 관계를 이루는데, 나름대로의 관점과 의식이 형성될 수 있다. 물론 이것은 꼭 장애인만이 아니라 모든 사람들이 다 그렇다.

성서의 예로, 열왕기하 7장 한센병으로 인하여 성 밖에 거주하던 4명의 이스라엘 사람들은 아람과의 긴 전쟁에 먹을 것이 없자 적진에 투항하여 생명의 역사의 주역이 되었는데, 그들이 그러한 결단을 하게 된 것은 장애라고 하는 경험과 현실 때문이었다. 요한복음 5장의 베데스다 연못가의 38년 된 병자는 예수께서 물었을 때에 자기를 연못에 넣어주는 사람이 없었다는 회한에 찬 대답을 하였는데, 그것은 장애로 인한 자신의 인생에 대한 한탄이었고 타인과 환경에 대한 원망의 발로였다.

장애에 대한 비판적 성찰은 장애가 단순히 개인의 신체적·정신적 결함과 손상의 문제가 아니라 그에 비교할 수 없을 정도로 이미 사회적 산물이며 사회적 현실이고 사회적 주제임을 알려준다. 따라서 장애는 장애인 개인의 것이 아니라 사회 전반의 것이며, 그것은 또 달리 말해 장애인만의 것이 아니라 장애인과 비장애인 그리고 그들이 이루는 사회 전반의 것이라는 사실이다.

장애는 모든 인간에게 열려 있다. 가장 단순하고 직접적으로 언급하는 신체적·정신적 장애도 누구에게나 발생 가능하다. 현재 등록 장애인의 대부분이 후천적 장애인이다. 장애인으로 태어난 사람보다 살면서 장애를 입게 된 사람이 압도적으로 많다. 그렇다면 지금 비장애인이라고 하더라도 언제든 장애인이 될 수 있다. 그래서 인간의 장애가능성, 예비적 장애인, 잠재적 장애인이라는 표현이 가능하다. 뿐만 아니라 장애가 신체적·정신적 손상만이 아니라 그의 자유와 인생 앞에 장애 거리가 놓여 있거나 물리적·사회적 장벽이 장애로 존재한다면, 이미 모든 사람은 장애를 경험하는 장애인이다.

장애신학은 장애인만을 위한 것도 장애인만에 의한 것도 아니고, 인간의 신체적·정신적 장애만을 고려하는 것도 아니다. 장애신학은 장애의 경험과 현실, 곧 고통과 상처와 차별과 절망을 가지고 하나님과 세계와 인간의 삶 전체를 장애라고 하는 창과 도구로 조망하고 설명하려 한다. 그럴 때에 이전의 신학이 미처 보지 못하였던 부분을 발견하고, 미처 터치하지 못했던 부분을 터치하고, 미처 연결 짓지 못하였던 것을 연결함으로써 더 크고 체계적이고 세심하고 현실적인 신학을 구성하는 데 기여할 수 있을 것이다.

III. 장애에 대한 신학적 이해

장애에 대한 신학적 관심 역시 역사적으로 장애인으로부터 비롯된 것이다. 신학이 구지 장애라고 하는 보편적이지도 익숙하지도 않은 개념을 사용하여 따로 신앙을 설명할 이유가 없었다. 오랜 세월 어느 사회에서나 장애인을 지칭하는 폄하적인 거친 표현들이 많이 있어왔다. 장애라고 하는 다소 객관적이고 중립적인 표현을 사용한 것은 지난세기 후반의 일이다.

교회가 장애인을 어떻게 바라보고, 어떻게 대할 것인가는 신학적인 문제이기 전에 실천적이고, 윤리적이고, 목회적인 문제이다.[6] 여기서는 장애인이 아니라 장애 자체를 어떻게 바라볼 것인가에 보다 집중하고자 한다. 장애를 강하고 직접적으로 경험하는 일차적인 주체가 주로 장애인이기에 장애인의 장애와 관련한 내용들이 많을 것이지만, 그럼에도 장애 개념 자체에 대한 신학적 성찰을 필요로 한다.

논의를 전개하면서 먼저 주지할 것은 앞에서 정리한 바와 같이 장애란 개인적인 것인 동시에 사회적인 것이라는 점이다. 그러므로 장애에 대한 신학적 이해는 최소한 이 두 가지 차원을 다 고려하여야 한다. 물론 신학이 인간의 일이고, 장애신학이 상당수 장애인에 의해 진행되었기에 분량과 무게에 있어서 장애인 개인에게 많이 치우쳐 있다고 하지만, 장애인과 비장애인 모두를 위한 보편적인 신학이 되기 위해서 개인과 사회라는 이 두 측면을 동시에 고려해야 한다.

---

6) 장애인에 대한 신학적 이해와 목회적 자세에 대해서는 최대열, "발달장애인에 대한 이해," 최대열·이상록, 『교회와 발달장애인』(서울: 나눔사, 2014), 21-32 참조.

1. 인간과 사회의 조건으로서 장애

신학은 먼저 하나님과 피조세계, 보다 구체적으로 하나님과 인간을 구분한다. 물론 하나님과 세계, 하나님과 인간은 떼려야 뗄 수 없는 불가분의 관계에 있지만, 결코 동일하거나 동급에 있을 수 있는 존재가 아니다. 하나님은 창조주이시고 인간은 피조물이다. 하나님은 하늘에 계시고 인간은 땅에 있다(전 5:2).

전통적으로 신론에서 하나님은 전지전능, 무소부재하신 분이시다. 그의 속성은 사랑, 진리, 선, 신실함 등 이다. 인간은 그렇지 못하다. 인간은 오히려 무지하고 무능하다. 백번 양보하여 무엇을 조금 알 수 있고 무엇을 조금 할 수 있다 하더라도 그것은 그가 알지 못하고 할 수 없는 것에 비하면 억만 분의 일에도 미치지 못한다. 인간이 사랑을 한다고 하지만, 그것은 자기중심적이고 일시적이고 제한적이다. 사랑하는 사람에게 해줄 수 있는 것보다 해줄 수 없는 것이 훨씬 더 많다. 인간은 유한하며 제한적인 존재이다.

달리 말하면 인간의 본질이 장애라고 하는 것이다. 그것은 인간이 무엇을 하는데 제약 받는 것을 의미한다. 그것은 꼭 신체적·정신적 결함이나 손상 때문이 아니라 인간이기 때문이다. 인간은 결코 신이 아니다. 인간은 마음대로 날 수도 없거니와 질병과 사고를 막을 수도 없고, 죽었다가 마음대로 다시 살아날 수도 없다. 무엇을 마음대로 다 할 수 있는 존재가 아니라 할 수 있는 것보다 할 수 없는 것이 훨씬 많은 존재이고, 할 수 있는 것도 완벽하게 한다기보다 어설프게 할 수 밖에 없는 존재이다. 인간은 시간과 공간, 경험과 상황의 한계에 갇혀 있다. 그것을 넘어서 무엇을 할 수 없으며 그 안에서도 무엇을 완벽하게 할 수 없다. 왜냐하면 인간은 유한자이기 때문이다. 유한한 인간은 곧 달리 표현하여 '장애 안의 인간'(person in disability)이다.

　19세기 이성주의와 자유주의는 인간의 이성과 능력과 의지를 강조하고 신뢰하였지만, 20세기 1,2차 세계대전의 경험은 인간의 죄악과 불의와 무능을 처절하게 경험하였다. 그래서 현대 실존주의는 인간의 유한하고 불안하고 절망으로 치닫는 인간 실존을 폭로하기에 급급하였고, 신정통주의 신학은 인간의 유한성과 죄악성을 고백하며 다시금 하나님의 절대 주권과 영원한 사랑 아래에 엎드렸다.

　인간의 인간성은 하나님 없이 인간 본연의 것이 아니라 하나님과의 관계 안에 주어진 것이다. 인간은 본래 하나님의 형상으로서 하나님 앞에 선 존재이다. 인간은 예수 그리스도로 말미암아 회복된 하나님과의 관계 안에서 참 인간으로 존재할 수 있다. 그럼에도 불구하고, 곧 하나님 안에 존재한다 하더라도 인간은 여전히 유한한 존재이다. 인간은 하나님이 아니기 때문이다.

　성자 예수 그리스도가 인간의 몸을 입고 이 세상에 오셨다고 하는 것은 전능자가 스스로 유한자가 되셨다는 뜻이다. 무엇이든지 다 하실 수 있는 분이 스스로 인간으로 오심으로써 일반 사람들과 마찬가지로 수많은 제약 속에 생활하셨다. 그러므로 성육신은 달리 표현하여 '하나님의 장애 입으심,' '하나님의 장애사건,' '하나님의 장애화(障礙化)'라고 할 수 있다.

　그러고 보면 장애신학에서 장애 개념은 장애인의 장애에만 국한된 것이 아니다. 장애인복지와 무관하게 인간은 그의 자유의지에 반하여 수많은 제약 속에 살아간다. 인간이 장애 안에 존재한다는 의미에서 모든 인간은 장애인이다. 죄악으로 말미암아 하나님과의 관계가 단절되거나 문제가 생겼기에 더욱이 모든 인간은 장애 안에 있다. 여기에서 예외인 인간은 하나도 없다.

다만, 이러한 인간의 장애성을 누가 어떤 경우에 더 직접적으로 인지하고, 경험하고, 중심주제로 붙들고 살아가는가? 장애인은 이러한 장애 현상에 누구보다 예민하고 민감하다. 인간의 관심과 인식은 그의 삶의 경험과 목적에 기초하고 있다. 인간의 지각은 세계의 수많은 현상에 대하여 그의 관심에 따라 우선 주목하게 되고, 같은 현상을 바라보더라도 그의 관심에 따라 조망하고 수용하게 된다. 장애인은 누구보다 장애 현상과 장애사태와 장애상황에 우선적으로 관심하여 인식한다. 장애인은 장애의 렌즈로 사물과 사태를 바라보고, 장애의 프레임을 통해 세계를 전망하고, 장애의 패러다임 위에서 인생과 세계에 관하여 사고하는데 익숙하다.

2. 죄와 장애

장애신학 초기에 가장 많이 제기되었던 질문은 "장애가 죄인가?" 하는 문제였다. 이것은 사회와 교회에서 장애인을 마치 죄인으로 정죄하고 취급하였던 것에 대한 가장 원초적인 신학적 질문이었다. 고대사회에서부터 장애는 죄와 쉽게 결부되었으며, 구약성경의 고대 이스라엘 사회도 예외는 아니다. 레위기 21장의 장애인의 제사장직 제외규정은 장애인 존중과 보호의 함의에도 불구하고 사회는 오직 장애인 제외와 박탈만을 부각시켜 정당화하였다.

실제로 성경에 장애와 죄가 결부된 구절이나 전통이 존재하는 것이 엄연한 사실이다. 종종 장애를 지나치게 우호적으로 주장하려다가 실제로 존재하는 성경구절을 무시하거나 오해하는 실수를 범하곤 한다. 성경에 죄와 장애와 연관된 구절과 전통들이 있지만, 실제로 죄와 장애가 무관하게 언급된 구절과 전통도 많이 있다.

죄와 장애는 동일한 것이 아니다. 장애가 죄의 여러 결과들 중의 한 현상으로 드러나기 때문에 마치 죄와 장애를 동일한 것으로 확신하곤 하는데, 절대 그렇지 않다. 죄는 죄이고, 장애는 장애이다. 장애는 죄의 수많은 결과들 중의 하나일 수 있다. 그래서 성서에서 수많은 장애는 대개 죄와 아무런 관련 없이 언급된다. 사실 성경에서 죄의 보다 구체적이고 궁극적인 보응은 장애라기보다 죽음, 곧 육적이고 영적인 죽음이다. 장애는 죄에 대한 보응의 결과들 중의 하나일 뿐이고, 오히려 역으로 죽음에서 살아남는 은혜의 부산물이라고도 해석할 수 있다.

요한복음 9장 3절과 5장 8절은 서로 대조적으로 죄의 결과가 장애라고 하는 도식에 절반의 연속선과 절반의 불연속선을 반영하고 있다. 어떤 장애가 죄의 결과일 수도 있지만, 모든 장애는 하나님의 영광을 나타내기 위한 것이 될 수 있다. 모든 장애가 그럴 수도 있겠지만, 본문에 소개된 사람에게만 해당하는 매우 개별적인 것일 수도 있다.

장애와 죄를 동일시하는 것은 일종의 장애 이데올로기이다. 성서는 결코 장애와 죄를 동일시하지 않으며, 장애인을 죄인으로 정죄하지도 않는다. 교회에 스며든 장애 이데올로기는 예수 그리스도의 복음으로 극복되어야 한다. 기독교 정신은 장애를 죄로 보지 않고, 장애인을 그리스도 안에서 더욱 사랑해야 할 형제자매요, 하나님의 영광을 드러내기 위해 함께 일할 동역자로 본다.

여기서는 장애와 죄 자체를 생각해 보고자 한다. 기독교는 전통적으로 인간의 불행과 세계의 파멸의 근본 원인을 죄로 규정한다. 그래서 예수 그리스도의 사역 또한 죄로부터의 구원으로 정리하고 소개하여 왔다. 성경에서 죄는 부정적인 것이다. 구체적으로 행한 죄악은 각자 다를지라도 죄의 본성과 죄의 수행은 모든 인간에게 보편적이다. 모든 인간은 죄인이다. 종종 구약성서에서 이스라엘 공동체의 죄가 소개되기도 하지만,

기독교에서 일반적으로 죄는 개인의 것이다.

죄는 전통적으로 인간의 교만, 탐욕, 불순종으로 소개된다. 칼 바르트(Karl Barth)는 죄를 교만, 태만, 기만으로 정리하였다. 이것은 결국 인간이 하나님을 하나님으로 인정하지 않고 하나님 없이 하나님의 자리에 어떤 피조물을 대체하거나 자기 자신을 하나님의 자리에 둠으로부터 출발한다. 그러기에 죄를 인간이 하나님과의 관계가 단절된 장애 상태로 해석할 수도 있다.

성서에서 죄에 대한 포괄적인 구절은 야고보서 4장 17절이다. "그러므로 사람이 선을 행할 줄 알고도 행하지 아니하면 죄니라" 기독교에서 죄는 단순히 사회의 실정법을 어기는 것이나 윤리적인 도덕을 넘어서 악행을 저지르는 것에 머물지 않고, 하나님의 뜻에 순종하지 않는 모든 것이 다 죄이다(엡 2:2, 5:6). 그러므로 기독교는 세상에서 분명하게 큰 죄를 짓지 않은 사람에게 먼저 죄인임을 깨우쳐 주어야 했다.

장애신학은 인간의 유한성과 죄악성 그리고 그에 따른 예수 그리스도의 사역을 소개하는 데 장애성과 장애경험이 훨씬 용이하고 적합하고 생각한다. 장애신학의 장애가 부정적인 것을 대표하는 개념이라고 본다면, 장애는 죄보다 훨씬 포괄적이며 현실적으로 인간의 문제를 보다 잘 소개하고 드러내고 표현하고 있다. 하나님과 원활하게 교통하지 않는 모든 것, 하나님의 뜻대로 살지 못하는 모든 것이 다 장애가 될 수 있다.

장애는 분명히 부정적인 부분이 있다. 장애는 개인의 내적인 혼란 (disorder)과 불이행을 의미하기도 하지만, 사실은 인간이든 사물이든 그 어떤 것과 매우 원만하지 않은 불편한 관계를 가리키는 관계적 용어이다. 개인 안에서 설명될 개념이라기보다 누구와 또는 무엇을 하는데 장애가 된다는 의미를 내포하고 있다. 장애신학에 따르면 적어도 장애인에게 있어서 인간의 문제를 보다 포괄적으로 표현하기에 죄보다 장애가 더 실감

난다.

　그러면 죄와 장애가 같은가? 결코 그렇지 않다. 죄와 장애 개념 사이에는 연속선과 불연속선이 존재한다. 같은 내용을 포함하기도 하지만, 또한 그렇지 않은 부분도 있다. 장애가 총체적으로 비록 부정적인 뉘앙스를 가지고 있지만, 죄와 장애는 동일하지 않다. 장애가 인간에게 있어서나 하나님에게 있어서나 무엇인가 원활한 소통과 수행을 가로막고 있다는 점에서는 분명히 죄와 장애는 유사한 부분을 가지고 있다. 그리고 그것이 경우에 따라서 인간에게 저주와 파멸과 죽음을 가져다준다는 점에서는 더욱 그렇다.

　그러나 죄가 인간 개인의 뒤틀린 악한 삶을 설명하기에 용이하다면, 장애는 개인을 넘어 그보다 훨씬 폭넓게 수많은 관계를 가로막는 것에 적용될 수 있다. 인간의 하나님과의 장애, 인간의 자신과의 장애, 인간들의 관계에서의 장애, 인간과 사회 사이의 장애, 집단과 집단 사이의 장애, 인간과 생태계 사이 또는 생태계 안에 존재하는 모든 피조물들 사이의 장애 등 해결되어야할 수많은 걸림돌들이 모두 장애라는 개념 안에 포섭될 수 있다. 그런 점에서 장애는 죄보다 훨씬 포괄적이다. 물론 죄에서도 개인의 죄 외에 사회적인 죄를 언급함으로써 사회구원의 논쟁을 일으키기도 하였다.

　장애는 불편한 것이다. 장애는 더 좋은, 나아가 가장 좋은 관계를 이루고, 하나님의 뜻을 실현하는데 걸리적거리는 모든 것을 포함한다. 최소한 장애로 인해 무엇인가 좌절되고 포기되고 그로 인해 상처받은 경험이 있다면, 그것은 죄를 넘어 하나님나라로 나아가고, 하나님나라를 이루어가는 데 넘어서야 할 모든 것을 가장 잘 표현한다. 현실에서 신체적 · 정신적 장애인에게는 훨씬 더 그렇다.

　죄가 윤리와 종교에서 전면적으로 악한 것으로 규정된 개념인데 비해 장애는 비교적 가치중립적인 표현이다. 장애는 단정적으로 정죄하거나 제거해야할 악한 것이 아니라 비교적 있는 그대로 존재하거나 일어나고 있는 현상을 표현하고 있다. 물론 그럼에도 그렇게 방치하여 둔다고 만사가 아니고 궁극적으로 어떻게든 해소되고 화해되고 해결되어야 할 것이다.

그러므로 장애는 극복되고 해소되어야할 것이지만, 그것이 완전히 부인되고 제거되어야할 것이라기보다 해소되고 극복되어서 그 다음의 보다 보완적이고 더 좋아진 것을 이루어야할 계기로 해석된다. 이것은 마치 헤겔의 변증법에 있어서 반(反)에 해당하는 지양과 지향의 양면을 가지고 있는 부정에 해당한다고 할 수 있다.

헤겔의 정반합의 변증법에서 부정은 역사적으로 존재하는 현실이고, 논리적으로 없어서는 안 될 반드시 있어야 할 것이다. 헤겔에게 있어서 부정은 지양되어야 할 것이지만 또한 합을 향하여 지향되어야 할 것이다. 죄가 단지 제거되고 지양되어야할 것이라면, 장애는 또한 해소되고 지향되어야할 것을 포함하고 있다. 죄가 더한 곳에 은혜가 넘쳤다(롬 4:20)는 말씀은 장애로 설명할 때 보다 더 현실적이고 합리적으로 소개될 수 있다.

장애가 지양되고 지향됨으로써 인간은 더 나은 인격으로 성숙되고, 인간관계는 더욱 유의미한 관계가 되고, 인간과 사회는 더욱 긴밀한 사이가 되고, 생태계의 장애는 서로 사랑으로 돌보며 섬기는 유기체적 관계로 나아가게 된다. 그것이 곧 삼위일체 하나님나라를 향하여 나아가는 삶이다.

3. 하나님의 영광을 위한 장애

기독교에서 장애에 대한 가장 흥미로운 견해는 하나님의 영광을 위한 장애이다. 지금껏 오랫동안 대부분의 사회에서 장애는 부정적인 것으로 취급되었다. 그래서 장애를 개인적으로 치료해야할 대상이나 사회에서 제거해야할 대상으로 간주하였고, 또 시대마다 사회마다 그에 따라 조치하였다. 그 결과 장애인은 언제나 주체가 아니라 대상이 되어야 했다. 그것도 기피, 분리, 배제, 축출, 제거해야할 대상이 되어야 했다. 그 가장 쉬운 방법은 바로 죄인으로 정죄하고 낙인찍는 것이었다. 본다고 하기에 그저 죄인(요 9:41)이라고 하는 예수 그리스도의 장애역전 선언은 지금껏 장애인이기에 그저 죄인이라고 하는 모든 장애규정에 대한 최고의 반란이며 동시에 복음이다.

장애는 분명히 외견상 치유되고 제거되어야 할 것이지만, 놀랍게도 그것을 통해 하나님의 뜻이 이루어지고 하나님께 영광을 돌리는 계기가 된다. 그것은 바울이 말하는 '약함 속에 강함' 중의 하나이다. 하나님의 능력은 인간의 연약함 속에서 더욱 분명하고 찬란하게 빛을 발한다. 인간의 장애 속에서 하나님의 영광이 잘 드러난다. 장애를 계기로 하나님의 역사가 전개된다.

바울은 자기의 육체에 있는 가시를 제거하고 싶어서 하나님께 세 번이나 간절히 간구하였다. 그러나 하나님의 응답은 오히려 "내 은혜가 네게 족하도다."였다. 제거되어야 할 그 무엇이 아니라 간직한 채 사용되어야 할 그 무엇이고, 때로 간직하는 것만으로도 의미와 능력이 나타나는 것이 장애이다.

그러면 관계와 사회에서의 장애는 어떠한가? 인간관계에서 장애는 화목과 평화를 위해 반드시 해결되고 해소되어야 할 것이다. 그것이 지속되거나 영속되는 것이 하나님의 뜻이 아닐뿐더러 그러한 분리와 배척과 증오는 마귀적인 것이다. 그럼에도 그것은 인간 세상에 엄연히 존재하는 것이고, 또한 존재할 수밖에 없는 것이다. 그것을 풀어내고 화해시키는 것이 기독교의 복음이다. 그 장애는 장애인의 신체적·정신적 장애처럼 평생 지녀야 하는 것이 아니라 막힌 담을 허시는 예수 그리스도로 말미암아 반드시 허물고 화해되어야 하는 것이다.

죄가 더한 곳에 은혜가 넘치듯, 장벽이 높을수록 능력이 넘쳐야 한다. 그것은 인간의 힘으로 될 수 있는 것이 아니다. 오직 삼위일체 하나님의 은혜와 능력이 하나님과 인간, 인간과 인간, 인간과 사회, 인간과 피조물, 생태계 안의 모든 피조물들 사이의 장애를 무너뜨리고 사랑의 교제 안에 하나 되게 한다. 그것은 삼위일체 하나님나라를 향한 삶이다. 그러므로 장애신학에서 장애는 삼위일체 하나님나라를 향한 삶을 보다 현실적이고 분명하게 설명하고 보여주는 계기가 된다.

현실에 장애가 있음을 인정하는 것이 장애신학의 출발이다. 인간이 존재하는 한 인간 개인이나 개인적인 관계나 사회 전반에는 반드시 불편, 갈등, 대립, 대적하는 장애들이 존재할 수밖에 없다. 그것이 인간이고 인간 사회이다. 개인이나 관계나 사회의 어떤 장애든 예수 그리스도는 모든 것의 화해자가 되신다. 장애의 반대는 화해이고 화평이다. 모든 장애는 예수 그리스도의 화해 사건에 기초하여 성령의 교통하는 역사로 삼위일체 하나님의 사랑의 사귐으로 해결되고 해소되고 새로운 국면, 곧 삼위일체 하나님나라를 향하여 나아갈 수 있다.

그러므로 삼위일체 하나님나라를 이루어가는 계기가 바로 장애이다. 하나님나라는 개인 홀로 구성될 수 있는 것이 아니다. 하나님나라는 개인적인 평안이나 행복만을 누리는 것에 머무르지 않는다. 모든 사람이 사랑 안에서 함께 누리는 것이 하나님나라이다. 삼위일체 하나님나라는 인간이 자기중심적으로 생각하고 자기 혼자만 누리는 것이 아니라 하나님의 영 안에서 함께 이루고 누리는 공의와 평화와 기쁨이다. "하나님의 나라는 먹는 것과 마시는 것이 아니요 오직 성령 안에 있는 의와 평강과 희락이라"(롬 14:17).

IV. 결어: 장애와 함께 장애를 넘어

장애는 인류 역사와 더불어 항상 있었지만, 장애라는 용어는 비교적 최근에 생겨난 것이다. 이전에 신체적 · 정신적 결함과 손상을 지칭하던 용어들은 계속하여 변화하여 왔으며 앞으로도 변할 것이다. 지금까지 인간의 장애를 지칭하던 표현들이 대개 모욕적인 것인데 비해 장애라는 용어는 현재 사회에서 비교적 가치중립적이다. 물론 언어란 사회적인 것이어서 사람들의 의도와 뉘앙스에 따라 긍정적으로 또는 부정적으로 사용되곤 하는데, 최근에 장애라는 용어를 이전의 것들처럼 다소 부정적이고 폄하적인 의도를 담아 사용하는 경우도 있다. 그것은 앞으로 장애를 가리키는 어떤 표현이나 용어가 나오든지 마찬가지일 것이다. 장애나 장애인에 대한 인간의 의식이 바뀌지 않는 한, 어떤 용어든지 현실은 마찬가지일 수 있다.

인간이 존재하는 한, 장애 또한 존재한다. 장애는 인간 개인의 조건인 동시에 인간 사회의 현실이다. 장애가 개인적으로나 사회적으로 고통, 불편, 소외, 차별, 갈등, 대립 등의 어려움을 가지고 있지만, 그것이 당연한 현실이고, 그것과 함께 그것을 넘어서는 것이 바로 기독교 신앙이다. 그러므로 기독교는 성령 안에서 장애와 함께 장애를 넘어선다. 장애는 부정적인 것을 담고 있지만, 그러나 기독교 신앙은 삼위일체 하나님의 은

혜로 그 부정을 부정함으로써 장애를 넘어 개인과 사회를 화평에 이르게
한다. 그러므로 장애는 인간 개인과 사회의 기본 조건이며, 누구에게나
주어진 것이고, 누구나 경험할 수 있는 것인데, 다만 현실적으로 사회에
서 장애인으로 규정된 사람들에게 있어서 보다 확실하고 강력하게 경험
된다.

제2장

삼위일체적 장애신학

삼위일체적 장애신학

I. 서언: 삼위일체 하나님의 신학

기독교신학은 오직 삼위일체 하나님으로부터 가능하다. 신학은 어원(θεός+λόγος)에서 드러나듯이 일반적으로 하나님에 대한 학문으로 소개된다. 기독교의 신관은 전통적으로 삼위일체론이다. 이것은 타종교와 비교할 때 보다 분명하게 나타난다. 그러므로 기독교신학은 삼위일체 하나님에 대한 연구를 기본 내용으로 갖는다.

기독교신학은 인간이 하나님을 알아가는 데에 있어서 인간의 능력으로부터 출발하지 않는다. 인간이 하나님을 알게 되는 것은 하나님이 자기 자신을 인간에게 계시하시기 때문에 가능하다. 그러므로 신학은 하나님에 대한 인간의 학문이라기보다는 하나님이 인간에게 스스로 계시하시는 하나님의 학문이다. 신학은 인간이 하나님을 연구하고 파악하는 학문이 아니라 하나님의 계시 안에서 인간이 하나님을 알아가고 경외하는 학문이다. 삼위일체 하나님은 신학의 대상인 동시에 신학의 진정한 주체이다. 그러므로 기독교신학은 오직 삼위일체로부터 가능한 것이다. 기독교의 모든 신학은 삼위일체 하나님 없이는 아무 것도 할 수 없고, 또한 아무 것도 아니다.

역사적으로 교회가 세워지고 가장 먼저 체계화된 교리는 삼위일체론이다. 그것은 삼위일체가 기독교를 기독교 되게 하는 가장 중요한 핵심 내용이기 때문이다. 삼위일체론은 기독교의 고유한 것으로서 기독교의 정체성과 관련된 것이다.[1] 삼위일체론은 구원론, 신앙론과 밀접히 연관되어 있다. 교회사에서 삼위일체론은 325년 니케아 공의회와 381년 콘스탄티노플 공의회를 거치면서 교회의 공식적인 교리로 확정되었다. 그리하여 삼위일체론은 기독교의 고유한 신론이고 교리이며, 송영이고 예전이 되었다.

삼위일체론 교리가 확립된 후 교회의 당면한 문제들로 인해 삼위일체론은 송영과 예전의 표현에도 불구하고 난해함과 비실천성으로 신론 안에서 하나의 꺼리는 교리로 마치 부록처럼 머물렀다. 칼 라너(Karl Rahner)의 지적처럼 기독교인은 삼위일체 신앙을 고백하면서도 일신론적으로 믿어왔다.[2] 그러던 것이 지난 20세기 후반에 이르러 삼위일체론에 대한 관심이 증가하면서 그 중요성과 현실적 의미에 대한 논의가 폭발적으로 일어났다.[3] 토마스 톰프슨은 이러한 현상을 '삼위일체 르네상스'(a

---

1) 삼위일체론의 간략한 형성사에 대해서는 로저 올슨 · 크리스토퍼 홀/이세형 옮김, 『삼위일체』(서울: 대한기독교서회, 2004), 27–75 참조.

2) Karl Rahner, Schriften zur Theologie, Bd. IV(Einsleden: Benziger Verlag, 1962), 105.

3) 현대 삼위일체에 대한 연구들을 신학적 전통에 따라 정리하면 다음과 같다. 서구 신학의 개신교 전통에서는 칼 바르트/박순경 옮김, 『교회교의학 I/1』(서울: 대한기독교서회, 2003); 에버하르트 윙엘/백철현 옮김, 『하나님의 존재는 되어감 속에 있다』(서울: 그리스도교신학연구소, 1988); Eberhart Jüngel, Gott als die Geheimnis der Welt(Tübingen: Mohr Verlag, 1977); 위르겐 몰트만/김균진 옮김, 『삼위일체와 하나님의 나라』(서울: 대한기독교서회, 1982); Robert, W. Jenson, The Triune Identity: God According to the Gospel(Philadelphia: Fortress Press, 1982); 볼프하르트 판넨베르크/신준호 · 안희철 옮김, 『판넨베르크 조직신학 I』(서울: 새물결플러스, 2017); Thomas, F. Torrance, The Trinitarian Faith (Edinburgh: T&T Clark, 1994)등이 있다. 로마 카톨릭 전통에서는 Karl Rahner, "De Trinitate," Bemerkungen zum dogmatischen Traktat; Yves Congar, I Believe in the Holy Spirit, vol. 3, tran. Daniel Smith (London: Geoffrey Champman, 1983); Hans Urs Von Balthasar, Theologik II: Wahrheit

trinitarian renaissance)라고 표현하였다.[4]

　21세기 접어 들면서 기독교의 신학은 기본적으로 삼위일체 신학이라는 큰 흐름 속에 놓이게 되었다. 현대의 모든 신학적 논의에 삼위일체가 신학의 전면에 등장한다. 오랫동안 신론 안에서 하나의 항목으로 존

Gottes(Einsiedeln, 1985); 루카스 마태오 세코/윤주현 옮김, 『삼위일체론』(서울: 가톨릭출판사, 2017) 등이 있다. 동방교회 전통에서는 Vladmir Lossky, *The Mystical Theology of the Eastern Church* (Cambridge and London: James Clark, 1957); John Meyendorff, *Byzantine Theology* (Oxford: A. R. Mowbray, 1975); John D. Zizioulas, *Being as Communion: Studies in Personhood and the Church* (Crestwood: St. Vladmir's Seminary Press, 1985) 등이 있다. 상황신학 또는 제3세계 신학에서도 삼위일체에 대한 연구가 활발하다. 라틴 아메리카의 해방신학적 맥락에서의 삼위일체 연구로는 레오나르도 보프/이세형 옮김, 『삼위일체와 사회』(서울: 대한기독교서회, 2013)가 있으며, 여성신학에서의 삼위일체 연구로는 Rebecca Oxford-Carpenter, "Gender and the Trinity," *Theology Today* 41 (1984); Catherine Mowry Lacugna, *God for Us: The Trinity and Christian Life* (New York: Harper Collins, 1991); Elizabeth A. Johnson, *She Who Is: The Mystery of God In Feminist Theological Discourse* (New York: Crossroad, 1992)가 있다. 여기서는 크게 1세계 신학, 2세계 신학, 3세계 신학으로 구분하였다. 그 외의 점점 더 심화되고 확장되어 가는 삼위일체 연구 결과에 대한 자료를 위해서는 다음 문헌을 참조: John Thompson, "Modern Trinitarian Perspectives," *SJT* 44 (1991)와 *Modern Trinitarian Perspectives* (New York: Oxford University Press, 1994). 존 톰프슨은 최근의 삼위일체 신학에 관하여 12개의 신학전통에 따라 구분하였다; 그리고 또한 Thomas R. Thompson, *Imitatio Trinitatis: The Trinity as social model in the Theologies of Jürgen Moltmann and Leonardo Boff*, Ph. D. Dissertation (Princeton Theological Seminary, 1996); Roser E. Olson & Christopher A. Hall, *Trinity*(Grand Rapids: W. B. Eerdmans Publishing Company, 2002); 미로슬라브 볼프/황은영 옮김, 『삼위일체와 사회』(서울: 새물결플러스, 2012). 이 책은 카톨릭과 동방정교회와 개신교가 함께 삼위일체론에 대한 이해를 시도한 것이다; 스티븐 홈즈 · 폴 몰나르 · 토머스 맥콜 · 폴 피데스 · 제이슨 섹스턴/임원주 옮김, 『삼위일체란 무엇인가』(서울: 부흥과개혁사, 2016). 이 책은 4가지 관점에서 삼위일체론에 접근한다; 최근 국내 삼위일체론 연구서를 간략하게 소개하면 박만, 『현대 삼위일체론 연구』(서울: 대한기독교서회, 2003); 곽미숙, 『삼위일체론 전통과 실천적 삶』(서울: 대한기독교서회, 2009); 유해무, 『삼위일체론』(서울: 살림, 2010); 현재규, 『열린 친교와 삼위일체론』(서울: 기독교문서선교회, 2017); 이동영, 『송영의 삼위일체론』(서울: 새물결플러스, 2017) 등이 있다. 끝으로 장애신학과 관련하여서는 유경동, "삼위일체신학과 장애인신학," 『장애 너머 계신 하나님』(서울: 대한기독교서회, 2012); Myroslaw Tataryn & Maria Truchan-Tataryn, *Discovering Trinity in Disability*(New York: Orbis Books, 2013) 참조.

4) Thomas Thompson, *Imitatio Trinitatis: The Trinity as social model in the Theologies of Jürgen Moltmann and Leonardo Boff*, 3. 조이 안 맥도갈(Joy Ann McDougall)은 '삼위일체 신학의 르네상스'(renaissance of trinitarian theology)라고 명명하였다. J. A. McDougall, *The Pilgrimage of Love: The Trinitarian Theology of Jürgen Moltmann*, Ph. D. Dissertation (The University of Chicago, 1998), 6.

재하였던 삼위일체론과 달리 현대 삼위일체 신학은 삼위일체론적 전제와 관점과 방법과 결과가 신학의 모든 주제들을 지배하고 있다.

그리하여 현재 모든 기독교신학은 삼위일체를 비켜갈 수 없다. 몰트만은 그의 신학적 자서전에서 자신의 신학을 종말론, 삼위일체론, 생태학이라는 세 가지 방향성을 가지고 있음을 밝힌 바 있는데,[5] 이것은 최근 기독교신학의 큰 줄기이자 큰 방향이다. 지난세기 후반에 발흥하여 여전히 영향력을 미치고 있는 해방신학, 여성신학, 생태신학 등 다양한 상황신학들도 삼위일체에 대한 각성과 함께 차츰 삼위일체론적 관점과 내용을 확충하고 있다. 장애신학도 여기서 예외가 아니다.

II. 삼위일체론의 내용

삼위일체 신학을 논하고자 한다면, 당연히 먼저 삼위일체 신학의 핵심이 되는 삼위일체론의 내용과 의미에 대해서 질문하게 된다. 왜 삼위일체론인가? 기독교의 하나님은 삼위일체 하나님이라고 하는데, 삼위일체론이 뜻하는 바가 무엇인가?

교회가 삼위일체론을 교리로 정리하고 고백하게 된 것은 단순히 학문적 체계화나 이론적 사변 때문이 아니다. 삼위일체론은 기독교의 사변적 이론이 아니라 기독교의 구원의 사건에 대한 이해이며 정리이고 고백이며 송영이다. 예수 그리스도를 믿고 교회공동체에 속하여 살아가는 삶을 반성하고 숙고하면, 삼위일체에 대한 고백에 도달하게 되고 삼위일체

---

5) 위르겐 몰트만/김균진 옮김, 『신학의 방법과 형식』(서울: 대한기독교서회, 2001). 이 책은 몰트만이 자신의 신학여정을 3가지 방향, 곧 희망의 해석학(종말론), 해방하는 신학의 영성들(하나님나라), 삼위일체의 넓은 공간(삼위일체론)으로 구성하여 기술한 책이다.

하나님을 찬양하게 된다. 삼위일체 없이는 구원도, 신앙도, 예배도, 선교도 없다.

성도가 복음의 역사를 경험하고 믿는 바를 반성하고자 하면, 성서에서 그리고 기독교인의 신앙사건에서 경험하게 되는 하나님과 예수 그리스도와 성령의 존재와 관계와 역사에 대해서 묻게 된다. 구약성서에서 이스라엘 백성에게 자신을 계시하신 하나님은 유일하신 야웨 하나님이다. 하나님은 우주만물을 그의 영 안에서 말씀으로 창조하셨고, 아브라함을 택하여 인류를 향한 구원의 역사를 전개하셨고, 이스라엘 백성을 애굽에서 구출하여 내셨다. 이스라엘 백성에게 율법을 주어서 하나님의 백성으로 율례를 지키게 하였고, 선지자를 통해 회개와 함께 율법에 대한 준수를 촉구하였다. 하나님은 인류를 구원하시고자 그의 유일한 아들 성자를 이 세상에 보내었다. 성자 예수 그리스도는 성부 하나님의 구원의 역사를 이루기 위하여 성령 안에서 인간의 몸을 입고 이 땅에 오셔서 인류의 죄를 대신 짊어지고 십자가에 달려 죽었다가 사흘 만에 다시 살아났다. 성자 예수 그리스도의 부활 승천 후에 성도들에게 성령이 강림하여서 성부 하나님과 성자 예수 그리스도의 말씀과 사역을 깨닫게 하시고, 지상에 교회를 설립하고 성도들로 하여금 하나님의 은혜에 감사함으로 예배드리며, 하나님의 세상을 향한 구원의 역사를 계속 이어가게 하였다.

성서에 기록된 구원의 역사와 성도 개인에게 일어난 구원의 역사에서 성부 하나님과 성자 예수 그리스도와 성령은 누구이며 또한 이 셋은 어떤 관계인가를 질문하게 되는 것은 당연한 일이다. 특히 초대교회로부터 영지주의 이단에 맞서면서 셋의 존재와 관계에 대한 신학적 정립이 전개되었다. 만약 셋이 각각 별개의 독립적인 인격으로 서로 무관한 존재들이라고 한다면 그것은 곧 삼신론에 빠지게 되고, 역으로 만약 셋이 한분 하나님의 세 번 다른 형태로 나타난 것이라고 한다면 그것은 곧 양태론에 빠지게 된다.

터툴리아누스는 양태론적 단일군주신론에 반대하여 처음으로 '삼위일체'(trinitas)라는 개념을 사용하였다. 그에 따르면, 삼위일체 하나님은 성부와 성자와 성령의 세 위격으로 나타나는데, 그것은 지위가 아니라 정도에서, 본질이 아니라 형식에서, 능력이 아니라 양상에서 구분된다. 그러나 여전히 하나의 실체, 하나의 조건, 하나의 능력을 갖는다. 세 인격(tres personae)은 하나의 본질(una substantia)을 이룬다. 아타나시우스는 성부와 성자와 성령 사이의 동일본질(homoousios)을 주장하였다. 그는 성부와 성자의 유사본질(homoiousios)을 주장하는 것에 반대하였다. 세 위격은 비슷한 본질을 가진 것이 아니다. 세 위격은 서로 동등하며 모두 완전하며 항상 동일하며 본성으로는 나뉠 수 없다. 그에게서 성부와 성자는 한 분의 다른 모습도 아니고 유사한 본질을 가진 것도 아니고, 두 분이 동일한 본질을 공유하고 있다.[6]

카파도키아의 세 교부들(가이사랴의 바질, 나치안주스의 그레고리, 니사의 그레고리)은 성부와 성자의 유사본질을 주장하는 자들과 또한 성령의 신성을 부인하는 자들에 반대하며 삼위일체론을 정립하였다.[7] 이들은 삼위일체론을 구원론과 송영론의 맥락에서 이해하고 고백하였다. 이들은 한 본질이 아니라 세 위격으로부터 출발하였다. 이들은 본질과 위격을 확실히 구분하여서 세 위격이 한 본질임을 주장하였다. 위격이 개별적인 것에 해당한다면 본질은 공통적인 것에 해당하는 것이어서 세 위격은 각자의 고유성을 가지고 있으면서 하나의 본질로 일체성을 이루고 있다.[8] 그래서

---

6) 로저 올슨 · 크리스토퍼 홀, 『삼위일체』, 47–53.

7) 김석환, 『교부들의 삼위일체론』(서울: 기독교문서선교회, 2000) 참조. 김석환은 교부들 중에서도 특히 카파도키아의 세 교부들의 삼위일체론을 집중 연구하였다.

8) 서원모, "동방 교부들의 삼위일체론," 역사신학연구회, 『삼위일체론의 역사』(서울: 대한기독교서회, 2008), 123–169 참조.

이들의 삼위일체론을 소위 '사회적 삼위일체론'이라 부른다.

기원론적 순서에 따라 삼위일체론은 존재론적으로 다음과 같이 정리된다. 성부 하나님은 더 이상의 근거나 원인 없이 존재하시는 분이시다. 성자는 단어가 내포하고 있듯이 성부로부터 영원히 출생하며, 성령은 성부(와 성자)로부터 출원한다.[9] 이러한 삼위일체의 내적인 기원과 관계에 대한 이론을 가리켜 '내재적 삼위일체론'이라고 말한다.

삼위일체론은 단순히 세 위격의 기원과 관계를 설명하는 것으로 끝나는 것이 아니라 실제로 세계에 관계하고 세계를 구원하시는 삼위일체 하나님의 사역에서 드러난다. 세계 창조, 예수 그리스도의 십자가와 부활, 인간의 구원, 교회의 역사 그리고 새 하늘과 새 땅에 이르기까지 상호내재의 사랑의 세 위격이 사랑의 사귐 속에서 공동으로 사역한다. 이러한 삼위일체의 외적인 관계와 사역에 대한 이론을 가리켜 '경세적(경륜적) 삼위일체론'이라고 말한다.

325년 니케아 신조와 381년 콘스탄티노플 신조는 삼위일체 신앙고백을 분명히 하였다.[10] 우리는 성부와 성자와 성령의 삼위로 일체이신 하나님을 믿는다. 성부는 모든 것을 만드신 창조주이고, 성자는 영원한 성부로부터 출생하셔서 성부와 본질이 동일한 분으로서 인류의 구원을 위하여서 성육신하여 십자가에 죽고 사흘 만에 부활하였고, 성령은 생명을 주시는 주님으로 아버지로부터 출원하고 성부와 성자와 더불어 동일한 예배와 영광을 받는다.[11]

성 어거스틴은 성서로부터 삼위일체론을 구성하여 내재적 삼위일체론을 전개하였다. 그에 따르면, 세 위격은 한 하나님으로서 위격의 고유

---

9) 필리오케(Filioque) 문제에 대해서는 김균진, 『기독교신학 1』, 431–437 참조.
10) 이형기, "고대교회 신조들의 현대적 의미," 『삼위일체론의 역사』, 199–253 참조.
11) 삼위일체론 논쟁과 교리의 형성에 관해서는 루이스 벌코프/박문재 옮김, 『기독교 교리사』(고양: 크리스천다이제스트, 2008), 85–103 참조.

사역이 있음에도 불구하고 나뉠 수 없이 서로 함께 사역한다. 어거스틴은 세 위격의 구별을 관계 개념을 통하여 전개하였다. 성부는 성자와 관계하여 성부이고, 성자는 성부와 관계하여 성자이며, 성령은 성부와 성자의 영으로서 성부와 성자가 서로 주고받는 선물이며 둘을 하나로 묶는 사랑의 끈이라 할 수 있다.[12]

어거스틴의 삼위일체론은 소위 '심리적 삼위일체론'이라 불린다. 어거스틴은 사람이 삼위일체 하나님의 형상으로 창조되었다고 주장하였는데, 인간의 영혼은 존재, 인식, 의지의 삼위일체적 구조를 가지고 있다. 어거스틴은 사랑의 삼위일체론으로 출발하는데, 사랑하는 자, 사랑 받는 자, 사랑의 삼중 구조를 가지고 출발한다.[13] 자기사랑과 자기인식에 있어서는 정신, 정신에 대한 사랑, 정신에 대한 지식에서 삼위일체적 흔적을 발견하였고, 마음의 본성에서는 기억과 이해(오성)와 의지를 삼위일체적 구조로 제시하였다.[14]

요하네스 다마스케누스(Johannes Damascenus)는 삼위의 일체성을 설명하는데 '순환'의 개념을 도입하였다. 페리코레시스(Perichoresis)라고도 하고 서커미네세시오(circuminecessio)라고도 한다. 이 개념은 세 위격의 영원한 신적인 삶의 순환을 표현하고 있다. 세 위격은 영원히 서로 안에 내재하며 순환한다. 이와 함께 신학은 세 위격의 고유성을 설명하기 위하여 전유 또는 점유(Appropriationes)의 개념을 사용하여 왔다. 성부에게 창조를, 성자에게 구속을, 성령에 교회와 선교를 점유시켰다.[15] 삼위일체론은 삼위일체 하나님의 세 위격의 고유성과 함께 세 위격의 단일성(통일성, Einheit)을 표현한다. 기독교는 처음부터 유대교의 유일신론이라는 종교적 배경

---

12) 아우구스티누스/성염 옮김, 「삼위일체론」, (왜관: 분도출판사, 2015), 545, 573.
13) 앞의 책, 721-746.
14) 앞의 책, 827-832.
15) 김광식, 「조직신학 (I)」(서울: 대한기독교서회, 1988), 174.

에서 삼위일체론의 삼위성을 해명하여야 했고, 또한 그리스-로마의 다신론이라는 종교적 배경에서 삼위일체론의 통일성을 해명하여야 했다.

토마스 아퀴나스(Thomas Aquinas)는 『신학대전』(Summa theologiae)의 신론에서 신 본질의 단일성으로 하나님의 존재와 본성에 대해서 기술한 후에 삼위일체론을 기술하였다.[16] 교의학에서 삼위일체론은 신론의 말미에 삼위의 일체성 후에 세 위격에 관하여 부록처럼 기술되었다. 삼위일체론은 지난 세기에 이르도록 성도의 실생활과는 거리가 있는 난해한 교리로 취급되었다.

기독교의 정체성은 신론, 곧 삼위일체론에 있다. 이것은 단순히 기독교 신론의 여러 주제들 중의 까다로운 하나의 교리가 아니다. 만약 이 삼위일체론이 아니라면, 기독교의 구원은 내용을 확보할 수도 없고, 그 내용을 설명할 수도 없다. 기독교인의 현실적인 신앙체험도 그 정체성과 능력과 의미를 찾기가 어렵게 허공으로 사라진다. 삼위일체론이 아니라면, 기독교의 신앙도, 아니 기독교 자체도 존재할 수 없다. 신학 하는 인간의 입장에서 보자면, 삼위일체론은 결과론적으로 구원에 대한 근거이자 해설이고, 언제나 영원한 신비이며 송축이다. 그러므로 삼위일체론은 단순히 신론의 한 항목이 아니라 구원론에 대한 근거이자 기독교 신앙의 총화이다.

III. 현대 삼위일체신학의 전개

삼위일체론은 기독교의 핵심 진리이면서도 성도가 이해하고 실천하

---

16) G. 달 사쏘 & R. 꼬지/이재룡 · 이동익 · 조규만 옮김, 『신학대전 요약』(서울: 가톨릭대학교 출판부, 2001), 55-68. 아퀴나스의 삼위일체론은 신의 세 위격의 발생, 관계, 위격의 존재와 사역, 위격의 동등함을 다루었다.

기에는 매우 난해하고 어려운 교리이다. 소위 '현대신학의 아버지'라 불리는 프리드리히 슐라이어마허(Friedrich Schleiermacher)도 삼위일체론을 그리 중요하게 보지 않았다. 슐라이어마허는 현대에 이르러 강조된 개인의 주관성 위에 기독교의 진리를 확보하고자 종교와 신앙의 본질에 대해서 탐구하였다. 그에게 삼위일체론은 기독교의 교리 중에서도 어렵고 미흡한 교리였다.[17] 그에 비하면 철학자이지만 게오르그 헤겔(Georg W. F. Hegel)은 오히려 기독교의 삼위일체론을 그의 사상의 근간으로 삼았다.[18]

20세기에 들어서 삼위일체론에 관심을 가졌던 대표적인 선두 주자는 칼 바르트(Karl Barth)와 칼 라너(Karl Rahner)였다. 바르트는 삼위일체론을 하나님의 자기 계시의 개념으로부터 출발하였다. 그에 따르면, 하나님의 말씀은 계시자, 계시, 계시된 것이라는 삼위일체론적 형식을 갖는다.[19] 라너는 하나님의 자기전달을 삼위일체론적으로 설명하고자 하였다. 그에 따르면, 한 분 하나님은 세 가지 구분된 존립방식들로 현존한다. 몰트만은 바르트의 존재양식이나 라너의 존립방식 모두 양태론적 군주신론이라고 비판한 바 있다.[20]

20세기에 삼위일체론에 대한 관심은 몰트만에게 이르러 현대신학의 또 하나의 주제인 하나님나라와 맞물리면서 신학 전반에 대한 형식과 내용으로 크게 확장되었다. 몰트만은 예수 그리스도의 십자가 사건을 삼위

---

17) F. Schleiermacher, *Der christliche Glaube*, Teilband 2(Berlin: Walter de Gruyter, 1980), 308. § 170 "교회적인 형식을 취하고 있는 이 이론 자체는 기독교적 자기의식에 대한 직접적 진술이 아니라 이와 같은 진술들의 결합에 불과한 것이다." § 172 "삼위일체론이 개신교 교회의 확증에 있어서 새롭게 개정되지 못하였기 때문에 우리는 이것을 완성된 것으로 간주할 수 없다. 그러므로 삼위일체론을 근원으로부터 변형시키는 일이 요청된다."

18) 최대열, "헤겔의 삼위일체론 연구," 62-84. 필자는 헤겔이 기독교를 사변종교, 계시종교, 절대종교로 보았으며 그 내용과 기준을 삼위일체론에서 찾았다고 해석한다.

19) 칼 바르트, 『교회교의학 I/1』, 383. 삼위일체론은 하나님이 자기 자신을 스스로 주로 계시하신다는 명제이다. 485-549.

20) 위르겐 몰트만, 『삼위일체와 하나님의 나라』, 171-185.

일체 하나님의 사건으로 해석하였다. 몰트만에 따르면, 십자가 사건은 성부와 성자와 성령이 삼위일체론적으로 함께 고난을 당한 사건이었다.[21] 삼위일체론적 관점은 십자가 사건만 아니라 성육신, 부활, 승천에 이르는 예수 그리스도의 삶 전체를 넘어 세계의 창조와 종말에 이르기까지 삼위일체 하나님이 모든 일에 함께하는 것으로 일관되게 적용되었다. 몰트만에게서 삼위일체론은 단순히 하나의 교리가 아니라 기독교신학 전반을 해석하는 개념과 관점과 틀이 되었다. 몰트만 이후 현대신학에서 삼위일체는 단순히 신론의 한 항목이 아니라 기독교신학 전체를 관철하는 관점이 되고 사상이 되었다.

현대신학에서 삼위일체론으로 기독교신학 전반을 아우르려는 시도는 이미 헤겔에서 찾아볼 수 있다. 동시대인 슐라이어마허가 신앙의 본질을 정립하기 위해서 삼위일체론에 무관심했던 반면, 헤겔은 삼위일체론을 기독교는 물론 정신의 자기전개인 세계 역사를 해석하는 원리이며 내용으로 파악하였다.[22] 헤겔에 따르면, 삼위일체론은 정신의 자기 전개이며, 세계의 역사를 이끌어가는 원리이다.[23]

그는 특히 『종교철학강의』에서 기독교의 내용을 성부, 성자, 성령의 나라로 정신의 변증법적 자기전개 과정에 따라 해석하였다. 여기에는 신학적으로 신론, 창조론, 기독론, 성령론, 교회론, 종말론 등에 해당하는 기독교신학의 내용이 담겨 있다. 그래서 필자는 이것을 '헤겔의 삼위일체 신학'이라고 명명한다.[24] 몰트만은 헤겔을 공부하였고, 삼위일체론을 신

---

21) 위르겐 몰트만/김균진 옮김, 『십자가에 달리신 하나님』(서울: 대한기독교서회, 1979), 203, 227.

22) 최대열, "헤겔의 정신과 자연과 인간," 『생명신학 · 생태신학』(서울: 한들출판사, 2004), 249-274.

23) G. W. F. Hegel, *Vorlesungen über die Philosophie der Geschichte*, hrsg. von E. Moldenhauer und K. M. Michel(Frankfurt: Suhrkamp Verlag, 1986), 386와 *Vorlesungen über die Philosophie der Religion, II*, hrsg. von E. Moldenhauer und K. M. Michel(Frankfurt: Suhrkamp Verlag, 1986), 187.

24) 최대열, "헤겔의 삼위일체론 연구," 28, 135-138, 173-180.

론의 교리로서가 아니라 기독교신학 전반을 이끌어가는 원리로 수용하였다.

몰트만에게서 삼위일체론은 창조, 성육신, 십자가, 부활, 성령강림, 최후심판에 이르기까지 하나님의 구원의 역사를 이끌어가는 방식이며 내용이다. 그래서 몰트만은 신학의 모든 주제를 다루는 관점과 구조와 내용을 삼위일체에서 찾아서 적용하고 해석한다. 1980년 『삼위일체와 하나님의 나라』 이후에 몰트만이 수행한 신학연구에는 삼위일체론이 철저하게 관철되어 있다. 몰트만은 삼위일체를 세 위격의 페리코레시스를 통하여 영원한 사랑의 사귐으로 설명하였다. 몰트만의 삼위일체론은 소위 '사회적 삼위일체론'이다. 그리고 삼위일체의 이 사랑의 사귐은 가정과 교회와 사회에서 가부장제, 교권제, 군주제 등의 지배구조에 반대하여 모든 형제자매 상호간 사랑의 교제로 적용되어야 한다고 주장하였다.

몰트만은 삼위일체론을 구체적으로 인간, 교회, 성서, 송영에 적용하여 해석한 바 있다. 그에 따르면, 인간은 삼위일체 하나님의 형상으로서 삼위일체의 하나님의 상호적인 사랑의 사귐처럼 서로 사랑으로 사귀는 존재이다. 삼위일체적 인간론은 사회적 삼위일체 하나님의 형상을 골자로 한다. 교회는 교권이 아니라 삼위일체 하나님의 사랑의 사귐을 따라 서로 사랑하고 교회의 사명을 위해 협력하는 형제자매공동체이다. 삼위일체적 교회론이다. 성서에 대해서도 삼위일체적 성서론으로 성령 안에서의 성서의 선취를 다루었다. 삼위일체적 송영론은 아버지와 아들과 성령의 사귐을 영원히 송축한다.[25] 몰트만은 정치신학의 연속선상에서 삼위일체론에 부합하는 사회를 이루어야 함을 주장하였다. 오랫동안 서구사회가 삼위일체론을 제대로 주목하지 못하고, 유일신론에 기초하여

---

25) 위르겐 몰트만/이신건 옮김, 『삼위일체와 하나님의 역사』(서울: 대한기독교서회, 2006), 128–150. "성령의 사귐: 삼위일체적 성령론."

정치적으로 독재와 계급적 지배구조와 가부장제를 정당화하여 왔다고 비판하며 이제 삼위일체 하나님나라의 정의와 평화와 사랑의 사회로 나아가야 할 것을 제시하였다.[26)

레오나르도 보프(Leonardo Boff)는 삼위일체론을 사회적 프로그램으로 제안하였다. 그에 따르면, 페리코레시스는 삼위일체 하나님에게만 적용되는 것이 아니라 인간과 사회와 전 우주에 적용되어야 하는 것이다. 삼위일체 하나님은 온 인류와 모든 세계를 하나님의 영원한 사랑의 사귐에로 초청한다. 삼위일체 신앙은 하나님이 삼위일체라는 사실에 근거해서 다양성 안의 일치를 추구한다. 삼위일체 하나님은 다른 차이들을 포함하며, 이를 통해서 창조된 우주는 하나님과 연합하게 된다. 성부와 성자와 성령의 공동체는 삼위일체의 형상과 모양을 따라서 이상적인 사회를 만들고자 하는 사람들이 꿈꾸는 참된 인간 공동체의 원형이 된다.[27)

존 지지울라스(John Zizioulas)는 삼위일체론을 인간 존재에 적용시켜서 공동체의 원형이며 핵심원리로 보았다.[28) 스탠리 그렌츠는 그의 『조직신학』을 하나님의 공동체라는 관점에서 기술하였는데, 삼위일체론을 그 중심으로 삼았고, 또한 삼위일체론의 실천성을 위해서 개인의 신앙생활과 교회 공동체의 생활에 적용하였다.[29) 곽미숙 또한 전통적 삼위일체 신

---

26) 위르겐 몰트만, 『삼위일체와 하나님의 나라』, 228–242.

27) 레오나르도 보프/이세형 옮김, 『삼위일체와 사회』(서울: 대한기독교서회, 2011), 20–25 참조: 보프에 따르면 인간은 초월, 내재, 투명이라는 삼중적인 차원으로 나아간다. 인간은 초월을 통해서 자신의 기원과 궁극적 의미에 이르고, 내재를 통해 인간 자신, 체계화되어야 하는 세계, 수직적이며 수평적으로 이루어진 사회를 만나고, 투명을 통해서 서로의 차이를 인정하면서 서로가 서로에게 투명하기까지 초월과 내재, 인간의 세계와 하나님의 세계를 일치시키는 방향으로 나아간다. 47; 보프의 삼위일체론에 관해서는 이성분, "레오나르도 보프의 사회적 삼위일체론" (연세대학교 석사학위논문, 2000) 참조.

28) 존 지지울라스/이세형 · 정애성 옮김, 『친교로서의 존재』(춘천: 삼원서원, 2012), 219–272. 지지울라스는 친교로서의 존재로부터 출발하여 목회와 지역교회도 친교로서 해석한다.

29) 스탠리 그렌츠/신옥수 옮김, 『조직신학: 하나님의 공동체를 위한 신학』(고양: 크리스천다이제스트, 2003), 129–133. 그렌츠는 삼위일체론의 실천으로 삼위일체론적 기도와 삼위일체론적 윤리를 제안한다.

앙의 현대적 의미와 실천성을 주장하였는데, 그 중심 내용은 삼위일체의 사랑의 사귐이다.[30] 이동영은 삼위일체가 성도와 교회공동체의 삶에서 영원한 경배와 송영이 됨을 강조하였다. 성도와 교회공동체의 삶은 경배와 송영의 대상인 삼위일체 하나님의 사랑의 존재와 사귐에 부합하는 삶이다.[31]

삼위일체는 기독교 신앙의 핵심이며 총화이다. 삼위일체는 세상에서 가장 기독교적인 내용이며 현대신학에서 가장 확실한 근간이다. 왜냐하면 기독교의 하나님은 삼위일체 하나님이며, 삼위일체 하나님은 삼위의 일체됨으로써 세계와 역사를 주관하시기 때문이다. 삼위일체는 하나님에 대한 이해이며, 신앙고백이고, 송영이다. 또한 삼위일체는 삶의 원리로서 개인과 가정과 교회와 사회와 생태계 전 범위에 걸쳐 적용된다. 삼위일체는 영원한 사랑 안에서 하나 됨을 의미한다. 삼위일체는 현대 모든 신학의 주제이며 원리이며 방법이다.

---

30) 곽미숙, 『삼위일체론: 전통과 실천적 삶』, 178-195. 곽미숙은 삼위일체론으로부터 다양성 안에서 하나 됨과 연합의 지향, 페리코레시스의 상호내주하는 관계적인 삶, 사랑과 섬김의 삶에 대한 가르침을 받을 수 있으며, 아울러 삼위일체론이 이상적인 사회를 위한 프로그램으로 정의롭고 평등한 공동체 형성에 기여하며 양극화를 극복하게 한다고 주장하였다.

31) 이동영, 『송영의 삼위일체론』, 9, 21-22, 227-230. 이동영은 삼위일체론을 송영(doxologia)의 관점에서 정리하였다. 삼위일체론은 여전히 하나님의 신비의 영역이 남아 있으며 언제나 예배와 송영의 대상이다; 272-280. 이동영은 사회적 삼위일체론을 단순하게 사회적 프로그램으로 적용하는 것에 대해서 삼위일체 하나님과 인간 세계 사이의 경계선을 무시하였다고 비판한다. 이동영은 "삼위일체가 사회적 프로그램"이라는 말에 대한 정확한 인용을 주문한다. 이 말은 본래 19세기 러시아 정교회 신학자 니콜라스 페도로프(N. Fedorov)의 말이다. 정확하게 인용하면, "삼위일체성은 우리의 참다운 사회적 프로그램이다(Die Dreieinigkeit ist unser wahres Sozialprogramm)."

Ⅳ. 장애 삼위일체신학의 구성

장애신학 역시 기독교신학이다. 장애신학은 기독교의 수많은 신학들 가운데 하나이다. 장애신학 역시 기독교신학이기 때문에 당연히 삼위일체 하나님에게 기초한다. 현대 삼위일체신학이 기여한 바대로 삼위일체론은 신론의 하나의 교리에 머무르지 않고, 모든 기독교신학의 출발이며 토대이며 구성이고 내용이다. 그래서 장애신학 역시 삼위일체신학이다.

현대 삼위일체신학에 기초하여 삼위일체를 장애신학에 적용하여 하나의 삼위일체적 장애신학(a trinitarian theology of disability)을 전개할 수 있다. 장애 또한 현대 삼위일체신학의 마당에서 삼위일체신학의 관점에서 조명되어야 한다. 필자는 여기서 그중 몇 가지 주제에 대하여 장애를 고려하여 개관해 보고자 한다.

먼저 첫째, 장애신학은 장애(인)를 하나의 매개로 삼아 삼위일체 하나님에 의한, 삼위일체 하나님에 대한, 삼위일체 하나님을 위한, 삼위일체 하나님나라를 향한 신학이다. 이제 기독교의 모든 신학은 삼위일체 신학으로서 장애를 중요 주제로 고려해야 한다. 기독교신학은 삼위일체에 근거해서 삼위일체를 내용으로 삼위일체적으로 전개되어야 한다. 장애신학의 존재는 모든 신학이 장애를 주제로 발견하게 되는 계기가 되고, 매개가 되고, 촉매가 된다. 장애는 모든 신학에서 다루어져야 할 필수 주제이다.

그것은 성서신학, 조직신학, 실천신학 등 기독교신학의 전 분야에 해당되고, 정통신학, 자유주의, 신정통주의, 해방신학의 전 갈래에 걸쳐서 해당되고, 정치, 여성, 평화, 생태 등 모든 영역에 걸쳐서 해당된다. 왜냐하면 장애란 모든 인간 실존이 경험하는 보편적 현실이기 때문이고, 실제로 장애로 인해 고통과 차별과 상처와 소외를 받으며 살아가고 있는 사람들이 있기 때문이다. 그리고 신학적 질문과 답변이 장애인에 대하여, 장애인에 의하여, 장애인과 함께 계속 진행되고 있기 때문이다.

성서신학에서도 장애, 해방신학에서도 장애, 여성신학이나 생태신학에서도 장애를 고려해야 한다. 성서신학에서 소외되고 정죄당하고 그래서 하나님의 긍휼과 구원의 역사가 일어나는 대표적인 사람이 장애인이고, 해방신학에서 가장 가난하고 억압당하고 그래서 하나님의 구원과 해방이 간절한 대표적인 사람이 장애인이고, 여성 중에서도 이중삼중의 고난과 차별을 당하는 대표적인 사람이 장애여성이고, 생태신학에서 생태계 파괴로 가장 고통당하는 대표적인 존재가 장애인과 장애동물이다.

그러므로 모든 신학은 장애와 장애인을 고려해야 한다. 신학이 장애를 고려할 때 개인과 교회와 사회와 생태계에 만연된 장애에 대한 무지와 편견과 차별을 해결하고 극복할 수 있다. 그렇지 않는다면, 그 신학은 어떤 신학이든 언제나 장애인을 고려하지 못하는 장애 입은 신학, 반쪽자리 신학, 오히려 장애를 입히는 신학, 나아가 미흡을 알면서도 스스로 미완에 남아 기득권을 유지하려는 기득권의 신학이고 나태한 신학에 머무르게 될 것이다.

둘째, 장애신학 역시 삼위일체론의 핵심 내용인 일체의 삼위성과 삼위의 일체성에 대한 해석을 근간으로 하여 전개된다. 삼위일체론은 삼위의 고유성과 함께 일체의 통일성을 주장한다. 삼위일체성은 하나님이 이 세상과 관계하는 방식에서도 동일하게 삼위의 고유성과 함께 일체의 통일성을 유지한다. 삼위가 결코 일체성 안으로 흡수되어 사라지지 않거니와 일체성이 결코 삼위성으로 갈라져 사라지지 않는다.

삼위일체성은 현실에 존재하는 모든 개별과 전체, 보다 단순히 말해 개인과 집단의 상호 공존과 상호 긴장을 위한 이상적인 모델을 제시한다.

모든 개별은 각자의 고유성을 전체 안에서 인정받아야 한다. 개별의 고유성은 다른 개별에 의해 비교되거나 평가될 수 있는 것이 아니다. 개별의 고유성은 그 고유성 자체로 고유한 것이다. 전체성은 단순히 개별들의 합이 아니다. 삼위일체성은 개별의 고유성이 사랑의 사귐 안에 있음을 알려주고, 전체의 통일성이 사랑의 사귐으로 드러남을 알려준다.

셋째, 장애 삼위일체신학은 장애인 또한 삼위일체 하나님의 피조물이며, 죄인이고, 그래서 구원의 은혜가 필요한 존재임을 말한다. 장애인이라고 해서 사람이 아닌 것이 아니고, 신앙과 관련하여 무슨 특별한 사람도 아니다. 장애인이라고 해서 특별한 죄를 지은 죄인도 아니고, 특별히 영적으로 고결한 존재도 아니고, 특별한 카리스마를 가진 영웅도 아니다.

만약 어떤 장애인에게 뭔가 특별한 것이 있다면, 그것은 꼭 장애 때문이라기보다는 장애를 포함하여 그의 모든 고유성 때문이다. 하나님의 그를 향한 특별한 은혜 때문이기도 하다. 장애인은 장애라는 하나의 고유성에 더하여 수많은 고유성을 가진 그냥 인간일 뿐이다. 다운증후군의 장애를 가지고 있는 사람들도 하나의 인간이며, 다운증후군이라고 하는 공통성보다 훨씬 더 다양한 각자의 고유성을 가지고 있다. 다운증후군이라고 해서 모든 다운증후군이 다 똑 같은 것이 결코 아니다. 다운증후군이지만 각자 저마다의 개성을 가지고 있다. 신앙에 있어서 그는 다운증후군 때문에 특별한 죄인도 아니고 특별한 은사자도 아니다. 그는 그저 다운증후군을 가지고 있는 하나의 인간이다.

넷째, 장애 삼위일체신학은 인간이란 삼위일체 하나님의 형상을 따라 지음 받은 존재로서 그 형상을 이루며 살아가야 함을 주장한다. 모든 인간은 삼위일체 하나님의 형상으로 지음 받은 존재이며, 따라서 삼위일체 하나님의 사랑으로 살아가야 할 존재이다. 장애인도 결코 예외가 아니다.

삼위일체 하나님의 형상이란 삼위가 사랑 안에서 상호 내재하며 사랑을 위하여 공동사역을 하며 일체를 이루는 삶을 골자로 한다. 예수 그리스도가 회복한 하나님의 형상 또한 삼위일체 하나님의 사랑의 내재와 사귐의 형상이다. 장애인 역시 하나님과의 관계와 또한 사람들과 사회와의 관계 속에서 사랑하며 사랑해야 하는 존재이다. 삼위일체는 타인 없는 자신의 존재나 또는 전체 없는 개인의 존재를 생각하지 않는다. 나의 존재는 이미 삼위일체 하나님 앞에서 이웃, 사회, 세계와의 상호내재와 상호의존과 공동사역을 전제로 하고 있다.

삼위일체 신학은 이웃과 교회와 사회가 모두 삼위일체 하나님의 사랑으로 이루어져야 함을 주장한다. 이웃과의 관계에서 삼위일체적 인간론, 교회에 대해서 삼위일체적 교회론, 사회에 대해서 삼위일체적 사회론, 나아가 세계와 생태계에 대해서도 삼위일체적 창조론과 삼위일체적 세계론을 주장한다.

인간은 세계 안에 태어나서 세계와 관계하며 세계와 함께 살아간다. 이웃도, 친구도, 수많은 미지인도 그리고 심지어 대적자나 원수까지도 관계하며 살아간다. 삼위일체적 인간론은 어떤 사람을 무시, 무관심, 단절, 제거하는 것이 아니라 모든 사람을 존중, 관심, 관계, 사랑하는 삶이다. 그것이 삼위일체적 인간론이다.

특히 장애인과 비장애인은 사회가 만들어 놓은 장애라는 꼬리표로 서로를 분리하거나 폄하하거나 차별해서는 안 된다. 부와 권력과 명예와 지식에 대한 탐욕으로 서로를 무시하거나 증오하거나 대적해서는 안 된다. 삼위일체적 인간론은 삼위일체 하나님의 사랑 안에서 모든 세상의 구분을 넘어서 서로의 고유한 존재를 인정하며 서로 사랑하며 함께 살아갈 것을 제안한다. 장애인도 비장애인도 장애라는 기준을 넘어서 인간으로서 인간다운, 기독교인으로서 기독교인다운 삶을 살아야 한다.

장애인은 장애인 자체로 고유한 존재이다. 장애인이어서가 아니라 모든 개인이 고유하기 때문이다. 개인의 고유함은 각자 다르다. 그 고유함에 장애가 들어있으며, 그 장애는 장애인 사이에서도 다를 수 있다. 교회나 사회에서 장애와 비장애의 분리와 대립과 반목은 사랑의 공동체 안에서 하나로 수렴되어야 한다. 미로슬라프 타타린과 마리아 트루칸 타타린(Myroslaw Tataryn & Maria Truchan-Tataryn)은 장애 안에서 삼위일체 패러다임을 발견하고 그것으로 통합사회의 이념을 제안하였다.[32)]

다섯째, 삼위일체적 교회론은 교회의 주인이 삼위일체 하나님이며 그의 몸의 지체인 성도들 또한 삼위일체 하나님을 따라 살 것을 주장한다. 교회는 권력의 지배구조가 아니라 삼위일체 하나님의 은혜 안에서 이루어진 형제자매의 사랑의 공동체이다. 형제자매 공동체로서의 교회는 삼위일체 하나님나라를 향한 모든 구성원의 평등과 사랑의 공동체를 의미한다. 인종, 성, 계급, 지역, 지식, 소유, 장애가 차별의 구실이 되지 않으며 오히려 그 모든 구분을 넘어서 서로 사랑하는 공동체이며, 그 모든 고유성이 사랑을 위해 귀하게 기여할 수 있는 섬김의 공동체이다.

교회의 설립, 구성, 운영, 목적은 모두 삼위일체 하나님에게 있다. 교회는 삼위일체 하나님에 의해 부름 받은 성도들이 하나님나라를 바라보며 하나님의 뜻을 이루고 하나님께 영광과 감사와 찬양을 돌리며 살아가는 신앙공동체이다. 그 방법은 삼위일체 하나님의 사랑의 사귐이다. 성도가 교회 안에서 사랑이 아니라 인간적이고 세상적인 신분, 조건, 능력으로 일한다면 그것은 세상적인 조직이나 기업에 불과하다.

교회의 모든 사역 또한 삼위일체에 기초하고 삼위일체를 골자로 하

---

32) Myroslaw Tataryn & Maria Truchan-Tataryn, *Discovering Trinity in Disability*, 22-24.

여야 한다. 장애신학은 장애인과 비장애인이 함께하는 삼위일체론적 예배신학을 전개한다. 이러한 삼위일체론적 교역론은 예배신학 뿐 아니라 교육신학, 친교신학, 선교신학, 봉사신학 모두에 해당한다. 이름하여 삼위일체적 예배론, 삼위일체적 교육론, 삼위일체적 친교론, 삼위일체적 선교론, 삼위일체적 봉사론이다.

교회는 삼위일체 하나님의 영광과 나라를 향하여 예배, 교육, 친교, 선교, 봉사의 사명을 감당하는 사랑의 공동체이다. 삼위일체는 사랑이다. 예배는 삼위일체 하나님께 영광을 올려드리는 기독교 제의로서 삼위일체 하나님의 은혜와 사랑과 그의 나라가 선포되고 송축되어야 한다. 교육은 삼위일체 하나님의 역사와 그에 합당한 기독교적 사랑이 교육되고 실천되어야 한다. 친교는 특히 삼위일체적 친교이다. 인간적인 유유상종이나 세상적인 성공을 위한 교제가 아니라 상호간의 의존과 섬김과 나눔과 사랑의 친교이며, 그 근본 원리와 모델은 삼위의 일체로서의 사랑의 사귐이다.

여섯째, 성례전 또한 삼위일체론적 성례전이 되어야 한다. 특히 성찬은 삼위일체 하나님의 과거와 미래의 사랑의 사귐을 현재화 하는 현장이다. 하나님은 모든 사람을 이곳으로 초청한다. 성찬은 영원한 삼위일체 하나님나라를 미리 맛보는 현장이다. 성찬은 삼위일체 하나님의 십자가와 부활에 대한 아남네시스(anamnesis)인 동시에 영원한 삼위일체 하나님나라에 대한 프로렙시스(prolepsis)이다.

캐서린 모리 라쿠나(Catherine Mowry LaCugna)의 주장처럼 삼위일체 하나님의 진정한 초청은 성만찬적 삶으로의 초청이다. 사람들은 그 초청에 참여하여 그 연합에 포함된다. 하나님은 성찬의 식탁에서 모든 사람과 연합하시고 또한 모든 사람들을 연합하게 하신다. 우리가 하나님을 사랑한다면 그것은 하나님만 홀로 사랑하는 것이 아니라 하나님 때문에 과거와 현재와 미래의 모든 피조물을 품게 되고 또한 피조물을 사랑함으로써 그 근거이면서 목적이 되는 하나님을 사랑하게 된다.[33] 삼위일체 하나님의 공동체 식탁에서 모든 편견과 차별은 사라져야 한다. 장애인이라고 예외가 되어서는 안 된다. 장애인의 성찬 참여를 위한 환경과 시설은 단지 기술적인 일이지 신학적인 일은 아니다. 낸시 아이에스랜드는 성찬을 그리스도 안에서 한 몸을 이루는 것으로 설명하며, 장애인과 함께하는 성찬식의 한 샘플을 제시한 바 있다.[34] 성찬은 장애인과 비장애인이라는 장애의 구분을 넘어 모든 사람을 삼위일체 하나님나라에로 초대하는 것이다.

일곱째, 현대 삼위일체신학에서 성령론은 교회와 사회와 세계에서 일어나는 삼위일체 하나님의 다양한 역사를 설명하고자 한다. 성령은 삼위일체 하나님의 제3의 위격으로서 사랑, 구원, 창조, 생명, 정의, 평화, 권능의 영이다. 교회의 영으로서 성령은 교회를 삼위일체 하나님나라가 되게 하며 하나님나라를 향하여 나아가게 한다. 수많은 성도와 교회의 다양한 신앙과 사역의 현장에서 성령론은 하나님나라를 설명한다.

삼위일체론적 성령론은 성령을 단지 제3위의 존재로서만 아니라 하나님의 모든 사역에 공동으로 참여하는 영으로서 삼위일체론적으로 설명한다. 성령은 성부와 성자의 영이며, 사랑과 교통의 영이며, 교회와 세계의 영이다. 장애신학은 성령 안에서 구원, 칭의, 중생, 성화, 사역에 장애인이 차별이 없음을 분명히 한다. 성령은 장애를 포용하며 장애를 넘어서게 한다. 성령은 인간과 세상의 장애로 인해 아무런 장애도 받지 않으신다. 성령은 성도들에게 성령의 은사를 주셔서 교회와 세계를 섬기게 하는데, 장애인도 예외가 아니다. 장애의 유무에 따라 은사의 유무가 정해

---

33) 캐서린 모리 라쿠나/이세형 옮김, 『우리를 위한 하나님: 삼위일체와 그리스도인의 삶』(서울: 대한기독교서회, 2008), 559.
34) Nancy Eiesland, *The Disabled God*, 111–116, 118–119.

지는 것이 아니라 예수 그리스도를 믿는 믿음을 따라 성령의 은사가 주어진다.

장애가 삼위일체 하나님의 경륜 안에 있듯이 때로 장애인의 장애는 성령 안에서 은사가 되기도 하고 선교의 도구가 되기도 한다. 장애인 역시 성령 안에서 교회의 일군이 되고, 사회와 세계에서 하나님나라를 위해 일하는 일군이 된다. 삼위일체 하나님나라를 위한 성령의 역사가 다양하듯이 성령 안에서 장애인의 하나님나라 사역 또한 다양하다.

여덟째, 현대 삼위일체신학은 사회의 대립된 이분법적 관계를 극복하고 상호간의 사랑과 그 사랑으로 이루는 연합의 공동체로 나아가게 한다. 유경동은 삼위일체를 통하여 사회에 만연한 장애인 차별과 편견을 극복하고자 하였다. 성부, 성자, 성령의 관계에는 차별이 아니라 차이가 있을 뿐이며, 그 차이도 한 위격의 자기 부정을 통하여 다른 위격을 세워주는 이상적인 관계 양식을 제시하고 있기 때문이다.[35] 삼위일체는 사랑 안에서 사랑으로 서로 소통하는 사랑의 관계이고, 이 사랑은 삼위일체 하나님나라의 공동체를 제시한다.

오늘 사회와 세계에 필요한 것은 바로 이 삼위일체 하나님의 사랑의 사귐이다. 사랑 안에서 서로의 존재를 인정하고 교제하고 함께 하나님나라를 바라보며 나아가는 것이 필요하다. 타자를 인정하는 것, 타자 안에서 자기를 발견하고 자기 안에서 타자를 인정하는 것, 타자 없이 자기가 존재할 수 없음을 인정하는 것, 자기의 고유성을 인정하듯 타자의 고유성을 인정하는 것, 함께 교류하며 사랑으로 행복하고 서로에게 행복을 주는 것, 자타가 행복한 것을 넘어 제3자와 공동체, 나아가 온 세계에 유익과 소망을 안겨주는 것, 제3자와 사회와 세계까지 사랑 안에서 관계하며

---

35) 유경동, "삼위일체신학과 장애인신학," 99.

교제하는 것, 그것이 삼위일체신학이 오늘 우리의 삶에 전해주는 메시지이다.

장애인을 인정해주는 것, 내 안에 장애성을 인정하는 것, 장애를 넘어 자기의 연약함과 강함을 발견하는 것, 장애인과 비장애인이 사랑의 교제를 하는 것, 다른 소수자의 아픔을 이해하고 용납하는 것, 장애로 인한 소외와 차별을 경험하는 모든 장애인과 비장애인과 그들이 이루는 장애사회를 사랑으로 용납하는 것, 이것이 장애신학의 윤리학이다.

아홉째, 장애신학은 삼위일체 하나님의 선교신학을 추구한다. 신학은 예수 그리스도의 복음과 삼위일체 하나님나라를 세상에 변증하고 전파하려는 전도와 선교의 목적을 가지고 있다. 복음의 내용에서 장애신학이 기독교의 다른 신학과 다른 것은 전혀 없다. 만약 있다면, 그것은 기존의 신학이 복음에서 장애인을 미처 고려하지 못하였거나 그래서 장애인에게 복음을 전하거나 복음 안에 살도록 하는 데에 미처 배려하지 못하였다는 것이다.

장애인이라고 해서 복음에서 제외가 되어서는 결코 안 된다. 장애인역시 하나님이 사랑하시는 사람이기 때문이다. 그러나 현실에서 장애인이 다른 이유가 아니라 바로 신체적 · 정신적 장애 때문에 복음을 접하거나 이해하거나 받아들이거나 참여하거나 전하는 데에 심각한 어려움을 경험한다. 장애인에 대한 편견과 오해 때문에 성도와 교회 또한 장애인을 기피하고 꺼려한다. 장애인은 복음을 접하기 어려운데, 특히 장애인은 그것을 이해하기도 쉽지 않다. 특히 청각, 시각 장애인과 지적, 자폐성, 정신장애인의 경우에는 학습, 인지, 정서, 의사소통의 장애로 인하여 복음을 이해하고 경험하고 표현하기가 어렵다.

그러므로 장애인선교신학은 무엇보다 시급하고도 절박하게 장애인에게 삼위일체 하나님의 사랑으로 복음을 전하고 선교할 것을 촉구한다.

뿐만 아니라 장애인선교신학은 장애인 또한 성령의 능력 안에서 충분히 예수 그리스도의 복음을 증거하고 삼위일체 하나님나라를 전할 수 있으며, 또한 교회가 장애인이 그렇게 선교할 수 있도록 도와주어야 함을 제안한다.

열째, 장애신학은 삼위일체 하나님나라를 바라며 간구하고 또한 그 실현을 위해 살아간다. 장애신학은 더 이상 장애의 고통과 차별이 없는 영원한 하나님나라를 지향한다. 기독교신학은 철저히 종말론적이다. 기독교는 삼위일체 하나님나라를 소망하며 그 실현을 바라며 살아가는 소망의 신학이고, 그를 위하여 이 땅을 하나님나라에 비추어 변화시켜 나아가는 개혁의 신학이다.

장애신학은 영원한 하나님나라에서는 더 이상 이 세상에서의 장애로 인한 고통과 상처와 차별이 없을 것을 고대한다. 인간의 죽음 후에 그리스도 안에서 얻게 되는 새로운 몸은 부활하신 그리스도의 몸에서 알 수 있듯이 세상에서의 신체적·정신적 장애가 더 이상 아무런 장애가 되지 않는 몸이다. 부활의 몸은 완전히 새로운 몸이다. 부활한 새로운 몸은 획일화되고 규격화된 몸이 아니다. 각자의 고유성으로 구별되는 존재이지만, 그 고유성이 차별이 되지 않는다. 그러므로 종말에 새로운 몸이 설령 외형적으로 장애라는 연속선을 갖는다고 하더라도 실질적으로 장애가 더 이상 장애가 아닌 비장애의 삶을 살게 된다. 영원한 삼위일체 하나님나라에는 장애의 고통과 차별이 존재하지 않는다. 거기에는 삼위일체 하나님에 대한 영원한 찬양과 삼위일체 하나님 안에서의 영원한 사랑이 존재한다.

기독교의 종말론에는 오늘의 현실을 개선하고 개혁시키는 힘이 있다. 하나님은 성령 안에서 죄인 된 인간을 하나님의 자녀로 변화시키며, 악하고 불의한 세계를 하나님나라로 변화시켜 나아간다. 하나님은 장애로 인한 고난과 차별이 심한 현실 세계를 장애가 있어도 그 장애가 더 이상 고통과 불편과 불리와 차별이 되지 않는 삼위일체 하나님의 사랑의 나라로 변화시켜 나아간다. 성도와 교회는 삼위일체 하나님나라를 바라보며 아가페의 사랑으로 장애인을 사랑하고 장애차별에 항거하며 장애해방의 길로 나아간다.

삼위일체적 장애신학은 장애를 매개 또는 주제로 해서 삼위일체 하나님의 존재와 사역과 나라를 해명하고, 또한 그것을 위하여 살도록 하는 신학이다. 모든 기독교신학이 삼위일체에 근거할 수밖에 없듯이 장애신학 또한 삼위일체에 근거하여 장애인과 함께 장애를 매개로 하여 하나님나라를 향한 신학을 전개한다.

V. 결어: 삼위일체 하나님의 사랑의 장애신학

기독교신학은 사랑의 신학이다. 삼위일체 하나님은 사랑이다. 삼위일체의 세 위격 간에도 상호내재, 상호침투, 상호교제의 사랑이 있지만, 삼위일체 하나님이 인간과 세계에 관여하시는 내용과 방법 또한 사랑이다. 삼위일체 하나님은 사랑으로 사랑을 위해 우주만물을 창조하였고, 끊임없이 사랑으로 관계하며 경영하신다. 삼위일체 하나님은 사랑으로 자기 자신을 계시하였고, 사랑으로 성육신과 십자가와 부활을 통하여 구원의 길을 열었고, 지금도 성령 안에서 사랑의 교제를 계속하고 있다. 천지창조로부터 예수 그리스도의 십자가와 부활 그리고 재림과 최후종말에 이르기까지 모든 것이 삼위일체 하나님의 사랑에 의해서 사랑으로 이루어진 사랑의 역사이다.

장애신학을 달리 표현하자면, 그것은 장애를 계기나 매개로 한 삼위일체 하나님의 사랑의 신학이다. 장애는 넓은 의미에서 모든 인간 실존의 공통 상수인 동시에 좁은 의미에서 인생의 수많은 매개 변수 중의 하나이다. 모든 인간은 장애 속에 살며 장애를 경험하며 장애와 함께 살아간다. 그것은 육체적인 장애로부터 관계적이고 사회적이고 영적인 모든 장애에 다 해당한다. 그런데 특히 사회에서 장애인으로 규정된 사람은 그렇지 않은 사람보다 훨씬 더 강하게 장애를 매개로 하나님의 은혜를 갈망하며 하나님의 사랑을 경험하게 된다.

삼위일체 하나님은 인간의 장애를 체휼하고, 공감하고, 동정한다. 삼위일체 하나님은 장애인이 장애로 인해 당하는 고통과 상처와 차별과 소외를 알고 있으며, 함께 아파하신다. 삼위일체 하나님은 장애인을 사랑하신다. 물론 하나님은 장애를 넘어 모든 인간을 사랑하신다. 그러나 특히 힘없고, 도와 줄 이 없고, 사회마저 외면한 장애인을 하나님은 누구보다 가슴 시리게 사랑하신다.

삼위일체 하나님은 장애인과 비장애인 모두를 죄와 저주와 차별과 사망이 없는 영원한 하나님나라로 초대하신다. 예수 그리스도로 말미암아 누구나 삼위일체 하나님의 나라를 바라볼 수 있으며 나아갈 수 있다. 삼위일체 하나님의 나라에는 장애로 인한 고통과 불리와 차별이 없다. 하나님나라는 삼위일체 하나님의 영원한 사랑을 따라 영원히 사랑으로 사귀는 사랑과 의와 기쁨의 나라이다. 하나님나라를 바라보는 성도와 교회는 이 땅에서 장애로 인한 고난과 저주와 차별이 없도록 위로하고 치유하고 항거하며 투쟁한다. 그리하여 삼위일체 하나님의 사랑의 능력으로 장애해방을 소망하며 살아간다.

삼위일체 신학은 삼위일체 하나님의 믿음과 소망과 사랑의 신학이다. 장애 조직신학은 장애인과 비장애인을 포함하여 이 세상을 사랑하시는 삼위일체 하나님에 대한 믿음과 소망과 사랑의 신학이다. 장애 삼위일체신학은 장애인과 비장애인이 장애를 매개로 하여 장애를 넘어 삼위일체 하나님나라를 향하여 믿음과 소망과 사랑으로 함께 이루며 살아가는 신학이다.

제3장

신학적 인간학에서의 장애인

신학적 인간학에서의 장애인*

I. 서언

교회는 오랫동안 장애인을 잃어버렸다.[1] 그것은 신학도 마찬가지이다. 그동안 주위에 장애인이 없어서가 아니라 기독교 정신을 가지고 장애인에게 진심으로 다가설 수 없었기 때문이다. 이유는 크게 두 가지이다. 하나는 장애인에 대한 인식이 오랫동안 오해와 편견에 휩싸여 왔기 때문이고, 다른 하나는 교회와 신학이 보편적이라고 생각되는 다수의 인간, 곧 비장애인을 주체와 대상으로 하여 이루어져 왔기 때문이다.

장애인은 오랫동안 무능, 무지, 무례, 무익, 무가치한 존재로 여겨졌고 그래서 혐오, 기피, 격리, 저주의 대상으로 낙인찍혀 인간 이하의 취급을 받았다. 교회는 다수의 비장애인이 주류를 이루고 교권을 주장하는 것을 의식 없이 허용하였고, 신학은 다수의 비장애인에게서 보편적인 인간성을 찾고자 하였고 그들의 삶의 방식을 기준으로 삼아 논의와 연구를 전개하였다.

---

* 이글은 『함께 부르는 노래』(서울: 한국장로교출판사, 1999)에 게재한 글을 수정 보완한 것이다.
1) 안교성, 『장애인을 잃어버린 교회』(서울: 홍성사, 2003), 10-19.

장애인에 대한 관심이 본격적으로 일어나기 시작한 것은 비교적 최근의 일이다. 지난 세기 오랫동안 소외되어 왔던 소수의 약자들, 곧 여성, 어린이, 흑인, 가난한 자 등에 대한 관심과 운동이 일어났다. 장애인에 대한 관심과 운동은 그에 비하면 다소 늦게 시작되었다. 대략 1960년대에 인권과 평등의 차원에서 장애인의 삶이 조명되기 시작하여 1970년대를 거쳐서 1980년대에 보다 구체적이고 실천적으로 장애인에 대한 인식개선, 권리선언, 권익운동 등으로 전개되었다.[2]

　　사회적 소수나 약자에 대한 권리증진에 대한 노력은 근본적으로 모든 이들이 동등한 사람이라는 것을 전제로 하고 있다. 따라서 신학이 모든 인간에게 해당되는 보편적인 인간을 논하는 것은 필요한 일이다. 다만, 거기서 특정 부류를 인간 이하 또는 비인간으로 규정하려는 의도 자체와 그러한 의도에 의해 자행되는 모든 정책과 교육과 생활 전체가 문제이며, 그것은 또한 죄악이다.

　　이글은 신학적 인간학에서의 장애인에 대한 이해이다. 인간에 대한 연구는 인류 역사상 그 어떤 연구보다 많고 광범위하다. 사실 세상의 모든 학문이 인간이 하는 것이고, 인간을 위한 것이고, 인간과 관계된 것이기에 모든 것은 인간학으로 통한다고 말할 수 있다. 그런 점에서 이글은 신학적 인간학으로 범위를 제한한다. 그러나 신학적 인간학이야말로 모든 인간학의 근원이며 핵심이고 방향이자 종국이다. 신학적 인간학에서 인간이란 무엇이며, 장애인은 어떤 존재인가?

---

2) 간략하게 요약하면, 1971년 "정신지체 장애인 권리선언"(The Declaration on the Rights of Mentally Retardate Persons), 1975년 "장애인 권리선언(The Declaration on the Rights of the Disabled Persons), 1981년 세계장애인의 해(International Year of Disabled Persons), 2007년 "유엔 장애인권리협약"(UN Convention on the Rights of the Disabled).

II. 장애인의 정의에 대한 신학적 이해

장애인이란 누구인가? 장애신학에서 장애인은 사회에서 실제로 지칭되는 신체적·정신적 손상이나 기능 제약으로 일상생활과 사회생활에서 고통과 차별을 당하는 사람을 우선 가리킨다. 도덕적 장애인 또는 영적 장애인 등의 표현으로 비장애인 중심의 모든 사람을 대변하는 것이 아니다. 그것은 자칫 장애인의 고난과 차별을 희석시키거나 장애인의 현실 문제를 외면한 채 도덕적이고 종교적인 문제로 환원시킬 수 있다. 그러나 신학함의 과정을 통해 장애신학은 장애인으로부터 출발하지만 결국 장애 안에서 장애와 함께 살아가는 모든 인간에 관심을 갖고 포용한다.

장애신학은 교회가 장애인을 사랑하고, 장애인에게 복음을 전하고, 그리스도 안에서 장애인을 동등한 하나님의 자녀요 교회의 일원으로 대하고, 장애인과 함께 하나님의 영광을 드러내고자 한다. 장애신학은 장애인을 기독교신학의 입장에서 이해하고, 장애인이 복음을 수용하고 신앙생활을 하는데 고민이 되고 장애가 되는 것들에 대해 신학적으로 묻고 대답하고자 한다. 장애신학은 성령 안에서 장애인과 비장애인이 함께 삼위일체 하나님나라를 향하여 신학적 사유와 실천을 이루어가고자 한다.

그럼, 장애인은 누구이며, 어떻게 정의되며, 신학적으로는 어떻게 이해해야 하는가? 오랫동안 장애인은 외관상 손상과 기능상 제약으로 절뚝발이, 앉은뱅이, 외팔이, 벙어리, 귀머거리, 장님, 바보, 병신 등으로 불렸다. 그러던 것이 장애인에 대한 사회적 관심과 장애인의 의식화로 장애자(障碍者)로 불리었다가 인격적 존재에게 자(者)보다는 인(人)이 더 적합하다는 의견에 따라 이제는 공식적으로 장애인으로 불리고 표기되고 있다. 장애우권익연구소에서 장애우(障礙友)라고 하는 표현으로 장애인에 대한 위화감을 좀 더 없애고 친근감을 강화시켰으나 공식적으로는 장애인을 사용하고 있다. 이계윤은 장애인의 장애를 길 장(長)과 사랑 애(愛)를 써서 길게 오래 사랑해야 할 사람이라는 장애 우호적인 의미를 덧붙이기도 하였으나, 공식적으로 장애인(障礙人, person with disability)을 사용한다.

영어에서도 장애인이란 외관상 결함과 기능상 제약에 따라 crippled, invalid 등으로 불리던 것이 사회적 불리와 차별을 강조하는 handicapped로 사용되다가 disabled를 거쳐 지금은 주로 person with disability를 사용하고 있다. disabled가 비교적 가치중립적인 표현인데 장애보다도 사람을 우선 강조한다는 의도에서 person with disability로 공식적으로 사용하고 있다. 때로 different abled를 사용하여 장애인에게도 남다른 능력이 있음을 강조하기도 하고 challenged를 사용하여 인생과 사회에 도전을 하는 잠재력과 가능성을 강조하기도 하지만, 공식적으로 person with disability(장애인, PWD)를 사용하고 있다.[3]

언어는 사회적인 것이다. 어떤 단어든지 조어의 의도와 달리 실제 사회가 어떻게 사용하느냐에 따라 그 단어의 어감과 뉘앙스와 의미가 변하기 마련이다. 장애인이 비교적 가치중립적인 단어임에도 불구하고 장애 차별이 심한 사회에서는 그 용어 또한 다시 장애 폄하적인 용어로 사용되는 경향이 나타나고 있다. 가치중립적인 단어를 만드는 것도 중요하지만, 그 단어를 일상생활과 사회생활에서 인격적이고 온화하게 사용하는 것이 훨씬 더 중요하다.

장애인에 관한 여러 정의들이 있다. 유엔(UN)의 "장애인 권리에 관한 선언"(the Declaration on the Right of Disabled Persons)에 따르면, 장애인이란 선천적이든 아니든 신체적 또는 정신적 능력의 결함으로 인해 개인적 또는 사회적인 정상생활에 필요한 일의 모든 혹은 일부를 혼자의 힘으로 할 수

---

3) Nancy L. Eiesland, *The disabled God: Toward a Liberatory Theology of Disability*(Nashville: Abingdon Press, 1994), 25–29.

없는 사람을 의미한다.[4] 국제노동기구(ILO)는 장애인이란 적절히 확인되는 신체적 혹은 정신적 손상의 결과 적합한 직업에 취업, 유지, 그리고 승진의 가망이 상당히 감퇴된 사람을 가리킨다.[5] 미국국립교육연구협회(NSSE)는 교육적 차원에서 장애인이란 신체적·정신적 정서와 사회적 특성에서 소위 정상이라고 생각되는 것으로부터 성장발달의 속도와 정도가 어느 정도 이탈되어 있어서 그들의 능력을 최대로 발휘시키기 위한 특별한 교육적 프로그램과 봉사를 필요로 하는 사람이라고 규정한다.[6]

이러한 장애인의 정의에는 크게 두 가지의 특징이 드러난다. 첫째, 장애인이란 "~을 하려는 데 상당한 어려움이나 제약을 받는 사람"이라는 것이다. 둘째, 장애인이란 그렇지 않은 사람, 곧 비장애인을 전제하고 비장애인에 의해 규정되는 대칭적 개념이라는 것이다.

첫째, 장애인이란 "~을 하려는데 상당한 어려움이나 제약을 받는 사람"이라고 한다면, 장애란 먼저 무엇을 하고자 하는 목적이 존재해야 성립한다. 즉 교육, 노동, 일상생활 등의 목적이 먼저 있어서 그것에 상당한 어려움이나 제약이 있을 때 장애가 성립하는 것이다. 장애인이란 실제로 일상생활, 사회생활, 그리고 삶의 모든 분야에서 상당한 장애를 경험한다. 그런데 신학적 인간학에서는 어떠한가? 하나님의 구원 사건에 있어서도 장애인은 그 장애 때문에 상당한 제약을 받고 있는가?

기독교는 계시의 종교이고 은혜의 종교이다. 기독교에서 구원은 인간의 신분, 배경, 지혜, 자질, 선행, 능력으로 이루어지는 것이 아니라 삼위일체 하나님의 은혜, 계시, 긍휼, 사랑, 능력으로 이루어지는 것이다.

---

4) 유엔인권위원회/이익섭 옮김, 『인권과 장애』(서울: 한국DPI, 1992), 41.
5) 앞의 책, 41–42. "장애인의 직업재활과 고용협약 159호", "장애인의 직업재활에 관한 권고 99호", "장애인의 직업재활과 고용에 관한 권고 168호" 등 참조.
6) 이진형, "장애자 선교를 위한 교회의 역할"(침례신학대학교 석사학위논문, 1993), 8 재인용.

인간에게 무엇이 있어서가 아니라 전적으로 하나님의 은혜로 가능한 것이다. 인간이 하나님을 알고 믿게 된 것도 하나님이 자신을 드러내 보여주신 하나님의 계시 때문이고, 인간이 하나님의 구원과 사랑을 받게 된 것도 전적으로 하나님이 베풀어주신 하나님의 은혜 때문이다.

현실 사회에서 일상생활이나 사회활동을 수행하는 데 있어서는 장애인이 장애인으로 존재하지만, 하나님의 은혜와 사랑을 받는 데에는 장애인과 비장애인의 구별이 있을 수 없다. 신체적·정신적 장애를 가지고 있는 사람도 하나님 앞에서 하나님의 계시와 은혜를 경험하는 데에는 별도의 어떤 제약이나 차별이 있을 수 없다. 그러나 장애인의 신앙생활과 교회생활에서는 어떠한가? 이 질문은 매우 심각한 질문이며 대답 또한 부정적이다. 그러기에 장애인 선교와 목회가 더욱 절실한 현실이다. 하나님은 장애인을 차별하지 않는데, 세상은 물론 심지어 때로는 교회조차 장애인을 차별한다.

둘째, 장애인과 비장애인이 완전히 분리된 별도의 존재인가? 비장애인은 장애인을 자신과 다른 부류의 인간으로서 정의하고 규제하고자 한다. 그러나 장애란 처음부터 사회적으로 비장애인 중심의 사회로부터 나온 개념이다. 메어슨(Meyerson)에 따르면, 장애란 한 개인에게 객관적인 사실로서 존재하는 것이 아니라 사회적인 가치판단에 의해 필요에 따라 규정되는 것이다. 그래서 장애 규정은 시대와 사회의 지배적인 가치기준에 따라 상대적인 것이다. 즉 장애란 어떤 사람이 다른 사람, 특히 다수를 이루는 다른 사람과 다르다는 사실에 대해서 사회적으로 불리한 제재를 가하게 되는 조건이다. 장애인이 되는 것은 장애인 당사자의 자기선택, 자기결정, 자기인정에 의해서가 아니라 비장애인이 주류를 이루고 있는 사회가 이미 정해 놓은 규범, 규정, 정의에 따른 것이다. 어느 사회든지 통계를 통하여 평균치를 구하다보면 상·하위 약 3%에서 약 15%에 속하는 사람들이 존재한다. 흔히 사회는 이들을 평균에서 벗어났다고 해서 비정상적으로 규정하곤 하는데, 장애인도 흔히 이러한 사회적 맥락에서 규정되곤 한다. 나와 다른 사람의 독특한 고유성을 인정하고 귀하게 평가하지 못하는 인간의 자기중심적인 기득권이 장애인을 인간 이하로 만들어 가는 것이다.

장애인의 대부분은 후천적 장애인이다. 각종 질병, 사고, 재난재해, 자해, 전쟁 등에 의해 장애가 발생하고 있다. 현대 산업사회에서는 산업재해와 교통사고 등으로 중도장애인이 더욱 늘어나고 있다. 현대사회에서 장애는 비장애인과 무관한 것이 아니라 원치 않아도 언제든지 비장애인에게 발생할 수 있는 것이다. 그런 의미에서 비장애인을 잠재적 장애인, 잠정적 장애인, 예비 장애인, 장애 가능인으로 부르기도 한다.[7]

신학은 장애인과 비장애인을 별개의 존재로 구분하고 있는가? 아니다. 성서에서 장애인은 부정적이든 우호적이든 모두 다 하나님과의 관계 안에 존재한다. 하나님의 진노이든 자비이든 하나님이 관계하는 사람이다. 장애발생도 장애치유도 다 사람의 삶이다. 장애인도 비장애인도 모두 다 사람이다. 복음은 장애인만을 위한 것도 아니고 비장애인만을 위한 것도 아니다. 그런 점에서 성서와 기독교는 장애인과 비장애인의 구분보다 사람이라는 공통성을 더 우선하고 있다.

장애인과 비장애인의 구분은 절대적이고 영원한 기준이 아니라 상대적이고 잠정적인 기준에 의한 것으로서 언제든지 가변적이다. 따라서 신학적 인간학에서 장애는 장애인에게만 해당되는 것이 아니라 비장애인을 포함한 모든 인간에게 적용되는 것이다. 이글은 신학적 인간학으로서 우선 인간 일반을 고찰하면서 그동안 미처 눈여겨보지 못하였던 장애인

---

7) Nancy L. Eiesland, *The disabled God*, 24, 121. 영어로는 흔히 탭(TAB, person with temporarily able-bodied)이라 부른다.

에 대한 관심을 가지고 장애신학적인 진술을 덧붙일 것이다.

III. 하나님 앞의 존재로서 장애인

신학에서 인간의 현주소는 하나님 앞이다. 인간이 하나님을 알고 신학을 하는 삶의 자리는 하나님 앞이다. 신학적 인간학의 대전제는 "인간은 하나님 앞에 서 있는 존재"(Coram-Deo-Sein des Menschen)라는 것이다.[8] 이것은 존재론적인 명제인 동시에 인식론적 명제이다. 인간의 정체성과 삶의 방향과 내용을 묻고 깨닫고 설정하는 자리가 삼위일체 하나님 앞이고, 인간이 실제로 살아가는 삶의 자리 또한 삼위일체 하나님 앞이다. 인간은 오직 하나님 앞에서 자기 자신을 알 수 있고, 또 하나님 앞에서 하나님을 의식하며 합당한 인생을 살아갈 수 있다. 인간은 하나님 앞에 선 존재, 곧 코람 데오(coram Deo)이다.

코람 데오는 본래 코람 호미니부스(coram hominibus), 곧 인간 앞의 존재와 대비되는 말이다. 흔히 인간은 홀로 사는 존재가 아니라 함께 어울려 살아가는 사회적 존재라고 말한다. 코람 호미니부스는 사회적 인간을 말한다. 그런데 그것은 인간끼리 어울려 사는 것이다. 그러나 그에 앞서 인간은 먼저 하나님 앞의 존재이다. 인간은 홀로 존재하는 것이 아니라 우선 하나님과의 관계 안에 존재한다. 인간은 끼리끼리 존재하는 것이 아니라 우선 하나님과의 관계 안에 존재한다. 인간은 무관계의 존재가 아니라 본질적으로 관계 안의 존재, 곧 관계적 존재이다.[9] 인간은 우선 하

---

8) 하인리히 오트/김광식 옮김, 『신학해제』(서울: 한국신학연구소, 1988), 139–143. 이 명제는 다른 인문 · 사회 · 자연과학의 인간학과 구별되는 신학적 인간학의 가장 큰 특징이다. 이것은 타문의 인간 이해와의 차이점을 분명히 한다. 신학은 모든 논의를 삼위일체 하나님 안에서 전개한다.

9) 김균진, 『기독교신학 2』(서울: 새물결플러스, 2014), 270–278.

나님과 관계하고, 또한 그 위/앞/안에서 이웃과 사회와 세계와 역사와 관계한다.

첫째, 하나님 앞의 인간은 창조주 하나님 앞에 있는 하나의 피조물이다. 피조물로서의 인간은 창조주 하나님과의 관계 안에 존재하며 살아간다. 하나님은 무한한 창조주이고 인간은 유한한 피조물이다. 그러므로 인간은 항상 하나님 앞에서 하나님의 주권과 섭리에 순종하며 하나님께 영광과 찬송을 드려야 한다. 인간은 하나님의 피조물로서 하나님과 관계하여 살아간다는 것은 하나님의 뜻을 헤아려 그 뜻을 이루어 하나님께 영광을 돌리며 살아가는 것을 의미한다. 신학적 인간학에서 인간은 하나님 없이 결코 존재할 수 없으며 하나님 없이 생각할 수 없다.

둘째, 하나님 앞의 인간은 하나님의 피조물로서 영과 육의 전일적 또는 통전적 존재이다. 하나님은 아담을 흙으로 빚으시고 그 안에 생기를 불어 넣으셨다(창 2:7). 사람은 영혼으로만 존재하거나 육체로만 존재할 수 없다. 성경이 말하는 인간은 영혼만의 존재가 아니라 영혼과 육체가 결합되어 있는 전체로서의 인간을 말한다. 그러다보니 사람은 영과 육으로부터 영향을 주고받게 된다. 인간의 삶 또한 영과 육의 합작품이다. 현대 의학이나 심리학이나 사회학은 인간의 영혼(정신)과 육체가 서로가 서로에게 영향을 주고 있음을 밝히 보여주고 있다.[10] 육체적 장애가 영혼과 정신과 사회생활에 영향을 미치거니와 또한 영적이나 정신적인 것이 육체적 건강이나 일상생활에 영향을 미친다. 영적인 건강이 육적인 장애나 사회적 장애를 극복하게도 한다. 하나님 앞의 인간은 통전적 존재로서 영과 육 모두를 귀히 여기며 오직 하나님 앞에서 하나님과의 사귐 안에 살 때에 온전해 질 수 있음을 알려준다.

---

10) 앞의 책, 340-346.

셋째, 하나님 앞의 인간은 자칫 홀로 서 있는 것 같지만 실제로는 세계 가운데에서 이웃과 함께 서 있는 것이다. 인간은 허공에 이념상으로 존재하는 것이 아니라 땅에 발을 딛고 현실을 살아가는 존재이다. 인간은 현실에서 수많은 조건과 관계 안에 살아간다. 즉 인간은 이웃, 사회, 국가, 생태계 등과 관계하며 함께 살아간다. 그리고 인간은 하나님에 의해 위임된 관리의 책임을 가진 책임적 존재이다. 인간은 자신의 유익을 위하여 이것들을 이용, 착취, 파괴하는 것이 아니라 하나님의 영광을 위하여 사랑하고, 돌보고, 사귀는 것이다.

넷째, 하나님 앞의 인간은 인생의 끝이 있음을 의식하는 존재이다. 인간은 유한한 존재이다. 인간의 유한함은 자신의 죽음을 의식하고 또한 세계의 끝이 있음을 의식하는 것이다. 곧 종말론적 의식이다. 인간은 역사 안에 살며 역사를 의식하며 살아간다. 하나님 앞의 인간은 하나님의 최후 승리와 하나님의 최종 영광을 믿고 바라며 그것을 위해 살아간다. 그것은 곧 삼위일체 하나님의 역사로서 삼위일체 하나님나라를 지향한다. 하나님 앞의 인간은 소망하는 인간이다(homo esperans).

하나님 앞의 존재란 결국 인간이 이 세상에서 삼위일체 하나님나라를 향한 존재임을 의미한다. 전통적으로 신학적 인간학은 하나님 앞의 존재를 크게 네 가지 주제로 다루어 왔다.[11] 첫째, 하나님의 형상으로서의 인간, 둘째 타락한 죄인으로서의 인간, 셋째 예수 그리스도로 말미암아 새로워진 인간이다. 그리고 이에 덧붙여 또한 새로운 인간의 삶은 하나님의 영광을 위한 삶, 곧 삼위일체 하나님나라를 향한 삶이다. 곧 넷째,

---

11) 하인리히 오트(Heinrich. Ott)는 인간을 원상태, 죄의 상태, 은혜의 상태, 부활상태로 분류하였다. 하인리히 오트, 『신학해제』, 143. 조직신학에서 인간론에 대한 주제는 교파와 신학자마다 다소간의 차이가 있다. 예를 들어 하나님의 형상으로서의 인간과 관련하여 '피조물로서의 인간'을 추가하기도 하고, '통전적 인간'을 주제 항목으로 택하기도 하고, '성화하는 인간'이나 '책임적인 인간' 또는 '부활하는 인간'이나 '종말의 인간'을 강조하여 다루기도 한다.

성령 안에서 하나님나라의 일군으로서의 인간이다.

장애인 또한 하나님 앞에 선 존재이다. 모든 인간은 하나님의 피조물로서 하나님 앞에 서 있다. 모든 인간은 인간으로서의 보편적인 조건과 개인적으로 고유한 조건을 가지고 하나님 앞에 선다. 장애인도 여러 가지 삶의 조건과 상황을 가지고 하나님 앞에 서 있는데, 특히 장애를 가지고 하나님 앞에 서 있다. 이제 기독교신학이 말하는 '하나님 앞의 존재'로서의 인간에 대한 네 가지 주제에 대하여 장애신학의 관점에서 고찰하고자 한다.

IV. 하나님의 형상으로서의 장애인

기독교에서 인간은 하나님이 창조한 피조물이다. 성서는 인간을 하나님의 형상에 따라 지음 받은 존재라고 선언한다(창 1:26-28). 이 선언은 서구의 역사에 있어서 인간의 존엄과 권리를 이루는 근거로 오래전부터 채택되어 왔다. 또한 이 구절은 인간을 다른 종류의 피조물과 구분 짓는 근거로 사용되어 왔다. 하나님 앞에서 인간의 정체성이 바로 하나님의 형상을 닮은 존재이고, 다른 피조물 앞에서 인간의 정체성이 바로 하나님의 형상을 닮은 존재이다.

하나님의 형상(Imago Dei)에 대한 신학적 인간학의 질문은 크게 두 가지이다. 첫째, 하나님의 형상으로서의 인간은 누구인가? 둘째, 인간에게 부여된 하나님의 형상이란 무엇인가?[12] 여기서는 장애인과 관련하여 전자의 질문을 짧게 다루고, 주로 후자의 질문에 집중하여 다루고자 한다.

---

12) 김광식, 『조직신학 (I)』(서울: 대한기독교서회, 1988), 349 참조.

우선, 하나님의 형상으로서의 인간은 누구인가? 고대근동에서 신의 형상은 최고통치자인 왕의 상징으로 알려져 있다. 주로 왕이나 때로 귀족에게만 신의 형상이 주어진 것으로 인정되었다. 그런데 성서는 왕만 아니라 모든 인간이 하나님의 형상으로 창조되었다고 선언하고 있다. 이 선언은 고대근동의 주장과 달리 '권력의 민주화' 또는 '정치권력의 탈신화화'를 주장한다.[13] 남자와 여자가 모두 하나님의 형상이듯이 장애인과 비장애인이 모두 하나님의 형상으로 지음 받았다.

이 구절은 자칫 지배를 정당화하고 인간의 지배의 계층화를 불러오고 계급의식을 형성할 위험성을 가지고 있다. 몰트만은 이러한 해석의 위험성을 '지배의 인간학'이라고 언급하였다.[14] 김균진은 이 지배의 인간학의 형태들을 구체적으로 설명하였는데, 그것들은 여자에 대한 남자의 지배, 인종주의 형태의 지배, 정치적 · 경제적 · 군사적 억압과 착취, 육체에 대한 영혼의 지배, 자연에 대한 인간의 파괴 등이다.[15]

이러한 지배의 인간학의 형태 가운데 그동안 간과되어 왔던 장애인에 대한 비장애인의 지배와 억압도 추가되어야 할 것이다. 특히 다른 어떤 지배이데올로기의 형태들보다 장애인에 대한 비장애인의 지배는 무능력과 공익성을 그 논리의 근거로 삼기에 더욱 심각하다. 사회의 장애인 인식에서는 '능력 이데올로기'와 '공익 이데올로기'가 하나님의 형상을 대치할 위험성이 있다. 분명한 사실은 장애인도 하나님의 형상으로 창조된 동등한 사람이라는 사실이다.

다음으로, 그럼 하나님의 형상이란 무엇인가? 이 문제에 대해 신학사적으로 여러 견해들이 있어 왔다. 첫째는 실체론적 관점에서 하나님의

---

13) 김균진, 『생태계의 위기와 신학』(서울: 대한기독교서회, 1991), 196.
14) 위르겐 몰트만/김균진 옮김, 『창조 안에 계신 하나님』(서울: 한국신학연구소, 1987), 267.
15) 김균진, 『생태계의 위기와 신학』, 198–201.

형상을 건장한 남자의 모습으로 보는 견해이다. 이 견해는 창세기 2장의 창조기사에 근거해서 하나님의 형상이란 건장한 아담에게 부여된 몸이라고 보았다. 어거스틴은 하와가 아담에게 속한 것처럼 여성은 남자의 지배 아래에 있을 때 하나님의 형상이라고 보았다. 이것은 역사적으로 고대 서구의 실체형이상학의 패러다임에서 이루어진 오래된 견해이지만, 오늘날도 발달심리학적으로 유아기의 세계관에서 하나님의 형상을 설명하는 하나의 모형으로 사용되곤 하는데, 유아기를 지나서도 이러한 모형으로 인간, 특히 장애인을 본다는 데에 그 심각성이 있다.

이 실체론적 견해는 여러 문제점을 가지고 있다. 우선, 하나님의 형상이 일시적인가 하는 문제이다. 인간은 생애주기에 따라 유아기, 아동기, 청소년기, 청년기, 장년기, 노년기를 경험하는데, 건장한 남자가 하나님의 형상이라면 유아기나 노년기에는 하나님의 형상이 사라지는 것인가? 또한, 건장함을 단순히 육체적인 것으로만 판단하는 것이 문제이고, 더욱 그 기준 또한 애매모호하다. 무엇이 건장함인가? 평균치가 기준인가? 건장함은 사회마다, 지역마다, 시대마다 다르다. 설령 기준이 존재한다 하더라도 이상적인 기준에 부합하는 건장한 남자는 몇 안 될 것이다.

역사적으로 둘째는 신체가 아니라 정신적인 것에서 그 답을 찾고자하는 견해이다. 여기서는 다른 피조물, 특히 다른 동물들과 비교하여 인간의 차별성이 강조되었다. 쉽게 말해, 동물들에게는 없는데 인간에게는 있는 것이 무엇인가라는 질문과 함께 하나님의 형상을 찾고자 하였다. 고대는 물론 근대에 이르러 이 견해는 주체형이상학 패러다임에서 더욱 강화되었다.

그중 첫째는 단연 이성(理性)이다. 서양철학에서 인간은 사유하는 존재(Homo Sapience)이다. 그것이 다른 존재와 인간을 구별하는 가장 중요하고 확실한 기준이었다. 그래서 인간의 사고능력을 하나님의 형상으로 보았다. 그런데, 이러한 주장은 자칫 인간의 사고능력을 수치화한 지능지수(Intelligence Quotient)로 인간을 구분하는 잘못을 범할 수 있다. 이러한 주장에 따르면 지적장애인은 열등한 인간으로 취급될 수밖에 없다. 동물학의 연구에 따르면, 동물들에게도 지능이 있음이 드러났다.[16]

두 번째 견해 중 또 다른 주장은 이성뿐만 아니라 인간이 가지고 있는 여러 정신적인 능력에 초점을 두었다. 그래서 사랑, 감정, 의지, 창의, 예술, 문화, 관계, 관리, 조직사회 등에서 하나님의 형상을 찾고자 하였다. 이러한 주장들 역시 인간의 애정, 정신, 예술, 문화, 사회, 정치적 능력으로 인간을 구분하고 평가하는 잘못을 범할 수 있다. 동물학의 연구에 따르면, 동물들에게도 나름대로의 애정, 감정, 의지, 관계, 문화, 조직, 질서 등이 있음이 드러났다.[17]

두 번째 견해 중 또 다른 주장은 인간의 지배력, 통치력, 곧 다스림으로 보는 해석이다. 이것은 특히 창세기 1장 28절 본문에 대한 현대의 구약 연구와 고고학 연구에 기초하고 있다. 하나님은 인간을 하나님의 형상으로 창조하시며 생육하며 번성할 것과 함께 땅을 정복하고 다스리라고 명령하였다. 고대근동에서 신의 형상은 다스림의 최고통치자인 왕의 상징으로 알려져 있는데, 성서는 왕만이 아니라 모든 인간이 하나님의 형상임을 선언하고 있다.

마지막 세 번째 견해는 하나님의 형상을 삼위일체 하나님의 사랑의 사귐으로 보는 견해이다. 하나님의 형상을 사랑으로 해석하는 것은 기독교의 전통적인 해석이다. 다만, 최근의 해석은 삼위일체 형이상학의 패러다임에서 사랑의 사귐을 강조한다. 전통적인 해석이 다른 동물과 비교하여 사람에게 있는 사랑으로부터 출발한다면, 최근의 해석의 강조는 삼

---

16) 도미니크 레스텔/김성희 옮김, 『동물도 지능이 있을까』(서울: 민음in, 2006).
17) 프랑크 세지이/이수지 옮김, 『동물들의 사회』(서울: 알마, 2009).

위일체 하나님 안에 있는 사랑의 사귐으로부터 출발한다. 이것은 사랑할 능력이나 사랑받을 능력을 말하는 것이 아니라 사랑의 사귐 자체를 말한다. 앞의 두 견해가 하나님의 형상을 간접적으로 다른 피조물과 비교하여 사람에게서 찾고자 하였다면, 이 세 번째 견해는 하나님의 형상을 삼위일체 하나님에게서 직접 찾고자 한다.

기독교의 하나님은 삼위일체 하나님이다. 전통적으로 기독교신학은 성경에 계시된 하나님을 일신론이나 다신론이나 범신론이 아니라 삼위일체론으로 믿고 고백해 왔다. 그리고 삼위일체 하나님은 무엇보다 먼저 사랑의 하나님(요일 4:8, 16)으로 표현되고, 고백되고, 예배되고, 송축되어 왔다. 그렇다면 우리는 먼저 하나님의 형상을 이 사랑의 삼위일체 하나님에게서 찾아야 할 것이다. 신학이 이 작업을 오랫동안 잊고 있었지만, 사실은 지극히 당연한 일이다.

현대 삼위일체 신학은 하나님의 형상을 삼위일체론적으로 해석하여 삼위일체 하나님의 사랑의 사귐에서 찾는다. 몰트만은 사회적 삼위일체론을 전개하였는데, 하나님의 형상에 대해서도 사회적 삼위일체론을 기반으로 해석하였다. 삼위일체 하나님은 사랑의 사귐 안에 있다. 성부와 성자와 성령은 사랑의 사귐 안에서 상호내재하며 공동 사역한다. 페리코레시스(perichoresis)는 삼위일체의 사랑의 친교를 설명한다. 삼위일체의 세 위격이 고유한 방법으로 하나이듯 사람은 사랑의 사귐 속에서 '삼위일체의 형상'이다.[18]

삼위일체의 내재적 사랑의 사귐은 경세적 모든 사역에서도 동일하게 행해진다. 삼위일체 하나님의 사귐의 초대는 하나님, 인간, 나아가 자연에까지 확대된다. 하나님의 형상은 단순히 인간에게 내재된 어떤 물질

---

18) 위르겐 몰트만, 「창조 안에 계신 하나님」, 285–286.

적인 실체나 주체적인 능력에 국한될 수 있는 것이 아니다. 오히려 하나님의 은혜 가운데 이루어지는 인간과 하나님, 인간과 인간, 인간과 자연의 모든 사랑의 사귐 가운데 하나님 형상이 가능하며, 또한 실현되어야 한다.

하나님의 형상에 대한 또 하나의 단서는 '하나님의 형상으로서의 그리스도'이다(고후 4:4, 골 1:15). 예수 그리스도는 하나님의 참된 형상이다. 이것은 하나님의 형상에 대한 인간학적 접근을 거부하고 다시금 신학적인 정초를 놓아주는 선언이다. 하나님의 형상에 대한 이해를 가장 잘 계시해주는 것이 바로 성육신하여서 하나님나라를 선포하시고, 가난하고 소외된 사람들과 함께 생활하시고, 십자가에 달리시고 부활하신 바로 예수 그리스도의 삶이다. 예수 그리스도의 삶은 삼위일체 하나님의 사귐 가운데 이루어진 것이며 사랑 때문에 사랑을 위하여 사랑으로 이루어진 것이다.

하나님의 형상은 인간의 존재와 능력 안에서 찾기보다 삼위일체 하나님의 존재와 역사 안에서 찾아야 한다. 하나님의 형상은 인간의 독특한 존재나 위대한 능력 때문에 주어진 것이 아니라 하나님의 사랑과 은혜로 거저 주어진 것이다. 하나님의 형상은 그러기에 특정 인간에게만 주어진 것이 아니라 모든 인간에게 주어진 것이다. 하나님의 형상은 삼위일체 하나님의 사랑의 사귐 안에 있다. 삼위일체 하나님의 세 위격은 사랑의 상호내재와 사랑의 상호협력 안에 존재하며 사역한다. 예수 그리스도는 하나님의 참 형상으로서 삼위일체적 사랑의 사귐을 구체적으로 우리에게 보여주었다.

그러므로 하나님의 형상은 특정인이나 특정 부류가 자신의 이익수단이나 기득권보호나 지배이데올로기로 사용할 수 없다. 하나님의 형상은 하나님의 은혜로 인간에게 주어진 것이므로 인간은 하나님의 형상에 대해 언제나 감사하며 겸손하게 하나님의 형상에 합당한 삶을 살아야 한다. 하나님의 형상으로서 인간은 사랑의 사귐의 삼위일체 하나님의 존재와 역사에 상응하는 인격과 삶을 이루어야 하는 과제를 안고 있음을 깨달아야 한다. 삼위일체 하나님의 사랑의 사귐에 상응하는 인간의 삶은 하나님의 참 형상인 예수 그리스도의 삶을 본받아 삼위일체 하나님의 사랑으로 타자와 교제하고 사귀는 삶에 참여하는 것이다(하나님, 타인, 자연과의 사귐). 특히 타인과의 사귐에서 우리는 인종, 성, 지역, 계급, 능력을 뛰어넘는 장애인과 비장애인의 사귐을 지향한다.

V. 죄인으로서의 장애인

신학은 인간을 죄인으로 규정한다. 인간은 죄인이다. 모든 인간은 죄인이다. 기독교 교리는 인간에게 원죄와 자범죄가 있다고 알려준다. 원죄란 아담의 타락 이래 인간이기에 누구나 선험적이고 태생적으로 갖게 되는 죄이고, 자범죄란 실제로 인간이 삶을 살면서 자기 스스로 저지른 죄이다. 인간이 죄인이라는 사실에서 어느 누구도 예외는 없다.

장애와 관련하여 종종 모든 인간이 다 영적 장애인이라고 말하기도 한다. 특히 비장애인이 장애인과의 공감이나 동정을 얻기 위해서 사용하곤 한다. 장애가 인간 실존의 공통이라면 틀린 말이 아니다. 특히 하나님과의 어그러진 관계를 설명하고자 한다면 이것은 모든 인간은 죄인이라는 말과 상통한다. 다만 장애신학이 영적 장애인이라는 표현을 주의하는 것은 이 표현으로 인하여 교회와 신학이 실제 장애인의 고난과 차별을 희

석하거나 무시하거나 은닉할 것에 대한 염려 때문이다.[19]

장애인도 인간이다. 그러면 장애인도 죄인이다. 장애인이 비장애인보다 실제로 더 많은 죄를 짓거나 더 흉한 죄를 지어서 죄인이 아니다. 죄의 내용은 장애와 관계없이 사람마다 다르다. 장애인 중에도 어떤 비장애인보다 더 중한 죄를 지은 사람도 있을 수 있고, 비장애인 중에도 어떤 장애인보다 더 중한 죄를 지은 사람도 있을 수 있다. 장애인은 장애가 있어서 죄인이 아니라 장애와 무관하게 인간이기 때문에 죄인이다.

오랫동안 장애인은 죄인으로 간주되어 왔다. 사실 장애인과 죄인은 별개의 범주이지만, 고대로부터 사회의 두 축이었던 정치와 종교는 장애인을 죄인으로 규정하였다. 장애인을 종교적으로 죄인으로 규정지음으로써 비장애인은 종교적으로는 물론 사회적 · 정치적으로도 우위를 차지하였다. 장애인을 종교적 죄인으로 낙인찍음으로써 사회에서의 차별과 소외와 배제와 제거를 정당화시켰다.

장애인과 죄인의 동일시 경향은 고대 이스라엘과 예수님 당시의 사회에서도 쉽게 발견할 수 있다. 모세 율법과 이스라엘의 역사에서 인간의 죄에 대한 하나님의 진노의 여러 결과들 중에 질병과 장애가 나타나기도 한다. 그런데 세상은 장애를 장애인 당사자나 그의 부모가 죄인이어서 하나님의 징벌에 따른 결과라고 지나치게 단순 도식화시켰다.

그러나 예수 그리스도는 한 시각장애인을 치유하시면서 위대한 장애해방 선언을 하였다(요 9:3).[20] 당시 사회는 장애인을 죄인으로 단정 짓고 그 죄가 누구의 죄인가를 따지던 것이 일반적이었다. 그러한 장애 인식과 풍토에서 예수 그리스도는 그 사람의 장애가 누구의 죄 때문이 아니

---

19) Nancy Eiesland, *The Disabled God*, 85 참조.
20) 요한복음 5장 14절과 비교하여 이 선언이 죄와 장애의 전면적인 무관인지 아니면 부분적인 무관인지, 그리고 이 선언이 모든 장애인에게 보편적으로 해당하는 것인지 아니면 본문의 한 개인에게만 특수하게 해당하는 것인지에 대해서는 논란의 여지가 남아 있다.

라 하나님의 영광을 위한 것이라고 선언하였다. 이것은 매우 혁명적인 장애해방 선언이다. 이후에 또한 이 치유 받은 시각장애인의 논쟁 과정에서 예수 그리스도는 또 하나의 장애해방 선언을 하였다. 당시는 물론 지금도 신체적·정신적 손상이나 기능상 제약이 있는 사람을 장애인이라고 규정하는데, 예수 그리스도는 바리새인을 향하여 오히려 보는 것 때문에 시각장애인이라고 장애 개념을 재규정하며 장애역전 선언을 하였다.[21]

오늘날 사회는 물론 교회에서도 장애를 죄와 단순히 일치시켜서 장애인을 죄인으로 정죄하고 차별하는 일이 발생하곤 한다. 이것은 '죄-장애 이데올로기'이다. 실제로 죄의 결과로 장애가 발생할 수도 있다. 그러나 성서에서 하나님은 사랑의 하나님이시며, 모든 장애가 죄의 결과는 아니다. 성서는 인간의 장애에 대해서 장애인을 더 중한 죄인으로 규정하고, 그리하여 인간 이하의 존재로 말씀하고자 아니한다. 오히려 정반대이다. 모든 인간은 죄인이며, 장애인도 죄인이고, 장애인을 포함하여 모든 인간은 죄인이며, 그래서 하나님은 모든 사람을 긍휼히 여기시며 구원하기를 원하신다. 예수 그리스도는 장애인만 또는 장애인을 제외하고가 아니라 장애인을 포함하여 모든 인간을 구원하시는 구세주이시다. 그런 점에서 장애인에게도 예수 그리스도는 절대적으로 필요한, 결코 없어서는 안 될 존재이다. 장애 때문에 복음의 전달과 수용에서 장애인이 제약되고 소외되기 쉬우므로 오히려 장애인을 향한 선교가 더욱 절실히 요구된다. 장애인선교를 위해 장애인 당사자의 적극적인 신앙과 비장애인과 교회 공동체의 장애인을 위한 사랑의 배려가 요구된다.

종종 장애 담론이나 장애 운동에서 장애인에 대한 긍휼, 사랑, 보호로 인해 장애인을 미화하려는 경향이 나타나기도 하는데, 결코 오해하지

---

21) 최대열, 「성서, 장애 그리고 신학」(서울: 나눔사, 2015), 214-225.

124 장애 조직신학을 향하여

말아야할 엄연한 사실은 장애인 역시 죄로 인하여 죽었던 또는 죄로 인하여 죽을 수밖에는 없는 똑같은 인간이라는 사실이다. 장애가 죄인의 증표도 아니지만 반대로 장애가 결코 면죄부도 아니다. 장애는 인간의 여러 삶의 조건들 중의 하나이다.

통계적으로 장애인의 범죄가 낮고 장애인 재소자가 적다는 사실은 장애인이 비교적 의인이라는 것을 말하는 것이 아니다. 먼저 사회에서 장애인의 수가 적다는 것이고, 또한 장애인이 장애로 인하여 비장애인 비해 실제로 범죄를 수행할 조건이나 능력이 적다는 것뿐이다. 인간의 본성은 다 똑같은 죄인이며, 그 사고와 마음이 똑같이 죄악에 물들어 있다.

그러므로 장애신학은 죄인으로서 장애인이라는 주제에서 장애인의 죄의 본성, 죄-장애 이데올로기와 함께 장애인이 실제로 범죄를 수행할 수 있거나 수행할 수 없게 하는 사회적 구조를 고려한다. 장애인의 범죄 행위는 개인적인 죄의 본성과 속성과 함께 범죄가 발생하게 되는 구조와 상황이 맞물려야 한다. 장애신학은 죄를 가능하게 하는 사회의 본성과 속성, 사회적 구조와 관행, 그리고 장애에 대한 편견과 차별을 고발한다. 장애인과 비장애인 개인뿐만 아니라 사회적 구조와 관습 역시 예수 그리스도를 통하여 삼위일체 하나님나라를 향하여 개선되고 개혁되어야 한다.

인간은 환경 속의 존재이다. 범죄도 선행도 인간의 의지와 환경이 맞물려야 발생한다. 인간은 아담의 타락 이후 본질적으로 죄인이다. 실정법에서 죄가 실현되기 위해서는 환경 속에서 사건으로 발생해야 한다. 그것은 선행도 마찬가지이다. 인간의 선의지가 있어도 실제로 선행이 일어나기 위해서는 환경 속에서 사건으로 발생해야 한다. 예수 그리스도로 거듭난 성도와 예수 그리스도의 몸인 교회공동체는 선한 사회의식과 선한 사회구조를 만들어가야 한다.

VI. 예수 그리스도 안에서 새로운 존재로서의 장애인

종종 교회 현장에서 다음과 같은 신학적 질문을 마주한다. "장애인도 구원받을 수 있는가?" "장애인도 예수 그리스도 안에서 새로운 피조물인가?" "장애인도 교회의 구성원이 될 수 있는가?" 당연히 그렇다. 그렇지 않을 이유가 전혀 없다.

기독교에서 모든 인간은 구원 받아야할 죄인이다. 구원은 인간의 자격이나 공적이 아니라 구세주인 예수 그리스도를 믿음으로써 은혜로 받게 되는 것이다. 모든 인간은 죄인이기에 예수 그리스도를 필요로 한다. 장애인도 죄인이기에 예수 그리스도가 절대적으로 필요하다. 어떤 인간이든 예수 그리스도만 믿으면 죄 사함을 받고 새로운 인생이 된다.

장애인은 누구보다 예수 그리스도가 필요하다. 장애는 육체적·정신적 고통, 일상생활과 사회생활에서의 제약, 지속적인 가난과 재정적 부담, 인간관계의 제한, 사회적 차별과 소외, 꿈의 포기와 절망 등 수많은 고난을 가져온다. 모든 인간이 힘겨운 인생을 살지만, 장애인은 장애로 인하여 과중한 고통과 부담과 차별을 안고 살아간다. 예수 그리스도 없이는 가장 불쌍하고 비참한 인생이다. 그러나 어떤 장애인이든 예수 그리스도만 믿으면 가장 행복하고 가치 있는 인생이 된다.

예수 그리스도는 메시아, 곧 구세주이다. 그는 하나님의 유일하신 아들, 곧 삼위일체의 한 위격으로서 거룩한 성자이시며 인류와 세계의 모든 죄를 대속하시는 구세주이다. 그러므로 예수 그리스도를 믿는 모든 사람은 죄인에서 의인으로, 마귀의 종에서 하나님의 자녀로, 멸망당할 지옥 백성에서 영원한 하나님의 천국 백성으로 변화된다.

예수 그리스도가 꼭 가난한 자, 병자와 장애인, 정죄당한 사람들만을 위한 존재는 결코 아니다. 예수는 모든 사람들에게 구세주이다(딤전 1:15,

2:4. 딛 2:11). 그러나 스스로 자신이 건강하고 부유하고 의인이라고 여겨 예수 그리스도를 거부하는 사람에게 구원의 길은 없다. 구원은 예수 그리스도를 믿고 삼위일체 신앙을 고백하는 모든 이들에게 은혜로 주어지는 것이다.

"장애인도 구원받을 수 있는가?" 이 질문은 구원과 관련하여 자칫 오해를 낳을 우려가 있다. 이 질문은 비장애인의 구원을 마치 당연한 것으로 전제하고 있다. 이러한 전제는 구원의 주체가 누구인가를 뒤로 미루고 마치 구원이 인간의 조건에 달려 있는 것처럼 오해하게 한다. 비장애인이어서 구원받을 수 있고 장애인이어서 구원받지 못한다? 기독교에서 구원의 주체는 인간이 아니라 삼위일체 하나님이다. 구원은 전적으로 하나님의 주권에 속한 것이다.

그럼, 장애인의 구원이 불가능하다고 생각하는 근거는 무엇인가? 장애인의 구원 불가의 근거는 그동안 장애인에 대한 차별과 무시로 일관된 역사적인 편견일 뿐이다. 성서에 하나님의 사랑과 은혜와 구원에서 장애인을 배제하는 곳은 없다.

한때 로마서 10장 9-10절을 청각장애인이나 언어장애인의 구원 불가에 대한 성경적 근거로 삼으려는 주장이 있었다. 그러나 이 주장은 성서 전체를 흐르는 하나님의 구원사역을 보지 못하고 시대적인 한계에 얽매여 문자에 매달려 있던 해석들이다. 본문의 말씀이 주어지고 있는 대상은 실제 청각장애인이나 언어장애인이 아니라 오히려 비장애인들이다. 그리고 청각과 언어의 의사소통의 장애는 이미 문자, 영상, 수화 등으로 대체되어 복음이 충분히 전달되고 있다.

성서의 전체적인 흐름에서 장애인을 하나님의 구원에 포함시키는 일련의 언급들은 예언서에서 등장한다. 예언서에서 중요하게 언급되는 "그날", "그때"에 대한 기사에 장애인의 장애치유와 장애해소가 관련되어 있다(사 29:18, 35:5-6, 렘 31:8, 미 4:6-7, 습 3:19). 예언서에서 그날은 이스라엘 심판의 날을 가리키는 경우도 있고, 회복의 날을 가리키는 경우도 있다. 그러나 분명한 것은 그것은 인간의 계획과 능력으로서가 아니라 전적으로 하나님의 역사로서 이루어진다는 사실이다. 그날에 임할 하나님나라의 징표로서 장애 치유와 장애 해소가 언급되고 있다. 구속사적인 관점에서 이 구절들은 장애인들이 메시아 시대의 도래를 보여주는 가장 확실하고 영광스러운 표징이 될 것을 예언한다.[22]

예언서의 언급은 구속사와 관련하여 장애인을 마지막 날의 남은 자, 나아가 하나님나라 구성원의 대표적인 부류로 언급하고 있다. 장애인을 무능력자로 간주하는 통속적인 사회인식의 영향으로 신앙에서조차 장애인을 소외된 존재로 간주하려는 시각이 있으나, 성서는 결코 장애인을 신앙사건과 구속사에서 배제하지 않는다. 오히려 성서는 삼위일체 하나님이 장애인을 구속의 역사에 주요 대상으로 참여시킬 뿐만 아니라 하나님나라 임재의 징표로서 장애인의 구원을 사용하고 있다. 그래서 정승원은 장애인은 메시아공동체의 담지자로서 공동체의 진위를 파악하는 리트머스 시험지라고 하였다.[23]

예수 그리스도의 사역 또한 장애인과 매우 밀접하게 연관되어 있다. 예수는 장애인들을 사랑으로 대하셨고, 함께하셨고, 치유하셨다. 실제로 복음서의 약 1/3의 분량이 병자와 장애인의 치유에 관한 것이다. 예수 그리스도는 자신의 성육신의 목적으로 건강한 자와 병든 자를 비유로 들어 의인을 부르러 온 것이 아니라 죄인을 부르러 왔다고 밝히셨다(마 9:12-13, 막 2:17, 눅 5:31-32). 뿐만 아니라 나사렛에서 공생애를 처음 시작할 때, 치유와 해방의 본문인 이사야서 61장 1-2절을 읽고 그의 공생애 사역을 시작

---

22) 정훈택, "성경은 장애인을 어떻게 보는가." 「목회와 신학」(1996년 4월), 53.
23) 정승원, "장애인을 위한 언약공동체 신학." 「신학으로 이해하는 장애인」(서울: 세계밀알, 2009), 155.

하였다(눅 4:18-19). 세례 요한이 제자들을 보내어 예수가 기다리던 메시아 인지 확인하고자 하였을 때, 예수는 그가 하고 있는 치유사역을 보이며 대답하셨다(마 11:2-6, 눅 7:18-23).

예수의 사역에서 장애인 치유가 갖는 역사적 의미는 구약의 묵시문 학적 전통이라는 맥락에서 이해할 수 있다. 즉, 마지막 날에 일어날 하나 님의 장애인 치유라는 현상이 예수 그리스도의 사역을 통하여 실현되고 있다. 누가 하나님나라의 백성이 될 수 있는가? 당시의 종교지도자들은 장애인이라는 이유로 장애인을 종교공동체에서 내어 쫓았지만, 예수 그 리스도는 오히려 장애인이라는 이유로 장애인을 찾아주시고 받아주셨 다. 그리고 장애인을 내쳤던 종교지도자들을 오히려 죄인으로 규정하였 다.

장애인을 하나님나라의 구성원으로 보는 문제는 장애인의 구원 문 제와 깊이 연관되어 있다. 신앙공동체인 교회와 영원한 하나님나라의 구 성원이 되는 것은 예수 그리스도를 믿어 구원을 얻음으로써 가능한 일이 다. 구원은 인간의 세상적인 조건이나 신분과 관계없이 예수 그리스도를 믿는 모든 사람에게 은혜로 주어지는 것이다(대상 16:35, 시 54:1, 79:9, 106:47, 행 2:21, 롬 10:13).

구원이란 기독교의 본질과 관련된 주제이다. 기독교는 구원의 종교 로서 인류와 세상에 대하여 구원의 길을 제시하였다. 기독교 교리사를 살 펴보면, 고대 교회에서는 구원과 관련하여 인간의 신성에의 연합을, 중 세시대에는 교회에서 제공하는 은총의 수단에의 참여를, 종교개혁시대 에는 이신칭의(以信稱義)에 대한 인정을, 근대에는 도덕성이나 종교성의 확장을, 현대에는 인간의 해방을 강조하였다. 이러한 강조점은 그 시대 의 형이상학적 토대 위에서 교회의 필요에 따라 다소간의 차이를 보이지 만, 그 구원의 방법은 교회의 역사 초기로부터 지금껏 줄곧 중요한 원칙,

곧 구원은 하나님의 은혜라고 확정하여 왔다.

고대교회의 구원론에 대한 논의의 쟁점은 어거스틴과 펠라기우스 주의의 논쟁에서 잘 드러나듯이 구원의 주권 또는 조건이 인간에게 있는가 아니면 하나님께 있는가 하는 문제였다.[24] 이 논쟁을 통하여 구원의 방법에 있어서 중요한 원칙들이 결정되었다. 구원은 인간의 공로가 아니라 전적으로 하나님의 은혜에 의한 것이다. 그래서 세례의 유효성도 인효론이 아니라 사효론이다. 인간의 지위나 능력이나 수고는 구원을 얻는데 아무런 효과가 없다. 이 원칙은 오늘날까지 가장 확실한 기독교 구원론의 원칙이다. 루터의 믿음에 의한 칭의도 이 원칙을 따랐고, 그 원칙을 더욱 강화시켰다.

종교개혁시대를 겪으며 근대인들은 다시 펠라기우스 논쟁과 유사한 혼란을 겪었다. 그것은 인간의 믿음이 어떻게 구원에 작용하는가 하는 문제였다. 아르미니안주의(Arminianism) 전통에 선 교회나 성도들은 구원을 이루는데 있어서 인간의 믿음을 결코 간과할 수 없는 것으로 중요하게 본 반면, 개혁주의(Calvinism) 전통에 선 교회나 성도들은 하나님의 절대적인 주권 아래에서 불가항력적인 은총을 강조하였다. 폴 틸리히(Paul Tillich)는 이를 중재하여 하나님의 은혜에 의해(by) 인간의 믿음을 통해(through) 구원을 얻는다고 정리하였다.[25] 칼빈주의는 인간의 믿음조차 하나님의 은혜로 본다. 이 논의가 갖는 최소한의 전제 내지 합의는 구원은 인간의 지위나 능력이나 수고에 의한 것이 아니라 전적으로 하나님의 은혜에 의한 것이라는 사실이다.

장애인의 구원을 문제 삼는 것은 결국 하나님의 은혜를 제한하는 것

---

24) 펠라기우스 논쟁에 관해서는 J. N. D. 켈리/김광식 옮김, 『고대기독교교리사』(서울: 한국크리스천문학가협회, 2004), 393-460과 베른하르트 로제/구영철 옮김, 『기독교 교리사』(서울: 컨콜디아사, 1988), 109-140 참조. 펠라기우스가 구원에 있어서 하나님의 은총을 부인하는 것은 결코 아니다.
25) 폴 틸리히/송기득 옮김, 『19-20세기 프로테스탄트 사상사』(서울: 한국신학연구소, 1980), 22.

이다. 장애 때문에 장애인이 구원받을 수 없다는 것은 구원이 하나님의 은혜보다 인간의 조건에 따른다는 주장으로 기독교의 구원론이 아니다. 인간의 장애가 하나님의 구원의 근거나 조건이 되지 않는다. 인간의 장애가 하나님의 구원을 막을 수 없다. 장애인의 장애는 장애 범주나 장애 정도를 떠나서 인간의 구원의 기초나 근거가 될 수 없다.

구약의 묵시문학적 전통과 예수 그리스도의 사역에서 드러나듯이 장애인은 삼위일체 하나님의 구원 사역에 있어서 완성의 징표이고, 사역 전략에 있어서 우선적 대상이다. 장애인은 장애 때문에 하나님의 긍휼과 은혜에 더 가까울 수 있다. 애굽 바로의 압제 하의 히브리인이나 예수 시대의 비천한 자가 갖는, 그리고 해방신학의 가난한 자나 민중신학의 민중이 갖는 '하나님의 사랑의 선호적 선택'[26]이 장애인에게도 인정될 수 있다. 하나님은 장애인을 장애 때문에 누구보다 우선하여 긍휼히 여기시고 사랑의 손길을 내미신다. 장애인은 장애 때문에 누구보다 우선하여 하나님의 은혜가 절실히 필요하고 하나님을 의지하게 된다.

인간의 장애가 하나님의 구원에서 장애인을 배제시키거나 배제할 수 있는 조건이나 계기가 될 수 없다. 오히려 인간의 장애가 하나님이 장애인을 우선적으로 긍휼히 여기시며 은혜를 베푸는 조건이나 계기가 될 수 있다. 장애인은 예수 그리스도 안에서 삼위일체 하나님나라의 백성이다.

VII. 하나님의 영광을 위한 장애인

신학적 인간학에서 장애인에 대한 중요한 관점은 장애인을 하나님

---

26) 윤철호, "구원론적 관점에서 본 장애인신학," 「장애인상담과 선교를 위한 정책자료집」 4 (1997), 5.

의 영광을 위한 존재로 보는 것이다. 요한복음 9장 3절에 따르면, 예수 그리스도는 장애인의 존재 이유가 하나님의 일을 이루는 것이라고 선언하였다. 이것은 장애인에 대한 이해를 부정에서 긍정으로, 수동에서 능동으로, 육적인 것에서 영적인 것으로 차원을 고양시킨다. 장애인은 단순히 부족하고 불편한 존재가 아니고, 장애인은 단순히 돌봄과 시혜의 대상이 아니고, 장애인이 단순히 세상에서 성공과 출세하는 것을 목표로 한 존재가 아니다. 장애인도 예수 그리스도를 믿고 성령 안에서 삼위일체 하나님나라를 위한 일군이 된다.

구원과 사역에 있어서 장애인은 비장애인과 다를 바 없다. 장애인역시 하나님의 형상으로 지음 받은 존재이고, 장애인 역시 죄인이어서 하나님의 구원의 은총을 절실히 필요로 한다. 장애인 역시 예수 그리스도를 믿을 때, 구원을 받고 교회의 일원이 된다. 그리고 장애인 역시 성령안에서 삼위일체 하나님나라의 일군이 된다. 장애인이라고 해서 별반 다른 것이 없다.

첫째, 장애인은 존재 자체로서 하나님나라의 일군이 될 수 있다. 구마자와 요시노부(熊澤義宣)는 인간의 고유한 가치를 누구와 비교해서 정해지는 상대적 가치가 아니라 당사자와 하나님과의 관계 속에 결정되는 절대적 가치라고 주장함으로써 장애인의 존재 가치를 세웠다.[27] 하나님이 자신의 선하신 목적을 따라 보시기에 좋게 만드셨기에 장애인은 장애인으로서 존재한다는 사실 그 자체로서 이미 의미 있으며 가치 있는 것이다. 하나님의 창조 자체가 하나님의 영광을 위한 역사이기에 장애인은 자신의 존재로 하나님의 역사에 참여하고 있는 것이다. 장애인은 자신의 존재로부터 이미 하나님의 영광을 위한 하나님나라의 일군이다.

---

27) 구마자와 요시노부(熊澤義宣), "존재의 신학으로서 장애인신학," 『장애인신학의 확립을 지향하여』(서울: NCCK, 1994), 20-21.

하나님이 강하고 교만한 자들을 꺾으시며 오히려 약하고 보잘 것 없는 자들을 하나님의 영광을 위해 사용하신다. 하나님은 장애인도 하나님의 구원의 역사를 위하여 사용하신다. 요한복음 9장의 기사는 시각장애인으로서의 존재 의미가 하나님의 영광을 드러내는 것에 있음을 가르쳐 준다. 장애성도들은 모두 자신의 존재 자체가 성령 안에서 하나님의 영광을 위한 것임을 믿어야 한다.

복음서에서 치유 받은 장애인의 대부분은 하나님의 영광을 위한 하나님나라의 일군이 되었다. 그러나 때로 이 사실은 결과론적으로 장애인이 치유 받았기 때문에 일군이 될 수 있었다는 이론을 제기하곤 한다. 즉 치유 받지 못한 장애인의 경우는 하나님의 일군이 될 수 없다는 논리이다. 그러나 장애인의 장애 치유는 하나님의 은혜요 하나님나라의 표징이지 결코 장애인의 존재 의미와 일군으로서의 사명을 가늠하는 기준이 될 수는 없다.

우선, 비장애인은 장애인을 보면서 하나님을 의식하고 하나님께 영광 돌리거나 자신의 삶을 반성한다. 치유되지 않은 장애인의 모습 속에서도 하나님나라의 일군 된 장애인의 현실을 보게 된다. 둘째, 치유되지 않은 채 장애를 안고 귀한 사역을 감당하여 살아가는 많은 신실한 성도들을 볼 수 있다. 아니, 더 나아가 하나님나라를 위하여 스스로 장애를 무릅쓴 인물들도 있다. 사도바울은 육체의 가시를 간직한 채 끝까지 복음을 전하였다(고후 12:7-10). 오리겐(Origen)은 마태복음 19장 12절에 근거해서 천국을 위해 스스로 고자가 되었다. 다미엔(Damien)은 몰로카이 섬의 나병환자 선교를 위해서 스스로 나병환자가 되었다.[28] 이러한 예들은 위에 제기된 장애와 일군의 고정된 틀, 곧 치유 받은 장애인만 교회의 일군이 될

28) 가반 도우즈/강현주 옮김, 『문둥이 성자 다미안』(서울: 바다출판사, 2001).

수 있다는 틀을 깨뜨리는 근거가 될 수 있다. 장애에서 치유되었기에 일군이 될 수 있는 것이 아니라 장애를 가지고도 얼마든지 일군이 될 수 있고, 나아가 일군이 되기 위해서 장애를 입을 수도 있거니와 또한 일군으로서 일하다가도 장애를 입을 수 있다.

모든 장애인의 존재 속에는 하나님나라의 백성으로서의 삶과 하나님나라의 일군으로서의 삶이 내포되어 있다. 관건은 장애인에게는 신앙의 은혜 속에서 그것을 의식하고 고백하며 살아가느냐 아니면 의식하지 못한 채로 살아가느냐에 달린 것이고, 비장애인에게는 이 사실을 인지하고 장애인의 일군 됨, 나아가 동역자 됨, 더 나아가 특공대 됨을 인정하느냐 아니면 무시하느냐에 달려 있는 것이다. 장애인은 존재 자체로 이미 하나님의 영광을 드러내며 또한 하나님나라를 이루어 가는 하나님의 잠재적 일군으로 존재한다.

둘째, 장애인은 복음의 체험적 증인으로서 하나님나라의 일군이다. 복음서에서 예수의 치유사역에 나타나는 장애인의 모습은 먼저 그 시대 상황에서의 육체적 고통, 경제적 어려움, 사회적 소외, 심리적 위축, 영적인 정죄와 소외에 처해 있는 존재이다. 또 다른 면에서 그들은 장애 때문에 예수 그리스도를 간절히 찾아 나서며, 예수 그리스도에게 긍휼을 호소하는 신앙의 발로, 자신의 믿음으로 예수 그리스도의 치유를 이루는 신앙적인 존재로 부각된다. 여기서 특히 주목해야 할 부분은 예수로부터 치유 받은 장애인들이 예수의 치유 사실과 예수의 그리스도 됨을 증거 하는 삶을 살았다는 증인으로서의 존재이다.

요한복음 9장에 기록된 시각장애인의 이야기에서 시각장애인이었던 사람의 예수에 대한 인식 가운데에 신앙의 전개가 나타나고 있다. 이 본문에서 시각장애인이었던 사람의 진술은 '예수라 하는 그 사람'(11절)에서 '선지자'(17절)를 거쳐 마침내 '인자'와 '주'라는 예수 그리스도에 대한 신앙고백(35-38절)으로 발전하였다. 이 과정에는 당시의 유대교와 기독교의 갈등상황을 반영하고 있는 동시에 무엇보다도 시각장애인이었던 사람의 꿋꿋하고 솔직한 예수의 사역에 대한 증거가 강조되고 있다. 이것은 장애인이 예수로부터의 치유 후 증인의 삶을 살았다는 하나의 예이다.

공관복음서 여러 곳에서 치유 받은 장애인과 이를 목격한 사람들이 예수의 치유사역과 그리스도 됨을 계속 증거 해 나갔다는 사실을 발견할 수 있다(마 8:4, 9:30-31, 12:15-16, 막 5:42-43, 7:35-36 등). 그 과정에서 특히 치유 받은 장애인 당사자 자신의 증거는 결정적인 증거로 많은 병자와 장애인과 귀신 들린 자를 예수께로 인도하였다. 장애인은 단지 치유만 받고 개인적인 이익만을 위하여 사는 이기적인 존재가 아니라 치유하여 주신 예수를 확실히 알고 그 누구보다도 예수를 확실히 증거 하는 선교사로서의 사명을 감당하는 자들이었다.[29]

이러한 장애인의 모습은 예수 이후에 그의 제자들의 선교에서도 나타난다. 예수께서 그의 제자들을 파송하여 전도여행을 시키실 때에도 병자들을 고쳐 줄 것을 명하고 있다(눅 10:9). 제자들은 예수로부터 치유사역과 그 권능을 위임 받았다. 제자들은 그리스도의 뒤를 이어 많은 치유사역을 하였다. 제자들의 치유사역의 수혜자인 장애인 역시 복음의 증인으로서의 삶을 살았다.

사도행전 3장 1절~4장 4절에 의하면 나면서부터 지체장애인이었던 사람을 사도들이 치유한 사건이 나온다. 이 사건은 단지 한 장애인을 치유한 사건이 아니라 장애인 치유사건이 교회 확장의 불을 지핀 결정적인 계기가 되었음을 보여준다.[30] 장애인은 선교의 수동적인 도구를 넘어서 실제로 비장애인들에게 자신에게 일어난 복음의 역사를 전하는 증인으로

---

29) 이계윤, 『장애인 선교의 이론과 실제』(안양: 한국특수요육연구소, 1996), 71.
30) 앞의 책.

하나님의 뜻을 전하고 외치는 메신저로서의 역할을 행하였던 것이다. 정승원은 그리스도와의 연합 안에서 장애인은 하나님나라의 주역의 역할을 한다고 주장한다.[31]

장애인 메신저로 복음을 전하였던 한 예로 열왕기하 7장에 소개된 '4명의 나병환자' 이야기가 있다. 본문에서 4명의 장애인은 아람 군대의 포위로 인해 두려움과 굶주림에 처한 이스라엘 백성에게 복음을 전하였다.[32] 이것은 매우 역설적으로 당시 4명의 한센병자가 장애로 인하여 차별, 소외, 격리되었고, 장애인으로서의 숙명을 받아들이고 생각, 판단, 행동하였기에 가능한 역사였다. 장애인으로서의 경험과 상황과 인식과 판단, 곧 세계관이 오히려 하나님의 복음의 사역에 쓰임 받았다.[33] 본문에서 4명의 장애인은 복음서의 치유 받은 장애인과 달리 장애 치유를 경험하지 못하였다. 치유의 여부가 아니라 은혜의 여부에 따라 장애인은 하나님의 구원의 역사에 쓰임 받는 일군이 될 수 있다. 하나님은 가진 사람, 강한 사람, 건강한 사람만이 아니라 약한 사람, 병든 사람, 장애를 가진 사람들도 하나님의 일군으로 부르시고 사용하고 계신 것이다.

셋째, 하나님나라의 일군으로서 장애인에게 있어서 중요한 주제 중의 하나는 성령의 은사이다. 장애인도 예수 그리스도를 믿고 성령을 받을 때에 교회를 섬기기 위해 성령의 은사를 받는다. 은사는 장애의 유무나 경중으로 받는 것이 아니라 믿음과 성령으로 받는 것이다. 때문에 장애인이어서 성령의 은사가 없다거나 교회를 섬길 수 없다거나 하나님의 일을 할 수 없다고 하는 생각은 이치에 맞지 않는 말이다. 장애인도 예수 그리스도를 믿을 때에 성령을 받고 교회의 일원으로서 하나님의 일에 동

31) 정승원, "하나님나라 주역으로서의 장애인," 『성경과 장애인』(서울: 세계밀알, 2013), 123.

32) 정중호, 『열왕기하』, 대한기독교서회 창립 100주년 기념 성서주석 11(서울: 대한기독교서회, 1995), 169–182 참조.

33) 최대열, "복음의 멧신저(왕하 7:1–20)," 「장애인 상담과 선교를 위한 정책자료집」 9(1998), 40–49.

등하게 참여할 수 있다.

성령의 은사가 다양하듯이 장애인에게 주어지는 성령의 은사 또한 다양하다. 장애인이라고 해서 다를 것이 전혀 없다. 다만, 장애차별의 교회나 사회를 고려할 때 장애인의 은사는 비장애인보다 훨씬 더 은혜롭고 강력할 수 있다. 장애인이 고통스럽고 불편한 몸으로 건축과 인식의 장벽을 넘어서 교회에 출석한다고 하는 것만으로도 이미 다른 장애인과 비장애인 그리고 교회공동체에 큰 위로와 도전이 된다. 그래서 장애인은 교회와 사회에서 그 존재만으로도 이미 하나님의 일을 하는 은사가 될 수 있다.

다음으로 장애인의 대표적인 은사는 사랑의 은사이다. 그것은 꼭 장애인이 사랑으로 다른 성도와 교회와 사회를 섬긴다는 의미를 넘어선다. 장애인이 자신에게 주어진 마음과 재능으로 다른 성도와 교회를 섬길 수 있다. 그러나 또한 비장애인은 장애성도와 교제함으로써 그를 사랑하는 마음을 얻고 사랑을 배울 수 있다. 사랑은 사랑함으로써 배울 수 있기 때문이다. 장애인과 장애인, 장애인과 비장애인의 사랑의 관계는 교회공동체 자체를 사랑의 공동체로 만들어주며, 나아가 세상을 향하여 예수 그리스도의 제자이며 예수 그리스도의 몸이며 삼위일체 하나님나라의 모습을 보여주게 된다.

다시 말하지만 장애인의 은사 또한 성령의 선물이므로 다양하다. 헨리 나우웬(Henrie Nouwen)은 장애인공동체에서 그가 교제하며 섬기던 여러 장애인들에게서 매우 다양한 은사들을 발견하였다. 사랑의 은사, 지혜의 은사, 지식의 은사, 위로의 은사 등. 특히 그는 아담에게서 지혜의 은사를 경험하였다. 나우웬이 육체적으로는 아담의 생활을 돕고 봉사하였지만, 아담이 하나님과의 관계 안에서 보여주는 영적인 지혜와 지식과 평

안에 대해서는 많은 깨달음을 얻었다.[34] 장애인 또한 그가 받은 성령의 다양한 은사로써 교회를 섬기고 사회를 섬기며 하나님나라의 일에 참여한다.

넷째, 하나님나라의 일군으로서의 장애인에 대해 주의를 기울여야 할 또 하나의 주제는 장애인을 고난 받는 종으로 보는 견해이다. 이 견해는 장애인의 장애를 개인적인 질병이나 사고에 기인한 것으로 보는 것이 아니라 장애인의 장애를 비장애인 주도의 사회가 만들어낸 탐욕적 성공과 경쟁 그리고 불의한 차별과 소외의 산물로 보는 것이다. 장애는 불의한 사회의 희생의 산물인 것이다.

이사야 53장은 하나님의 고난 받는 종의 모습을 그리고 있다. 타인들의 허물과 죄악 때문에 그들을 대신해서 고난을 당하는 하나님의 종의 모습이다. 그 모습이 바로 예수 그리스도의 모습이다. 유해룡은 예수의 고난과 장애인의 고난의 상통성을 밝힌 바 있다.[35] 그러나 그는 이 상통성을 주장함으로써 예수와 장애인의 동등한 사회적 처지와 종의 사역을 설명한 것이 아니라 영성학적으로 장애인의 고난이 비장애인의 영성과 장애인의 영성에서 큰 의미를 가지고 있으며 모두에게 영성훈련의 좋은 환경이자 계기가 될 수 있다는 영성신학적 접근을 한 것이다.

필자는 이것을 넘어서 장애인의 장애로 인한 고난을 보는 시각을 그 시대의 모든 사람들이 짊어져야 하는 '짐을 지는 고난의 종'으로 보고자 한다. 오민수는 구약성경에 나타난 7개의 장애 해석모델을 소개하였는데, 그중에 하나가 바로 이사야 53장 4절~6장 10절에 기초한 '대리적 고

---

34) 헨리 나우웬/김명희 옮김, 『이는 내 사랑하는 자요』(서울: IVP, 2002), 75, 79-82. 헨리 나우웬/김명희 옮김, 『영성에의 길』, 36. 또한 50 참조. 헨리 나우웬/김명희 옮김, 『아담, 하나님이 사랑하시는 자』(서울: IVP, 1998) 참조.

35) 유해룡, "그리스도의 고난과 장애인의 고난에 대한 영성학적 고찰," 『장애인상담과 선교를 위한 정책자료집』 8 (1997), 10-11.

난으로서의 장애'이다.[36]

우리가 존재하는 모든 장애인의 장애 원인을 오직 하나님의 영광 때문에 생겨난 것이 아니라고 단적으로 말할 수 없다. 요한복음 9장은 모든 장애의 원인이 하나님의 영광을 위하여 생겨난 것이라고 단정 짓는 것은 아니다. 물론 현실의 모든 장애가 성령 안에서 하나님의 영광을 위한 것이 될 수는 있다. 요한복음 9장에 나타난 장애의 원인은 크게 세 가지이다. 하나는 장애인 본인의 죄(실수나 사고 포함) 때문이고, 또 하나는 그 부모의 죄 때문이고, 다른 하나는 누구의 잘못 때문이 아니라 바로 하나님의 영광을 위한 것이다. 그런데, 열거된 두 번째의 '그 부모의 죄'라는 범주에서 우리는 장애인 당사자가 아닌 주위의 사람이나 관계 나아가 사회의 잘못 때문에 주어진 장애들을 생각하게 된다.

특히 현대사회에서 발생하는 대형사고, 대규모 산업재해, 전쟁, 전염병, 환경오염으로 인한 대단위의 피해 등은 장애인 당사자만의 잘못이라고 말할 수 없다. 전적으로 장애인 당사자만의 잘못이 아니다. 어떤 장애는 누군가를 위하여 대신 당한 장애사건에 기인하기도 한다. 그러나 보다 많은 경우 대규모의 장애사건은 어느 한 사람의 잘못이라기보다는 모든 사람, 사회 전체의 구조악이 낳은 결과이다. 이기적인 인간들과 자기중심주의의 인간 사회가 만들어 내는 일종의 죄악 된 폭력의 산물인 것이다. 그리고 그 희생이 구체적으로 장애인들의 장애로 나타나는 것이다.

이러한 장애에 대한 책임은 장애인 당사자나 부모에게 그 책임이 전가될 것이 아니다. 이러한 장애는 그 책임을 장애인보다는 오히려 비장애인에게 또는 집단이나 조직이나 사회에게, 그리고 그 공동체의 장애유

---

36) 오민수, "구약성경의 장애 스펙트럼과 그 이해의 범주들," 『장애인사역의 신학적 의의』(서울: 세계밀알, 2018), 131-133. 오민수는 구약성서의 장애 해석모델로 7가지, 곧 1. 인간 삶의 일부로서 장애 2. 악한 세력(또는 영들)에 의한 장애 3. 생의 '이례적 사건'으로 발생된 장애 4. 삶의 '징조'로서 장애 5. '연단'으로서의 장애 6. 장애는 '훈육'을 위한 것 7. 대리적인 고난으로서의 장애를 제시하였다.

무의 구분 없이 모든 구성원에게 물어야 할 것이다. 타존재에 무관심한 이기적인 인간의 욕심, 그리고 인간 사회의 오만과 자본축적 제일주의의 정책 사업들이 내어 놓은 죄악을 장애인들이 몸소 지고 살아가는 것이다. 이것은 또한 하인리히 오트(Heinrich Ott)가 원죄에 대해 현대적으로 해석하였던 '실존론적 증가분'에 해당할 수 있다.[37]

박정세는 성서에 나타난 인간의 고난을 크게 세 가지로 구분하였다. 첫째로 고난을 인간의 죄에 따른 하나님의 징벌로 보는 입장, 둘째로 고난당하는 자들의 보호와 그들의 인권에 대한 입장, 셋째로 인간의 고난을 하나님의 고난당하는 종의 모습에서 바라보는 입장이다.[38] 이 세 가지는 인간이 당하는 모든 고난과 어려운 문제들에 적용될 수 있다. 인간의 고난을 단 하나의 시각으로 전체를 포섭하거나 일반화시킬 수 없다. 소외되고 차별당하는 인간을 바라보는 성서의 시각 가운데에는 반드시 그 일면에 하나님의 고난 받는 종이라는 시각이 존재한다.

인간의 장애가 그 자신의 죄나 부모의 잘못이라기보다 그 사회의 의식과 구조적인 악을 반영하고 있으며, 그에 따라 고난과 차별을 당하고, 그래서 그 죄를 짊어지고 가는 모습이 있다. 장애인은 하나님나라의 일군이다. 그 시대의 아픔과 인간들의 죄와 인간 공동체의 죄를 몸소 자신의 삶에 짊어지고 가며 하나님의 심오한 뜻을 이루어 가는 일군이다. 비장애인과 장애 입은 사회에서 인간의 죄와 공동체의 죄를 고발하는 시위자이며, 누군가를 대신해서 장애를 지고 가는 일군이고, 장애 차별의 사회구조와 이데올로기를 해방시키는 해방자이다. 장애인은 예수 그리스

---

37) 하인리히 오트/김광식 옮김, 「신학해제」, 179-181. 현대인에게 무의미해지기 쉬운 '원죄'의 개념을 오트는 포기하지 않고 오히려 사회적 연대책임으로 재해석한다.

38) 박정세, "고난의 문제," 「현대인과 기독교」(서울: 연세대출판부, 1989), 250-253. 박정세는 이 시각들을 구체적으로 의료선교에서의 고난과 장애인의 고난에 적용시켰다. "의료선교의 성서적 배경," 「현대와 신학」, 21(1996)과 "장애인선교 서설," 「현대와 신학」, 22(1996) 참조.

도 안에서 삼위일체 하나님나라의 일군이다.

VIII. 결어

인간에 대한 인간의 질문은 끝이 없다. 왜냐하면 질문하는 주체로서의 인간이나 연구되는 대상으로서의 인간은 고정된 인간이 아니라 끊임없이 변화되어 가는 인간이기 때문이다. 질문하는 인간의 관심이나 의식이 달라지고 연구되는 인간의 상황이나 의식 또한 변하기 마련이다. 그럼에도 인간이 인간에 대해 끊임없이 질문하는 것은 인간 자신의 정체성에 대한 인간으로서의 본성 때문이다. 인간은 인간을 질문함으로써 삶을 계획하고 삶을 반성하며 삶을 살아간다. 신학적 인간학의 위치는 이러한 맥락에서 모든 인간과 인간에 대한 학문에 큰 의미를 갖는다. 인문, 사회, 자연, 생태학적인 인간 이해에서 보지 못하는 하나님 앞에서의 인간에 대한 이해가 바로 그것이다.

장애는 장애인만의 문제가 아니다. 장애는 장애 발생에 관여하고 또한 장애의 가능성을 안고 살아가는 비장애인의 문제이고, 장애가 발생하는 자리이자 또한 장애를 만들어내는 사회 전체의 문제이다. 장애는 함께 이 세상을 살아가는 우리 모두의 문제이다.

함께 행복한 사회가 되려면 인간의 다양성이 차별 없이 인정되어야 한다. 차이(다름)가 차별이 아니라 다양성과 고유성으로 평등하게 존중되어야 한다. 신학적 인간학은 바로 그 중심을 하나님이 인간에게 은혜로 부여하신 하나님의 형상과 예수 그리스도를 통하여 회복하신 하나님의 형상에서 찾는다. 인간은 인종, 성, 지역, 배경, 지식, 능력 때문이 아니라 하나님이 창조하셨기에 모두 존귀한 존재이다.

함께하는 사회가 되려면 다양한 인간의 재능과 능력이 각자의 개성을 따라 발현될 수 있어야 한다. 사람들은 하나님이 각자에게 부여한 소질을 개발할 권리가 있으며, 그것은 아름다운 사회를 이루는 공적인 기여 가운데 타인과 비교되지 않는 것이다. 신학적 인간학은 하나님이 장애인에게도 재능과 은사를 주셨으며, 하나님나라의 일군으로 부르셨고 살게 하셨음을 선언한다.

무엇보다 신학적 인간학이 강조하는 것 중의 하나는 사회를 지배하고 있는 비장애인 주도의 사회 구조에서 개혁을 시도한다는 것이다. 성서에서 하나님은 부, 권력, 명예, 지식을 가짐으로써 스스로 의롭게 여기는 사람보다 가난하고, 비천하고, 무식하고, 병들고 장애 입었기에 그를 찾고 그의 은혜를 구하는 사람을 더 긍휼히 여긴다. 장애신학은 하나님이 장애인을 긍휼히 여기시며, 또한 장애인에게는 하나님이 더욱 간절함을 말한다. 그러므로 장애인선교와 장애인목회가 시급함과 절실함을 호소한다. 장애인은 삼위일체 하나님에 대한 믿음과 그의 사랑 안에서 그의 나라에 대한 소망으로 살아간다.

끝으로 장애인에 관련하여 신학적으로 우리는 다음과 같이 정리할 수 있다. 첫째, 장애인도 하나님의 형상으로 지음 받은 동등한 존재이다. 그리고 그의 장애조차도 하나님의 섭리 안에서 하나님의 영광을 위하여 충분히 쓰임 받을 수 있다. 둘째, 장애인도 죄인이다. 장애 때문에 죄인이 아니라 사람이기에 죄인이다. 현실적으로 죄를 수행할 여건이나 능력이 제한적이어서 그렇지 장애인 역시 똑같이 죄의 본성 아래 있으며 죄에 대한 의지를 가지고 있다. 그러므로 장애인도 하나님의 구원이 절실한 존재이다. 셋째, 장애인도 예수 그리스도를 믿음으로 구원받을 수 있다. 장애 때문에 구원받는 것이 아니라 예수 그리스도를 믿을 때에 오직 삼위일체 하나님의 은혜로 구원을 받는 것이다. 넷째, 장애인도 하나님나라의 백성이며 하나님나라의 일군이 될 수 있다. 장애인은 인간의 장애 때문에 신앙과 사역에서 제외될 것이 아니라 성령 안에서 오히려 장애와 함께 삼위일체 하나님나라를 향한 사역을 넉넉히 감당할 수 있다.

제4장

장애신학의 기독론

장애신학의 기독론

I. 서언: 예수 그리스도에 대한 질문

역사적으로 기독교는 예수 그리스도에 대한 이해와 신앙으로부터 출발한다. 기독론은 근원적으로 기독교의 신앙 사건인 구원론과 연관되어 있다. 예수 그리스도는 누구인가? 기독교는 그를 통하여 구원을 얻고 신앙의 사건이 일어난다. 그리스도인은 예수를 주(Lord)로, 구세주(Savior)로, 그리스도(Christ)로 고백한다. 기독론은 인간을 구원받아야할 죄의 상태에서 구원의 상태로 구원해 주시는 예수 그리스도가 누구인가에 대해서 문답한다. 그러므로 기독교신학의 중심 주제인 구원론과 기독론은 불가분리의 밀접한 관계에 있다.[1]

기독교의 역사상 가장 먼저 제기된 질문도 예수 그리스도에 대한 질문이었다. 예수 그리스도는 누구인가? 이 질문은 철학의 신(神)과 기독교의 하나님을 구분하는 근본 질문이며, 역사적으로 같은 뿌리인 유대교와 기독교와 이슬람교를 구분 짓는 근본 질문이다. 기독교의 삼위일체론을

---

1) Peter C. Hodgson & Robert H. King, ed. *Christian Theology: An Introduction to Its Traditions and Tasks*(Minneapolis: Fortress Press, 1994), 222.

이루는 가장 근본적인 질문도 예수 그리스도에 대한 질문이었다.

유신론적 철학이 보이지 않는 추상적인 신에 대하여 질문하지만, 기독교는 역사적으로 실존하였던 한 인물인 예수로부터 출발한다. 예수, 그는 누구인가? 전통적으로 예수는 이스라엘 백성이 고대하던 메시아, 곧 그리스도이시다. 교의학에서는 이것을 '기독론' 또는 '그리스도론'이라는 제목 아래에서 다루었다. 예수 그리스도는 하나님과 동일본질이시나 세상을 구원하기 위하여 인간의 몸을 입고 성육신하신 하나님의 유일하신 아들이다.

기독교 신앙은 예수 그리스도가 삼위일체 하나님의 제2의 위격으로서 성령 안에서 성부의 뜻을 이루고자 사역하심을 고백하고 있다. 성자 예수 그리스도는 홀로 존재하거나 사역하신 것이 아니라 영원한 삼위일체의 사랑의 사귐 안에서 성부와 성령과 함께 존재하며 함께 사역하였다. 그의 삶은 오직 하나님의 뜻을 이루어 이 세상을 구원하고 하나님 아버지께 영광을 돌리는데 맞추어져 있다. 장애신학 역시 전통적인 신학의 기초 위에서 예수 그리스도에 대하여 질문한다.

장애신학은 예수 그리스도를 어떻게 바라보는가? 장애신학은 오늘날 교회와 신학을 위하여 기독론에 어떤 의미를 추가할 수 있는가? 장애신학의 기독론은 교회의 전통적인 신앙고백 위에 기초하고 있다. 혹 이 글이 어떤 기독론적 논쟁을 야기한다 하더라도 그것은 기독교가 아닌 다른 무엇을 주장하는 것이 아니라 전통신학과 현대신학의 기독론적 논의 위에 있다. 다만, 장애신학은 장애의 경험과 상황에서 장애의 관점을 가지고 예수 그리스도를 바라볼 때, 이전에 보지 못하거나 간과 내지 무시하였던, 그러나 장애의 관점에서 부각되고 강조되는 기독론적 의미를 찾아보고자 한다.

II. 전통신학의 기독론

이글에서 전통신학이라 함은 정통주의 신학을 기반으로 오늘날 정통적인 교회로 공인되는, 이단과 사이비가 아닌, 정통교파들의 공통적인 신학을 가리킨다. 고대교회의 공의회가 정한 니케아-콘스탄티노플 신조, 사도신경 등을 인정하고, 고백하고, 찬양하고, 실천하는 기독교를 표방하는 일반 교회의 신학이다. 다음에 다룰 여러 해방신학들이 신학적으로 매우 의미 있지만, 사실 그 지역의 대다수 교회들은 여전히 전통적인 신학 위에 서 있다. 교회가 전해준 전통에 따르면, 예수 그리스도는 하나님의 유일한 아들로서 세상을 구원하는 구세주이다. 그는 성삼위일체 하나님의 제2의 위격으로 유일하신 아들이다. 그는 참 신이며 참 인간으로서 하나님과 인간을 화해시키는 유일한 화해자이다. 그는 구약에서부터 예언되고 신약에서 드러난 하나님나라의 메시아로서 지금은 물론 앞으로도 영원한 메시아이다.

1. 삼위일체의 성자 예수 그리스도

예수(Jesus)는 그리스도(Christ)이다. 2천 년 전 역사적으로 나사렛에 실존하였던 한 인물의 이름이 예수이고, 그의 존재와 사역이 구약 전통에서 지속적으로 예언되고, 그래서 이스라엘 백성들이 오랫동안 대망하였던 메시아, 온 인류를 구원하실 그리스도이다. 기독교는 그 예수가 바로 그 그리스도임을 믿고 고백한다. 이 사실을 믿고 고백하고 예배드리는 것이 기독교이다. 그래서 이 사실을 믿고 따르는 사람을 그리스도인 또는 기독교인이라 부르고, 이들의 공동체를 교회 또는 기독교공동체라고 부른다.

전통신학에서 예수 그리스도는 삼위일체 하나님의 제2위격이다. 예수 그리스도는 단순히 역사적으로 이 세상을 살다간 여느 인간이 아니다. 그는 삼위일체 하나님의 성자로서 성부와 성령과 더불어 삼위일체를 이루신다. 성자 예수 그리스도는 영원 전부터 삼위일체 안에서 다른 위격과 서로 내재하였으며, 역사적으로 삼위일체 하나님의 모든 사역에 분리할 수 없이 함께 사역하였다. 성자 예수 그리스도는 본래 하나님의 본체로서 성부 하나님과 동등하시지만 삼위일체 하나님의 뜻을 따라 세상을 구원하기 위하여 하늘 보좌를 버리고 사람의 몸을 입고 이 땅에 내려오셨다(빌 2:6-11). 그것이 성육신(Incarnation)이다.

　　복음서는 예수가 그리스도임을 선언한다. 특히 요한복음은 성자가 영원 전부터 존재하였던 하나님임을 분명하게 선언한다(요 1:1-4). 신약성서와 초대 교회 안에는 여러 다양한 기독론들이 존재한다. 그럼에도 모든 기독론은 공통적으로 예수가 그리스도이심을 증거한다.[2] 초기 기독교의 역사는 예수를 하나님이신 그리스도로 이해하고 믿고 섬겼다.[3] 325년 니케아 회의는 아리우스(Arius)의 주장에 반대하여 성자는 성부와 동일본질(homoousios)이며, 참 하나님으로부터 온 참 하나님이라고 선언하였다.[4] 인간 세상에서 인간의 몸으로 인간의 삶을 살았지만, 그의 존재와 사역은 인간을 넘어 삼위일체 하나님의 제2의 위격으로서의 존재와 사역이었다. 예수 그리스도가 인간을 죄와 사망과 마귀로부터 구원할 수 있는 것도 그가 삼위일체 하나님의 제2위격이기 때문이다.

　　예수 그리스도의 삶은 성육신으로 탄생, 수세, 사역, 십자가, 부활

---

2) 윤철호, "신약성서의 그리스도론," 『그리스도론』(서울: 대한기독교서회, 2015), 42-44.

3) 래리 허타도/박규태 옮김, 『주 예수 그리스도』(서울: 새물결플러스, 2010), 43, 허타도는 이 책에서 초기 기독교가 예수를 어떻게 이해하고 믿고 섬겼는지에 관하여 역사적으로 고찰하였다. 그는 기독론(Christology)보다는 그리스도-섬김(Christ-devotion)이라는 표현을 사용하고자 한다.

4) 기독론의 역사에 대해서는 데이비드 웰스/이승구 옮김, 『기독론』(서울: 부흥과개혁사, 2015) 참조.

에 이르기까지 홀로 자기의 힘으로 자기의 일을 한 것이 아니라 성령 안에서 성부 하나님의 뜻을 이룬 생애였다. 복음서, 특히 요한복음에 따르면 예수는 홀로 말하고 일하여 자신의 뜻을 이루는 것이 아니라 보내신 분의 뜻을 이루기 위하여 보내신 분의 말을 하고 보내신 분의 일을 한다(요 4:34, 5:30, 6:29, 7:16, 8:42, 12:44, 49, 13:20, 14:24, 17:21, 20:21).

예수 그리스도의 존재와 사역은 단지 지상에서의 생애뿐 아니라 사실은 모든 영원한 삼위일체 하나님의 존재와 사역에 분리할 수 없이 연관되어 있다. 그는 삼위일체 하나님의 제2위격으로 다른 위격들과 서로 안에 존재하며 세계의 창조와 경영, 성육신과 십자가와 부활과 승천, 교회의 설립과 운영과 선교, 그리고 그의 재림과 종말에 이르기까지 모든 것을 함께 공동으로 사역한다. 예수 그리스도의 존재와 사역은 성삼위일체 하나님의 사랑의 존재이며 사역이고, 인간을 구원하고 세상을 구원하기 위한 사랑의 존재이며 사역이다.

2. 참 신이며 참 인간이신 예수 그리스도

전통적인 기독론에서 예수 그리스도는 참 신인 동시에 참 인간으로 고백된다. 참 신이 아니거나 참 인간이 아니라면 예수 그리스도의 구원 사역은 불가능하며 그 능력과 실효를 보장할 수 없다. 하나님이 인간을 구원하고 세상을 구원할 수 있는 것은 성자 예수 그리스도가 참 신인 동시에 참 인간이기 때문에 가능한 것이다. 하나님과 인간 사이의 화해는 오직 하나님인 동시에 인간이 되는 예수 그리스도로서만 가능하다. 죄로 인해 멀어지고 분리되고 가로막힌 하나님과 인간 사이를 오직 하나님이며 인간이신 예수 그리스도께서 화해케 하시고 화목케 하시고 하나 되게 하신다.

    451년 칼케돈 공의회는 예수 그리스도가 참 하나님이며 참 인간이라고 선언하였다. 예수는 역사적으로 이 땅에 사람의 모습으로 실존하였는데, 그의 인격은 삼위일체 제2위격으로서 성부와 성령 사이에서 상호 내재하는 사랑의 관계 안에 존재한다. 어색한 표현이지만, 그의 인격(人格)은 인간의 것인 동시에 또한 하나님의 것, 곧 신격(神格)이다. 그의 사역은 세상 사람이 바라며 추구하는 삶과는 전혀 다른 삼위일체 하나님나라를 위하여 자신의 목숨까지 내어주는 삶이었다. 그는 하나님나라를 선포하고, 병자와 장애인과 귀신들린 사람을 치유하고, 제자들을 양육하는 삶을 살았다. 그의 삶은 사랑과 섬김의 헌신과 희생의 삶이었는데, 십자가와 부활에서 그 절정을 이루었다. 이것은 단순히 인간의 삶이 아니라 삼위일체 하나님의 제2위격의 삶이다. 곧 메시아의 인격과 삶이다.[5]

    현대의 역사적 예수 연구는 역사적 예수와 교리적 그리스도 사이를 구분하고 역사적 예수의 실체에 접근하고자 하였다. 그러나 그것은 곧 한계에 부딪혔다. 가장 근본적인 이유는 예수에 관한 기록의 거의 전부가 복음서의 기록인데, 복음서는 인간 예수에 관한 역사적 기록이 아니라 교회공동체에서 그리스도로 고백하는 신앙의 기록이기 때문이다. 인간이면 누구에게나 공통적으로 적용될 수 있는 보편적 내용과 예수가 살았던 당시 가나안 지역의 삶의 정황 속에 적용될 수 있는 준(準) 일반적 내용 외에 예수의 개인적이고 특별한 삶에 대해서는 복음서가 전해주는 바가 거의 전부이다. 그래서 지난세기 후반부터는 역사적 예수와 신앙의 그리스도 사이의 연속성을 찾고자 하는 시도가 이어졌다.[6]

---

5) 기독론 논쟁과 교리의 형성에 관해서는 루이스 벌코프/박문재 옮김, 『기독교 교리사』(고양: 크리스천다이제스트, 2008), 104–131 참조.

6) 김균진, 『기독교신학 2』(서울: 새물결플러스, 2014), 429–435. 케제만(Ernst Käsemann)과 보른캄(Günter Bornkamm)이 대표적이다. 이들은 스승 불트만(Rudolf Bultmann)과 달리 역사적 예수 연구의 한계를 인정하고 역사적 예수에 기초한 신앙의 그리스도를 연구하였다.

지난 세기 기독론은 위로부터의 교리적인 접근과 함께 아래로부터의 역사적 접근을 시도하였다. 역사적 예수와 교리적 그리스도 사이의 간격을 해소하고 역사적 사실 위에 신학적 의미를 건축하고자 하였다. 신약성서, 특히 복음서에 대하여 여러 다양한 문학적, 심리학적, 사회학적 접근 방법들이 동원되었다. 역사적 예수 연구는 참 하나님이라는 신성보다도 참 인간이라는 인성을 더욱 부각시키며 강조하고자 하였는데, 현대 기독교의 성도와 교회는 그와 함께 여전히 메시아로서 예수 그리스도의 신성을 강조하고 고백하며 찬양한다.

예수는 2천 년 전 로마의 압제 하에 있던 유대의 가난한 갈릴리 지역의 한 목수의 아들로 태어났다. 당시 유대는 로마 총독의 지배 아래에서 분봉왕 헤롯 일가가 다스리던 정치적 상황이었으며 유대 독립의 반로마 혁명이 계속하여 시도되었다. 당시 이스라엘 사회는 매우 불안하였고 경제적으로는 빈곤하였다. 예루살렘의 소수 권력층과 갈릴리의 대지주들은 부유하였을지 몰라도 그 외의 사람들, 특히 갈릴리의 사람들은 가난에 시달렸다. 종교적으로 유대인은 매우 배타적인 야웨 유일신 신앙을 가지고 있었으며, 성전과 율법을 신앙의 근간으로 삼고 있었다. 예수 당시에 종교적으로 사두개파, 바리새파, 열심당원, 에세네파, 쿰란공동체, 서기관 등의 그룹이 나뉘어져 갈등하고 있었다.[7]

김균진은 참 하나님과 참 인간이라는 예수 그리스도의 양성론을 고대의 존재론이 아니라 관계론적으로 하나님나라의 메시아적 관점에서 조명한다. 그에 따르면, 하나님의 아들 메시아 예수는 하나님 앞에서 모든 인간을 대리하는 참 하나님의 형상, 곧 '참 인간'인 동시에 인간 앞에서 하나님을 계시하는 참 하나님의 형상, 곧 '참 하나님'이다. 사람들 앞에서 예

---

7) 김균진, 『예수와 하나님 나라』(서울: 새물결플러스, 2016), 55–86.

수는 참 하나님의 모습을 계시하는 하나님의 형상이고, 하나님 앞에서 그는 본래적 인간의 모습으로서의 하나님의 형상이다.[8]

현대신학은 역사적 예수 연구를 통하여 무엇보다 중요한 하나님나라를 재발견하였다. 예수 그리스도가 선포한 복음이 하나님나라였고, 그가 실현하고자 하였던 것도 하나님나라였고, 가난하고 병들고 소외되고 정죄된 사람들과 나누었던 삶도 하나님나라의 삶이었다. 현대 기독론은 하나님나라의 관점에서 예수 그리스도의 인격과 사역을 해석하고, 예수 그리스도의 속죄와 구원과 성화의 은혜를 경험하고, 예수 그리스도의 삶을 따라 오늘도 이 땅에 하나님나라가 이루어지기를 소망한다.

현대 기독론의 인간학적 정향성에도 불구하고 장애신학은 예수 그리스도의 신성을 인성과 동등하게 견지한다. 예수 그리스도가 인간의 모습으로 오셔서 인간의 장애를 경험하며 사셨지만, 그는 현실의 육체적 장애나 장애의 한계에 갇힌 존재가 아니라 또한 장애를 치유하며 장애를 초월하신 메시아이다. 오늘날 역사적 예수 연구를 통해 장애인이 예수 그리스도의 인성에로의 접근이 용이할 수 있다면, 성령 안에서 예수 그리스도를 인격적으로 만날 때에 예수 그리스도의 신성을 발견하고 알아가게 된다.

3. 하나님나라의 메시아 예수 그리스도

예수 그리스도는 역사적 인물이다. 그러나 그의 존재와 사역이 역사적으로 단절된, 그래서 지금은 아무 의미 없이 당시에만 효력이 있는 존재와 사역이 아니다. 메시아에 대한 약속은 이미 구약 이스라엘의 시대

---

8) 김균진, 『기독교신학 2』, 571-588.

부터 계속하여 예언되어 있던 것으로서 구약성서 전체를 관통하는 하나님의 중심 약속이다. 예수 그리스도란 "예수는 그리스도이시다"라는 신앙적 고백에서 온 것이다. 그리스도(Χριστός)는 히브리어 메시아(משיח)의 헬라어 번역이다.

메시아는 본래 '기름부음 받은 자'란 뜻인데, 구약시대에는 왕, 제사장, 선지자가 기름부음을 받고 공적인 사역을 시작하였다. 그래서 예수 그리스도의 사역을 메시아에 맞추어서 왕, 제사장, 선지자로서의 3직무로 해석하기도 하였다. 후기 예언시대와 묵시시대를 거치면서 메시아는 하나님께서 마지막 날에 이스라엘을 회복시키고, 세계를 공의로 다스리기 위해 보내실 하나님의 사자로 해석되었다. 다니엘서는 이를 '인자'(the son of man)로 표현하였다. 신약성서에서 예수 그리스도는 구약에 예언된 메시아로 고백되고 신앙되었다.

데이비드 웰스(David F. Wells)는 그리스도의 인격을 종말론적인 '오는 세대'의 개념적 틀 안에서 이해하고자 하였다. 역사적 예수 연구의 잠정적 결론은 복음서의 예수가 오늘 우리가 신앙사건에 만나는 그리스도라는 것이다. 예수 그리스도의 인격과 사역은 서로가 서로를 해석하는 방식으로 끊임없이 연관되어 있고, 예수 그리스도의 인성과 신성은 여전히 분리되지 않는 인격 안의 연합에 있다.[9] 김균진은 예수의 메시아 됨은 하나님나라를 향한 그의 삶으로부터 해석되어야 한다고 주장한다.

지난세기 현대신학은 종말론적인 정향 속에 하나님나라에 렌즈를 맞추었다. 예수 그리스도는 하나님나라의 메시아이다. 김균진은 기독론의 결론으로 '예수는 본질적으로 메시아'라고 규정한다. 성서는 예수의 존재와 사역을 메시아로 알려준다. 메시아로서 예수는 세계의 심판자가 아

---

9) 데이비드 웰스, 『기독론』, 329-343.

니라 세계의 심판을 대신 당하신 사랑의 메시아이다. 예수 그리스도는 이 땅에서 하나님나라를 선포하였다. 하나님나라는 예수 그리스도를 통하여 선포되었고 계시되었고 이루어졌다. 예수의 하나님나라는 하나님과 인간의 화해를 넘어서 온 생태계를 포괄한다. 화해의 메시아적·우주적 지평은 오늘날 생태학적 의미를 갖는다.[10]

하나님나라는 시간적으로 예수 그리스도의 초림과 재림 사이에서 현상적으로 이미(already)와 아직 아님(not yet) 사이의 긴장관계에 있다. 예수 그리스도가 선포하고 이루고 보여준 것은 삼위일체 하나님나라이다. 삼위일체 하나님나라는 하늘에서처럼 이 땅에도 임하고, 인간의 내면을 넘어 온 세상에 이루어지고, 현세를 넘어 내세의 영원한 나라에까지 이르기를 소망한다. 그래서 하나님나라는 이 땅에서 인생과 사회와 세계의 삶의 지표이며 모델이 된다. 하나님나라는 죄 사함을 받고 악으로부터 해방되고, 하나님과 나 그리고 나와 이웃 사이에 사랑이 회복되고, 사회에 정의와 평화가 이루어지고, 생태계를 포함하는 온 세계에 하나님의 샬롬이 이루어질 것을 바라며, 그래서 오늘도 성령 안에서 기도하며 나를 개선하며 세상을 개혁해 나아가게 한다.

장애신학은 전통신학의 기독론에 철저히 근거한다. 예수 그리스도는 삼위일체의 제2위격, 곧 성부 하나님의 유일한 아들로서 이 세상을 하나님나라로 이끌어 가시는 메시아이다. 장애신학의 관점에서 예수 그리스도는 장애인은 물론 비장애인, 그리고 고난 가운데 있는 모든 사람과 사회와 생태계의 장애를 치유하고 제거하고 해소하여서 소통과 화해와 사랑의 삼위일체 하나님나라로 이끌어 가시는 분이다.

---

10) 김균진, 『예수와 하나님 나라』 499–535, 특히 506, 509, 515.

III. 상황신학의 기독론

지난 세기 중반을 지나서 대략 1960년대부터 정통주의 신학, 자유주의 신학, 신정통주의 신학을 넘어서는 전혀 새로운 신학사조가 일어났다. 그것은 지난 2천 년간 내려온 전통적인 제1세계의 신학에 반하여 제3세계의 아래로부터의 신학이었다. 가장 대표적인 예가 남미 해방신학이다. 남미 해방신학은 남미의 가난과 불의의 사회구조에서 서구 전통신학이 전해준 개인 영혼의 죄로부터의 구원만으로는 현실적인 해답을 찾지 못하였다. 남미 해방신학은 개인 영혼의 구원을 넘어 사회의 불의한 억압으로부터의 해방에서 답을 찾고자 하였다.

남미 해방신학을 기점으로 사회적 약자와 제3세계가 자신들이 처한 사회적 상황을 기반으로 해방의 신학들을 전개하기 시작하였다. 여성신학은 여성의 차별적 경험과 사회의 성차별을 주제로 삼았고, 흑인신학은 미국 흑인들의 인종차별 경험과 사회의 인종차별적 문화를 주제로 삼았고, 한국의 민중신학은 한국사회의 약자이자 빈민층인 민중의 경험과 사회의 불의한 억압 구조를 주제로 삼아서 신학을 전개하였다. 지난 세기 이러한 신학을 가리켜 상황신학 또는 해방신학이라고 부른다. 상황신학이라고 함은 위로부터의 교리와 전통을 신학적 소재로 하기보다는 아래로부터 삶의 현실인 경험과 특히 상황을 신학적 소재로 삼았기 때문이고, 해방신학이라고 함은 영혼의 구원이나 개인의 위안이 아니라 사회의 불의한 구조와 억압으로부터의 해방을 목표로 삼았기 때문이다.

이러한 상황신학이나 해방신학은 지난세기 후반에 더욱 확장되고 심화되었다. 서구에서는 남미 해방신학의 반향으로 정치신학, 서구의 여성신학을 넘어서 아시아와 아프리카 제3세계의 여성신학, 미국의 흑인신학을 넘어 아프리카의 흑인신학, 한국의 민중신학뿐 아니라 아시아의 여러 나라와 민족의 아시아신학들이 전개되었다.[11] 장애신학의 출발도 이러한 상황신학의 영향 아래에 있다.

상황신학의 신학적 전개를 보면, 현실 문제에 대한 고발과 전통신학의 한계에 이어 각 상황신학의 경험과 상황을 기반으로 해서 하나님에 대한 새로운 이해를 시도하였다. 신학은 신에 관한 학문으로서 각자의 신학적 특성을 주로 신론에 기반하여 출발한다. 역사적으로 기독교가 예수 그리스도로부터 생겨났고, 신학이 그에 대한 질문으로부터 생겨났듯이 상황신학의 신론은 예수 그리스도에 대한 이해로부터 출발하고자 하였다. 그래서 상황신학은 아래로부터의 관점에서 각각 예수 그리스도에 대한 이해를 추구하였다.[12] 남미 해방신학에서 예수 그리스도는 해방자, 흑인신학에서는 흑인 메시아, 한국의 민중신학에서는 민중기독론, 여성신학에서는 여성 기독론 등을 개진하였다. 지난 세기 후반에 전 세계에 불어 닥친 생태계의 위기에 대해서 생태신학은 기독론에서 생태주의자 예수 그리스도를 전개하기도 하였다. 이러한 흐름을 따라 장애신학 안에서도 '장애 입으신 하나님 예수 그리스도'에 대한 상징적 이미지가 생겨났다.

1. 남미 해방신학의 해방자 그리스도

남미 해방신학의 출발은 남미의 사회적 억압구조에 의해 압제당하는 가난한 자들의 해방을 위한 신학이다. 남미 해방신학은 그 신학의 실천적 현실참여의 시급성으로 조금은 뒤늦게 예수 그리스도에 대해 논의

---

11) 데이비드 포드/류장열 · 오흥명 · 정진오 · 최대열 옮김, 『현대신학과 신학자들』(서울: 기독교문서선교회, 2006), 559–607. 숀 코플랜드, "흑인, 히스패닉/라티노, 아메리카 원주민 신학"; 서창원, 『제3세계 신학』(서울: 대한기독교서회, 1993) 참조.

12) 김균진, 『기독교신학 2』, 425–426.

를 전개하였다. 기독교가 역사적으로 예수 그리스도에 대한 신앙고백으로부터 출발하였듯이 모든 신학은 예수 그리스도에 대한 질문을 비켜갈 수 없고, 그 기독론적 관문을 통과함으로써 모든 신학은 각각 고유한 신학으로 전체를 관통하게 된다.

남미 해방신학의 기독론은 정치적으로 남미의 가난한 사람들을 위한 기독론으로부터 출발한다. 구스타보 구티에레즈(Gustavo Gutierrez)에 따르면, 예수 그리스도는 하나님이 가난한 자로 성육신하신 분이다. 가난한 자의 삶, 이것이 하나님이 취한 인간의 삶이다. 그는 진실로 가난한 분이셨다. 그는 사회적으로 가난한 환경에서 태어나서 가난하게 자랐다. 그는 가난한 자들에게 복음을 전하였고, 가난한 자들을 대변하여 가난한 자들을 억압하고 멸시하는 부자들에게 폭언을 하였다.[13] 예수 그리스도는 가난한 자들을 가난의 억압과 굴레에서 해방시키는 해방자이다.

호세 미란다(Jose Miranda)는 갈등과 억압의 남미에서 중립적인 기독론은 불가하다고 보았다. 그는 남미의 악한 경제구조에 맞서서 인간의 원죄라 할 수 있는 소유욕에 대하여 정치경제적으로 분석하고 요한복음의 형제자매의 사랑을 재현함으로써 세상을 변화시키고자 하였다. 후고 아스만(Hugo Asmann)은 남미의 억압상황에서 진정한 해방의 힘이 예수 그리스도, 특히 그의 십자가에서의 죽음에 있으며 이를 해방의 실천으로 삼고자 강조하였다. 레오나르도 보프(Leonardo Boff)는 교회보다는 현실, 사실보다는 유토피아, 교조보다는 비판, 개인보다는 사회, 교리보다는 실천에 우위와 우선을 둔 기독론을 전개하였다.[14] 혼 소브리노(Jon Sobrino)는 역사적 예수, 특히 그의 실천을 강조하였다. 그의 실천은 예수의 영에 의

---

13) Gustavo Gutierrez, *The Power of the Poor in History*(New York: Orbis Books, 1983), 13.
14) 레오나르도 보프/황종렬 옮김, 『해방자 예수 그리스도』(왜관: 분도출판사, 1993), 67–71.

한 것으로 하나님나라를 향한 것이다.[15]

구춘서는 남미 해방신학의 기독론이 예수 그리스도의 역사적인 모습에 관심하면서 그가 설교하고 이루고자 하였던 하나님나라에 관심을 집중하였으며, 그 하나님나라는 마르크스주의가 제시하는 정치경제적 유토피아를 넘어선 것으로 하나님의 은혜 안에서 미래의 현재화를 강조한다고 보았다.[16] 남미 해방신학은 서구의 정치신학, 북미의 흑인신학, 여성신학에 큰 영향을 미쳤으며 또한 예수 그리스도를 이해하는 데 있어서도 상호간 서로 영향을 주고받았다.

장애신학의 관점에서 볼 때, 남미 해방신학은 가난의 문제를 개인의 문제가 아니라 사회경제적 문제로 보고 억압과 지배의 불의한 사회구조로부터 가난한 자를 해방시키고자 하였다는 점에서 시사하는 바가 크다. 해방자 예수 그리스도의 기독론은 장애신학에서도 유효하다. 예수 그리스도는 장애인 개인의 장애로부터 그리고 사회의 불의한 장애로부터 장애인과 비장애인을 해방시키는 해방자이며, 장애사회와 장애생태계 전체를 구원하는 구원자이다.

2. 북미 흑인신학의 흑인 그리스도

북미 흑인신학은 북미 사회 전반에 만연되어 있던 흑인차별에 맞서 주창된 신학이다. 제임스 콘(James H. Cone)이 처음으로 '흑인신학'(Black Theology)을 주장하였고, 앨버트 클리지(Albert Cleage)는 그의 책 『흑인 메시아』(The Black Messiah)에서 예수를 혁명적인 흑인지도자로 묘사하면서 억압

---

15) Jon Sobrino, *Jesus the Liberator: A Historical Theological View*(New York: Orbis Books, 1993), 50–51.
16) 구춘서, "남미 해방신학의 그리스도론," 한국조직신학회 엮음, 『그리스도론』(서울: 대한기독교서회, 2015), 306.

자로부터 흑인을 해방시키는 분이라고 주장하였다.

　흑인신학도 남미 해방신학과 마찬가지로 처음부터 기독론을 주장한 것이 아니라 신학적 논의에 따라 기독론에 접근하게 되었다. 흑인신학은 교회가 전해준 예수가 백인 예수로서 백인들에게 우호적이고 친근하게 백인들의 개념과 이미지로 착색된 그리스도라고 지적하였다. 흑인에게 백(白, White)은 지배와 억압과 차별의 이미지이며, 그 지배 아래에서 흑(黑, Black)은 무지와 무능과 불결의 이미지가 되었다. 흑인신학은 흑(Black)에 대한 소외와 차별을 제거하고 긍정적이고 아름다운 가치를 심고자 하였다. 그래서 흑인신학은 백인 예수를 거부하고 흑인 메시아를 주장하게 되었다.

　콘은 흑인 기독론을 주장하였다. 콘은 흑인 기독론을 확보하기 위해서 역사적 예수와 하나님나라에 관심을 기울였다. 콘에게 역사적 예수는 당시 이스라엘 땅에 억눌렸던 사람들과의 연대이다. 콘은 역사적 예수의 당시 억눌린 자들과의 연대에 기초하여 흑인 기독론을 통한 흑인해방을 시도하였다. 예수의 탄생은 당시 억압당하는 가난한 자의 실존으로서의 탄생이며, 예수의 갈릴리에서의 하나님나라의 선포는 억눌린 자를 해방시키려는 하나님의 결단이고, 그의 십자가와 부활은 억눌린 자의 자유를 이루기 위한 하나님의 해방작업이다. 콘은 흑인 혁명을 통한 하나님나라를 미국 사회에 실현시키고자 흑인 기독론을 전개하였다.[17]

　장애신학의 관점에서 볼 때, 북미 흑인신학은 인종 특히 흑인차별의 문제를 사회문화적 문제로 보고 흑인의 인권과 존엄과 평등을 정치, 경제, 특히 문화와 예술 등 사회 전범위에 걸쳐서 변혁하고 쟁취하고자 하였다는 데에 시사점이 있다. 흑인메시아 기독론은 단순히 인종적으로 흑

---

17) 서창원, 『제3세계 신학』(서울: 대한기독교서회, 1993), 183~189.

인 예수를 주장하는 것이 아니다. 그것은 백인 중심의 백인 우월 이데올로기에서 스스로 경멸하고 저주하고 정죄하였던 흑(Black)의 개념과 이미지와 가치에 대한 혁명이다. 장애도 마찬가지이다. 장애신학은 비장애인 중심의 장애 이데올로기가 지배하는 장애차별의 사회에 맞서 장애에 대한 개념과 이미지와 가치를 재창출하고 사회를 변혁하게 한다.

3. 한국 민중신학의 민중 그리스도

한국의 민중신학은 1970년대 한국의 정치적 상황과 경제적 상황에 대해서 신학적으로 응답한 일종의 정치신학이다. 민중이란 일반적으로 "국가나 사회를 구성하는 일반 국민, 특히 피지배 계급으로서의 일반 대중"을 말한다. 민중신학에서 민중은 구약의 합비루, 신약의 오클로스와 맥락을 같이하는 사람들로 한국의 독재정권과 경제개발에서 가난하고 억압받는 사람들을 가리킨다.[18] 민중신학은 이들을 대변하며 이들을 보호하고 억압과 지배로부터 해방시키고자 출발하였다.

안병무는 마가복음서의 오클로스(ὄχλος)에서 민중의 개념을 찾았다. 그는 역사적 예수 연구를 따라 예수는 정규교육을 받지 못한 노동자 중의 하나라고 보았다. 안병무는 예수를 민중으로 보았고, 그의 공생애를 정치적인 사건으로 해석하였다. 그는 마가복음을 예수 개인의 전기가 아니라 민중의 사회전기로 읽어가면서 예수를 집단적 존재로 제시하였다.[19] 그리하여 안병무는 예수가 곧 민중이고, 민중이 곧 메시아라고 주장하였

---

18) 전경연, "민중신학의 평가," 『한국 민중신학의 조명』(서울: 대화출판사, 1985), 60-71. 민중이란 말의 출처에 대해서 함석헌의 씨알에서, 김지하에게서, 『창작과 비평』의 집필진에게서 얻었다는 등 여러 주장이 있다.
19) 안병무, 『갈릴래아 예수』(천안: 한국신학연구소, 1990), 127. 안병무는 '민중의 사회전기'라는 개념을 김용복에게서 가져왔다. 안병무의 기독론에 대해서는 이세형의 "아시아 신학의 그리스도론," 『그리스도론』(서울: 대한기독교서회, 2015), 특히 371-377, "안병무의 그리스도론" 참조.

다. 이것이 소위 예수-민중기독론이다.

서남동은 민중기독론에서 특히 고난 받는 민중의 메시아성을 강조하였다. 그는 누가복음 10장의 선한 사마리아인 비유와 마태복음 25장의 양과 염소의 심판 비유에 근거해서 고난당하는 민중을 예수 자신으로 보았다. 그는 또한 한(恨)의 개념을 신학적으로 수용하여 한의 기독론을 전개하였는데, 그에 따르면 죄는 지배자의 소리이고 한은 민중의 소리이다. 한은 하늘에 호소되는 억울함의 소리, 이름 없는 민중의 무고(無辜)의 소리이다. 서남동에게 예수의 죽음은 의로운 자가 압제자에게 억울하게 살해당한 것이고, 그의 부활은 죽임당한 자의 부활로서 민중운동의 부활이다. 민중신학에서 십자가는 민중의 고난에 동참하는 것이고 부활은 민중해방에 대한 소망과 실현이다. 서남동은 민중기독론을 통해서 민중이 예수를 재연하고 예수 사건을 재현하는 삶을 살도록 하였다.[20]

민중신학은 예수를 민중의 대변자이며 민중의 해방자로 보았다. 민중신학에서 민중은 1) 무식(無識), 무산(無産), 무고(無辜), 무력(無力)의 피지배자인 동시에 2) 역사의 주체로서 3) 개인을 넘어 집단이라는 의미를 가지고 있는 개념이다. 민중신학은 예수를 민중으로 보는 것을 넘어서 민중을 메시아로 해석함으로써 민중을 해방운동의 주체로 세우고 해방운동의 동력을 얻었다. 그러나 민중기독론은 메시아를 민중과 동일시함으로써 해방의 대상과 주체를 혼동하였고, 외부로부터의 구원이 아니라 자기실현을 구원이라고 주장하게 되었고, 기독교의 신비와 초월을 놓쳐버렸다.[21] 또한 김동건은 민중신학의 기독론이 예수가 가한 충격과 예수의 영

---

20) 서남동, "현재적 그리스도," 「전환시대의 신학」(천안: 한국신학연구소, 1976), 75-76. 서남동에 따르면, 예수를 믿어 구원을 얻는다는 기독론적·공시적 의미가 예수가 자신과 일치시킨 고난 받는 민중을 섬겨 구원을 얻는다는 성령론적·통시론적 의미를 가진다. 서남동의 민중기독론에 대해서는 허호익의 "한국 교회의 그리스도론," 「그리스도론」(서울: 대한기독교서회, 2015), 441-446 참조.

21) 김경재, "민중신학의 신학사적 의미와 그 평가," 「한국 민중신학의 조명」(서울: 대화출판사, 1985), 특히 103-

을 제대로 연결시키지 못하여 적절한 성령론을 발전시키지 못하였다고 지적하였다.[22]

장애신학의 관점에서 볼 때, 한국 민중신학은 억압받는 민중의 문제를 사회-정치적 문제로 보고 민중의 인권과 자유와 해방을 쟁취하고자 하였다는 데에 큰 시사점이 있다. 예수-민중 기독론은 예수를 민중으로 보는 동시에 또한 민중을 예수로 본다. 예수는 민중의 대변인이며 해방자이고, 자각한 민중은 역사의 주체가 된다. 필자의 장애신학은 예수와 장애인을 동일시하지는 않는다. 그러나 예수 그리스도가 민중으로서 민중의 고난을 알 듯 예수가 장애인의 고난을 알고 해방시키고, 장애인이 역사의 객체나 제외자가 아니라 주체가 되어 개인과 세계의 역사를 이끌어가야 한다는 점에서 시사해 주는 바가 크다.

4. 여성신학의 여성적인 그리스도

여성신학은 매우 광범위하다. 앞에 소개한 남미 해방신학, 북미 흑인신학, 한국 민중신학과 함께 지난 세기 억압과 차별로부터의 해방을 주창하는 점에서는 같은 해방신학의 물결에 서 있지만, 그 범위와 내용에 있어서 상당한 차이를 가지고 있다. 역사적으로 여성에 대한 무시와 소외와 차별이 최근까지 오랫동안 지속되었지만, 여성은 전체 인류의 절반에 해당하는 수(數)를 가지고 있음에서 추측할 수 있듯이 페미니즘 안에도 다양한 입장들이 존재하고 있다.[23]

---

117. 민중신학의 급진성에 대한 평가 참조.

22) 김동건, "민중신학의 기독론," 「신학과 목회」, 19(2003), 169-190. 특히 마지막 평가 참조. 그러나 민중신학의 성령론적 부재에 대한 비판은 재고의 여지가 있다. 민중신학 또한 지난 세기 대부분의 해방신학이 걸었던 여정처럼 기독론 다음에 성령론적 논의를 전개하였다. 권진관, 「성령, 민중의 생명」(서울 나눔사, 2001) 참조.

23) 단나 페웰/김은규 · 김수남 옮김, "이념적 성서해석: 페미니스트 비평," 「성서비평 방법론과 그 적용」(서울:

여성은 수도 많거니와 지역이나 상황도 다양하다. 남미 해방신학이나 북미 흑인신학은 특정 지역의 특별한 사람을 대상으로 하였지만, 여성은 전 세계 어느 지역 어느 사회에나 존재하는데, 그녀들의 경험과 상황과 생각이 다양하다. 북미와 서구 제1세계의 여성의 삶과 아시아와 아프리카 제3세계의 여성의 삶에는 상당한 차이가 있다. 제1세계 여성의 상처와 차별과 희망은 제3세계 여성의 상처와 차별과 희망과 다를 수 있다.[24]

어떤 여성신학은 가정과 사회에서의 여성 인권보호, 지위 향상, 온전한 성 평등을 목표로 하고, 어떤 여성신학은 사회적 성과 성 주체성에 대한 관심과 함께 성을 통한 문화와 삶의 변화를 추구하고, 어떤 여성신학은 가부장적이고 여성차별적인 사회의 정치적 · 경제적 구조를 개혁하고자 하고, 어떤 여성신학은 생태계의 위기를 가부장적 지배의 이원론의 결과로 보고 여성성에 기초하여 사랑과 정의와 평화의 세계를 구축하고자 한다. 그 외에도 자신이 속한 지역과 나라와 계층과 공동체에 따라 여성신학의 방향과 내용과 목적이 다양할 수 있다. 그래서 여성신학의 기독론을 어느 하나로 단정 짓기는 매우 어렵다.

여기서는 여성신학의 한 흐름이지만 나름 여성신학의 특징을 잘 드러내는 기독론을 소개하고자 한다. 여성신학의 한 흐름은 남성중심의 가부장적 기독론을 거부한다. 그동안 남성중심의 가부장적 사회와 교회와 신학이 육체와 자연과 여성을 차별하고 멸시하여 왔기 때문이다. 그런 상황 이해에서 로즈마리 류터(Rosemary R. Ruether)는 과연 남성 예수가 여성을 구원할 수 있는지에 대해서 의문을 제기하였다.[25] 메리 데일리(Mary

---

대한기독교서회, 2011), 383.

24) 데이비드 포드, 『현대신학과 신학자들』 609-629. "페미니즘 신학과 여성신학." 레베카 춉(Rebecca S. Chopp)은 흑인 여성의 관점에서 전개한 신학을 특별히 Womanist Theology라고 불렀다.

25) 로즈마리 R. 류터/안상님 옮김, 『성차별과 신학』(서울: 대한기독교출판사, 1985), 129-150. 류터는 전통적인

164 장애 조직신학을 향하여

Daly)는 예수의 남성성이 여성신학의 기독론 논의의 중심에 놓여 있음을 지적하였다. 일부 여성신학자들은 가부장제 문화에서 힘과 지배의 상징인 남성성을 구현한 예수 그리스도를 통해서 여성들이 절대로 하나님의 은총으로서의 구원을 체험할 수 없다고 주장한다.[26]

　　다프니 햄슨(Daphne Hampson)은 남성 예수가 유일하게 하나님의 상징이고, 하나님 자신으로 여겨졌다고 비판하며 기독교가 본질적으로 성 억압적이라는 사실을 밝히고자 하였다. 류터는 역사적 예수 연구를 통하여 예수는 남성이지만 가부장적이지 않았으며 예언자, 해방자, 새로운 인류의 대표자라고 주장하였다. 엘리자베스 피오렌자(Elizabeth Fiorenza)는 역사적 예수가 남성이라는 사실에 집착하지 않고 더 넓은 의미에서 그의 삶을 전체적으로 해석하고자 하였다. 피오렌자는 구약 전체를 관통하는 지혜(소피아) 전통에 따라서 예수를 소피아(지혜)의 예언자로 보았고, 예수 사후 전개된 갈릴리의 예수 운동을 소피아-지혜의 예언자 운동으로 이름 하였다. 피오렌자의 소피아 기독론은 오늘날 여성해방과 공동체 형성에 도움을 주었다. 이은선 역시 다원주의적 여성기독론을 주창하여 여성해방공동체를 지향하였다.[27] 류터는 또한 생태여성신학의 입장에서 그리스도를 초월적 하나님의 내재적·신적 근원이며 창조의 근거로서 모든 자연 피조물을 궁극적으로 구원하고 치료하는 우주적 기독론을 주장하였다.[28]

가부장제 기독론에 맞서 기독교전통 안에는 또한 '양성동체 기독론'(Androgynous Christology)과 '성령 기독론'이 있음을 주지시켜 주었다.

26) 김정숙, "생태여성신학에서 조명한 우주적 그리스도론," 한국조직신학회 엮음, 『그리스도론』(서울: 대한기독교서회, 2015), 355.

27) 여성신학의 기독론은 이은선의 『한국 여성조직신학 탐구』(서울: 대한기독교서회, 2004), 101-138 요약, 이은선은 역사적 예수의 남성성이라는 유일회성의 오류를 경계하며 다원주의적 기독론을 견지한다. 그녀의 기독론은 강한 실천지향적·해방지향적·현재적·여성해방공동체 지향적이다.

28) 로즈마리 류터/전현식 옮김, 『가이아와 하느님: 지구 치유를 위한 생태여성신학』(서울: 이화여자대학교출판부, 2006), 270-297.

생태여성신학은 인간 중심, 특히 남성중심의 성차별적이고 이원론적이고 지배적인 가부장적 기독론에 반대하여 남성과 여성 뿐 아니라 생태계의 전 세계를 통전적으로 구원하는 우주적 기독론을 주장한다.[29]

장애신학의 관점에서 볼 때, 여성신학은 앞의 세 해방신학보다 훨씬 더 장애신학과 밀접하다. 여성신학이 인구 절반의 여성의 모든 문제에 관여하듯 장애신학 또한 인구 15%의 장애인의 모든 문제에 관여하고, 여성신학이 여성의 해방을 위하여 사회의 정치 · 경제 · 문화 등 전 분야를 변혁하고자 하듯 장애신학 또한 장애인의 해방을 위하여 사회의 정치 · 경제 · 문화 등 전 분야를 변혁하고자 하고, 나아가 여성신학이 세계를 바라보는 시각과 사고 자체를 여성성의 관점에서 훨씬 더 온화하고 희망적이고 온전하게 이해하고 변혁할 수 있다고 보듯 장애신학 또한 장애를 매개로 장애인과 비장애인이 함께하는 사랑의 사귐의 관점에서 세계 전체를 이해하고 변혁할 수 있다고 본다. 여성신학은 역사적 남성 예수를 부정하거나 예수의 남성성에 집착하는 유일회적 오류를 넘어서야 한다. 장애신학의 기독론 또한 예수의 육체적 장애여부에 집착할 것이 아니라 삼위일체 하나님나라의 관점에서 예수 그리스도의 장애성에 대해서 신학적으로 깊이 숙고하여야 한다.

IV. 예수 그리스도와 장애

장애신학의 기독론은 전통적인 신학이 전해주는 위로부터의 기독론과 함께 지난 세기 상황신학이 추구하는 아래로부터의 기독론 위에 서 있

---

29) 김정숙, "생태여성신학에서 조명한 우주적 그리스도론," 356–360.

다. 예수 그리스도는 삼위일체의 제2위격으로서 성부 하나님의 영원하신 아들이시며 세상을 구원하시는 구세주이다. 장애신학은 예수 그리스도가 삼위일체의 제2위격으로 성부 하나님의 유일한 아들로서 인류와 세계의 구세주임을 분명히 고백한다. 장애신학은 이 복음을 장애인에게 확실하고도 익숙하게 전하고 이해시키기 위하여 장애의 경험과 관점에서 예수 그리스도에 대하여 접근한다.

　현대신학의 기독론은 위로부터의 기독론과 아래로부터의 기독론이 만나는 자리에 위치한다. 전통적인 신학이든 복음주의 신학이든 해방신학이든 어떤 신학이든 모든 신학은 그 신학의 고유성을 확보하는 가장 분명하고도 확실한 자리가 바로 기독론의 자리로서 아래로부터 예수 그리스도에 대한 이해가 전통으로부터 전수받은 위로부터의 기독론과 만나는 자리에 있다. 그러므로 장애신학의 기독론은 존재론적으로 교회 전통의 위로부터의 기독론적 정리를 가지고, 인식론적으로 장애의 삶의 자리인 아래로부터의 예수 그리스도에 대한 질문으로 출발한다.

1. 장애 사건으로서 예수 그리스도의 성육신

　기독교의 하나님은 사랑의 하나님이다. 인간의 사랑이 유한하고 경험적이고 조건적인 사랑인 반면 하나님의 사랑은 영원한 사랑이며 선험적 사랑이며 무조건적인 사랑이다. 인간이 먼저 하나님을 사랑한 것이 아니라 하나님이 죄인이고 무지하고 거부하던 인간을 먼저 사랑하신 것이다. 사랑은 다양하고 많은 언행으로 표출될 수 있는데, 성서의 가장 대표적인 표현은 함께함이다. 하나님은 우리를 사랑하시므로 우리와 함께하

시기를 원하신다. 임마누엘(עִמָּנוּאֵל)의 하나님이다.[30]

인간은 본래 하나님 앞에서 하나님과 관계하며 하나님과 함께하는 존재로 지음 받았다. 하나님은 에덴동산에서 아담과 하와와 함께하였다. 그러나 죄로 말미암아 하나님과 인간 사이에는 큰 단절과 분열이 발생하였다. 인간으로서는 하나님과 인간이 함께하는 방법을 얻을 수 없다. 인간이 고행과 선행을 한다고 해서 하나님과 함께할 수 있는 것이 아니다. 오직 하나님이 인간과 함께하셔야 하나님과 인간의 함께함이 가능한 것이다. 그래서 하나님은 이스라엘 백성에게 함께하신다고 계속해서 말씀하였다. 율법과 성전과 제사 가운데 함께하였다. 그러나 그것으로 온전한 함께함을 이룰 수 없었다. 그래서 하나님이 인간과 함께하기 위해서 하나님이 친히 인간이 되셨다. 그것이 바로 성육신(Incarnation) 사건이다. 인간이 하나님이 될 수도 없거니와 죄인인 인간이 거룩한 하나님을 가까이 할 수도 없기 때문에 오직 하나님이 스스로 인간이 되어 내려 오셨다.

예수 그리스도는 하나님과 동일본질이시나 하늘 보좌를 버리고 자기 자신을 비워 인간의 몸을 입고 종의 형체로 이 땅에 내려오셨다. 삼위일체의 제2위격인 성자는 성부와 성령의 상호내재와 상호협력 안에서 실제 인간의 몸으로 오셨다. 성자는 성부의 뜻에 따라 성령으로 말미암아 마리아에게서 출생하였다. 성자는 참 인간이 되셨다. 예수를 또 다른 이름으로 '임마누엘'이라고 부른 것은 하나님이 우리와 함께하시기 위하여 이 세상에 실제 인간이 되어 오셨기 때문이다(사 7:14, 마 1:23).

예수 그리스도는 건장한 체구의 성인으로 이 땅에 온 것이 아니라 진짜 인간이 되어서 모든 인간들과 똑같이 아기의 몸으로 이 땅에 출생하였다. 아기는 성인과 달리 스스로 자기 자신을 돌보거나 자신의 삶을 영

---

30) 최대열, 『사랑부에서 사랑을 배우다』(서울: 오주, 2016), 108-110.

위할 수 있는 존재가 아니다. 아기는 끊임없이 부모와 가족이나 주위의 이웃들의 돌봄을 필요로 하며, 그 돌봄 가운데 살 수 있고 자라날 수 있는 존재이다. 아기 예수는 영적인 일이 아니라 사소한 육적인 일조차 스스로 할 수 없기에 하나님의 은혜 가운데 주변 사람들의 도움을 받아야만 살 수 있었다.

예수 그리스도는 진공상태의 세상에 들어와서 산 것이 아니다. 그가 성육신하여 살았던 세상은 2천 년 전 유대 땅이었다. 당시 그 땅은 정치적으로 로마 제국의 압제 하에 있었고 종교적으로 이스라엘의 율법과 메시아에 대한 희망 속에 있었다. 그가 살았던 나사렛은 부유하고 화려한 예루살렘 성이 아니라 가난하고 초라한 마을이었고, 그의 집안은 귀족이거나 부자가 아니라 가난한 목수의 집안이었다. 예수 그리스도는 역사적이고 사회적으로 구체적인 상황에서 사람들과 어울리며 실존적인 인간의 삶을 살았다.

하나님이 인간이 되었다는 것은 무소부재 무소불위의 무한하신 존재인 하나님이 시공간에 제약되고 육적이고 세상적인 삶에 얽매인 유한한 존재인 인간이 되었다는 것이다. 성육신 사건은 하나님 스스로 무한한 자유를 버리고 자신을 유한하게 제약하신 하나의 장애사건이라고 말할 수 있다. 즉 '하나님의 장애화(障礙化) 사건'이다. 삼위일체 하나님은 스스로 자기 자신을 제한하였다. 성육신은 하나님이 사랑으로 이 세상에 오셔서 인간과 함께하며 인간을 구원하기 위하여 행하신 '하나님의 사랑의 장애사건'이다. 스스로 자기를 제약시킨 성자의 성육신은 사랑의 삼위일체 하나님의 자기 계시이며 자기 전달이며 구원의 역사이다.

2. 장애 안에 계신 역사적 예수

역사적 예수 연구는 전통 기독론에 대한 비판과 확증의 기능을 제공하였다. 역사적 예수에 관한 연구는 장애신학에게 예수가 장애 안에 계셨음을 확인해 준다. 예수가 장애 안에 있었다는 것은 예수가 오늘날 말하는 육체적으로 장애인이었다는 것을 주장하는 것이 아니다. 그 의미는 우선 성육신에서 확인한 바와 같이 신적 존재인 성자 그리스도께서 인간의 육체를 입고 실존적으로 삶의 제약을 받았다는 것을 의미하는 것이고, 다음으로 예수 또한 당시 장애차별이 심각한 장애사회 안에 사셨음을 의미한다.

이사야 53장의 고난당하는 야웨의 종에 대한 기록은 십자가에 고난당하신 예수 그리스도에 대한 예언으로서 종종 예수의 육체적 연약함의 근거로 인용되곤 한다. 2절에 '고운 모양도 풍채도 없다'는 구절에서 예수의 타고난 신체적 장애를 유추하려는 해석이나 4-5절에 '찔리고 상하고 채찍에 맞았다'는 구절에서 고난으로 인한 신체적 장애를 유추하려는 주장이 있다. 그러나 이 구절에 근거해서 역사적 예수에게 신체적 장애가 있었다고 주장하는 것은 상당한 무리가 있다.[31] 이 본문은 단순히 인간적인 장애를 드러내려는 것이 아니라 오히려 하나님의 사랑에 의한 고난을 드러내고자 한다. 이 예언이 예수에게 적용된다면 그것은 인간적인 장애가 아니라 사랑에 의한 고난의 존재, 고난의 현실, 고난의 흔적이다. 역사적으로 예수의 육체에서 오늘의 법정 장애를 찾으려는 시도는 지나치다. 복음서는 예수의 육체적 장애를 언급하지 않는다. 바울의 육체적 가시와 비교한다면, 예수의 육체에 특정 장애가 있었다고 보기는 어렵다.

---

31) 함택, "구약성서에 나타난 장애해석에 관한 조망," 『신학으로 이해하는 장애인』(서울: 세계밀알, 2009), 94-97.

오히려 참 인간으로서 장애 사회에서 육체적 장애를 경험하였다고 보는 것이 설득력 있다.

역사적 예수 연구는 2천 년 전 팔레스타인의 역사에 실존하였던 한 인간 예수로부터 출발한다. 당시 역사의 특수성이나 예수 개인의 실존성을 논하기 전에 모든 인간은 태어나면서부터 부모와 가족과 이웃의 돌봄을 받으며 자라나게 된다(눅 2장). 인간은 홀로 존재하는 것이 아니라 관계 안에서 서로 의존하고 의지하며 존재한다. 역사적 예수 또한 인간의 몸을 입었기에 다른 사람의 돌봄과 관계 안에서 자랐다.

예수가 살고 자랐던 2천 년 전 당시 유대 땅은 정치적 · 경제적 · 성 · 인종적 · 종교적 차별이 심한 사회였다. 유대 땅 내에서도 갈릴리의 나사렛은 예루살렘과 같은 도시에 비하여 차별이 더욱 심한 곳이었다. 그렇다고 해서 나사렛 지역 안에 차별이 없었던 것도 아니다. 나사렛 안에도 여전히 수많은 차별이 존재하였다. 오늘처럼 장애에 대한 의식이 있거나 장애인을 위한 장애차별금지법이 있던 시대가 아니었다. 당시 장애인은 대개 경제적으로 가난하였고, 정치적으로 억압당하고, 사회적으로 소외당하고 차별당하고, 신체적으로 고통과 불편 가운데 살았고, 종교적으로는 죄인으로 정죄 당하였다. 예수는 그런 극심한 장애차별의 사회에서 자랐고 살았다.

3. 장애인과 함께 하시는 예수 그리스도

예수 그리스도의 공생애는 하나님나라의 복음을 선포하시고, 병자와 장애인과 귀신들린 자를 치유하시고, 제자를 양육하시는 삶이었다. 복음서에서 예수의 치유기사는 거의 1/3에 해당한다. 지금도 그렇거니와 당시 고대 근동에서 장애인은 육체적으로 연약하고, 경제적으로 가난하고, 사회적으로 천한 존재였으며, 종교적으로 죄인으로 취급되었다. 장애인은 육체적 손상으로 고통 가운데 있었고, 육체적 손상은 일상적인 삶을 어렵게 하여서 경제적으로 가난하고 사회적 관계의 단절을 가져왔다. 특히 종교적으로 장애를 죄로 말미암은 것으로 단정지음으로써 장애인을 곧 죄인으로 정죄하였다. 육체적, 심리적, 사회적, 종교적으로 소외당하고 차별당하는 존재가 장애인이었다. 이러한 관념은 당시 사회에서 비장애인은 물론 장애인 자신도 스스로 당연한 것으로 받아드리도록 만들었다. 장애인은 '장애차별의 사회 안 존재'였다. 본래 인간은 장애 안의 존재이다. 인간도 장애 안에 있거니와 세계도 장애 안에 있다.

그런 당시 상황에서 예수는 장애인을 가까이하시고, 찾아 주시고, 찾아오는 장애인을 따뜻하게 맞아주었다. 그리고 그들을 치유하였고 구원을 베풀었다(막 2:1-12). 예수 그리스도는 병자와 장애인의 육체를 회복시켰을 뿐만 아니라 일상적인 생활로 복귀시켰고, 무엇보다 죄에서 구원하고 악한 세상에서 해방하였고, 영적으로 거듭나게 하여 예수 그리스도를 믿고 따르며 하나님나라의 복음을 전하는 일군이 되게 하였다. 예수의 장애인 치유는 장애인에 대한 전인적인 치유이며, 사회로의 복귀를 넘어 하나님나라를 향한 희망이다. 이것은 삼위일체 하나님나라의 단면이다. 그래서 오늘도 예수를 믿는 장애인은 더 이상 세상의 장애에 매인 인생이 아니라 하나님나라의 새로운 인생이 된다. 차별 많은 장애 세상에서 장애기독교인은 장애를 넘어서 삼위일체 하나님나라를 소망하고, 이세상에 무장애사회를 이루고자 한다.

죄인, 병자, 장애인과 함께 한다는 것은 예수로서는 당시 종교적 상황에서 상당한 위험을 감수하는 삶이었다. 예수를 죽음으로 몰아가는 중요한 계기는 안식일의 치유 사건들과 관련되어 있다(요 5:18). 그리고 그 사건의 발단에는 병자와 장애인과 귀신들린 자들이 있다. 예수는 당시 상황에서 치유 사건이 불러 올 사태의 수순을 알고 있었음에도 불구하고 병자와 장애인을 치유하였다. 그것이 곧 성부 하나님의 뜻을 이루는 하나님나라의 일이었다. 예수의 삶은 장애인과 함께 하는 삶이었으며, 장애인을 전인적으로 치유하여 하나님나라를 살게 하는 삶이었고, 온 세상을 하나님나라로 이루어가는 삶이었다.

4. 십자가에서의 예수 그리스도의 장애

예수 그리스도의 구원 사역의 정점은 십자가와 부활이다. 예수 그리스도의 사랑은 특히 십자가에서 절정을 이룬다. 예수 그리스도의 성육신도 공생애의 사역도 모두 삼위일체 하나님의 사랑에 근거한 사랑에 의한 사랑의 발로이며 사랑의 절정이다. 예수 그리스도는 아무 죄가 없지만 사랑으로 말미암아 세상의 모든 죄를 대신 지시고 스스로 십자가의 죽음을 당하셨다. 그래서 삼위일체 하나님의 사랑이 가장 잘 드러나는 현장이 바로 십자가 사건이다.

하나님이 고난당한다는 것은 고대든 현대든 유신론적 신학이나 철학에서는 상상하기 어려운 일이다. 그러나 예수 그리스도는 성육신하여서 인간의 고난 안으로 들어오셨고, 인간의 고난 가운데 삶을 사셨는데, 인간을 구원하기 위하여 많은 고난을 당하셨다. 특히 십자가는 그의 고난의 절정이었다. 장애는 인간의 고난 가운데 하나이고, 고난을 일으키는 모든 것이 장애상황이다.

예수의 성육신의 극치는 십자가의 죽음에 있다. 하나님이 인간이 되셨다는 것도 놀라운 역설이지만, 하나님이 죽으셨다는 것은 더욱 위대한 역설이다. 예수의 성육신도 하나님의 놀라운 장애 사건이지만, 예수의 십자가의 죽음은 하나님의 위대한 장애 사건이다. 예수의 십자가의 고난은 하나님이 인간으로서 시공간의 육체 안에 제약된 성육신을 넘어서 십자가에 못 박혀서 더 이상 움직일 수 없는 제약 가운데 얽매인 것이다. 육체이지만 그나마 자유로울 수 있었던 인간 예수의 몸이 이제는 더 이상 움직일 수 없는 제약 상태가 된 것이다. 거기다가 주위의 사람들은 그를 정치적이고 종교적인 죄인으로 정죄하였다. 인간을 심판하실 메시아가 인간들에게 심판을 당하는 상태가 된 것이다. 인간을 구원할 메시아가 인간에 의해 죽임을 당하게 된 것이다. 예수 그리스도의 십자가의 고난을 일반적인 개념에서 장애라고 규정할 수는 없지만, 신적 존재로서 인간이 되어 육체적으로 가장 절정의 제약으로서 장애 상태에 있었던 것은 확실하다. 그렇게 그는 십자가에서 죽음을 당하였다.

최고의 장애는 자기의 의지로 아무 것도 할 수 없는 상태이다. 그것은 반작용이나 역작용도 포함한다. 나의 의지와 반대로 움직이지도 않는다. 더 이상 현재의 일이나 장래의 일에 아무런 영향도 줄 수 없는 것이다. 십자가에서 예수 그리스도는 신체적으로 처절한 손상과 훼손과 압제와 고통을 넘어서 심리적으로도 버림받고 아무도 도와줄 수 없는 처절한 절망과 그리고 무엇보다도 성부 하나님과 성령으로부터도 아무런 도움을 받지 못하는 최고의 장애상태에 도달하였다. 몰트만은 예수 그리스도의 십자가의 사건을 성자의 단독 사건이 아니라 삼위일체 하나님의 사건으로 해석하였는데, 십자가에서 성자는 성자로서, 성부는 성부로서 최고의 고난을 당하였다.[32] 예수 그리스도의 십자가의 장애는 인간이 당할 수 있는 최고의 장애인 동시에 하나님이 당할 수 있는 최고의 장애이다. 성자 예수 그리스도는 그 장애로 모든 인간과 세계의 죄, 고통, 불안, 절망 등

---

32) 위르겐 몰트만/김균진 옮김, 「십자가에 달리신 하나님」(서울: 한국신학연구소, 1979), 248-262. 몰트만의 십자가 사건에 대한 보다 확장된 삼위일체적 해석에 대해서는 「삼위일체와 하나님의 나라」(서울: 대한기독교출판사, 1982), 98-108 참조.

모든 장애를 공감하고 동정하며, 그래서 위로하고 치유하고 구원하며, 나아가 하나님과의 화해는 물론 인간으로 하여금 세상에서 모든 장애를 극복할 수 있도록 소망과 지혜와 능력과 용기를 주신다.

예수 그리스도의 십자가가 내포하고 있는 중요한 신학적 의미는 하나님의 죽음이 가지고 있는 기존의 절대 권력의 신(神) 개념에 대한 전복이다. 그것은 하나님은 장애나 제약이 있을 수 없다는 기존의 신 개념에 대한 전복과도 일맥상통한다. 전통적으로 신에 대한 개념은 절대 자유, 무소부재, 무소불위, 불멸불사의 존재였기 때문이다. 상처받지 않으시는 완전한 하나님은 예수 그리스도의 삶을 통해 인간의 아픔에 함께 아파하시는 사랑의 하나님으로 다가 오게 되었다. 상황신학의 기독론이 가지고 있는 장점을 따라 장애 입으신 하나님으로서 예수 그리스도는 연약한 모든 사람에게 공감하고 동정되는 가까이 다가오시는 하나님이신데, 특히 질병과 장애로 인해 고통당하고 차별받는 장애인에게는 가장 가까이에서 큰 위로와 소망과 구원이 되시는 하나님이다.

5. 부활하신 예수 그리스도의 장애 입으신 몸

예수 그리스도는 십자가에 죽으시고 사흘 만에 죽은 자 가운데에서 다시 살아나셨다. 그의 부활은 그의 십자가의 죽음이 애틋하나 비극적인 사랑으로 끝난 것이 아니라 그의 사랑이 승리하여 완전한 구원과 해방을 이루었음을 드러내는 확증이다. 예수의 부활은 단지 정신적이거나 영적인 의미에서의 부활이 아니라 새로운 몸으로서의 부활이다. 예수의 빈 무덤, 증인들의 목록, 제자들의 변화는 예수 그리스도의 부활이 역사적 사

실이었음을 증명해주고 있다.[33)]

무덤을 찾아갔던 여자들은 빈 무덤으로 놀랐으나 천사들의 부활고 지를 듣고 돌아오는 길에 부활하신 예수 그리스도를 만났다. 제자들 또 한 부활하신 예수 그리스도를 만났다. 십자가에 죽기 전의 예수 그리스 도와 부활하신 예수 그리스도를 어떻게 동일한 인물로 알 수 있었을까? 둘 사이의 정체성을 연결하는 연속선은 무엇일까?

모든 복음서에서 제자들은 부활하신 예수를 만나고 그가 십자가에 죽은 예수인 것을 확인하였다. 도마는 예수 그리스도의 손의 못자국과 허 리의 창 자국을 직접 눈으로 확인하고서 예수 그리스도의 부활을 믿게 되 었다(요 20:24-29). 여기서 주목할 점은 부활하신 예수의 몸이 십자가에 달 리신 예수의 몸이라는 사실이다. 예수의 부활하신 몸에는 십자가에 고난 당하신 손의 못자국과 허리의 창 자국이 남아 있었다. 예수의 십자가에 서 상하신 몸이 부활하신 예수의 몸의 흔적이다. 예수의 부활체가 과거 의 모습과 흔적을 가지고 있다는 점에서 예수의 인성에 연속성을 갖는다. 따라서 장애인이 장애를 그대로 가지고 있다고 해서 부활의 영광에 참여 하지 못하는 것도 아니다.[34)]

부활하신 예수의 몸은 장애로 말하면 손상을 당한 몸이다. 그런데 부활체에서의 육체적 손상은 기능적 제약이나 사회적 차별로 이어지지 않았다. 오히려 상처의 흔적은 사랑의 증거이며 생명의 증거이며 승리의 증거이다. 부활하신 예수 그리스도는 몸을 가지고 있어서 보기도 하고 만 지기도 하고 심지어 제자들과 함께 식사도 하시지만, 그 몸이 물리적 제 약이나 사회적 차별을 받는 것은 아니다. 장차 얻게 될 성도들의 몸의 부 활도 마찬가지일 것이다. 사람의 정체성은 그의 삶을 토대로 형성된 전

33) 김재진, "예수 부활의 역사적 확실성," 『목회를 위한 교의학 주제 해설』(서울: 대한기독교서회, 2016), 17-29.
34) 김홍덕, 『장애신학』(대전: 대장간, 2010), 377.

인으로서의 정체성에 있다. 모든 인간의 부활체가 똑같은 외모와 성격과 정신으로의 부활은 아닐 것이다. 그럼에도 불구하고 그러한 신체적 조건이 새로운 영원한 삶을 사는데, 아무런 제약이나 불리가 되지 않는 것이다.

낸시 아이에스랜드는 장애 입으신 하나님을 예수 그리스도의 부활의 몸에서 출발한다. 그녀에 따르면, 부활이란 육체적 장애로 손상되지 않는 완전한 형상을 기대한 나머지 우리의 장애 입은 몸을 부정하거나 삭제하는 일이 아니다. 오히려 그리스도의 부활은 우리의 일반적이지 않은 몸과 그로 인해 때때로 힘겹게 살아가는 우리의 몸이 하나님의 형상 안에 충분히 참여하고 있다는 희망을 제공하며, 그 분의 본성이 사랑이시며 정의와 연합의 편에 서 계신 하나님을 우리가 경험에 의해 만날 수 있는 분이라는 희망을 제공하여 준다. 하나님은 장애 입은 몸이 되는 경험으로 말미암아 변화된다. 이것이 기독교의 부활의 희망이 의미하는 바이다.[35]

종종 종말에 대한 장애인의 희망은 세상에서 장애의 고통과 차별과 소외와 절망으로 인하여 더 이상 장애가 아닌 건강하고 완전한 신체로의 부활을 꿈꾸곤 한다.[36] 그러나 예수 그리스도의 부활의 몸이 이러한 결과를 보장해 주지는 않는다. 마치 기계에서 찍어낸 것과 같이 모든 사람이 종말에 똑같이 가장 이상적인 신체 규격과 얼굴 형상으로 부활하는 것이 아니다. 만약 그렇다면 개인의 개별성과 고유성이 사라져 버리기 쉽다. 그래서 김홍덕 또한 자신의 딸 조이(Joy)가 천국에서 다운신드롬을 가지고 있지 않을까 조심스레 상상하기도 하였다.[37]

---

35) Nancy Eiesland, *The Disabled God*, 107.
36) 황돈형, "부활체: 영의 몸이란?" 『목회를 위한 교의학 주제 해설』(서울: 대한기독교서회, 2016), 402–403.
37) 김홍덕, 『장애신학』, 449–454; 채은하 또한 예언서의 장애 관련 구절을 분석하면서 미래 하나님나라에 장애가 꼭 제거되어야하는 것인가에 대해서 의문을 제기하였다. 채은하, "구약성경에 나타난 장애인의 삶과 장애인신학의 시도," 『장애인신학』(서울: 한국장로교출판사, 2015), 89–91.

예수 그리스도는 십자가에 달려서 고난당하였던 상한 몸으로 부활하였다. 예수의 부활의 몸은 오히려 우리의 부활의 새로운 몸에 어떠한 상처와 장애가 있어도 그것이 어떤 고통이나 제약이나 차별이나 소외를 동반하지 않을 수 있음을 생각하게 해준다. 부활의 몸은 장애가 있어도 더 이상 장애가 아니고, 하나님나라에서는 장애가 있어도 더 이상 장애가 아니다. 부정의 부정은 또 다른 부정이 아니다. 부정의 부정은 단순히 부정의 반대인 긍정도 아니다. 부정의 부정은 부정을 넘어선 긍정이다. 부정의 부정은 부정을 포함하며 부정을 넘어선 완전히 새로운 것이다. 예수의 부활은 장애 없는 부활이 아니라 장애를 가지고 있지만, 그것이 더 이상 장애가 되지 않는 새로운 몸으로의 부활이다.

하나님나라의 삶은 신체적 · 정신적 장애가 있다고 하더라도 그것으로 인한 제약이나 불리가 없는 삶이다. 물론 소외나 차별은 더욱 있을 수 없다. 삼위일체 하나님나라는 장애를 넘어 성령 안에서 의와 평강과 희락의 나라이다(롬 14:17). 삼위일체 하나님나라는 삼위일체 하나님의 사랑 안에서 모두 함께 사랑으로 사귀는 세계이다. 교회는 하나님나라가 하늘에서와 같이 이 땅에서도 이루어지기를 위해서 기도하고 노력한다. 오늘 한국 교회의 장애인선교와 한국 사회의 장애운동은 그런 의미에서 삼위일체 하나님나라를 지향하는 것이 되어야 한다. 장애신학은 장애가 더 이상 장애가 되지 않는 삼위일체 하나님나라를 바라보며, 또한 그 나라가 이 땅에 이루어지기를 소망한다.

V. 장애 입으신 하나님 예수 그리스도에 대한 신학적 의미

20세기 후반의 상황신학에서는 신학의 중요한 준거로서 예수 그리스도에 대한 이해를 새로이 하였다. 그것은 교의적 기독론에 대하여 역사적 예수에 대한 연구의 발흥에 따른 것이고, 전통적 기독론에 대하여 현대의 삶을 기반으로 하여 현대적 의미를 찾고자 한 시도였다. 특히 상황신학에서의 기독론이 매우 도전적인 시도를 하였다. 예를 들어 남미 해방신학의 해방자 예수 그리스도, 북미 흑인신학의 흑인 메시아, 한국 민중신학의 예수-민중 기독론, 그리고 여성신학의 여성기독론 등.

발터 카스퍼(Walter Kasper)의 경고처럼, 현대신학의 기독론 논의는 종종 예수 그리스도를 이미 어떤 착상에 따라 어떤 도식에 이입 분류하곤 하여서 하나의 철학이나 이데올로기로 축소될 수 있다.[38] 실제로 여러 기독론의 인간학적 상징은 역사적 현실에서 한계에 부딪히게 되었다. 왜냐하면 역사적으로 예수는 흑인이 아니었고, 노예가 아니었고, 여성이 아니었기 때문이다. 그래서 지난 세기 기독교신학의 흐름은 후반기로 갈수록 기독론을 거쳐 다양한 현실에서의 하나님의 역사를 찾는 성령론으로 전환되었고, 그것은 또한 다양성 속에서 통일성과 통일성 속에서 다양성을 찾는 통일성과 다양성을 포괄하는 삼위일체론으로 흘러가게 되었다.

장애 입으신 하나님(The Disabled God)이라는 표현은 쿠퍼(B. Cooper)가 먼저 사용하였는데,[39] 낸시 아이에스랜드(Nancy Eiesland)가 본격적으로 전개한 장애신학의 상징적 이미지이다.[40] 아이에스랜드는 꼭 '장애 입으신 하나님'으로 표현하고자 하였다. 그녀는 장애신학을 위한 상징의 재개념화와 장애해방의 정치적 행동을 위하여 의도적으로 장애 입으신 하나님의 상징을 사용한다.[41] 아이에스랜드는 신학의 역사에서 생각할 수 없었던 장애 입으신 하나님에 대한 상징적 이미지로서 장애와 무관하고 장애

---

38) 발터 카스퍼/박상래 옮김, 『예수 그리스도』(왜관: 분도출판사, 1977), 21.
39) B. Cooper, "The Disabled God," *Theology Today* 49(1992), 173-82.
40) Nancy Eiesland, *The Disabled God*, 98-100.
41) 앞의 책, 90.

를 모르는 비장애인의 하나님으로 경도된 하나님에 대한 이해를 바로 잡고자 하였고, 또한 그로부터 교회와 사회에서 장애인에 대한 이해를 바로잡고자 하였다. 그녀는 장애와 관련하여 기존 신학이 제시하는 예수 그리스도에 대한 공식, 곧 고난 받는 종, 고결한 고난의 모델, 정복자 주님의 기독론으로부터 장애 입으신 하나님 예수 그리스도라는 기독론의 새로운 상징과 의미들을 제시하였다.[42]

장애 입으신 하나님은 예수 그리스도가 육체적 장애를 가지고 있다기보다는 인간의 몸을 입고 이 세상에 오신 성육신으로부터 출발한다. 그리하여 장애와 관련한 하나님에 대한 이해를 신학과 교회와 사회의 전 범위로 확장하고자 한다. 필자는 여기서 역사적 예수의 육체적 장애 여부에 집착하지 않고, 오히려 이 상징적 이미지가 신학적으로 갖는 의미를 개진하고자 한다. 이름 하여 '장애 입으신 하나님의 개념화와 의미의 확장'이다.

첫째, 무엇보다 먼저 장애 입으신 하나님은 이 상징을 하나의 신학적 주제로 삼아 달라는 신학 작업의 요청이다. 신학에서 하나님 앞에 어떤 수식어를 붙이는 것은 그것이 개념이든 표상이든 이미지이든 그것은 하나님의 속성이나 사역에 관한 것이다. 그동안 신학이 장애에 무관심하여 장애와 하나님을 연관 짓지 못하였는데, 이제 장애 상황과 장애 경험을 매개로 하여 장애와 관련하여 신학을 하자는 것이다. 장애 입으신 하나님으로써 장애에 대한 편견을 제거하고 바른 신학적 이해 위에서 교회와 사회에서 장애를 인간의 현실적 실존으로 받아들이고자 한다.[43]

---

42) 앞의 책, 94.

43) 앞의 책, 75, 103. 아이에스랜드에 따르면, 그동안 기독교는 장애에 대하여 죄와 장애의 융합, 고결한 고난, 격리주의적 자선의 입장을 취하여 왔다. 장애를 신학적으로 언급하지 않고 특별한 관심으로 언급하는 한, 교회는 장애인을 목회의 대상으로 보면서 장애차별의 장벽을 유지하는 이중의 자세를 견지하고 번식시킬 뿐이다.

둘째, 인식론적으로 장애 입으신 하나님의 중요한 점은 다른 상황신학과 마찬가지로 하나님을 만나는 현장이 바로 장애라는 사실에 있다. 달리 말하면 적어도 장애인에게 하나님의 계시의 인상적인 현장이 장애 상황이고, 하나님을 인식하는 확실한 현장이 장애 현장이라는 사실이다. 장애인이 하나님을 만나게 된 자리는 대개 휠체어나 암흑이나 적막과 같이 나의 의지로 나의 몸과 상황을 제어할 수 없는 상황이거나 극심한 장애의 소외와 차별과 상처를 받는 상황이 대부분이다. 물론 장애와 무관하게 비장애인과 마찬가지로 세상의 실존적 위기나 기독교의 신앙의 자리에서 하나님을 만나기도 한다. 그러나 그 경우에도 그의 삶의 자리와 삶의 경험에는 장애라는 요소가 밑바닥에 자리하고 있다.

셋째, 장애 입으신 하나님은 인간의 장애를 공감하고 동정하시는 하나님이다. 장애신학의 하나님에 대한 이해는 인간과 전혀 다른 초월적이고 단절되고 그래서 인간의 아픔을 모르시는 하나님으로부터 우리의 아픔에 공감하시고 위로하시고 구원하시고 도와주시는 하나님에로 나아간다. 하나님의 장애 공감은 장애인에게 개인적인 장애를 극복하고 사회적인 장애에 저항하게 하는 소망과 용기와 힘을 제공한다.

기독교의 하나님은 철학적으로 무한자나 절대자여서 실패나 좌절을 모르시는 반쪽자리 하나님이 아니다. 약자의 연약함을 모른 채 강자의 강함만을 자랑하고 추구하는 하나님이 아니다. 하나님은 전능과 함께 무능을 알고, 영광과 함께 고난을 경험하시고, 초월과 함께 내재하시며, 멀리 계시면서도 곁에 계시는 온전한 하나님이시다. 하나님은 장애를 잘 아신다. 그는 장애의 고난과 차별과 상처와 절망을 아시고, 장애의 위로와 치유와 화해와 소망도 아신다.

김홍겸의 시(詩) '민중의 아버지'는 거대한 사회의 불의한 구조 앞에 연약한 민중을 이해하고 공감하는 연약한 자의 하나님을 노래하고 있다.[44] 이 시는 장애신학의 대변은 아니지만, 민중 안에 장애인이 포함되어 있다는 점에서 장애신학에 접목 가능하다. 이 시는 매우 적나라한 표현을 담고 있다. '혀 잘린 하나님,' '귀먹은 하나님,' '화상당한 하나님.' 언어장애와 안면장애를 가지신 하나님, 그러나 나를 이해하고, 나를 위해 고난당하신 하나님, 그래서 내게는 오직 단 하나뿐이신 하나님, 곧 민중의 아버지 하나님을 노래하고 있는데, 그 밑바닥에는 여전히 하나님에 대한 사랑과 소망과 믿음이 전제되어 있다.

기독교의 하나님은 장애를 모르는 하나님이 아니라 장애를 잘 아시는 하나님이다. 장애를 관념으로 아시는 분이 아니라 이 땅에 성육신하셔서 몸소 체휼하여 아시는 분이다. 하나님은 장애를 알고 장애인의 아픔과 불안과 차별과 절망을 아시는 분이다. 장애로 인한 개인의 상처를 알고, 사회적 차별을 알고, 장애 사회와 세계의 소외를 아시는 분이다. 장애인에게 하나님은 장애의 고통과 차별이 심하면 심할수록 나에게 더 가까이 계시며 나를 더 잘 알아주시는 하나님이시다.

넷째, 장애 입으신 하나님은 장애를 아는 것을 넘어서 이를 위로하고 치유하고 해결하고 화해시키시는 분이다. 예수 그리스도가 십자가로 끝나는 것이 아니라 부활로 이어지듯 장애신학은 장애를 불능과 저주로 보지 않거니와 실패와 운명으로도 보지 않는다. 하나님은 영원히 장애에 묶이거나 갇혀 버린 무력한 하나님이 아니다. 그는 장애를 벗어내고, 극복하고, 장애를 넘어서고, 장애를 딛고, 오히려 장애를 사용하시는 하나님이다. 하나님은 장애 상황에서 장애를 통하여 은혜와 소망과 능력을 주

<hr>

44) 김홍겸, 『아주 특별한 배움』(서울: 나눔사, 2007), 109. 김홍겸의 자작시 '민중의 아버지'는 다음과 같다. 우리들에게 응답하소서 혀 짤린 하나님/ 우리 기도 들으소서 귀먹은 하나님/ 얼굴을 돌리시는 화상당한 하나님/ 그래도 내게는 하나뿐인 민중의 아버지/ 하나님 당신은 죽어버렸나/ 어두운 골목에서 울고 있을까/ 쓰레기 더미에 묻혀버렸나 가엾은 하나님/ 얼굴을 돌리시는 화상당한 하나님/ 그래도 내게는 하나뿐인 민중의 아버지

시고 하나님나라의 새 역사를 열어 가시는 분이다.

　바울은 그의 육체의 가시로 인하여 하나님에게 세 번이나 간구하였지만, 그에 대한 하나님의 응답은 "내 은혜가 네게 족하다"는 것이었다(고후 12:7-10). 모든 인간은 꼭 장애라고 규정되지 않더라도 무수한 고난, 시험, 환난, 역경, 시련, 박해 등의 악조건을 가지고 살아간다. 그러나 그것이 무엇이든지 하나님의 은혜가 주어지면 넉넉히 감당하고 이겨내고 오히려 그것을 통하여 하나님의 영광을 드러내고 하나님의 일을 할 수 있다. 바울의 나의 약함이 하나님의 강함이라는 고백은 진리이다. 성령 안에서 인간의 장애는 하나님의 역사가 된다.

　다섯째, 장애 입으신 하나님은 분리와 적대로 단절된 세계의 모든 장애 관계를 해체하여 무장애의 관계를 넘어 사랑의 관계로 화해시킬 것을 가리킨다. 죄로 단절된 하나님과 인간의 관계는 일종의 장애이다. 인간의 탐욕과 죄악이 낳은 세상의 온갖 소외와 차별과 정죄와 분리는 모두 다 일종의 장애이다. 인간의 자기중심주의는 오직 자기 자신을 위하여 하나님과 이웃과 사회와 세계를 사랑으로 사귀지 아니하고 오직 자기유익과 자기만족을 위해 지배 아래에 두었다. 이것은 일종의 장애 상태이다. 인간의 죄와 탐욕과 교만은 온 세계를 장애 상태로 내몰았다.

　성육신으로 장애 입으신 하나님, 장애 사회 속에서 실존하신 역사적 예수, 십자가에서 장애의 절정으로서 죽음 당하신 예수 그리스도는 누구보다 장애를 잘 아시며 그의 죽음, 곧 장애의 장애, 곧 십자가의 죽으심으로 말미암아 모든 장애를 철폐하고 해소하였다. 그의 십자가의 죽음, 곧 장애의 장애로 말미암아 하나님과 인간 사이의 장애가 해결되고, 인간의 육체와 영혼 사이의 장애가 해결되고, 인간 자신과의 장애는 물론 이웃과 사회 그리고 나아가 생태계와의 장애가 해결되었다.

　여섯째, 장애 입으신 하나님은 장애와 비장애의 분리와 장애로 인한 소외와 차별을 넘어서게 하시는 분이다. 장애는 개인적인 문제라기보다는 사회적인 문제이다. 이 말은 장애를 개인의 문제로 치부하여 장애인 개인이나 가족에게 책임을 돌리지 않고 사회적인 차원에서 접근하여 이해하고 해결해야 한다는 사실을 전제한다. 이것은 장애에 대하여 그동안 주로 사회학적으로 복지 차원에서 접근한 관점이고 방법이다. 다음으로 이 말은 장애의 개념이나 형성 자체가 개인의 문제가 아니라 사회적 구조와 문화의 산물이라는 것을 말한다. 장애인이 있는 것이 아니라 인간으로 하여금 장애를 경험하게 하는 장애사회가 있는 것이다. 이것은 장애에 대한 장애학적 접근이다.

장애인이든 장애사회든 장애라는 말은 원활한 소통과 교제를 가로막는 것이고, 그 장벽으로 인하여 갈라진 양편은 서로가 서로에게 증오와 적대와 무시와 무관심으로 나가게 된다. 이것이야말로 장애의 가장 큰 문제이며 가장 큰 위험이다. 장애는 서로 나누고 미워하고 대적하게 만든다. 예수 그리스도는 하나님과 인간 사이의 막힌 담을 무너뜨리고 화해케 하시는 분이시다. 또한 그는 성육신과 사랑과 십자가의 희생으로 인간과 인간 사이의 온갖 종류의 분리된 것을 다시 잇고, 장벽을 무너뜨려서 화해와 사랑의 사귐으로 인도하시는 분이시다.

일곱째, 장애 입으신 하나님은 장애인과 비장애인 그리고 그들의 공동체로 하여금 삼위일체 하나님나라를 바라보게 한다. 장애 입으신 하나님에 대한 이해는 그리스도인들에게 그에 합당한 개인적이고 사회적이고 생태적인 온전한 삶을 요구한다. 하나님이 거룩하시니 너희도 거룩할지니라(레 11:45, 19:2, 21:8, 벧전 1:15-16). 내가 아버지와 하나 된 것같이 너희도 하나가 되라(요 10:30, 17:11, 21). 내가 너희를 사랑한 것 같이 너희도 서로 사랑하라(요 13:34, 15:12, 갈 5:13, 요일 4:11). 신학에서 하나님 경험과 하나님 이해가 중요한 것은 그것이 곧 그리스도인과 교회의 삶의 지표와 윤리로 이어지기 때문이다. 하나님에 대한 이해, 특히 예수 그리스도에 대한 이해는 우리에게 그를 본받는 삶을 요구하며, 그가 추구하였던 하나님나라를 향한 삶으로 나아가게 한다.

장애 입으신 하나님으로서 예수 그리스도는 화해자이며 해결자이며 최후의 승리자이다. 장애는 모든 사람과 모든 사회를 장애를 매개로 하여 분열케 하고 대적케 하고 그리하여 결국 패배자로 만든다. 그것은 장애인이든 비장애인이든 그들이 살고 있는 사회든 모두 마찬가지이다. 그러나 예수 그리스도는 스스로 장애의 세계 안으로 성육신하여 들어오셔서 장애인과 함께 살며 십자가에서 죽음을 당하시는 최악의 장애를 겪으시고 장애의 흔적을 지닌 채 부활하셔서 장애를 완전히 정복하시는 사랑과 화해와 구원의 역사를 이루셨다.

VI. 결어: 장애와 함께 장애 너머의 예수 그리스도

예수 그리스도는 성삼위일체 하나님의 제2위격으로서 성부 하나님의 유일하신 아들이시며 성령과 함께, 성령 안에서, 성령을 통하여 삼위일체 하나님의 구원의 역사를 이루시는 구세주이다. 그는 삼위일체 하나님의 구원의 역사를 이루기 위하여 성부 하나님의 뜻을 따라 성령 안에서 인간의 몸으로 이 땅에 오셔서 십자가에 죽으시기까지 복종하였으며 사흘 만에 부활하심으로써 하나님과 인간 사이의 화해의 길을 열어 놓으셨고, 인간으로 하여금 구원과 영생을 얻게 하셨다. 그는 삼위일체 하나님나라를 선포하시고 계시하시며 인간을 초대하셔서 인간으로 하여금 하나님나라를 바라보며 살게 하였다. 장애신학은 장애를 매개로 삼기에 우선 장애인에게 그리고 또한 비장애인에게도 마찬가지로 예수를 구세주로 믿고 고백하며, 그가 열어놓은 삼위일체 하나님나라를 소망하며 그 삶을 살아가게 한다.

장애신학에서 예수 그리스도는 장애 입으신 하나님으로 부각된다. 전능자이며 초월자이신 하나님이 자기 스스로를 비우고 낮추어 세계 안으로 들어오셔서 스스로 세상의 제약을 받으며 자기 자신을 제한하신다는 의미에서 장애를 입었다는 것이다. 하나님이 세계 안에 인간으로 오셔서 인간이기에 세상의 수많은 조건에 제약을 받으신다는 의미에서 장애를 겪는다는 것이다. 장애신학의 관점에서 본다면, 성육신은 곧 하나님의 장애사건이며, 하나님의 장애화이다.

예수 그리스도의 장애 입으시는 성육신은 장애인에게는 장애의 고난과 상처와 절망과 정죄에 무관심하신 하나님의 개념이 아니라 친히 체휼하시며 공감하시고 위로하시는 하나님의 이미지이다. 이것은 사회의 장애 이미지를 따라 무능, 무지, 혐오, 열등의 하나님을 말하려는 것이 아니다. 오히려 그 반대이다. 전능하신 하나님이 성육신하신 것은 사랑이다. 그것은 삼위일체 하나님의 내적이고 존재론적인 사랑이며 동시에 외적이고 경륜적인 사랑이다. 하나님의 그 사랑이 장애인에게는 장애 입으신 예수 그리스도의 이미지로 훨씬 더 강하게 다가온다. 성육신이 삼위일체 하나님의 보편적 인간을 향하여 사랑의 다가오심이라고 한다면, 장애인에게는 장애 입으신 하나님의 이미지야말로 개념이나 이론이 아니라 실제적인 삶에서 오히려 실감 있게 다가온다.

장애 입으신 하나님으로서 예수 그리스도 이미지에서 결코 간과하거나 놓쳐서는 안 되는 것이 있는데, 그것은 바로 그 하나님은 또한 장애를 치유하시고 해소하시고 화해시키시는 하나님이라는 사실이다. 하나님이 장애를 입는다는 것은 외형적으로는 제약이지만 동시에 내재적으로 모든 장애를 해결하는 방법이다. 몸소 자신을 낮추어 세계 안에 들어오심으로써 세계를 구원하시고 몸소 장애를 입으심으로써 장애를 해결하시는데, 특히 십자가에서 최고의 장애를 당하심으로써 하나님과 인간, 하나님과 세계 사이의 장애를 치유하고 극복하고 화해시키셨다.

장애를 경험하고 의식하는 장애인과 비장애인에게 장애 입으신 하나님은 현실적으로 매우 공감된다. 장애의 관점에서 자신과 이웃과 세계를 보는 사람들에게 장애 입으신 예수 그리스도는 매우 친근하다. 장애의 자리에 찾아오시는 하나님은 장애를 입고 성육신하신 하나님이시다. 찾아오신다는 것은 자기 버림, 자기 비움, 자기 낮춤이다. 사실 이것은 오직 전능하신 사랑의 하나님만이 하실 수 있는 것이다. 또한 장애 입으신 하나님은 비장애인에게도 의미 있는 존재이다. 왜냐하면 모든 인간은 장애를 실존으로 가지고 있으며 늘 장애 가운데 장애를 경험하며 살기 때문이다. 예수 그리스도는 비장애인에게도 여전히 세상의 구원자, 메시아이다.

예수 그리스도는 인간을 구원하시기 위하여 인간이 되셨다. 또한 이 세계를 구원하시기 위해 이 세상에 오셨다. 인간은 물론 사회와 만물의 모든 피조세계가 그의 구원과 사랑과 다스리심을 바라고 있다. 장애신학의 기독론은 장애로 인하여 고난당하고 왜곡된 모든 장애인과 비장애인, 그리고 사회와 온 세계의 모든 피조물에게 장애를 넘어서 예수 그리스도가 삼위일체 하나님나라의 유일한 메시아임을 주장한다.

제5장

장애신학의 교회론

장애신학의 교회론*

I. 서언

기독교는 이 세상에 교회로 존재한다. 그것이 성도로서 개인이든 제도로서 조직이든 기독교는 교회로 실존한다. 기독교의 제의나 신학도 교회로 말미암아 존재하고, 교회를 통해서 전개되고 시행된다. 그러므로 교회 없는 기독교란 실제로 존재할 수 없다.

성도 개인이나 제도 교회에게 있어서 교회론에 대한 물음은 매우 중요하다. 그것은 교회가 무엇인가를 질문함으로써 세상에서 성도나 교회의 정체성을 확인하는 물음인 동시에 교회가 무엇을 해야 하는가를 질문함으로써 세상에서 성도나 교회의 사명을 확인하는 물음이기 때문이다. 이 확인은 성도와 교회의 현실을 직시하고 수정하여 본연의 사명을 감당할 수 있게 한다. 오늘날 교회가 안팎으로 마주하는 위기상황을 고려할 때, 교회에 대한 이해는 기독교의 현실에서 매우 중요하다.[1]

---

* 이글은 필자가 2013년 5월 26일 세계밀알연합이 주관한 제9회 장애인신학세미나에서 발표한 글로서 『성경과 장애인』(서울: 세계밀알, 2013)에 수록되어 있다.

1) 레슬리 뉴비긴/홍병룡 옮김, 『교회란 무엇인가?』(서울: IVP, 2010), 13-36. 뉴비긴은 교회론이 최근 신학의 중심이 된 배경으로 기독교 세계의 붕괴, 참 공동체에 대한 갈망, 선교현장의 필요, 에큐메니칼 운동의 결

이 글은 장애신학의 교회론에 관한 글이다. 필자에게 장애신학은 그동안의 전통신학과 현재 논의되고 있는 현대신학을 도외시하는 어떤 다른 신학을 하는 것이 아니다. 오히려 그 반대이다. 장애신학은 전통신학의 기초 위에서 현대신학과 대화한다. 중요한 것은 자료의 문제라기보다는 관점의 문제이다. 그동안 미처 장애(인)에 관심을 가지 못하였거나 아니면 장애 차별적이었던 부분에 대한 숙고를 통하여 오히려 장애(인)와 더불어 더 풍성한 신학적 결실을 얻고자 하는 것이다. 이글의 주제인 교회론도 마찬가지이다.

교회론은 신학의 역사만큼이나 오래되었고 그 내용 또한 방대하다.[2] 일반적으로 교회론은 교회의 기초, 교회의 정의, 교회의 표지, 교회의 직제, 교회의 사명, 교회의 책임, 현실적인 교회 문제 등을 다루며, 학자에 따라 성례론이나 신앙론이나 그 외의 주제들을 포함하기도 한다. 이글이 '장애신학의 교회론'이라고 하여 기독교에 전혀 낯선 어떤 조직론을 전개하거나 기존의 교회를 부정하고 어떤 새로운 제도 교회를 주창하려는 것이 결코 아니다.

이글은 그동안의 전통신학이 전해준 교회론의 주요 주제들에 대하여 장애신학의 관점에서 재조명하고, 현대신학에서 강조하는 몇 가지 주제들을 택하여 장애신학의 교회론을 전개하고자 한다. 먼저 전통 교회론이 전해준 교회의 표지, 교회의 정의, 현대 교회론의 최근 동향을 소개하고 장애신학에서의 의미를 추가하고자 한다. 다음으로 현대 교회론의 내용 중 장애의 관점에서 훨씬 더 부각되는 주제들을 택해 교회공동체의 모

과를 들었다.

2) 교회론의 역사에 관해서는 에릭 제이/주재용 옮김, 『교회론의 변천사』(서울: 대한기독교출판사, 2002)와 은준관, 『신학적 교회론』(서울: 한들출판사, 2006) 참조; 교회론 전반에 관해서는, G. C. 베르까우어/나용화 · 이승구 옮김, 『개혁주의 교회론』(서울: 기독교문서선교회, 2006)과 호세 안토니오 사예스/윤주현 옮김, 『교회론』(서울: 가톨릭출판사, 2012) 참조.

델[3]로 정리함으로써 신학과 교회 현실에 기여하고자 한다.

II. 교회론에 대한 장애신학적 해석

1. 교회의 표지와 장애신학

교회에 관한 중요한 정리는 325년 니케아 공의회에서 선언되고 381년 콘스탄티노플에서 재확인되었던 교회에 대한 신앙고백이다. 곧 "하나의 거룩하고 보편적이며 사도적인 교회"(una, sancta, catholica et apostolica ecclesia)를 믿는다는 것이다. 흔히 이것을 '교회의 표지'라고 부르며, '교회의 속성'이나 '교회의 표징'으로 부르기도 한다. 교회론을 논할 때에는 전통적으로 이 교회의 4표지를 고찰하여 왔다.

왜냐하면 이 교회의 표지는 1) 밖으로 교회의 특징(Merkmale)이 무엇인가를 묘사하는 표지(nota)의 기능, 2) 참 교회의 본질이 무엇인가를 가리키는 표징(signum)의 기능, 3) 어떤 교회가 참 교회인지 그 기준 내지 규범(criteria)를 제시하는 기능, 4) 잘못된 현실 교회에 대한 비판(Kritik)의 기능, 5) 현실의 교회가 지향해야할 방향이 무엇인가를 제시하고 그 방향을 세우는 방향정립(Orientierung)의 기능을 가지고 있기 때문이다.[4]

그러므로 지금까지의 신학자나 교회공동체가 이 4표지들을 어떻게 해석하였는지를 살펴보면 그의 교회론은 물론 그것을 넘어 그 신학의 윤

---

3) 에버리 덜레스/김기철 옮김, 『교회의 모델』(서울: 한국기독교연구소, 2003), 15-37. 덜레스는 교회에 대한 이해를 돕기 위하여 모델을 제안하였다. 그는 제도로서의 교회, 신비적 교제로서의 교회, 성례전으로서의 교회, 사신으로서 교회, 종으로서 교회의 5가지 모델로 교회를 설명하였다.

4) 김균진, 『기독교조직신학 IV』(서울: 연세대학교 출판부, 1993), 244-245.

곽을 대략적으로 파악할 수 있다. 어떤 신학자나 교회공동체는 그들이 직면한 시대적 상황이나 그들이 가지고 있는 신학적 관점에 따라 4표지들 중 특정한 표지를 더욱 강조하기도 하였고, 어떤 신학자나 교회공동체는 이 4가지에 대하여 새로운 해석을 전개하기도 하였다.[5]

그럼, 이 교회의 4표지의 내용은 무엇이며, 장애신학은 이 교회의 표지를 어떻게 볼 것인가?

첫째로 교회는 하나이다(una). 이것은 교회의 일치성 또는 통일성을 말한다. 교회란 여러 지역에 여러 모양으로 흩어져 있지만 하나이다. 이 교회의 통일성은 단일화나 획일화가 아니라 다양성 속에서의 통일성을 의미한다. 이 일치는 세상의 인간적인 어떤 동일성에서 출발하지 않고 본질적으로 삼위일체 하나님의 일체성에 근거한다. 삼위일체 하나님의 세 위격이 자유로운 사랑 안에서 하나이듯이 그의 교회들 또한 통일시키는 교통의 성령 안에서 하나이다. 교회의 통일성은 삼위일체 하나님을 고백하는 모든 교회들이 이미 하나임을 말하며, 또한 그 교회들이 삼위일체 하나님나라를 지향하는 삶을 추구한다는 데에서 하나임을 의미한다.

그러므로 교회는 세상의 어떤 동일성이나 동질성에서 일치성이나 통일성을 찾아서는 안 된다. 오히려 세상적인 동질성이 만들어내는 유유상종의 온갖 분리와 분절과 차별과 장벽을 제거하고 성령의 하나 됨을 지켜야 한다. 장애라는 삶의 한 조건이 결코 교회의 하나 됨을 깨뜨리는 장애 요소가 될 수 없으며 또한 되어서도 안 된다. 아울러 현실에 존재하는 장애인교회 또한 성령의 하나 됨 속에 교회의 하나 됨을 인정하고 추구해

---

5) 예를 들면, 아우구스티누스(Augustinus)는 도나티스트들로부터 교회를 수호하기 위해 교회의 4표지 중에서 특히 교회의 통일성과 거룩한 보편성을 강조하였다. 해방신학자 소브리노(Sobrino)는 교회의 4표지를 해방의 주제에 맞추어 해방을 위해 연대하는 교회의 통일성, 해방을 위해 불의에 저항하는 교회의 거룩성, 가난한 자를 편듦으로써 모두를 해방하는 교회의 보편성, 예수가 선포한 하나님나라를 현실로 만드는 교회의 사도성으로 해석하였다.

야 한다.

둘째로 교회는 거룩하다(sancta). 이것은 교회의 거룩함을 말한다. 교회의 거룩함은 그 근원이 하나님의 부르심에 있다. 하나님이 세상에서 불러 구별하셨기에 거룩한 것이다. 교회는 성도들이 도덕적인 삶을 살아서가 아니라 하나님이 거룩하게 하셨기에 거룩하게 된 것이다. 성도가 의인인 동시에 죄인이듯이 교회 또한 죄인들의 공동체인 동시에 성도들의 공동체(communio sanctorum et communio peccatorum)이다. 그러므로 교회는 거룩함을 위해 항상 불의와 투쟁하며 성령의 역사를 구해야 한다.[6]

교회는 세속적인 세계를 회피하거나 세속적인 성공을 거둠으로써가 아니라 하나님나라를 추구해 나감으로써 그 거룩함을 드러낸다. 교회의 거룩함은 장애를 불의와 죄악의 산물로 보고 장애인을 교회에서 추방함으로써 이루어지는 것이 아니다. 성도의 거룩함은 삶의 조건인 장애를 거부하거나 치유하거나 극복하는데 있지 않고, 오직 전적으로 하나님의 구원의 은총에 있다. 그러므로 교회는 장애인과 함께 하나님나라를 향해 거룩함을 추구할수록 드러나게 된다.

셋째로 교회는 보편적이다(catholica). 이것은 교회의 보편성을 말한다. 보편적(Catholic)이란 말은 어원적으로(καθολικός) '전체를 지향하는' 또는 '전체를 포괄하는'(universal)이라는 의미를 갖고 있다. 이 보편성은 자칫 오해되기 쉬운데, 역사적으로 어떤 특정 교파나 교단이나 교회를 의미하지 않는다. 이 교회의 보편성은 오직 예수 그리스도 안에 있으며 모든 교회들이 열린 자세로 하나님나라를 추구하는 것에 있다.[7]

그러므로 이 보편성은 하나님나라를 세우기 위하여 교회가 다른 교회들과 연대하고 나아가 모든 당파적인 조건들을 극복하도록 한다. 교회

---

6) 칼 바르트/최종호 옮김, 『교회교의학 4-2』(서울: 대한기독교서회, 2012), 708-737.
7) 한스 큉/정지련 옮김, 『교회』(서울: 한들출판사, 2007), 424-445.

는 민족, 국가, 인종, 계급, 성(性) 등 특수한 관심으로 당파성에 묶여서는 안 된다. 장애 역시 마찬가지이다. 교회는 장애(인)라는 당파성을 넘어서며 극복해야 한다. 장애인이 있는 교회가 보편적인 교회이다. 또한 장애인교회의 현실은 일시적으로 존재하는 특수성으로서 보편성을 확보하며 궁극적으로 보편성 안으로 녹아들어야 한다.

넷째로 교회는 사도적이다(apostolica). 이것은 교회의 사도성을 말한다. 사도가 예수 그리스도의 부활의 증인으로서 복음을 증언하도록 파송받은 자인 것처럼 교회의 사도성 또한 예수 그리스도의 복음과 하나님의 나라를 선포하는 교회의 기초를 말한다. 이 사도성은 사도들의 인간적 관계로 계승되는 것이 아니라 사도들의 뒤를 따라 하나님나라를 향한 부르심과 파송에 복종함으로써 계승된다. 그리고 이 사도성은 종의 형태를 갖는다. 사도들이 종의 형태로 파송 받았던 것처럼 교회 또한 세계를 섬기도록 종으로서 파송 받았음을 의미한다.

이 세계를 위하여 다른 교회들과 연대하여 함께 하나님의 나라를 추구하고 함께 고난과 아픔에 동참하는 교회가 바로 사도적 교회이다. 교회는 항상 세계와 함께 하며 특히 고난당하고 억압당하는 자들과 함께한다. 사도적 교회는 사회에서 다중의 고난을 당하고 있는 장애인에게 복음과 사랑을 전하며, 장애인들의 고난과 함께하며, 장애인들을 억누르는 억압으로부터 해방시켜야 한다.

이 교회의 4표지들은 각기 독립된 별개의 것이 아니라 서로 맞물려 상호의존적인 것이다. 곧 교회는 사도적이기에 거룩한 것이고, 보편적이기에 하나이며, 거룩하기 위해 하나 되어야 하고, 사도적이기 위해 보편적이어야 한다. 교회의 4표지는 서로가 전제가 되는 동시에 서로가 결과가 되고 있으며 서로가 근거가 되는 동시에 서로가 목표가 되고 있다.

이 교회의 4표지들은 교회의 상태를 가리키는 개념인 동시에 또한 교회에 대한 요구이며 교회의 종말론적인 희망이다. 현실 교회에서 이 교회의 4표지가 완성된 교회를 찾아보기 어렵다. 교회는 끊임없이 종말론적 완성을 기대하며 이 표지들을 해석하는 동시에 그 표지에 맞추어가고 있는 것이다. 그런 점에서 이 교회의 표지는 교회의 현재인 동시에 또한 교회의 미래이다. 그것은 미래적 현재(zukünftige Gegenwart)인 동시에 현재적 미래(gegenwärtige Zukunft)이다.[8]

더욱 중요한 점은 이 교회의 표지가 성도 개인과 교회 공동체가 추구하며 살아가야 할 삶의 지침이며 윤리라고 하는 사실에 있다. 교회의 표지인 일치성, 보편성, 사도성, 거룩성은 모두 교인의 도덕적인 삶에 표현되어야 한다. 일치성은 사랑과 교제의 심화를 요구하고, 보편성은 공동체 안의 풍성한 다양성을 포용하고, 사도성은 예수 그리스도로부터 받은 진리를 이웃과 나눌 것을 제안하고, 거룩성은 정직하고 선을 따를 것을 표현한다.[9]

장애신학은 이 전통적인 교회의 표지를 거부하거나 부정하여 전혀 다른 표지를 제시하고자 하지 않는다. 이 표지에 대하여 지금까지의 논의한 해석과 전혀 다른 어떤 다른 해석을 주장하려 하지도 않는다. 왜냐하면 이 교회의 표지는 정당하며 현실의 모든 제도 교회의 이념이기 때문이다. 다만, 장애신학은 이 교회의 표지가 그동안 장애에 대한 아무런 의식 없이 해석되던 것에서 확장하여 이제는 장애를 교회 곧, 성도 개인과 교회 공동체의 중요한 주제로 의식하여 해석되기를 바라고, 그리하여 그러한 해석이 하나님나라를 향한 교회 현장에서 실현되기를 희망한다.

---

8) 김균진, 「기독교조직신학 IV」, 268. 김균진은 교회의 4표지 중 통일성에 대하여 이 해석을 하고 있는데, 사실 이러한 해석은 교회의 4가지 표지 모두에 해당한다.

9) WCC, "값 비싼 헌신", 「신앙과 직제와 삶과 봉사의 합류」(서울: 한국기독교교회협의회, 2009), 225. 1994년에 발표된 이 문서 "값 비싼 헌신"은 특히 교회론과 윤리를 집중적으로 다루고 있다. "살아 있는 기독교 공동체에서 윤리 없는 교회론도 없고 교회론 없는 윤리도 없다."

2. 교회의 정의와 장애신학

교회란 단순히 공간적인 건물이나 제도적인 기관이 아니다. 교회 (ecclesia)는 헬라어 어원(ἐκκλησία)에서 드러나듯이 하나님의 부르심을 받아 구별된 성도들의 모임이다. 교회는 '오직 하나님의 부르심'으로 세워진 것으로서 그리스도를 주님으로 고백하는 '성도들의 사귐'(communio sanctorum)인 것이다.

지금까지의 교회의 정의에 대한 신학적 논의는 교회를 '하나님의 백성', '그리스도의 몸', '성령의 전'으로 정리하고 있다. 이 정리는 삼위일체론적 구조를 가지고 있다.[10] 교회는 성부와 성자와 성령의 삼위일체에 기초하고 있다. 교회는 역사적으로 오순절 성령 강림사건으로 이 세상에 출현하였지만, 예수 그리스도의 공동체를 그 역사적인 원형으로 삼아 그의 사역을 계승하여 하나님나라를 이루어간다. 존재론적으로 성부와 성자와 성령의 영원한 교제로 말미암아 존재하며 성부와 성자와 성령의 영원한 사역 속에서 사역을 하는 것이다.

그럼, 교회의 정의의 내용은 무엇이며, 장애신학은 이 교회의 정의를 어떻게 볼 것인가?

첫째로 교회는 하나님의 백성이다(히 4:9, 11:25, 벧전 2:9-10). 하나님의 백성이란 혈연이나 지연이 아니라 오직 예수 그리스도 안에서 믿음으로 구성된 백성이다. 하나님의 백성으로서 교회는 세상에 존재하는 모든 인종적, 민족적, 국가적, 지역적, 성적, 계급적 제한을 뛰어넘는다. 하나님의 백성은 오직 하나님의 주권 아래 있으며, 하나님의 은혜와 복 그리고 하나님의 인도와 보호 아래에 살아간다. 그리고 또한 하나님의 백성은 왕

---

10) 이형기, "교회의 본질과 교회의 공적책임," 『공적신학과 공적교회』(서울: 킹덤북스, 2010), 94-96.

과 같은 제사장으로서 이 세상을 섬기는 백성으로 존재한다.

교회는 이제 장애의 제한도 뛰어넘는다. 사람은 장애와 무관하게 예수 그리스도를 믿음으로 하나님의 백성이 된다. 그리고 장애와 무관하게 하나님의 백성으로서 은혜와 복을 누리게 된다. 아울러 교회의 존재 목적인 세계를 섬기는 일에서도 장애인이라고 하여 어떤 제외나 차별이 있을 수 없다.

둘째로 교회는 그리스도의 몸이다(고전 12:27, 롬 12:4-8, 엡 1:23, 4:12, 16, 5:30, 골 1:18, 24). 그리스도의 몸으로서의 교회는 존재론적으로 예수 그리스도와 하나임을 말하며, 사역에 있어서 예수 그리스도의 사역을 이 세상에서 행하는 것을 말한다. 그리스도는 교회의 머리이고, 성도들은 머리이신 그리스도 아래에서 모두가 한 몸의 지체를 이루고 있다. 그러므로 이 몸의 다양한 지체들은 기능은 다를 수 있어도 모두가 평등하다. 또한 그리스도는 한 교회만이 아니라 지상의 모든 교회를 한 몸으로 묶는다. 그러므로 지상에 있는 어떤 교회든지 평등하며 그 교회 안에 있는 어떤 성도든지 평등하다.[11]

그리스도의 몸으로서의 교회라는 이 정의는 교회가 그리스도의 몸으로서 실존함을 의미한다. 교회는 예수 그리스도가 선포하였던 하나님 나라를 선포하고 그가 몸소 살았던 하나님나라의 삶을 살아가야 한다. 특히 예수 그리스도가 이 세상에서 병자와 장애인을 가까이하며 치유하시고 차별하지 않고 오히려 더 사랑하며 함께 사셨던 것처럼, 교회는 오늘날 그의 몸으로서 병자와 장애인을 가까이하고 치유하고 사랑하고 함께 살아야 한다.

셋째로 교회는 성령의 전이다(고전 3:9, 16-17, 6:19, 고후 6:6, 엡 2:22, 딤전

---

11) 김균진, 『기독교조직신학 IV』, 88-103.

3:15). 교회는 역사적으로 성령강림으로 이 세상에 출현하였으며 지금도 계속하여 성령의 역사 안에서 사역하고 있다. 성령은 성도들에게 성령의 은사를 주시고, 성도들은 성령으로부터 받은 각각의 은사를 따라 교회를 온전하게 하며 교회의 사명을 감당한다. 그런 점에서 교회는 성령의 피조물이며 성령의 전이다. 그리고 성령은 하나님의 영으로서 교회를 하나님나라의 실현을 위해 이끌어간다.[12]

성령은 장애인을 차별하지 않으며 교회 또한 성령의 전으로서 장애인을 차별하지 않는다. 오히려 성령은 장애를 넘어서 구원의 역사를 일으키고, 장애인을 치유하고, 장애인에게 은사를 주셔서 교회를 섬기며 하나님나라를 위해 일하게 한다. 그러므로 장애인은 교회에서 성령으로부터 받은 은사를 따라 교회를 섬기고 하나님나라의 실현을 위해 차별 없이 일하게 된다.

교회에 대한 신학적 정의는 교회로 하여금 교회의 정체성이 무엇이며 교회의 사명이 무엇인가를 분명하게 제시해준다. 교회는 하나님의 백성이고, 예수 그리스도의 몸이고, 성령의 전이다. 교회는 장애를 넘어서 삼위일체 하나님의 은혜로 거룩하고, 한 몸으로 연결되어 있고, 받은 은사를 따라 함께 하나님나라를 위해 일하는 부름 받은 믿음의 공동체이다. 장애신학은 교회의 정의 속에서 장애라는 이유로 장애인이 교회에서 결코 제한 · 배제 · 분리 · 거부되는 차별의 근거를 발견할 수 없음을 확인한다. 오히려 반대로 장애인을 장애라는 이유로 차별하고서는 교회가 삼위일체 하나님의 온전한 교회로 설 수 없음을 확인한다.

---

12) 앞의 책, 103–120.

3. 최근 교회론의 경향과 장애신학

최근의 현대신학의 흐름은 몇 가지 중요한 주제와 경향을 가지고 전개되었다. 그러한 주제와 경향은 신학 전반에 큰 영향을 미쳤으며, 이러한 흐름에서 교회론도 예외가 아니다. 그럼, 현대신학의 주요 주제와 경향은 무엇인가? 그리고 그러한 동향에 맞추어서 장애신학의 교회론은 어떻게 구성될 수 있는가?

첫째로 교회는 공동체(Gemeinde)이다. 최근에 신학적으로 중요하게 다루어지고 있는 주제는 공동체이다. 공동체란 '하나'라는 의식 속에 삶의 모든 것을 함께 공유하며 공통의 목표를 향해 나아간다. 사회의 갈등과 분열, 인류공동체가 직면한 생태계의 위기라는 문제는 공동체에 대하여 더 많은 관심을 갖게 하였다.

교회는 성도들의 모임이다. 루터는 이 모임을 '성도의 교제'(communio sanctorum)라고 표현하였고, 칼빈은 '성도의 교통'(santorum communicatio)이라고 표현하였다. 현대신학은 이 모임이 단순한 집합이 아니라 그 안에 서로 긴밀하게 연결되어서 결코 분리하거나 결코 홀로 활동할 수 없게 결합되어 있는 공동체임을 강조하고 있다.

공동체에는 구성원 모두를 하나 되게 하는 구심점이 있다. 교회는 삼위일체 하나님을 중심으로 부름 받은 믿음의 성도들이 삼위일체 하나님의 사랑의 사귐을 따라 하나로 결합되어 있으며 삼위일체 하나님나라를 이루고자 운동해 나아가는 공동체이다. 그러므로 교회는 인간의 삶의 조건 중의 하나인 장애를 넘어선 하나의 공동체이다.

교회를 공동체라고 말하는 데에는 무엇보다 개별주의와 차별주의에 대한 반대가 담겨있다. 개별주의란 개인이나 계파가 중심이 아니라 전체가 자유 안에서 하나임을 강조하는 것이고, 차별주의란 그 구성원이 계급이나 차별이 없이 모두가 평등하게 참여한다는 것을 강조하는 것이다. 교회는 장애라는 인간적인 조건을 넘어서 장애인과 비장애인이 하나이며 장애라는 인간적인 조건을 넘어서 장애인과 비장애인이 평등한 공동체이다.

둘째로 교회는 하나님나라의 공동체이다. 지난 세기 현대신학에서 전면으로 부상된 중요한 주제는 하나님나라이다.[13] 전통적으로 하나님나라는 예수 그리스도의 재림 이후에 실현되어지는 피안의 영원한 세계로 인식되어졌으나, 지난 세기 국가의 본질인 주권의 개념이 강조되면서 하나님의 통치가 실현되는 영역이라는 점에서 하나님나라가 강조되었다. 그리하여 하나님나라는 예수 그리스도로 말미암아 이미(already) 시작되었으나 아직 완결되지 않은(not yet) 것으로 미래에 완성될 것이지만 이미 이루어지고 있는 것으로 인정되었다.

폴 틸리히(Paul Tillich)에 따르면, 교회는 영적인 공동체로서 구원의 공동체이며 역사적으로 하나님나라를 대표하는 공동체로서 하나님나라를 이루어간다.[14] 그러므로 현실 교회는 하나님나라를 선취하며 예표하는 동시에 하나님나라를 이루어가는 전진기지이다.

하나님나라는 삼위일체 하나님이 다스리는 나라이다. 삼위일체 하나님은 서로의 사랑 안에서 함께 존재하며 그 사랑으로 세계를 다스리신다. 그러므로 하나님나라는 세상의 힘으로 이루는 소수의 특권자만 누리는 세상의 정의와 평화와 기쁨이 아니라 오직 성령 안에서 하나님의 백성 모두가 누리는 정의와 평화와 기쁨의 나라이다. 이 하나님나라는 장애를 넘어서 있다. 세상의 나라는 장애인을 소외시키고 차별하지만 하나님나라는 장애인을 포용하고 오히려 더 사랑한다.

---

13) 이에 관한 보다 자세한 내용은 이형기, 『하나님나라와 교회』(서울: 한들출판사, 2005) 참조.
14) 폴 틸리히/유장환 옮김, 『조직신학 IV』(서울: 한들출판사, 2008), 225–243, 245–249, 260–274.

교회는 하나님나라 공동체로서 장애인을 포함하고 있다. 교회가 하나님나라 공동체라고 한다면, 장애인 없이는 결코 온전할 수 없다. 뉴비긴(Lesslie Newbigin)은 '장애인 없이 결코 온전할 수 없다'고 장애인과 함께하는 교회를 주장하였다.[15] 그러므로 현실적으로 장애인은 교회가 하나님나라 공동체임을 판가름하는 시금석이 될 수 있다. 정승원은 장애인이 언약공동체의 일원으로서 하나님나라인 메시아공동체의 리트머스 시험지라고 주장하였다.[16] 하나님나라 공동체로서 교회는 장애인과 함께한다.

셋째로 교회는 삼위일체 하나님나라의 공동체이다. 최근 신학의 중요한 성과는 삼위일체 하나님에 대한 재발견과 재해석이다. 소위 '삼위일체 르네상스'라고 할만하다. 현대신학은 오랫동안 사변적 교리로 여겨졌던 삼위일체론을 하나의 교리가 아니라 기독교신학의 근간이 되는 중심주제로 부각시켰다. 신학 자체가 삼위일체 하나님에 대한 연구이며 찬송이고, 역사 자체가 삼위일체 하나님의 구원의 역사이며, 신앙과 신학은 그 삼위일체 하나님의 역사에 대한 삶의 반응이다. 이제 삼위일체론이 아니라 삼위일체신학이 되었다.

삼위일체를 설명하는 중요한 개념 중의 하나가 페리코레시스(perichoresis)이다. 이것은 삼위일체 하나님의 세 위격이 그 존재에서 이미 서로 분리될 수 없이 상호 침투되고 상호 내재되어 있으며 따라서 사역에 있어서도 세 인격이 상호 의존되고 상호협력으로 역사하고 있다고 설명한다. 그러므로 삼위일체의 세 위격은 어느 하나 없이 존재할 수도 없고 어느 하나 없이 사역할 수도 없다. 이 페리코레시스, 곧 상호내재, 상호

---

15) Lesslie Newbigin, "Not Whole without the Handicapped," *Partners in Life: The Handicapped and the Church*(Geneva: WCC Publications, 1979), 17–25.

16) 정승원, "장애인을 위한 언약공동체 신학," 「신학으로 이해하는 장애인」(서울: 세계밀알, 2009), 155.

침투, 상호순환, 상호협력의 개념이 교회공동체의 모형으로 제시된다.

몰트만은 사회적 삼위일체론, 곧 삼위일체 하나님의 사귐에 상응하는 삼위일체 교회론을 주장하였다. 교회는 삼위일체 하나님을 따라 지배와 복종이 아니라 사랑과 평등의 사귐이 되어야 한다. 그래서 그는 교회를 '형제자매공동체' 또는 '우정의 공동체'로 표현하였다.[17] 현대신학의 교회론은 제도 교회이든 기초공동체이든 아니면 제3의 새로운 교회 형태를 말하든 언제나 삼위일체 하나님의 사랑의 사귐에 기초하여 서로가 서로에게 속하여 존재하고 서로 사랑으로 사귀는 교회를 모형으로 제시한다.

넷째로 교회는 삼위일체 하나님나라의 종말론적 공동체이다. 하나님나라와 함께 지난 세기 현대신학의 중요한 강조점은 종말론에 관한 것이었으며 그로 인한 현대신학의 경향성은 종말론적인 것이었다.[18] 종말론은 오랫동안 역사의 마지막에 일어날 일에 대한 교리로 교의학의 부록으로 처리되던 것이었으나, 이제는 하나님나라의 재발견과 함께 신학 전반을 지배하는 주제가 되었다.

'종말론적'이라는 단어는 여러 의미들을 가지고 있다. 그것들 중의 하나는 무엇이든지 종말로부터 도래하는 하나님나라에 의해 재해석되고 변혁되어야 함을 의미한다. 교회 역시 마찬가지이다. 교회는 역사적으로 이 세상에 출현하였던 당시부터 지금까지 언제나 종말론적 공동체였으며, 끊임없이 하나님나라를 예기하며 그 완성을 향해 나아가는 종말론적 지평을 강조하였다. 현실의 어떤 제도 교회도 하나님나라와 완전히 동일시 될 수 없다. 그러므로 현실의 제도 교회는 종말에 완성될 하나님나라를 향하여 끊임없이 스스로를 변혁해 나가고 세계를 변혁해 나가야 한다.

---

17) 위르겐 몰트만/이신건 옮김, 『삼위일체와 하나님의 역사』(서울: 대한기독교서회, 2006), 128-150. 특히 제6장 "성령의 사귐: 삼위일체적 성령론"에서는 삼위일체 하나님의 사랑의 사귐을 모형으로 삼위일체적 인간론, 삼위일체적 교회론, 삼위일체적 성서론, 삼위일체적 찬미론을 제시하고 있다.
18) 은준관, 『신학적 교회론』 특히 제5부 "역사-종말론적 교회론" 참조.

지금껏 교회는 끊임없이 교회에 대한 신학적 논의와 실천적 사역을 확장하여 왔다. 지금껏 교회가 장애(인)에 대하여 주의 깊은 관심을 기울이지 못한 것은 교회 또한 시대적 한계 안에 있었음을 인정해야 한다. 그러나 이제는 아니다. 장애신학과 더불어 교회는 이제 하나님나라를 향하여 종말론적 의식 가운데 장애인에게 관심을 갖고, 장애인에게 복음과 사랑을 전하고, 장애인을 하나님나라의 백성으로 평등하게 대하며 함께 하나님나라를 위해 일할 수 있도록 참여하게 해야 한다.

　　현대신학의 4가지 강조되는 주제와 경향을 따라 점증적으로 교회론을 소개하며 장애신학의 관점에서 해석과 접목을 시도해보았다. 이것은 사실 교회를 설명함에 있어서 내용 보다는 강조점을 달리하여 정리한 것이다. 교회는 공동체이고, 하나님나라 공동체이고, 삼위일체 하나님나라 공동체이고, 삼위일체 하나님나라의 종말론적 공동체이다. 그 교회는 본질적으로 장애인을 포용하고 있으며, 현실적으로 장애인에게 열려 있어야 하고, 궁극적으로 장애인과 함께하는 것으로 드러나게 될 것이다. 교회는 삼위일체 하나님에 기초하여 종말의 완성을 지향해 나아가는 하나님나라 공동체의 현실이다. 여기서 장애인은 장애라는 이유로 교회에서 제한 · 배제 · 분리 · 거부의 차별을 받지 않는다.

III. 장애신학에서 바라본 교회의 모델

1. 예배공동체로서의 교회: 모든 사람을 위한 공동체

　　교회는 무엇보다 예배공동체이다. 좁은 의미로 예배는 교회의 임무들, 곧 예배, 교육, 친교, 선교, 봉사들 중의 첫째이다. 예배란 기독교의 가장 고유한 제의로서 하나님의 백성으로서 교회가 하나님의 은혜에 감사하여 드리는 예식이다. 신학은 지금껏 예배의 본질을 논의하여 왔으며, 교회의 삶의 자리에서 최적의 예식을 구성하고자 시도하여 왔다. 그러나 넓은 의미로 예배는 하나님이 그의 백성을 하나님나라의 잔치로 초청하는 사랑의 초대이며 하나님의 백성들이 그의 은혜에 감사하여 드리는 삶의 모든 반응이다. 이 글에서 필자는 교회가 하나님의 백성으로서 하나님의 은혜에 반응하여 행하는 모든 일들의 상징적 대표로서 예배를 말한다.

하나님은 이 초청과 반응에서 어느 누구도 차별하지 않는다. 예수 그리스도 안에서 누구나 하나님의 백성이 될 수 있으며 따라서 하나님의 백성은 누구나 교회에서 하나님께 예배드리며 사역할 수 있다. 그러므로 예배공동체로서 교회는 세상 모든 사람에게, 당연히 장애인에게도 열려 있다. 장애인이 예수 그리스도를 믿고 삼위일체 신앙을 고백하며 교회 공동체를 존중한다면 그가 예배공동체로서 교회의 일원이 되는 데에 장애는 어떤 걸림돌이 될 수 없다.

그러나 종종 제도 교회의 현실에서 교회는 장애인에게 접근하기 곤란한 '산꼭대기의 교회'로 머물러 있다. 예배공동체로서의 교회는 이제 장애의 한계를 뛰어넘고 제약을 없애야 한다. 교회는 단순히 수동적인 개방이 아니라 보다 적극적인 초청으로 장애인에게 다가서고, 장애인으로 하여금 단순히 수동적인 참여가 아니라 보다 적극적인 참여를 할 수 있도록 배려해야 한다. 세계교회협의회는 1975년 5차 총회에서 장애인들도 하나님의 가족임을 천명하였고, 1983년 6차 총회에서 장애인을 교회의 중요한 구성원으로서 적극적 조치를 제안함으로써 교회 안팎의 장애인에 대한 장벽을 허물고자 노력하였다.[19]

---

19) 세계교회협의회/이형기 옮김, 『WCC 역대 총회 종합보고서』(서울: 한국장로교출판사, 1993), 343, 426-427, 455-456.

교회는 처음부터 모든 사람을 위한 예배공동체였으며, 지금도 변함없이 모든 사람을 위한 예배공동체이다. 하나님의 백성이면 누구나 교회 안에서 은혜를 받고 교회 안에서(in)/교회와 함께(with)/교회를 통하여(through) 그 은혜에 합당하게 예배하며 봉사할 수 있다. 교회는 예배공동체로서 장애인들이 이 은혜와 감사와 섬김에 평등하고 충분히 참여할 수 있도록 교회의 본질에 따라 준비하고 시행하여야 한다.[20]

2 친교공동체로서의 교회: 사랑의 장애인 · 비장애인공동체

교회는 본질적으로 친교공동체이다. 친교(koinonia)란 쉽게 말해 사랑의 사귐이다. 그것은 좁은 의미로 교회에서 이루어지는 성도간의 교제를 말하지만, 보다 근원적으로 교회 공동체 자체를 의미한다. 교회 공동체는 친교로 존립하고 구성되며, 그 존재 목적이 친교로서 그 친교를 이루는 방법 또한 친교이다. 이 친교는 인간들의 일시적이고 피상적인 사귐이 아니라 삼위일체 하나님으로부터 나온 본질적이고 영원한 사랑의 사귐에 근거한다.

삼위일체 하나님의 세 위격이 상호내재와 상호침투의 사귐 속에 사랑으로 존재하고 사랑으로 사역하고 있다. 세 위격은 존재론적으로 서로 안에서 이미 사랑으로 존재하며, 사랑 가운데서 함께 일하고 있다. 그러므로 친교공동체로서의 교회는 바로 그 삼위일체 하나님의 사랑의 사귐에 근거하고 있으며, 그 사랑의 사귐에 반응하여 그 사랑의 사귐을 닮아

---

20) 교회가 장애인과 함께하는 구체적인 방법에 대해서는 최대열, "교회, 장애인의 벗이 되기 위한 방법과 실천 과제," 『그리스도인, 작은이들의 벗』(서울: 한국장로교출판사, 2013), 340–356 참조. 이글은 장애인의 친구공동체로서 교회의 정체성과 프로그램들을 소개한다. 또한 모두를 위한 교회의 장애신학과 실천에 관해서는 세계교회협의회/최대열 옮김, "모든 사람의, 모든 사람을 위한 교회," 『장애인 차별과 교회』(서울: 한국기독교교회협의회, 2008), 251–259 참조.

서로 사랑의 사귐을 이루어 간다.

게르하르트 로핑크(Gerhard Lohfink)는 교회의 원형을 서로 사랑하는 예수의 공동체에서 찾았다. 그는 예수 그리스도가 주신 새 계명을 따라 서로 사랑하는 데에서 교회의 원형을 찾았고 서로 사랑하는 데에서 선교가 일어나는 것으로 보았다. 그리하여 그는 교회를 세상의 사회와 대조되는 대조사회(Kontrastgesellschaft)로 보았고, 더 나아가 사회를 조명해주고 수정해주며 대안을 제시해주는 대안사회로 제시하였다.[21]

몰트만은 삼위일체 하나님의 사랑의 친교에 근거하여 교회를 '형제자매공동체'로 명명하였다. 교회는 오랫동안 군주신론의 형이상학 속에서 지배적이고 교권적인 교회구조를 유지하여 왔는데, 이제 삼위일체의 사랑의 사귐 속에서 자유로운 사랑의 사귐으로 형제자매공동체를 이루어야 한다. 형제자매공동체란 평등한 자들의 자유로운 사회이며 친구들의 열린 교제이다. 몰트만은 그리스도의 교회에 부합하는 그리고 세상에 제시할 교회 형태로 '우정의 친교' 형태를 제시하였다.[22]

교회가 삼위일체 하나님의 사랑의 사귐을 근거로 형제자매의 친교공동체라고 한다면, 또한 장애(인)와 관련하여 교회는 '장애인 · 비장애인의 친교공동체'라고 말할 수 있다. 사랑의 사귐으로서의 친교는 사회의 모든 장벽과 차별을 넘어선다. 건축적이고 의식적이고 제도적인 모든 장애에 대한 장벽은 친교공동체로서 교회 안에서 무너진다. 그리하여 친교공동체로서 교회는 그 존재만으로 이미 세계에 빛이고 소금이며 하나님 나라를 실현하고 증언하는 선교공동체가 된다. 교회는 장애인과 비장애

---

21) 게르하르트 로핑크/정한교 옮김, 『예수는 어떤 공동체를 원했나?』(왜관: 분도출판사, 1985), 87, 97. 특히 로핑크가 신약성서에서 정리한 '서로가 함께'의 실천은 오늘 친교공동체로서의 교회에 시사하는 바가 크다. 163-174.
22) 위르겐 몰트만, 『삼위일체와 하나님의 역사』 138-141. 신론과 교권의 관계에 대한 보다 자세한 내용은 위르겐 몰트만/김균진 옮김, 『삼위일체와 하나님의 나라』(서울: 대한기독교출판사, 1982), 228-263 참조.

인의 사랑의 사귐으로 하나님나라를 선취하며 예표한다.

3. 은사공동체로서의 교회: 평등과 참여의 공동체

교회는 또한 은사공동체이다. 성도는 예수 그리스도를 믿음과 함께 성령의 은사를 받는다. 모든 성도에게는 성령의 은사들이 주어져 있다. 그리고 모든 은사는 교회공동체를 세우는 일에 쓰임 받는다. 곧 그 은사들은 하나님을 예배하며, 교회를 운영하며, 성도들을 도우며, 세상을 향해 섬기는 일에 쓰인다. 그러므로 교회는 성령의 역사 안에서 은사공동체이다. 그런 의미에서 교회의 모든 성도는 동등하게 교회를 섬기는 일에 각자 직무를 맡아 감당하는 사람들이다.

이것은 장애신학에서 매우 중요하다. 왜냐하면 장애는 사회에서 오랫동안 무능으로 오해되었기에 교회 안에서도 종종 장애인은 무능한 존재로서 아무런 은사도 부여받지 못한 존재로 오해받았기 때문이다. 그러나 장애인이 예수 그리스도를 믿고 성령을 받았다면, 그에게도 당연히 은사가 주어져 있다. 그리고 은사가 있다고 하는 것은 장애인 역시 교회를 온전케 하며 교회의 사명을 감당하는 데 동등한 파트너십(partnership)을 가지고 있다는 의미이다.

헨리 나우웬(Henrie Nouwen)은 함께하던 데이브레이크(Day Break) 공동체의 장애인들에게서 여러 은사들을 발견하였다. 어떤 은사들은 비장애인과 공동체에 실질적인 도움을 제공하는 은사이고, 또 어떤 은사들은 봉사자들의 도움을 통해 공동체에서 함께 나눌 수 있는 은사이기도 하다. 그러나 무엇보다 장애 자체가 그 존재만으로 은사가 되기도 한다.[23]

---

23) 헨리 나우웬/김명희 옮김, 『영성에의 길』(서울: IVP, 1996), 36–37.

몰트만 역시 모든 장애는 은사라고 선언하였다.[24] 그에 따르면, 일반화된 삶의 가치기준에서 벗어나 장애인을 보면 그의 특별한 가치와 의미를 발견할 수 있다. 또한 장애는 고난당하시는 그리스도의 반영이 될 수 있기에 성령의 은사이다. 장애인을 통하여 사람들은 그들을 무한히 사랑하시는 구체적인 하나님, 고난당하시는 하나님, 살아계신 하나님을 알 수 있게 된다. 인간의 차원에서 모든 장애는 하나님의 차원에서 일종의 은사이다.

친교공동체로서 교회가 장애인 역시 교회 안에서 사랑을 받고 사랑할 수 있는 존재임을 강조한다면, 은사공동체로서의 교회는 장애인 역시 교회 안에서 동등한 구성원으로서 인정받으며 동등하게 사역에 참여하는 존재임을 강조한다. 친교공동체가 위계질서가 아니라 자유와 다양성 안에서 형제자매로 특징지어질 수 있듯이 은사공동체도 위계질서가 아니라 자유와 다양성 안에서 파트너로 특징지어질 수 있다.

4. 치유공동체로서의 교회: 통전적인 장애치유공동체

교회는 또한 치유공동체이다. 치유는 장애(인)와 관련하여 매우 중요한 신학적 주제이다. 예수는 장애인을 그의 공동체에 포용하였으며 치유하였다. 그의 치유사역은 초대교회에서 사도들과 병 고치는 은사를 받은 사람들에 의해 계승되었다. 지금도 교회 현장에서는 질병과 장애를 치유하는 신유의 역사가 있다. 장애신학은 한편 이것을 인정해야 한다. 그러나 다른 한편 이것으로만 치유를 단정 짓는 것은 매우 편협한 일이다. 왜냐하면 오늘 교회 현장에서 장애가 신유되는 경우는 흔치 않은 일이며 대

---

24) 위르겐 몰트만/김균진 옮김, 『생명의 영』(서울: 대한기독교서회, 1992), 259–261.

부분의 장애는 그대로 남아있기 때문이다. 아울러 인간은 노화 될수록 질병과 장애를 동반하는 것이 오히려 일반적인 현상이기 때문이다.

그러면 어떤 의미에서 교회는 치유의 공동체인가? 우선 생각할 것은 치유가 단순히 육체적인 손상의 복구만이 아니라는 사실이다. 사실은 그보다 훨씬 더 포괄적이다. 진정한 치유란 육체적인 복구로 제한되는 것이 아니라 그리스도 안에서 하나님의 형상을 회복하고 그리스도인으로서 하나님의 뜻을 이루며 하나님께 영광 돌리는 사람으로 온전히 살게 하는 것이다. 그런 의미에서 진정한 치유란 신유나 인간적인 재활을 넘어 통전적인 것이다.

또한 몰트만에 따르면, 치유란 장애인과 비장애인의 병든 관계를 치유하는 일이다. 장애인에게는 장애를 입히는 사회적 장애를 극복하게 하고, 비장애인에게는 장애(인)에 대한 두려움을 극복하게 한다. 예수 그리스도가 공유하고, 참여하고, 나누어줌으로써 치유하였던 것처럼, 이제 교회는 공동체 안에서 장애를 함께 공유하고, 참여하고, 나누어주고, 상호 인정함으로써 장애인과 비장애인 모두를 치유할 수 있다.[25] 이러한 장애인과 비장애인의 치유는 결국 장애 차별적인 사회와 장애에 관심을 갖지 못한 교회를 치유하는 일이다. 그런 의미에서 진정한 치유란 장애인과 비장애인을 넘어 통전적인 것이다.

그런 점에서, 몰트만의 치유공동체로서 교회는 현실적으로 장애해방을 위한 투쟁의 양상을 띤다. 오랫동안 비장애인 중심의 건강에 대한 허위의식과 장애차별적인 지배구조를 당연한 것으로 여겨 왔다. 장애 치유란 육체의 치유보다 사회 전반을 지배하는 허위의식의 치유이다. 진정한 치유란 불의한 장애에 대한 저항이며 진정한 건강과 사랑에 대한 자유

---

25) 앞의 책.

이며 하나님나라를 향한 희망이다.[26] 교회는 육체적인 치유와 개인적인 재활을 넘어 장애인과 비장애인의 장벽을 치유하고, 장애 차별적이며 장애 무관심한 사회를 치유하는 통전적인 의미에서 장애치유공동체이다. 교회는 장애치유공동체로서 하나님나라를 드러내며 지향하고 있다.

5. 섬김의 공동체로서의 교회: 선교와 봉사의 공동체

교회는 본질적으로 섬김의 공동체이다. 교회란 자기 자신을 위한 존재가 아니다. 하나님이 교회를 세우신 데에는 세계를 위한 구원의 계획이 있다. 교회는 하나님나라 실현을 위해 이웃과 세계를 섬기도록 부름받은 공동체이다.

디트리히 본회퍼(Dietrich Bonhoeffer)는 교회를 '공동체로 존재하는 그리스도'(Christus als Gemeinde existierend)로 정의하였다. 그리스도는 교회를 통하여 이 세상에 현존한다. 그리스도는 자신을 위한 존재가 아니라 '타자를 위한 존재'이다. 그러므로 그의 몸인 교회 또한 그리스도의 인격을 따라 타자를 위한 존재이고, 세계를 위한 존재이다.[27] 교회는 세계를 섬기기 위해 세계 가운데 존재한다.

호켄다이크(J. C. Hoekendijk)는 하나님나라 실현을 위해 교회가 모이는 공동체인 동시에 또한 흩어지는 공동체가 되어야 한다고 주장하였다. 성도들의 모임으로서의 교회에 대한 이해는 오랫동안 피상적으로 특정 공

---

26) 최대열, "몰트만의 장애(인)신학," 「기독교신학논총」 77 (서울: 한국기독교학회, 2011), 93–94. 몰트만의 장애치유공동체로서의 교회는 현실적으로는 장애해방공동체로서의 교회이다.

27) 디트리히 본회퍼/유석성 · 이신건 옮김, 「성도의 교제」(서울: 대한기독교서회, 2010), 54–65, 128–139. 특히 171. "교회는 공동체(교회)로서 존재하는 그리스도이다…. 교회는 단지 목적을 위한 수단만이 아니라 그 자체로서 목적이기도 하다. 교회는 현존하는 그리스도 자신이다. 그러므로 '그리스도 안에 있다'는 말과 '교회 안에 있다'는 말은 같은 말이다."

간에 모이는 것으로 오해되어 왔다. 그러나 교회의 본질이 세계를 섬기기 위한 것이라고 할 때, 교회는 필연적으로 세계로 흩어져 나아가야 한다. 교회는 하나님나라를 이루기 위하여 세상으로 나아가 증거하고, 선포하고, 선교하고, 봉사하는 공동체가 되어야 한다.[28]

한스 큉(Hans Küng)은 세상을 향한 교회의 사명을 섬김과 증언에서 찾았다. 교회는 세계를 지배하려는 독재의 자세가 아니라 항상 섬기는 자세로 교회의 책임을 다해야 한다. 교회는 섬김으로 출발하여 섬김의 구조를 가지고 섬김의 직무를 충실히 이행한다. 그는 섬김의 사명을 궁극적으로 교회가 복음을 증언하여 하나님나라를 실현하는 것으로 보았다.[29]

섬김(diakonia)은 교회의 본질이다. 보다 구체적으로 이것은 선교이고 봉사이다. 좁은 의미에서 선교와 섬김을 구분할 수 있지만, 넓은 의미에서 섬김은 교회의 본질이며 교회가 존재하는 이유이다. 교회가 하나님나라를 지향하여 세계를 위하여 하는 모든 증언과 선포와 선교와 봉사가 모두 다 섬김이다.

교회의 섬김은 온 세계 모든 사람을 대상으로 한다. 다만, 장애인은 장애로 인해 현실적으로 복음과 사랑을 접하고 받아들이는데 훨씬 더 높고 두터운 장벽을 가지고 있다. 그러므로 교회는 복음에서 가장 소외된 장애인에게 훨씬 더 큰 관심과 사랑을 기울여야 한다. 그것이 하나님나라의 확장이다.

교회가 섬김의 공동체라고 할 때, 장애인 또한 성령의 은사 가운데 교회의 동등한 파트너로서 섬기는 사역자가 된다. 장애가 섬김의 장애가 되지 않고 오히려 섬김의 은사가 된다. 인간의 장애가 성령 안에서 하나

---

28) J. C. 호켄다이크/이계준 옮김, 『흩어지는 교회』(서울: 대한기독교서회, 2000), 19-23.
29) 한스 큉, 『교회』, 553-687.

님나라를 이루는 하나님의 강함이 된다. 성령 안에서 인간의 장애는 장애인과 비장애인 모두에게 복음을 증언하고 선포하며 하나님나라를 이루어가는 중요한 은사가 된다.

6. 해방공동체로서의 교회:
하나님나라를 향한 투쟁과 해방의 공동체

교회는 하나님나라를 향한 해방공동체이다. 그리고 교회는 하나님나라를 이루기 위하여 투쟁하는 투쟁공동체이다. 이 말은 교회가 세속적인 권력을 추구하는 정당이나 세속적인 성공을 위해 수단방법을 가리지 않는 경쟁 집단을 의미하지 않는다. 이것은 오히려 하나님나라를 향하여 교회 안팎의 불의한 구조로부터 하나님의 백성을 해방하고, 교회 안팎의 부정한 모든 것들과 싸우는 영적인 투쟁을 의미한다. 교회는 이 세상에 존재한 이래 지금까지 하나님나라를 지향하기에 끊임없이 불의한 것에 저항하는 투쟁공동체였다.

개혁교회가 개혁된 교회(Reformed Church)로 출발하였지만 계속 개혁하는 교회(Reforming Church)를 의미하듯이 모든 교회는 성령 안에서 자신을 끊임없이 개혁하는 교회이다. 현실의 제도 교회는 세상 속에 존재하며, 의인인 동시에 죄인인 사람들로 구성되어 있기에 그 안에 항상 인간적이고 세상적인 불의와 죄악이 스며들 수 있다. 그러므로 교회는 성령 안에서 그 불의한 것들을 제거하고 변혁하기 위해 끊임없이 투쟁해야 한다. 그것은 인간에 의한 인간의 노력이 아니라 성령에 의한 성령의 역사로 가능한 것이다.

교회가 교회 내의 불의한 것들과 투쟁하는 것을 넘어 교회는 또한 세상에 존재하므로 세상에 있는 불의한 것들과 투쟁한다. 교회만 하나님의 집이 아니라 이 세계 전체가 하나님의 집이다. 하나님나라가 인간의 영혼이나 교회에만 임하는 것이 아니라 온 세계에 임하여야 한다. 그러 므로 교회는 이 세상에 복음의 빛을 비추어 세상의 불의를 몰아내기 위해 투쟁하는 투쟁공동체가 되고, 죄와 불의한 사회의 억압에서 해방시켜 생 명의 길로 인도하는 해방공동체가 된다.

몰트만에 따르면, 교회란 종말론적인 하나님나라를 대표하고 기다 리는 메시아적 공동체이다. 따라서 교회는 하나님나라로 상징되는 미래 를 위해 이 세상의 불의한 현실에 저항하고 투쟁하여 선으로서 악을 제거 해 나가야 한다. 교회는 하나님나라의 선취로서 모든 피조물이 하나님이 궁극의 영광에 이르는 하나님나라를 소망하며, 저항과 투쟁을 계속한 다.[30] 해방과 투쟁은 세상의 방법이 아니라 성령 안에서 복음의 방법으로 전개 되며, 그 범위는 개인과 사회와 생태계를 포함하여 전 우주에 미친 다.

판넨베르크 또한 교회를 종말론적 공동체로서 다가오는 하나님나라 의 예기적 표징으로서 보았다. 교회는 하나님나라의 현재화를 위해 메시 아적 사명을 가지고 있는 공동체이다. 그는 교회가 자신의 교회만이 아니 라 더 큰 우주적 보편성을 주장하는 메시아적 종말공동체가 되어야 한다 고 주장하였다.[31]

지난 세기 해방신학들은 교회를 해방공동체로 생각하였다. 특히 남 미 해방신학은 교권주의의 제도 교회에 반대하여 가난한 사람들을 해방 시키는 교회론을 전개하였다.[32] 또한 한국의 민중신학은 불의한 억압으

---

30) 위르겐 몰트만/박봉랑 外 옮김, 『성령의 능력 안에 있는 교회』(서울: 한국신학연구소 출판부, 1984), 211–218.
31) Wolfhart Pannenberg, *Systematische Theologie III*(Göttingen: Vandenhoeck und Ruprecht, 1993), 40–46, 64, 116, 501–503.
32) 장윤재, "남미 해방신학과 교회론," 『교회론』(서울: 대한기독교서회, 2009), 399. 남미 해방신학은 구체적인 교회형태로 '바닥공동체,' '기초 교회 공동체'(Basic Ecclesial Communities) 운동을 전개하였다. 이 공동체

214 장애 조직신학을 향하여

로부터 민중들을 해방시키는 교회론을 전개하였다.[33] 장애신학이 해방신학이나 민중신학처럼 반드시 어떤 독자적인 교회론을 주장하거나 독자적인 교회 형태를 제안해야 하는 것은 아니다. 오히려 필자는 장애신학의 교회론이 보편적 교회로서 모든 교회가 장애인을 차별 없이 포용하여 충만한 참여 가운데 함께 하나님나라를 이루어가는 교회가 될 것을 주장하고 제안한다. 현실적인 필요에 따라 존재하는 장애인교회도 하나님나라를 향한 동일한 종말론적 역사의 선상에서 보편적 교회로서 대화와 연합으로 그 사명을 감당해야 한다.

IV. 결어

모든 신학은 그(the) 신학이 아니라 하나의(a) 신학이다. 이 세상에 오직 유일한 단 하나의 영원한 신학이 있는 것이 아니라 수많은 신학들 중의 하나로 존재한다. 장애신학도 하나가 아니라 여럿일 수 있고 여럿이어야 하며, 장애신학의 교회론도 하나가 아니라 여럿일 수 있고 여럿이어야 한다.

필자가 가지고 있는 장애신학의 입장은 전통신학과 현대신학과 별개의 것이 아니라 오히려 대화 가운데 함께 하는 신학이어야 한다는 것이다. 장애신학의 교회론도 마찬가지이다. '장애신학의 교회론'이라고 하여 전혀 다른 무엇을 주장하거나 전개하는 것이 아니다. 오히려 정반대이다.

는 남미의 가난한 사람들이 모여서 모여서 이루었던 신앙공동체로서 서로 돕고 협력하는 생활공동체였다.
33) 류장현. "민중신학과 교회론," 『교회론』(서울: 대한기독교서회, 2009), 445-447. 제2세대 민중신학자들은 구체적인 교회형태로 '계약공동체'로서의 민중교회, '밥상공동체'로서의 민중교회, '대안공동체'로서의 민중교회 운동을 전개하였는데, 류장현은 이러한 운동들이 오히려 민중교회의 본질을 왜곡하였다고 주장하였다.

사실 장애신학의 교회론은 모든 교회로 하여금 교회답게 하는 것이다. 교회의 정체성을 바로 하고 교회의 사명을 잘 감당하도록 하는 것이다.

그런 점에서 교회의 표지, 교회의 정의는 매우 중요하다. 다만 오랫동안 신학이 관심을 기울이지 못하였던 장애의 관점을 확충한다. 교회는 하나의 거룩하고 보편적이며 사도적인 교회이다. 장애신학에서 볼 때, 이제 그것은 장애인이 없이는 불가능하다. 장애인을 제한 · 배제 · 분리 · 거부의 차별을 하고서는 온전한 교회가 될 수 없다. 장애인과 함께 할 때에 교회는 하나의 거룩하고 보편적이며 사도적인 교회가 된다. 교회는 하나님의 백성이고, 예수 그리스도의 몸이고, 성령의 전이다. 이 또한 마찬가지이다. 장애신학에서 볼 때, 이제 이 또한 장애인 없이는 불가능하다. 장애인을 제한 · 배제 · 분리 · 거부의 차별을 하고서는 교회라고 말할 수 없다.

장애신학은 최근 신학의 주제와 경향과 더불어 몇 가지 장애인을 위한(for), 장애인과 함께하는(with), 장애인의(of) 교회의 모델들을 주장할 수 있다. 곧 장애신학의 교회론의 기본적인 방향은 삼위일체 하나님나라의 종말론적 공동체라고 하는 것이다. 교회는 삼위일체 하나님에게 근거하고 있으며, 성령에 의해 사랑으로 결합된 공동체로서 하나님나라의 실현을 목표로 날마다 종말론적으로 변혁해 나아가는 성도들의 모임이다.

구체적으로 장애신학의 교회론은 장애인과 함께 하는 공동체로서 장애(인)라는 주제와 관련하여 몇 가지 모델을 주장한다. 곧 교회는 장애인을 포함하여 모든 사람을 위한 예배공동체이다. 교회는 장애인과 비장애인이 삼위일체 하나님의 사랑으로 함께 교제하는 친교공동체이다. 교회는 성령의 은사공동체로서 장애인 또한 받은 은사로 하나님나라를 위해 평등하게 참여하는 은사공동체이다. 교회는 장애인의 육체적 치유, 또는 장애인의 치유만이 아니라 장애인과 비장애인과 사회 전반을 전인적으로 치유하는 치유공동체이다. 교회는 세계를 위한 존재로서 모든 사람에게 선교와 봉사를 하되 오랫동안 복음에서 소외된 장애인에게 관심을 갖고, 성령의 역사 안에서 장애인과 함께 선교하고 봉사하는 섬김의 공동체이다. 교회는 삼위일체 하나님나라를 향하여 끊임없이 투쟁하는 해방공동체로서 장애인의 해방과 비장애인의 해방과 그리고 사회의 해방을 위하여 투쟁하는 투쟁공동체이다. 그러나 사실 이 모델들은 꼭 장애인교회나 장애신학의 교회론에만 해당되는 것이 아니라 지금 이 시대의 모든 교회를 위한 교회론에 해당되는 것이다.

제6장

교회공동체에서의 신앙과 장애

교회공동체에서의 신앙과 장애*

I. 서언: 그것은 신앙의 문제이다

교회는 개인이든 공동체이든 기독교적인 신앙의 삶을 제대로 잘살고 있는지 늘 고민하며 질문한다. 교회가 교회로서 교회다운 삶을 살고 있는지 가늠하는 하나의 단적인 시금석을 장애(인)에 대한 신앙적 태도에서 찾아볼 수 있다. 왜냐하면 장애(인)야말로 개인적인 동시에 사회적이며 영적인 동시에 현실적인 삶의 문제이기 때문이다.

예수 그리스도의 복음을 접하고 예수 그리스도를 믿음으로써 소위 신앙생활이라는 것이 시작된다. 그리고 그 신앙생활은 대개 교회를 기본적인 삶의 자리로 해서 전개된다. 삼위일체 하나님은 모든 사람을 차별 없이 하나님나라로 초대하시고 환영하신다. 따라서 장애가 있든 없든 모든 사람은 예수 그리스도를 믿고 교회의 일원으로서 신앙생활을 하는 것이 지극히 당연하다고 할 수 있다.

---

* 이글은 2014년 5월 1일 제주도에서 열렸던 '2014 한 · 일 교회협의회 장애인 교류 세미나'에서 필자가 강연한 것을 정리 보완한 글이다.

그러나 장애(인)를 주제로 조망해볼 때, 과연 교회의 현실이 그러한 가? 장애인들이 교회 안에서 충분히 평등하게 교회생활에 참여하며 신앙생활을 향유하고 있는가? 장애성도들은 크게 두 가지의 상반된 경험/현실 사이에 서 있다. 하나는 복음을 접하고 교회에 나오게 된 하나님의 놀라우신 경륜과 교회에서 받은 은혜와 사랑에 대한 감동이다. 다른 하나는 여전히 복음을 가로막는 사회적이고 심리적인 장벽과 교회에서 거절당하고 차별당한 수많은 상처이다. 이 두 가지 상반된 경험/현실은 신앙속에서 어떻게 지양되고 무엇을 지향해야 할 것인가?

성도(聖徒)가 신앙인이고 교회(敎會)가 신앙공동체라고 한다면, 기독교의 모든 문제는 신앙의 문제로 귀결된다. 도대체 신앙(信仰)이란 무엇인가? 장애인들이 교회에서 신앙생활을 하는데 무엇이 문제인가? 그 문제들을 해결할 수 있을까? 지금 이 시대에 교회는 장애(인)와 함께 어떠한 신앙을 추구해야 할 것인가? 이글은 이러한 질문에 대해서 조직신학적 관점에서 논의하고자 한다.

II. 신앙론과 장애

조직신학, 보다 좁혀서 교의학의 목차에서 신앙론의 위치와 무게는 학자마다 다르다. 어떤 사람은 생략하기도 하고 다른 주제에 포함시키기도 하는데, 대개 성령론과 구원론과 교회론과 윤리론 사이에 위치시킨다. 그것은 개인에게 신앙이란 성령의 역사 안에서 이루어지며, 구원사건으로부터 진행되고, 교회를 삶의 자리로 전개되고, 성도의 실제생활로 드러나기 때문이다. 그러나 모든 교의학적 주제가 이미 신앙적 성찰과 진술이므로 신앙론은 모든 교의학적 주제의 전제이다. 기독교신학이란 신(神)에 대한 과학적 학문이기 전에 이미 삼위일체 하나님에 대한 신앙의 학문이기 때문이다. 그러므로 신학 서설(Prolegomena)에서 종말론에 이르기까지 신앙론이 이미 모든 주제들을 관통하고 있다.[1]

1. 신앙의 근거로서 삼위일체

기독교신학에서 신앙이란 무엇인가? 신앙은 어떻게 일어나는가? 이 질문은 인식론적 맥락에 있다. 신앙이란 예수 그리스도 안에서 일어난 하나님의 구원사건에 대하여 인간이 긍정적으로 반응하는 것이다. 하나님의 객관적인 구원사건이 인간의 응답을 통하여 인간의 주관적 사건으로 되는 것이 신앙사건이다.[2] 신앙이란 하나님 없이, 하나님 앞서 인간이 할 수 있는 것이 아니다. 먼저 예수 그리스도의 성육신과 사역과 십자가와 부활로 대표되는 객관적인 구원사건이 있어야 하고, 인간의 주관화가 일어나도록 하는 성령의 감동의 역사가 있어야 한다.

복음에 대하여 어떤 응답을 할 것인가는 인간의 몫이지만, 그 인간의 긍정적 응답으로서 신앙의 주관화 사건 뒤에는 전적으로 성령이 역사하셨다고 고백하게 된다. 그러므로 신앙은 일반적인 심리적 현상이나 종교적 제의가 아니라 예수 그리스도의 구원 사건에 근거하여 성령의 능력으로 비로소 성립되는 인간의 동의와 순종의 사건이다.[3] "너희는 그 은혜에 의하여 믿음으로 말미암아 구원을 받았으니 이것은 너희에게서 난 것이 아니요 하나님의 선물이라"(엡 2:8). 신앙사건의 근본적인 동인(動因)은 인간에게 있는 것이 아니라 삼위일체 하나님에게 있는 것이다.

---

1) 허호익, 「신앙, 성서, 교회를 위한 기독교신학」(서울: 동연, 2009), 113. 신앙이 전이해(preunderstanding)로서 프리-텍스트로 주어져야만 신학이라는 학문이 가능하다.
2) 김균진, 「기독교조직신학 III」(서울: 연세대학교 출판부, 1986), 145.
3) 앞의 책, 147.

이러한 신앙사건은 삼위일체 하나님에 대한 신뢰이다. 신앙이란 믿음인데, 성서에서 믿는다는 것은 무엇보다 인격적 신뢰(信賴, trusting)를 의미한다. 아브라함이 하나님을 믿었고(창 15:1-6), 예수를 따르던 사람들은 예수 그리스도를 믿었다(눅 5:20, 17:19). 아브라함은 하나님이 함께 하시며 약속하신 복을 주실 것을 믿었고, 사람들은 예수 그리스도가 자기의 병을 고쳐주시고 자기의 문제를 해결해 주실 것을 바라고 믿었다. 신뢰로서의 신앙은 삼위일체 하나님의 존재와 약속과 능력을 믿고, 자신을 그분께 의탁하고 자신의 존재와 생의 목적을 그분께 근거시키는 것이다. "....만일 너희가 굳게 믿지 아니하면 너희는 굳게 서지 못하리라 하시니라"(사 7:9).

그러므로 신앙은 개인의 입장에서 볼 때 예수 그리스도의 복음을 수용하는 것에서 출발하지만, 근원적으로 삼위일체 하나님의 객관적인 구원사건과 현실적으로 주관적인 구원사건이 성령의 역사를 통하여 선재하기에 가능하게 되는 것이고, 그것을 출발로 하여 삼위일체 하나님에 대한 인격적인 신뢰와 그분의 전 역사와 통치에 대한 신앙고백으로 이어지는 것이며, 자신의 인생의 목적과 의미를 그분의 존재와 역사에 두고 살아가는 삶이다.

인간이 삼위일체 하나님을 만나고 그의 구원사건을 접하는 자리가 구체적으로 장애의 몸이나 장애의 환경을 가진 자리일 수 있다. 그러나 그것은 모든 실존하는 개인의 고유한 조건과 상황일 뿐, 장애의 유무(有無)에 신앙사건이 종속되어 있는 것은 아니다. 신앙은 근본적으로 삼위일체 하나님으로 말미암은 것이며, 그러기에 이 구원사건이 모든 인간에게 전달되고 신앙사건의 계기가 되는 전도와 선교의 복음사역이 더욱 절실히 중요하다. 장애라는 이유 때문에 이 복음전달에서 소외되거나 차별되

거나 배제되어서는 안 된다.[4] 장애가 비극이 아니라 장애인에게 복음이
전달되지 않는 것이 비극이다.

2. 신앙의 내용으로서 교의

기독교신학에서 신앙이란 무엇인가? 무엇을 신앙하는가? 이 질문
은 존재론적 맥락에 있다. 신앙이란 구원사건의 주관화를 통하여 삼위일
체 하나님 바로 그분을 신뢰하는 것이다. 그런데 그 이전에/동시에/이후
에 성도는 삼위일체 하나님의 존재와 사역에 대해서 이해하고 동의하고
인정하게 된다. 그것은 소위 신앙고백이나 교리로서 교회를 통하여 요약
되고 전달되었으며, 교회공동체에서 고백되고 교육되고 예전으로 표현
되는 것이다. 그것은 삼위일체 하나님, 하나님의 전능, 창조, 섭리, 인간
의 타락과 죄, 예수 그리스도의 구속, 성령의 강림과 사역, 인간의 구원,
교회의 존재와 사역, 교회와 성도의 교통, 성도의 생활, 종말과 영생 등
에 관한 것들이다. 이것은 교의학의 주요 내용들이다.

중세에는 주로 묵종적 신앙(fides implicita)이 대세를 이루었다. 소수의
신학자나 성직자가 아니면 대부분의 사람들은 그들이 무엇을 믿는지 알
지 못한 채 교회의 권위에 의해 교회가 믿는 것을 그대로 믿는다고 고백
하였다. 내용은 니케아-콘스탄티노플 신조, 사도신경 등을 기초로 하였
다. 그러나 종교개혁을 거쳐 근대에 들어서면서 인간의 주관성의 강조와
더불어 명시적 신앙(fides explicita)이 전개되었다. 더 이상 전해준 교리의 답
습이 아니라 자신이 무엇을 믿는가에 대해서 해석하고 이해하고 적용하

---

4) 장애인선교에 관해서는 최대열, "장애인선교신학의 정립을 향하여," 『신학으로 이해하는 장애인』(서울: 세
  계밀알, 2009), 219-250 참조.

기에 이르렀다. 현대인의 신앙은 이러한 맥락 속에 있다.[5] 이제 신앙은 교회의 권위에 의해 억눌린 맹목적인 교리의 답습이나 복종이 아니라 교회가 전해준 교리에 대하여 자기 스스로 이해하고 동의함으로써 전개되고 있다.

성도와 교회공동체에서 신앙의 내용은 지식적인 부분과 예식적인 부분에서는 교리로 정착되었으며, 실제 생활에서는 하나님에 대한 인격적인 신뢰로 구체화되었다. 개인이나 교회공동체에게 있어서 사변적이고 이론적인 교리에 대한 신앙보다는 하나님에 대한 인격적 교제와 신뢰로서의 신앙으로 현실화되었다. 마르틴 루터(Martin Luther)는 믿음을 약속하시고 그 약속을 지키시는 하나님을 신뢰하는 것으로 이해하였고, 장 칼뱅(John Calvin)은 믿음을 우리를 향한 하나님의 자비에 대한 견고하고 확실한 지식으로 이해하였으며, 칼 바르트(Karl Barth) 또한 믿음을 우리가 하나님 그분을, 그분의 약속과 인도를 붙잡을 수 있음을 신뢰하는 것이라고 보았다.[6]

삼위일체 하나님에 대하여 고백하는 교리적 내용과 삼위일체 하나님에 대하여 인격적으로 신뢰하는 것과는 별개의 것이 아니다. 오히려 현실적으로 벌어진 그 간격을 좁히고 통일을 이루어가야 하는 것이 건전한 신앙이다. 그동안 교리 중에서 난해성과 비실천성으로 가장 어려웠던 것이 삼위일체론과 종말론이었는데, 지난 세기에 그것의 실천적 적용으로서 삼위일체론적 교회론[7]과 종말론적 윤리론이 보다 구체적으로 전개되

---

5) 슐라이에르마허는 종교를 비록 절대의존의 감정이라는 인간의 보편성에 위치시켰지만 적어도 인간의 주관성에 의한 해석학적 수용을 전개했다는 점에서 소위 현대신학의 아버지로 불리고 있다. 프리드리히 슐라이어마허/최신한 옮김, 『기독교신앙』(서울: 한길사, 2006).

6) 알리스터 맥그래스/전의우 옮김, 『한권으로 읽는 기독교』(서울: 생명의 말씀사, 2009), 192–194.

7) 삼위일체론에 대한 장애신학적 접근에 대해서는 유경동, "삼위일체신학과 장애신학," 『장애 너머 계신 하나님』(서울: 대한기독교서회, 2012), 95–133과 최대열, "몰트만의 장애(인)신학," 『한국기독교신학논총』, 77(2011), 83–110 참조. 삼위일체 하나님의 세 위격의 영원한 상호내재적인 사랑의 친교인 페리코레시스는 성도와 교

었다. 장애인이든 비장애인이든 기독교의 신앙인으로서 믿고 고백하고 이해하고 실천하려는 내용은 동일하다. 다만, 장애신학의 전개와 더불어 장애라는 주제 의식 없이 하던 교의학에서 이제 장애의 경험/현실을 염두에 두고 하는 교의학이 전개되어야 한다.

3. 신앙의 전개로서의 성화

이 주제는 신앙의 실천적 맥락이다. 교회의 전통에 따라 다소간 차이가 있긴 하지만, 인간이 예수 그리스도 안에서 일어난 하나님의 구원에 대하여 성령의 역사 안에서 동의하고 고백되고 의지하는 신앙사건이 일어나면서 일련의 단계로 신앙이 전개 된다고 보았다.[8] 개인 구원의 관점에서 예수 그리스도의 복음을 듣고 하나님의 구원의 역사를 믿는 것을 흔히 '회심'이라고 한다. 회심이란 인간이 타락한 피조물로서 옛 생활방식을 버리고 인간을 위한 하나님의 계획을 따른 삶을 살아가는 과정을 시작하도록 하는 삼위일체 하나님과의 만남의 사건이다.[9]

이 회심을 통하여 '칭의'(justification)가 일어난다. 칭의란 하나님께서 죄인인 인간을 의롭다고 여기시는 것이다. 이것은 바울과 어거스틴을 거쳐 특히 종교개혁자들에 의해 강조되었다. 칭의는 인간의 죄에 대한 하나님의 은혜로운 용서로서 오직 믿음으로 받아들여지는 것이다(롬 3:23-

---

회공동체와 사회에 대하여 사귐의 근본원리와 방법과 프로그램을 제공한다.

8) 교파나 학자마다 차이를 보이고 있는데, 일반적으로 부르심–회심/중생–칭의–입양(양자됨)–성화/견인–영화의 단계를 제시한다. 마이클 호튼/이용중 옮김, 『개혁주의 조직신학』(서울: 부흥과 개혁사, 2012), 551–712와 최윤배, 『성경적 · 개혁적 · 복음주의적 · 에큐메니칼적 · 기독교적 조직신학입문』(서울: 장로교신학대학교 출판부, 2013), 276–307 참조.

9) 스탠리 그렌츠/신옥수 옮김, 『조직신학: 하나님의 공동체를 위한 신학』(고양: 크리스천다이제스트, 2003), 625.

28). 하나님의 칭의는 오직 은혜로(sola gratia), 오직 그리스도 안에서(solus christus), 오직 믿음을 통하여(sola fide) 이루어지는 것이다.[10] 거기에는 어떠한 인간의 행위, 그것이 아무리 의로운 행위라 하더라도 들어설 자리가 없다. 성도의 선행은 칭의의 열매가 될 수는 있어도 칭의를 이루는 전제조건이 될 수는 없다.

칭의와 더불어 또한 성화(sanctification)가 진행된다. 성화란 신앙인의 성품과 행실이 거룩해져 가는 것이다. 은혜에 의해 믿음으로 의롭게 된다는 칭의가 그리스도인의 삶의 토대라고 한다면, 성화는 그리스도인의 삶이 성령의 역사에 따라 그리스도의 형상을 닮아가는 과정이다. 이 성화는 도덕적으로 흠이 없거나 종교적으로 내세의 삶을 의미하는 것이 아니다. 성화는 성령의 능력 안에서 하나님의 뜻을 따라 예수 그리스도의 사랑(agape), 즉 자원하여 자신을 내어주어 타자를 사랑하는 사랑을 배우고 닮아가고 실제로 살아가는 것이다.[11] 본 논제와 관련하여 신앙론에서 가장 관심을 가지고 연구되어야 할 부분이 바로 이 성화, 곧 성도의 생활이다. "그러므로 사랑을 받는 자녀 같이 너희는 하나님을 본받는 자가 되고 그리스도께서 너희를 사랑하신 것 같이 너희도 사랑 가운데서 행하라 그는 우리를 위하여 자신을 버리사 향기로운 제물과 희생제물로 하나님께 드리셨느니라"(엡 5:1–2).

칭의와 성화는 전 단계에서 다음 단계로 이행되는 완전히 서로 분리된 것으로 이해될 것이 아니다.[12] 칭의는 주로 하나님의 사역이고 성화는 주로 인간의 행위라고 오해되어서는 안 된다. 칭의도 성화도 인간의 수

---

10) 다니엘 밀리오리/신옥수 · 백충현 옮김, 『기독교 조직신학 개론』(서울: 새물결플러스, 2012), 393.

11) 앞의 책, 399.

12) 앞의 책, 402–408. 밀리오리는 성화를 수량화하거나 단계별로 정리하는 것에 반대하면서 대신에 신앙의 성장을 나타내는 6가지의 표지들을 제시하였다. 그것들은 하나님의 말씀에 대한 성숙한 경청, 성숙한 기도, 성숙한 자유(고후 3:17), 성숙한 연대(solidarity), 성숙한 감사, 성숙한 소망이다.

고와 노력으로 되는 것이 아니라 모두 다 하나님의 은혜 가운데 있는 것이며, 그 은혜에 대한 믿음의 응답으로 이루어지는 것이다. 칼뱅은 칭의와 성화의 이중은총을 말하였고, 웨슬리(John Wesley)도 믿음으로 의롭게 되는 것과 마찬가지로 믿음으로 거룩해진다고 말하였다.[13] 성화는 믿음으로 옛 사람에서 새사람으로, 육의 사람에서 영의 사람으로, 자기중심에서 하나님중심으로 변해가는 것이다. 장애인이든 비장애인이든 기독교신앙을 가진 신앙인이라고 하면 모두 이 길을 걸어가며 거룩한 삶을 살아간다(갈 5:1-6:10, 엡 4:13-5:21, 빌 2:1-18, 골 3:1-17).

성화란 한편의 현상적 시각에서는 예수 그리스도를 본받아 감으로써 성품이나 행실이 변화되어 가는 것인데, 또 한편의 궁극적 시각에서는 성령의 능력 안에서 하나님의 목적을 이루어가는 것이다. 삼위일체 하나님은 하나님의 구원사역을 감당하도록 우리를 부르신다. 그것은 하나님의 뜻에 따라 하나님을 섬기고 이웃을 섬기고 세계를 섬기기 위한 섬김에로의 부름이다. 그리스도인의 소명은 화해와 구원의 사역이며, 정의와 자유와 사랑으로 충만한 하나님나라로 초청하는 부름이다.[14] 하나님은 부르시고 연단하시고 파송하시고 사역케 하신다. "또 미리 정하신 그들을 또한 부르시고 부르신 그들을 또한 의롭다 하시고 의롭다 하신 그들을 또한 영화롭게 하셨느니라"(롬 8:30).

다음으로 영화(glorification)가 있다. 영화란 성화의 과정에서 개인구원과 관련하여 인간의 경험의 최종 궁극적인 단계를 말한다. 영화란 성령

---

13) 김기홍, 『존 웨슬리의 성화론』(서울: 한들출판사, 2008), 20-22, 60-62 참조. 루터의 성화론은 1) 세상을 미워하는 투쟁 2) 자아의 죽음 3) 그리스도의 고난에의 동참으로 전개된다. 웨슬리는 성화 수련으로 1) 내면적 경건(기도, 금식, 성경읽기 등) 2) 상호 협동적 영성훈련 3) 악행을 금하고 선행을 실천하는 사랑의 훈련(가난한 자, 병자, 장애인 돌봄 등)을 제시하였는데, 마지막 세 번째의 것은 사회적 성화로 오늘날 특히 디아코니아신학과 장애신학에 시사 하는 바가 크다.
14) 스탠리 그렌츠, 『조직신학: 하나님의 공동체를 위한 신학』, 625-635.

이 우리로 하여금 우리의 회심 및 성화의 목표를 완벽하게 반영함으로써 성령이 종말론적으로 우리의 구원을 완성시키는 것을 말한다(롬 8:11, 29-30, 벧전 1:3-5, 벧후 1:2-11).[15] 사실 영화란 죄인이며 의인인 인간이 이 세상에서 육의 몸으로 살아가면서 항상 이룰 수 있는 것이라기보다는 오히려 성령의 충만한 능력 안에서만 가능한 것이거나 종말론적으로 이루어지기를 소망하는 단계이다.

칭의와 성화와 영화는 모두 다 성령의 능력 안에서 은혜에 대한 믿음의 순종으로 가능한 것이다. 장애인이나 비장애인이나 성도로서의 이러한 신앙 여정에 차별이 있을 수 없다. 오히려 신앙이 성숙해 갈수록 장애는 차별의 요소가 아니라 사랑의 요소가 되어야 한다. 그럼에도 불구하고 교회 현장의 현실은 신앙론의 이론과는 상당한 거리를 가지고 있다. 그것은 무엇 때문이고, 그럼 어떻게 해야 할 것인가?

III. 교회 현실에서의 신앙과 장애

신앙이란 인간의 삶에서 결코 부분적이거나 일시적인 것이 아니다. 인간의 많은 생활 가운데 하나로서 신앙생활이나 교회생활이 있는 것이 아니라 신앙은 모든 생활의 기본적인 신념이며 자세이며 지향이며 목적이며 방법으로서 전제이다. 그러므로 신앙은 인간의 삶 전체를 지배한다. 자기 자신의 내면을 바라보는 것에서부터 사람과의 관계나 사회적인 질서와 문화 그리고 더 넘어서 역사와 우주만물과 내세를 바라보는 것에 이르기까지 모든 것을 바라보는 관점이며 태도이다. 그래서 신앙은 세계관

---

15) 앞의 책, 643-644.

(a view of the world)이라고도 표현할 수 있다. 세계관이란 모든 세계를 바라보고 해석하는 관점인 동시에 실제로 삶을 살아가는 방식이기 때문이다.[16] 또한 신앙은 추구하고자 하는 인생의 목적이며 목표이고, 바르게 살아가는지 가늠하는 기준이자 척도이며, 이루어가는 과정 속에 얻게 되는 의미이자 보람이다. 그리고 생을 살아가게 하는 동력이자 능력이 된다.

1. 장애와 관련한 비장애인의 신앙

신앙론에 따르면 비장애인과 장애인의 신앙사건과 신앙내용에는 별다른 차이가 없다. 장애인이나 비장애인이나 모두 다 하나님의 형상에 따라 지음 받고, 모두 다 예수 그리스도의 복음을 전해 받고, 성령의 역사 안에서 믿음으로 의롭다 여김을 받고, 모두 다 성령의 역사 안에서 거룩한 삶을 살며 하나님의 사역에 참여하는 신앙을 산다. 그들이 믿고 고백하는 신앙고백의 내용에도 특별한 차이가 없다. 그러나 실제 교회생활에서 장애인과 비장애인은 상당한 차이를 가지고 있다. 과연 무엇이 문제인가?

먼저 신앙이 가지고 있는 속성으로 절대성을 언급하고자 한다. 종교 일반에서 신앙이란 종종 절대자에 대한 철저한 의지와 신뢰와 기대를 말한다. 그런데 많은 경우 절대자와의 만남을 통하여 얻고자 하는 것은 주

---

16) 최용준, 『세계관은 삶이다』(서울: CUP, 2008), 25-26. 세계관이란 세계와 삶에 대한 전제로서 체계적인 성격을 가지며 모든 인간 활동의 헌신과 방향을 결정하는 관점이다. 김영한, 『기독교 세계관』(서울: 숭실대학교출판부, 2010), 22-27. 세계관이란 인식의 틀(a frame of cognition), 사고의 준거 내지 지침(a reference of guideline of thinking), 사고와 행동의 근본 전제(a basic presupposition), 삶의 비전(a vision for life), 세계상(Weltbild/world picture), 행위의 지침(a guideline of behavior)이다; 46. 세계관은 신앙고백적이다.

로 직면하고 있는 실존과 생활의 문제들에 대한 해결과 건강하고 성공적이고 풍요로운 생활에 대한 갈망이다. 이러한 신앙은 자신이 문제 해결과 축복의 근원인 절대자에게 접근하는 것에 절대적인 우선권을 두고 있다. 이 과정에서는 타인에 대한 배려나 양보는 없다. 오직 자기 자신만이 중요하다. 마가복음 2장 가버나움의 집에 모인 사람들이나 요한복음 5장의 베데스다 연못가의 모든 병자들 또한 마찬가지이다. 문제는 이러한 이기적이고 배타주의적인 신앙에 머물러 있는 것이다. 여기에 정체된 신앙은 기독교적인 신앙이라기보다는 기복적인 종교성과 세속적인 세계관에 머물러 있는 것이다.

기독교의 신앙은 그런 것이 아니다. 본회퍼가 말하듯이 기독교의 신앙은 값싼 복음이 아니라 제자도의 값비싼 복음의 삶이다. 영광만 추구하는 삶이 아니라 십자가를 짊어지는 신앙이다. 설령 세상의 문제와 축복에 대한 갈망으로 시작하였다 하더라도 기독교의 신앙은 예수 그리스도로 말미암아 변화된 새로운 삶으로 나아간다. 무엇을 먹을까 입을까가 아니라 먼저 하나님의 나라와 의가 우선되는 삶이다. 군림하는 것이 아니라 섬기는 삶이다. 나의 영광을 추구하는 것이 아니라 하나님의 영광을 위하여 십자가의 고난을 짊어지는 삶이다. "무리와 제자들을 불러 이르시되 누구든지 나를 따라오려거든 자기를 부인하고 자기 십자가를 지고 나를 따를 것이니라 누구든지 자기 목숨을 구원하고자 하면 잃을 것이요 누구든지 나와 복음을 위하여 자기 목숨을 잃으면 구원하리라"(막 8:34-35). 그것도 내가 내 지식과 내 힘으로 감당하는 것이 아니라 언제나 겸손히 하나님의 도우심을 구하여 성령의 역사 안에서 감당하게 되는 것이다(벧전 4:11).

다음으로 비장애인은 교회와 자신의 신앙에 침투되어 있는 건강과 장애에 대한 관념부터 고쳐야 한다. 건강과 장애는 서로 반대의 개념이 아니거니와 고정된 것도 아니고 개인적인 것도 아니다. 몰트만의 지적처럼 많은 비장애인들이 장애인을 꺼려하고 두려워한다. 장애인과 함께 있을 때에 불안해하고 어찌 해야 할 바를 몰라 피하고 싶어 한다.[17] 무엇보다 세상이 만들어 심어준 관념에 따라 비장애인은 자신이 건강하기에 우월하고 장애인은 장애 때문에 열등하다고 생각한다. 자신들은 능력이 있기에 교회에서 주도적이어야 되고 장애인은 연약하기에 도움을 받는 것이 당연하다고 생각한다. 비장애성도는 먼저 이 그릇된 생각으로부터 해방되어야 한다. 신앙이란 장애인이든 비장애인이든 모두 다 죄인임을 고백하고 회개함으로부터 출발하는데, 그것도 삼위일체 하나님의 전적인 은혜의 근거 위에서 가능한 것이고, 성령의 인도하심을 따라 겸손히 고난의 섬김을 따라 사랑의 성화를 계속해 감으로써 교회를 섬기게 되는 것이다.

칭의 이후의 성령의 성화와 하나님나라를 향한 소망을 고려한다면, 비장애성도는 삼위일체 하나님의 소명과 사명을 위하여 더욱더 관심을 넓히고 민감해져야 한다. 장애와 장애인에 대해서 알아가기를 즐거워하고 장애인과 함께 하나님의 역사를 이루기를 기뻐해야 한다. 이것은 꼭 장애(인)라는 주제에만 해당하는 것이 아니고, 비장애인에게만 해당하는 것도 아니다. 교회 안에 있는 수많은 사람들에 대한 사랑의 관심이며, 비장애인뿐 아니라 교회공동체의 모든 구성원들이 해야 하는 일이다.

---

17) Jürgen Moltmann, "Liberate Yourselves by Accepting One Another," *Human Disability and the Service of God*(Nashville: Abingdon Press, 1998), 112. 1) 90%의 사람이 장애인에 대해서 어떻게 행동해야 하는지 모른다. 2) 56%의 사람이 장애인과 함께 한집에 살기를 원치 않는다. 3) 65%의 사람이 장애인은 요양시설에 보내어 거기서 살게 해야 한다고 생각한다. 4) 70%의 사람이 장애인을 볼 때 두려움이 생긴다고 말한다.

2. 장애와 관련한 장애인의 신앙

신앙사건이나 신앙내용에서 비장애인이나 장애인이나 아무런 차이가 없다. 다만 장애인을 위하여서는 먼저 신앙의 속성으로 역설성을 언급할 필요가 있다. 교회 현장에서 장애인은 많은 상처와 차별을 가지고 있는데, 장애성도는 이러한 현실의 차별에 대해서 더욱 더 신앙적으로 강해져야 한다. 신앙의 특성 중에는 역설이 있다. 평안하고 부유하고 성공했다고 해서 잘 믿는 것이 아니라 오히려 역으로 병들고 가난하고 실패하고 억압당할수록 더 잘 믿는다는 것이다. 신앙에서 환난이나 시험이나 역경은 오히려 신앙을 갖는 계기가 되고, 연단받는 계기가 되고, 성화의 계기가 되고, 사역의 계기가 된다. 비장애인이든 장애인이든 문제가 없는 사람이 없다. 모든 신앙인은 불합리한 차별과 역경을 참고 인내하고 극복해내야 한다(시 119:71, 벧전 2:21). 장애의 문제에 있어서도 마찬가지이다. "나에게 이르시기를 내 은혜가 네게 족하도다 이는 내 능력이 약한 데서 온전하여짐이라 하신지라 그러므로 도리어 크게 기뻐함으로 나의 여러 약한 것들에 대하여 자랑하리니 이는 그리스도의 능력이 내게 머물게 하려 함이라 그러므로 내가 그리스도를 위하여 약한 것들과 능욕과 궁핍과 박해와 곤고를 기뻐하노니 이는 내가 약한 그 때에 강함이라"(고후 12:9-10). 사회는 물론이고 심지어 교회에서 조차 장애로 인한 차별과 소외가 있다고 하더라도 그것으로 인하여 신앙을 버리고 교회를 떠날 것이 아니라 오히려 더욱더 신앙으로 교회 중심으로 들어서야 한다(시 84:7).

다음으로 장애인 또한 비장애인을 알아야 한다. 비장애인이 장애인을 꺼려하고 무서워하는 것처럼 장애인 또한 비(非)장애인이나 타(他)장애인을 꺼려하고 무서워한다. 장애인은 자기 자신을 아는 것과 함께 또한 비장애인이나 타장애인을 알아가야 한다. 다른 사람들과 더불어 서로 용서하고 서로 용납하고 서로 위로하고 서로 사랑하고 함께 소망하고 일하고 나누고 기뻐하며 사는 법을 알아야 한다.[18] 그리고 더 나아가 공동의 부르심의 소망을 따라 비장애성도와 함께 어떻게 교회 공동체를 섬기고 하나님의 일을 할 것인지 준비하고 실천해 나가야 한다.

장애인은 무엇보다 하나님의 의와 교회의 교회됨을 위해서 장애차별적인 구조와 현실에 저항해야 한다. 그것은 사회를 향해서도 마찬가지이고 교회를 향해서도 동일하다. 교회 안팎의 장애로 인한 차별은 하나님의 뜻이 아니며 하나님의 사랑에도 위배된다. 장애인이든 비장애인이든 성화의 과정을 걸어간다고 하면, 모두 다 분열과 차별에서 벗어나 함께 예수 그리스도의 사랑과 섬김과 복음의 삶을 본받아 살아가고자 전심전력하여야 한다.

그 과정/결과 가운데서 장애인은 무엇보다 장애인 자신에 대한 바른 생각을 가져야 한다. 장애인이어서 죄가 없는 존재인 것은 결코 아니다. 현실적으로 장애로 인하여 죄를 지을 능력이나 환경이 적을 수는 있어도 비장애인과 마찬가지로 장애인도 모두 죄인이다. 그러나 예수 그리스도를 믿고 나면 또한 똑같은 하나님의 자녀이며 동등한 교회의 일군이 된다. 예수를 믿고 나서도 여전히 장애로 인하여 죄의 사슬에 매여 있고 장애로 인하여 교회에서 소외당하고 있다면, 자신이 하나님의 은혜로 새롭게 존귀한 존재가 된 것을 깨달아야 한다(고후 5:17-19). 장애성도는 세상적인 관념이 심어준 허위의식으로부터 자신을 해방시키고 세상적인 차별에 도전해야 한다. "그러나 너희는 택하신 족속이요 왕 같은 제사장들이요 거룩한 나라요 그의 소유가 된 백성이니 이는 너희를 어두운 데서 불러 내어 그의 기이한 빛에 들어가게 하신 이의 아름다운 덕을 선포하게

---

18) 게르하르트 로핑크/정한교 옮김, 『예수는 어떤 공동체를 원했나?』(왜관: 분도출판사, 1985), 163-174에 있는 '서로가 함께'의 실천을 참조.

하려 하심이라 너희가 전에는 백성이 아니더니 이제는 하나님의 백성이요 전에는 긍휼을 얻지 못하였더니 이제는 긍휼을 얻은 자니라"(벧전 2:9-10).

3. 장애와 관련한 교회공동체의 신앙

교회는 예수 그리스도를 주로 고백하는 성도들의 공동체이다. 교회는 하나님의 백성이요 예수 그리스도의 몸이요 성령의 전이다. 달리 말하여 교회는 삼위일체 하나님을 믿으며 하나님나라를 이루어가는 신앙공동체이다.[19] 앞서 소개한 신앙론의 내용은 성도 개인의 신앙인 동시에 교회공동체의 신앙이기도 하다. 교회가 가지고 있는 고유한 전통에 따라 다소간의 차이를 가질 수 있지만, 기본적으로 믿는 신앙사건과 신앙내용은 동일하다. 또한 그에 따른 신앙의 삶 또한 마찬가지이다.

교회 현장에서 장애인과 비장애인의 신앙이 문제가 된다면 그것은 이 둘로 인하여 교회공동체의 신앙도 문제가 되기도 하고, 역으로 교회공동체의 신앙으로 인하여 장애인과 비장애인의 신앙이 문제가 되기도 한다. 여기서는 먼저 신앙의 속성으로 공동체성을 언급하고자 한다. 교회는 하나가 되도록 부르심을 받은 하나님의 백성으로서 예수 그리스도의 한 몸이며 성령 안에서 언제나 하나 됨을 유지하는 공동체이다.

교회는 하나님의 백성으로서 어떠한 차별이 없음을 주지해야 한다. 예수 그리스도 안에서는 인종이나 성이나 계급이나 어떠한 차별이 있을

---

19) 최대열, "장애(인)신학의 교회론," 『성경과 장애인』(서울: 세계밀알, 2013), 130-164 참조. 이글은 교회의 표지, 교회의 정의, 최근 교회론의 동향에 대하여 장애신학의 관점에서 해석하였으며, 장애신학의 교회론으로서 1) 모든 사람을 위한 예배공동체 2) 장애인 · 비장애인의 사랑의 교제로서 친교공동체 3) 평등과 참여의 은사공동체 4) 통전적인 장애치유공동체 5) 선교와 봉사를 위한 섬김의 공동체 6) 하나님나라를 향한 투쟁과 해방의 공동체를 제안하고 있다.

수 없다(갈 3:28). 성령의 교통은 하나님과 인간 사이의 소통과 함께 교회 공동체에서 성도간의 소통도 이루어간다. 그런 점에서 몰트만의 지적처럼 교회는 끼리끼리 모이고 다름을 인정하지 않는 유유상종의 풍토를 깨쳐내야 한다.[20] 교회를 어지럽히는 육체의 일은 대개 분리와 분쟁과 분열에 있다(갈 5:19–21). 교회는 장애로 인하여 성도를 분리하고 차별해서는 안 되고, 장애성도와 비장애성도가 차별 없이 교회의 동등한 일원으로 서로 사랑하며 함께 섬기며 예수 그리스도의 몸으로서 한 몸을 이루어가야 한다.

교회는 장애에 관계하여 크게 두 가지의 매우 위험한 종교적인 장애 이데올로기를 가지고 있다. 하나는 모든 장애를 죄로 인한 것으로 보고 장애인을 죄인으로 정죄하는 '죄–장애 이데올로기'와 그러한 교회 분위기이다. 다른 하나는 장애인이 장애로 남아 있는 것은 전적으로 장애인 당사자가 믿음이 없기 때문이라고 정죄하는 '믿음–치유 이데올로기'와 그러한 교회의 분위기이다.[21] 이러한 장애 이데올로기는 교회 안에서 장애인과 비장애인의 간격을 더욱 소원하게 넓히고 차별을 강화시키며, 결국 장애인을 신앙과 교회에서 떠나게 만들고 비장애인과 장애성도를 실족하게 만드는 주범이다. 비장애인과 장애인 모두가 이러한 장애 이데올로기의 공범자이며 동시에 피해자가 된다. 교회는 그릇된 신앙에서 벗어나 사랑의 공동체가 되어야 한다. 교회는 오히려 이러한 상처를 치유해 주는 치유의 공동체가 되어야 하고, 이러한 현실을 변화시키고 개혁하는 해방의 공동체가 되어야 한다.

---

20) 위르겐 몰트만/곽미숙 옮김, 『세계 속에 있는 하나님』(서울: 동연, 2009), 192–216. 몰트만은 아리스토텔레스의 동일함의 인식과 동류간의 친교에 반대하여 타자에 대한 인식과 타자를 수용하는 상이함 속에서의 친교를 주장한다.

21) 최대열, "장애 이데올로기의 극복: 믿음과 치유, 죄와 장애에 관하여," 『장애인 차별과 교회』(서울: 한국기독교교회협의회, 2008), 170–195.

교회는 성령의 전이다. 교회는 역사적으로 성령으로 세워졌으며 성령에 의해 운영된다. 성령은 모든 성도들에게 은사를 주어 교회를 세우고 교회의 사명을 감당하게 한다. 현실적으로 많은 경우에 교회가 비장애인 주도로 운영되면서 장애인은 교회에서 소외되고 차별된다. 그러나 사실 믿음으로 의롭다 하시고 거룩한 삶을 살게 하신 성령께서 또한 교회로 하여금 교회로 부르신 성도들에게 장애인이든 비장애인이든 저마다 은사를 주신다. 몰트만은 장애인에게 성령의 은사가 있음을 말하였고,[22] 나우웬은 장애인의 장애도 그 자체로 은사가 될 수 있음을 말하였다.[23] 교회는 은사공동체이기도 하다. 장애인과 비장애인이 함께 교회공동체를 섬길 수 있도록 해야 한다.

IV. 결어: 신앙은 되어가는 것이다

개인이나 공동체에 있어서 신앙의 내용은 변하지 않을지라도 그것에 대한 해석과 적용과 무엇보다 개인적으로 신앙을 가지고 살아가는 삶의 모양은 끊임없이 변하는 것이다. 신앙은 살아있기에 한순간도 굳어있지 않고 끊임없이 움직이고 변화한다. 개인이든 공동체이든 교회가 늘 성화의 과정으로 나아가는 것만 아니라 때로 신앙이 연약해지기도 하고 퇴보하기도 한다. 현재의 신앙도 중요하지만, 더욱 중요한 것은 앞으로 나아갈 방향(Orientierung)이다. 그 신앙의 변화 속에 성도는 더욱 성도다워지고 교회는 더욱 교회다워질 수 있다. 교회는 겸손하고 성실하게 자신의 현실을 성령의 인도하심 아래에서 말씀의 기준에 비추어 반성하고 개혁

---

22) 헨리 나우웬/김명희 옮김, 『영성에의 길』(서울: IVP, 1996), 36–37, 50.
23) 위르겐 몰트만/김균진 옮김, 『생명의 영』(서울: 대한기독교서회, 1992), 259–261.

해 나가야 한다.

교회는 이 세상에서 삼위일체 하나님나라를 지향하는 하나님나라의 예표이다. 이 세상 모든 사람들이 교회에서 사랑과 정의와 평등의 하나님나라를 맛볼 수 있어야 한다. 장애라는 구별을 넘어서 모든 성도는 예수 그리스도 안에서 하나가 되어야 하고 한 몸으로서의 교회공동체를 이루어야 한다. 교회를 이루는 성도 개인도 그리스도의 사랑을 닮아가는 성품과 인격과 언행을 지향하여야 한다. 사실 장애는 성도의 삶과 교회와 사회의 생활에서 하나의 단편일 뿐이다. 장애 외에도 세상에는 수많은 소외와 차별 요소들이 존재하고 있는데, 삼위일체 하나님에 대한 신앙으로 그 모든 것을 뛰어넘어야 한다. 기독교의 신앙은 삼위일체 하나님의 페리코레시스의 상호 사귐과 그에 상응하는 성도간의 서로 용납하고 받아주는 사랑의 사귐을 핵심 내용으로 가지고 있다. 그 사랑 안에서 과거를 치유하고 현재를 개혁하고 미래를 소망한다. 앞으로의 신앙은 교회 안팎에서 더 이상 차별이 없고, 한 몸이며, 하나님나라에 대한 소망을 가지고 자신과 공동체를 개혁해 나가는 신앙이 되어야 한다. 그것이 곧 개인이든 공동체이든 교회의 성숙한 신앙이다.

제7장

선교학적 모델로서 장애인선교

선교학적 모델로서 장애인선교

I. 서언: 여러 선교들 가운데 하나로서 장애인선교

세상에는 수많은 선교가 있다. 국내선교, 해외선교, 아시아선교, 아프리카선교, 중동선교, 원주민선교, 북한선교, 중국선교, 일본선교, 인도선교, 필리핀선교, 에티오피아선교, 농어촌선교, 도서선교, 오지 선교, 소수민족 선교, 도시선교, 빈민선교, 산업선교, 직장인선교, 경제인선교, 법조인선교, 연예인선교, 예술인선교, 어린이선교, 청소년선교, 군 선교, 학원선교, 병원선교, 의료선교, 교정선교, 길거리선교, 문서선교, 문화선교, 방송선교, 인터넷선교, 스포츠선교, 예술선교, 봉사선교, 후원선교, 복지선교, 노숙인 선교, 장애인선교, 외국인근로자 선교, 탈북인 선교, 다문화가정 선교, 중독자선교 등. 이것들 중에는 선교의 지역, 주체, 대상, 집단, 방법 등 분류하는 기준에 따라 중첩되고 중복되는 선교들도 여럿 있고, 보다 세분화되거나 함께 묶을 수 있는 선교들도 여럿 있다.

일견, 장애인선교는 여러 선교들 가운데 하나로서 선교 대상자의 구분에 따른 것으로 볼 수 있다. 장애인선교라고 하면 우선 떠오르는 생각이 장애인에게 다가가 복음을 전하여 예수 그리스도를 믿게 하고, 장애인으로 하여금 교회에 다니면서 신앙생활을 하도록 하는 것이다. 또 장애인선교라고 하면 교회에서 기독교의 사랑으로 장애인이나 장애인 가정/기관/시설을 찾아가 함께 예배드리고, 위로하고, 교제하고, 봉사하고, 후원하는 것을 떠올리곤 한다. 틀린 말이 아니다. 장애인선교는 실제로 오늘날 성도나 교회가 하고 있는 여러 선교들 중의 하나이다.

　　기독교의 선교는 모든 선교가 공통으로 기반하고 있는 보편적인 부분과 각 선교들의 고유한 상황이나 대상이나 방법에 따른 특수한 부분을 가지고 있다. 선교의 보편적인 부분이란 선교에 대한 사명과 기독교의 복음에 대한 진리이다. 선교 명령은 모든 성도와 교회에 주어진 것으로서 땅 끝까지 이르러 모든 민족에게 복음을 증거 하라는 것이다(마 28:19-20, 행 1:8). 이 선교 명령에서 장애인 또한, 그것이 주체이든 대상이든, 결코 예외나 제외가 될 수 없다.[1]

　　복음은 예수 그리스도이다. 예수가 하나님의 유일하신 아들이며 우리를 구원하는 구세주라는 소식이다. 그를 구주로 믿는 자는 누구든지 죄와 마귀와 사망에게서 해방되며 하나님의 자녀가 되고 하나님나라의 백성이 된다는 것이다(요 1:12, 3:16, 행 16:31). 기독교의 진리는 구세주 예수 그리스도, 성 삼위일체 하나님의 존재와 경륜, 교회의 구성과 사역, 거듭난 성도의 은혜와 특권과 거룩한 삶, 영생과 하나님나라에 대한 소망 등이다. 복음은 인간의 삶의 전 영역을 포괄하므로 선교는 전도와 복음 증거와 함께 치유, 교육, 인권, 복지, 재활 등의 개인적인 삶의 전 영역과 정의, 화해, 평화, 사회 개혁, 생태계 등의 사회적인 삶의 전 영역을 포함한

---

1) 최대열, "장애인선교신학의 정립을 향하여," 『신학으로 이해하는 장애인』(서울: 세계밀알, 2009), 221. 필자는 마태복음 28장 19절의 '모든 민족'(πάντα τὰ ἔθνη)에 오늘날 '모든 소수자'와 '모든 약자'를 포함하고, 사도행전 1장 8절의 '땅 끝'(ἐσχάτου τῆς γῆς)에 오늘날 영적인 불모지인 '관심의 끝'을 포함함으로써 장애인선교의 당위성을 확보하고자 하였다.

다.[2] 선교의 특수한 부분이란 여러 선교들이 각각 이름붙인 바처럼 특별한 개인적 조건이나 경험, 집단적 상황이나 형편, 적절하다고 여겨지는 선교의 동기와 방법에 따른 것들이다.

그럼, 왜 장애인선교를 하는가? 이 질문은 장애인선교의 출발 동기와 존립 이유를 묻는 질문이다. 이 질문은 장애인선교 현장에서 당연히 제기되고, 또한 계속해서 제기되어야 하는 질문이다. 왜냐하면 이 질문은 장애인선교의 정체성과 정당성을 확보하기 때문이다. 여러 선교들이 각 상황에서 각 대상에 대한 관심과 사랑으로 선교를 시작하듯이 장애인선교도 장애인에 대한 관심과 사랑으로부터 출발한다.

다만, 장애인선교의 존립 이유와 관련하여 주목할 점이 있다면, 그것은 사회에서, 교회에서, 심지어 선교에서조차 장애인이 소외되거나 차별되고 있기 때문이다. 장애인은 장애로 인하여 생활 전반에서 상당한 제약을 받으며 심리적 소외와 생계의 곤란과 사회적 차별을 겪는다. 그런데 이에 비교할 수 없이 더 큰 비극은 장애인이 복음을 접하는 데에 있어서 소외와 차별을 당하고 있다는 사실이다. 세상에서 제 아무리 어려운 삶의 조건과 경험을 가지고 있다 하더라도 예수 그리스도만 믿는다면, 그의 인생은 완전히 새로운 인생으로 변한다. 그래서 장애인선교가 절실하고 시급하고 중요한 것이다. 오랫동안 장애인은 집안이나 시설의 골방에 갇혀 있었고, 복음과 교회는 장애인으로부터 너무 멀리 있었다.

---

2) 세계교회협의회/김동선 옮김, 『통전적 선교를 위한 신학과 실천』(서울: 대한기독교서회, 2007) 참조. 이 책은 1980년 이후 세계교회협의회의 선교문서에 드러나고 있는 통전적 선교를 소개하고 있다.

II. 삼위일체적 장애인선교론

1. 예수 그리스도의 장애인선교

선교란 특별한 사람이나 특별한 교회만 하는 것이 아니다. 그리스도를 믿고 따르는 그리스도인이고 그리스도의 몸 된 교회라고 한다면, 누구든지 그 존재의 목적으로서 당연히 선교해야 하는 것이다. 세상에 교회가 존재하는 목적은 복음을 전하기 위해서이다. 그래서 교회의 모든 사명은 넓은 의미에서 선교이다. 대릴 구더(Darrell L. Guder)에 따르면, 교회의 본질은 선교에 있으며 교회의 모든 사역은 선교와 연관되어야 한다.[3]

그런데 선교라는 것이 성도나 교회나 선교회가 제아무리 애쓴다고 해서 인간의 지식과 전략과 능력으로 이룰 수 있는 것이 아니다. 사실 선교는 인간의 것이 아니라 오직 하나님의 것이기 때문이다. 모든 선교는 하나님의 선교이다(Missio Dei). 그러므로 성도나 교회는 하나님의 성령에 의하여 하나님의 뜻대로 하나님의 방식대로 하나님의 선교에 참여하는 것이다.

신앙의 본, 목회의 본을 예수 그리스도에게서 찾을 수 있듯이 선교 또한 먼저 예수 그리스도에게서 그 본을 찾을 수 있다.[4] 예수 그리스도는 하나님 아버지의 뜻에 따라 세상을 구원하기 위하여 성령 가운데 보냄을 받았다. 그리고 예수 그리스도는 하나님 아버지의 뜻에 따라 성령 안에서 자기 자신을 낮추어 십자가에 죽기까지 복종하며 하나님나라의 복음

---

3) 대릴 구더/조범연 옮김, 『교회의 선교적 사명에 대한 신선한 통찰』(서울: 미션툴, 2005), 54; 21, "선교가 아닌 것은 교회의 소명의 일부를 차지할 수 없다. 성육신적 증거를 통하여 수행된 복음화는 교회의 선교와 사역의 핵심이다. 그리스도의 몸 된 교회에 있는 모든 것은 그와 같은 핵심과 연결되어야만 한다."
4) 이현모, 『현대선교의 이해』(대전: 침례신학대학교 출판부, 2007), 68–72. 선교사로서의 예수.

을 전하고 이루었다(빌 2:5-11). 예수 그리스도의 선교는 삼위일체 하나님 아버지의 뜻을 이루기 위한 것이다. 선교(mission)란 본래 어원적으로 보냄을 받아서 보내신 분의 일을 하는 것이다.

복음서에 기록된 공생애 기간 동안 예수의 사역은 크게 세 가지, 즉 하나님나라의 복음을 전하고 가르치는 전도 사역, 병자와 장애인을 고치고 귀신을 내어 쫓는 치유 사역, 그리고 제자들과 함께하며 교육하고 훈련시키는 교육 사역으로 요약할 수 있다. 예수의 선교는 하나님 아버지의 뜻을 이루기 위한 것이며, 그것은 또한 세상과 사람을 위한 것이다. 그런데 그가 사람을 위하는 방식은 자기를 비우고 낮추어서 사랑하고 섬기며 함께하는 것이었다.

테오 순더마이어(Theo Sundermeier)는 이러한 예수의 선교를 콘비벤츠(Konvivenz) 선교로 정리하였다.[5] 그의 선교는 누구를 위한(for) 삶으로서의 선교 이전에 함께하는(with) 삶으로서의 선교였다. 임마누엘의 하나님, 예수 그리스도가 이 세상에 오셔서 우리와 함께하시는 것이 이미 하나님의 선교이다. 예수 그리스도가 우리와 함께하신다는 것, 갈릴리의 가난한 사람과 함께하신다는 것, 특히 병자와 장애인과 귀신들린 사람들과 함께하신다는 것은 그 자체로 이미 복음이며 선교이다.

복음서의 약 1/3이 예수 그리스도의 치유를 기록하고 있다. 예수 그리스도의 치유는 여러 가지 내용들을 포함하고 있다. 일차적으로 질병과 장애로부터의 치료이다. 그러나 예수 그리스도의 치유는 거기에 머물러 있지 않다. 예수 그리스도의 치유에는 정신적 · 신체적 치료를 넘어서 죄의 용서, 하나님과의 화해, 거듭난 인생, 사회로의 복귀, 예수 그리스도를 따르는 삶, 예수 그리스도를 증거하고 전하는 삶, 영생과 하나님나라에

---

5) 테오 순더마이어/채수일 옮김, 『선교신학의 유형과 과제』(서울: 대한기독교서회, 2001), 33-37, 64. 콘비벤츠는 함께 사는 우리가 서로 돕고 서로 배운다는 의미를 담고 있다.

대한 소망 등을 포함하고 있다. 이것은 오늘날 장애인선교가 추구하고 있는 중요하고도 실질적인 복음의 내용으로 통전적인 선교에 해당한다.

예수 그리스도는 장애인을 소외하거나 차별하지 않고 오히려 반갑게 맞아주시고 찾아 주셨다. 당시 장애인은 가난하고, 비천하고, 더럽고, 죄인으로 정죄당하여 사람들이 가까이 하기를 꺼려하는 대상이었고, 가까이 하는 사람은 같은 부류로 여겨지기 십상이었다. 당시 사회에서 장애인과 함께한다는 것은 수많은 불편과 비난과 정죄를 무릅써야 하는 것이었다. 그런데 예수님은 장애인을 가까이 하시고 오히려 찾아주셨다. 예수는 장애인을 만나고 치유하는 데에 있어서 육체적 고단함이나 종교적 난처함을 개의치 않았다(막 1:29-39, 2:1-10). 예수 그리스도는 장애인을 사랑하여서 그들에게 죄 사함과 구원을 베풀어 주었고, 그들이 하나님의 자녀로서 놓임을 받아 자유롭게 살며 하나님나라를 위하여 일하기를 원하였다.

장애인선교는 역사적으로 이러한 예수 그리스도의 삶과 사역으로부터 출발한다. 신학적으로 이러한 예수의 장애인선교는 성자 예수 그리스도의 단독 사역이 아니라 본질적으로 삼위일체 하나님의 공동의 마음이며 뜻이며 사역이다. 예수의 장애인선교는 하나님나라의 사역이다. 삼위일체 하나님은 사랑의 관계 안에서 상호내재 하는 존재와 세상을 향하여 공동 협력하는 사역에서 온 인류를 구원하시고자 하는 선교를 이루신다. 그러므로 모든 선교는 삼위일체 하나님의 선교이며, 장애인선교도 예외가 아니다.

2. 삼위일체 하나님의 장애인선교

역사적으로 선교는 누군가에게 복음을 전하는 것이므로 흔히 기독교인이나 선교회나 교회의 것으로 생각하였다. 라투렛(Kenneth S. Latourette)은 선교가 폭발적으로 이루어진 19세기를 가리켜 '위대한 세기'(Great Century)라고 불렀는데, 그 내용은 주로 해외 전도활동이었다. 그래서 오늘날 선교라고 하면 대부분 해외 선교사들을 중심으로 한 전도, 회심, 개종, 그리고 교회 설립을 떠올린다.

그러나 선교란 선교사, 선교회, 교회가 시작한 사역이 아니라 하나님의 사역이다. 1952년 빌링엔(Willingen) 세계선교대회에서 비체돔(G. Vicedom)은 칼 하르텐슈타인(Karl Hartenstein)의 주장을 이어받아 '하나님의 선교'(Missio Dei)를 제안하였다. 선교란 현상적으로는 선교사, 선교회, 교회가 하는 것처럼 보이지만 근본적으로 인간적인 활동이나 교회 조직의 일이 아니라 삼위일체 하나님 자신이 하시는 일이라는 것이다.

선교(mission)란 개념 자체가 이미 '하나님의 선교'라는 의미를 담고 있다. 라틴어 미시오(missio)는 '보내다', '보냄을 받다'는 뜻을 담고 있다. 선교란 선교사가 자기 뜻에 따라 자기 힘으로 하는 것이 아니다. 선교란 보냄을 받은 자가 보내신 분의 뜻을 이루기 위해서 보내신 분의 방법으로 하는 것이다. 사도를 의미하는 헬라어 아포스톨로스(ἀπόστολος)도 '보내다', '보냄을 받다'는 의미를 담고 있다. 선교는 선교사, 선교회, 교회가 스스로 자기의 일을 하는 것이 아니다. 보냄을 받은 자로서 보내신 분의 뜻에 따라 보내신 분의 일을 하는 것이다.

앞서 살펴본 대로 선교의 가장 확실하고 분명한 본은 예수 그리스도이다. 예수 그리스도는 삼위일체 성부 하나님에 의해서 보냄을 받으신 분이다. 요한복음에 따르면, 예수 그리스도는 철저하게 보냄을 받은 자로서 성령 안에서 보내신 분의 뜻을 이루기 위하여 보내신 분의 말을 하고 보내신 분의 일을 하였다(요 3:34, 4:34, 12:49).[6] 예수 그리스도의 사역은 성자 예수의 단독 사역이 아니라 삼위일체 하나님의 사역이다. 선교는 근본적으로 삼위일체 하나님의 공동사역이다. 그래서 레슬리 뉴비긴 또한 삼위일체적 선교를 주장한다.[7]

오늘날 성도나 교회나 선교회가 선교를 한다는 것은 스스로 자기가 설정한 목적을 이루는 것이 아니고 삼위일체 하나님으로부터 보냄을 받은 존재로서 삼위일체 하나님의 선교에 참여하는 것이다. 장애인선교도 동일하다. 장애인선교가 장애를 매개로 하여 장애인을 대상으로 한다고 하지만, 장애나 장애인에게만 한정되어 있는 것이 아니다. 단적으로 만약 장애인이 아니라고 한다면 장애인교회/부서/선교회는 그 사람에게 전도하거나 봉사하거나 선교하지 않을 것인가? 장애라는 경험과 상처와 차별 때문에 장애인을 우선적으로 고려하여 보다 전문적이고 섬세한 접근을 한다는 것뿐이지 삼위일체 하나님의 선교가 장애인에게 제한되거나 장애에 한정되어 있는 것은 결코 아니다. 모든 선교가 삼위일체 하나님의 선교이듯이 장애인선교 또한 삼위일체 하나님의 선교이다.

3. 삼위일체 하나님나라와 장애인선교

삼위일체 하나님의 선교는 삼위일체 하나님나라에로의 초대이다. 그것은 예수 그리스도의 복음을 통하여 이루어진다. 성육신하신 예수 그리스도의 십자가와 부활을 통하여 죄 사함을 받고 마귀와 죽음으로부터

---

6) 요한복음 9장 3절은 장애신학의 중요한 전거 중의 하나이다. 필자는 이 구절을 가리켜 예수 그리스도의 '장애해방선언'이라고 표현하였다. 최대열, 『성서, 장애 그리고 신학』(서울: 나눔사, 2015), 203–226. 본문의 내용은 실로암 못의 시각장애인 치유 사건인데, '실로암'(Σιλωάμ)이란 단어 역시 '보냄을 받았다'는 뜻을 가지고 있다(요 9:7).

7) 레슬리 뉴비긴/최형근 옮김, 『삼위일체적 선교』(서울: 바울, 2015).

해방되어 하나님의 자녀가 되고 하나님나라의 백성이 되는 것이다. 삼위일체 하나님의 선교는 삼위일체 하나님의 나라를 그 내용으로 한다.

삼위일체 하나님의 선교는 매우 광범위한 내용을 담고 있다. 가장 기본적이며 첫 관문은 예수 그리스도의 복음을 통한 사죄와 죄로부터의 구원이다. 그러나 선교는 그것만이 아니다. 하나님과의 관계의 회복, 하나님의 뜻의 실현, 하나님이 바라시는 세상의 구현으로 확장된다. 삼위일체 하나님의 선교는 개인적이고 내면적인 영역과 함께 사회적이고 대외적인 영역을 모두 가지고 있다.

에큐메니칼 진영은 세계교회협의회(WCC) 1961년 뉴델리 대회와 1968년 웁살라 대회를 지나면서 선교를 세상을 위한 그리스도의 평화를 이루고 참된 인간성을 회복하고 지향하는 인간화로 전개하였다. 복음주의 진영은 1966년 에큐메니칼 진영의 진보적 선교개념을 경계하여 고전적 선교의 개념을 고수하였으나, 1974년 로잔 세계복음화대회를 지나면서는 복음전도와 함께 사회적 책임을 강조하였다. 여전히 에큐메니칼 진영과 복음주의 진영은 선교의 우선순위와 내용에 있어서 다소간의 차이를 보이고 있지만, 표현상으로는 양자 모두 어느 한쪽도 포기하지 않고 양쪽을 견지하는 '총체적 선교' 또는 '통전적 선교'(holistic mission)에 이르고 있다.[8]

통전적 선교의 내용은 삼위일체 하나님의 나라로 정리된다. 삼위일체 하나님의 나라는 사랑의 삼위일체 하나님이 사랑의 사귐을 위하여 사랑의 사귐 가운데 다스리시는 나라이다. 하나님나라는 성령 안에서 누리는 삼위일체 하나님의 공의와 평강과 기쁨이다(롬 14:17). 삼위일체 하나님의 나라는 개인의 영적이고 심리적이고 내면적인 평안에서부터 관계적인

---

8) 최대열, "장애인선교신학의 정립을 향하여," 225.

화평을 넘어 사회와 나라의 평화와 나아가 전(全) 생태계에 걸친 삼위일체 하나님의 샬롬과 그리고 영원한 하나님나라의 완성을 담고 있다.

장애인선교도 예외가 아니다. 장애인선교도 삼위일체 하나님의 나라를 지향한다. 장애인선교는 개인적으로 영적인 구원과 심리적인 평안과 함께 장애로 인한 고난, 불편, 불리에 대한 전인적인 복지를 담고 있으며 나아가 장애차별에 맞서 하나님나라를 향한 사회적인 개혁과 장애를 넘어선 전 생태적 샬롬을 담고 있다.

III. 한국의 장애인선교

1. 장애인선교의 역사

장애인선교는 역사적으로 예수가 장애인에게 복음을 전하고 치유하여 거듭나서 새로운 인생이 되어 하나님나라를 위하여 살게 한 것으로부터 시작된다. 장애인선교는 예수 그리스도의 제자들과 그의 몸 된 교회를 통하여 2천년이란 긴 세월을 거쳐 오늘에까지 이어져 왔다. 지금도 장애인선교는 그리스도인과 교회를 통하여 계속 진행되고 있다. 여기서는 한국의 장애인선교의 역사를 간략하게 정리하고자 한다.

1884년 알렌, 1885년 언더우드와 아펜젤러를 시작으로 여러 선교사들을 통하여 이 땅에 복음이 전래되었다. 선교사들은 복음을 전하며 교회와 학교와 병원을 세워서 이 땅에 하나님의 새로운 역사를 일어나게 하였다. 1894년 로제타 홀(Rosetta Sherwood Hall)이 평양맹학교를 열어 시각장애인 오봉래에게 점자와 함께 복음을 가르쳤다. 이것이 한국 장애인 복지선교의 시작이며 또한 한국 특수교육의 시작이기도 한다. 홀은 1909년

평양맹학교에 농아부를 개설하였다.[9]

　1946년 영락교회가 농아전도부를 개설하였는데, 1953년 농아부로 승격시켰고, 1975년에는 영락농아인교회로 독립시켰다. 이 땅에 장애인교회가 시작된 것이다. 1972년에는 한국맹인교회(한맹교회)가 설립되었다. 이후로 여러 개의 농아인교회, 시각장애인교회, 지체장애인교회가 설립되어 장애인 당사자가 중심이 되는 장애인선교를 전개해 오고 있다.

　1970년대에 이르러 지역교회와 별도로 장애인선교단체들이 설립되어 전문적인 장애인선교 사역을 시작하였다. 1976년 베데스다선교회(양동춘), 1977년 실로암선교회(김선태), 1979년 밀알선교단(이재서)이 출범하였다. 이 장애인선교단체들은 복음과 함께 장애인의 계몽, 치료, 교육, 재활, 사회적 캠페인에 역점을 두고 장애인선교 사역을 전개하였는데, 이후로 전국적으로 그리고 지금은 국제적으로 선교하는 장애인선교단체로 성장하게 되었다.

　1984년 꿈꾸는교회가 자폐아와 지체장애아를 위해서 특수아동부를 설립하였고, 소망교회가 발달장애인을 위한 소망부를 설립하였고, 1992년 사랑의교회가 사랑부를 설립하였고, 1993년 명성교회, 1996년 왕성교회와 안산제일교회가 각각 사랑부를 설립하고 발달장애인 사역을 시작하였다.[10] 이것은 특별히 발달장애에 대한 사회적 관심과 함께 교회의 발달

---

9) 로제타 홀에 관하여서는 탁지일, "시각장애인 교육의 선구자 로제타 홀," 「한국기독교신학논총」 74(2011), 87-103 참조.
10) 다음의 책들은 각 교회 발달장애인부의 역사와 사역을 잘 소개하고 있다. 명성교회 사랑부, 「소망 그리고 사랑」(서울: 나눔사, 2013). 이 책은 명성교회 사랑부 20주년 기념 백서이다. 명성교회는 1993년 소망부로 시작하였으나 2007년 사랑부로 부서명을 변경하였다; 소망교회 소망부, 「하나님께 영광 그리스도 안에서 하나」(서울: 소망교회 소망부, 2014). 이 책은 소망교회 소망부 30주년 기념 백서이다; 안산제일교회 사랑부, 「사랑, 장애를 넘어 영혼을 보다」(서울: 안산제일교회 사랑사역위원회, 2016). 이 책은 안산제일교회 사랑부 20주년 기념백서이다; 사랑의교회 사랑부, 「붙잡아주시는 사랑」(서울: 사랑플러스, 2018). 이 책은 사랑의교회 사랑부가 25주년을 기념하여 발간한 책이다.

장애인을 위한 사역이라는 데에서 큰 의의를 찾을 수 있다. 이후로 한국 교회에 소망부, 사랑부, 임마누엘부, 베데스다부 등의 여러 이름으로 발달장애인부가 점점 증가하는 추세이다.[11]

끝으로, 최근 대한예수교장로회(통합)의 장애인선교 사역을 살펴보면, 1991년 총회 장애인주일을 제정하고 "장애인복지선교협의회"를 창립하였다. 2001년 총회 장애인헌장을 만들었는데, 이때 총회 장애인선교 정책을 "장애인복지선교"로 정립하였다. 2003년 총회 산하 4개 장애 영역(청각, 발달, 시각, 지체 장애)의 선교연합회들이 사회봉사부로 편입되면서 "장애인복지선교협의회"를 재출범하였다. 2002년 총회 차원에서 지적장애인을 위한 공과 교재 『하나님의 나라』를 출간하였고, 2005년 "지적장애인의 세례 지침"을 마련하였고, 2006년 "장애인복지선교 지침서"를 제작하였다. 그리고 총회 사회봉사부에서 여러 차례의 세미나를 거쳐 2015년 『장애인신학』을 출간하였다. 이것은 장애인선교 현장에서 제기된 문제들에 대한 총회 차원의 응답으로서 장애인선교 정책을 제시하고 장애인선교 신학을 제공하고자 노력한 결과이다.

2. 장애인선교의 현황

한국에서 장애인이란 신체적 · 정신적 장애로 오랫동안 일상생활이나 사회생활에서 상당한 제약을 받는 사람이다. 1981년에 5가지 장애, 곧 지체, 시각, 청각, 언어, 정신지체를 법정 장애로 규정하여 오다가 2000년에 5가지 장애, 곧 신장, 심장, 정신, 발달(자폐증), 뇌병변 장애를 추가하였고, 2003년에 다시 5가지 장애, 곧 호흡기, 간, 안면, 장루, 간질 장

---

11) 최대열 · 이상록, 『교회와 발달장애인』(서울: 나눔사, 2014) 참조.

애를 추가하여 2018년 현재 한국의 법정 장애는 총 15가지이다.

2018년 등록 장애인의 수는 약 250만 명으로 전체 인구의 약 5%에 해당하는데, 세계보건기구(WHO)는 최근 통계상 장애인 인구를 그 사회의 약 10%에서 약 15%로 상향 조정하였다. 그렇다고 한다면 현재 세계적으로 약 10억, 한국에선 500만을 넘어 약 750만의 인구가 장애인으로 이 세상에서 살아가고 있는 셈이다. 이 10% 또는 15%라는 통계학적 수치는 특별히 구성된 임시적 집단이 아니라고 한다면, 장애인이란 어느 사회에서나 항시 존재하게 되는 정량적인 수치의 존재임을 분명히 한다.

장애인의 수는 전체 인구의 15%로 추정되는데, 장애인의 복음화율은 그에 미치지 못하고 있다. 30년 전 0.3%(넓게 3%)로 추정하던 것을 이제 5~6%로 상향 추정하고 있는 정도이다. 이 통계는 옛날에도 그렇듯이 지금도 정확하지 않은 대략적인 추정치이다. 추정치라는 의미는 여전히 장애인선교에 대한 정확한 통계가 없다는 것이며, 또한 기독교계 어디에서도 이런 조사를 정기적으로 하지 못하고 있다는 것이다. 2018년 현재 대한예수교장로회(통합)에는 약 200여개 교회가 장애인 사역을 하고 있는 것으로 추정하고 있다. 한국장애인사역연구소는 약 300여개의 교회가 장애인부를 두고 있는 것으로 추정하고 있다. 그렇게 본다면, 2018년 현재 한국의 6만여 교회 가운데 장애인선교를 하는 교회는 여전히 0.3%에 불과할지도 모른다.

1) 한국의 장애인선교 현황: 4가지 장애인선교 유형

한국의 장애인선교는 성도나 교회나 선교회나 기독교계 장애인 시설이나 기관 등에 의해 다양한 방식으로 전개되고 있다. 성도가 개인적으로 장애인을 찾아가 선교하기도 하고, 장애인 시설에 종사하거나 함께

방문하여 선교하기도 한다. 특히 장애인선교를 목적으로 설립된 장애인 선교회나 장애인선교기관은 점점 더 전문화되고 특화되고 체계화되어 가고 있다. 장애인선교기관은 복음 전파와 함께 장애인의 재활을 위해 치료, 교육, 취업, 결혼, 육아, 취미, 예술 등의 삶 전반에 걸쳐 프로그램을 전개한다. 장애인선교회(para-church)는 지역교회(local church)와의 연계가 절실히 요청된다. 여기서는 지역교회를 중심으로 하여 장애인선교를 4가지 유형(type)으로 소개한다.

첫째 유형은 물질후원 유형이다. 성도나 교회가 장애인, 장애인 가정, 장애인선교회, 장애인 시설/기관/교회 등을 후원하는 유형이다. 주로 기도와 재정과 물품을 후원한다. 이것을 장애인선교로 보아야 하는지는 논란의 여지가 있지만, 성도나 교회가 현실적으로 가장 쉽게, 가장 많이 하는 선교 방법이다. 많은 교회들이 해외 선교, 군 선교, 농어촌 선교도 이런 방식으로 참여하고 있다. 한국사회에서 기부나 후원 문화가 활성화되면서 이 유형은 일반적이고 확장될 수 있다.

둘째 유형은 자원봉사 유형이다. 성도나 교회가 장애인선교 현장을 직접 찾아가서 장애인을 만나 실제적으로 복음을 전하고 사귐과 물질과 노동으로 봉사하는 유형이다. 앞의 후원 유형이 인격적인 만남이 없다는 한계를 가지고 있다면, 이 유형은 인격적인 만남을 충족하고 있다. 한국사회 전반에 불고 있는 자원봉사 활동과 맞물려서 갈수록 확장될 수 있다. 인본주의의 자원봉사가 아니라 신앙에 기초한 자원봉사로서 디아코니아 신학과 삶의 훈련이 필요하다.

셋째 유형은 장애인 교회/부서 유형이다. 장애인을 위한, 장애인에 의한, 장애인의 교회/부서라는 특성을 가지고 있다. 앞의 두 유형, 물질후원 유형과 자원봉사 유형이 성도나 교회가 장애인을 위한 유형이고 밖으로 찾아가는 유형이라고 한다면, 이 유형은 장애인에 의한 유형으로 교회 안으로 장애인을 초청하는 유형이라 할 수 있다. 장애인교회/부서는 장애인 당사자가 주체가 되어 교회/부서를 구성하고 운영한다. 이 유형은 일반 지역교회와 마찬가지로 교회의 목회 차원에서의 사역을 주로 감당한다.

넷째 유형은 복지선교 유형이다. 교회가 장애인시설이나 기관을 설립 또는 수탁하여 운영하는 유형이다. 이미 여러 교회에서 복지법인을 설립하여 장애인 주·단기보호시설, 복지관, 작업장, 그룹 홈 등을 운영한다. 일부 교회는 NGO 설립을 통하여 교회를 넘어서 국내는 물론 해외에 이르기까지 장애인복지 사역을 전개하고 있다.

한국의 장애인선교가 역사적으로 위의 유형의 순서대로 진행되어 온 감이 있지만, 이러한 진행만이 정당하거나 바람직한 것이 아니다. 전(前) 유형이 다음 유형에 비하여 하등하거나 열등한 것도 결코 아니다. 따라서 교회의 장애인선교가 반드시 이런 유형의 순서를 따라 전개되어야 할 이유나 필요도 없다. 모든 장애인선교는 삼위일체 하나님의 선교로서 복음과 장애인에 대한 열정이 있다면, 성도나 교회가 처한 각각의 형편과 상황에 따라 최선을 다하고 있음을 인정하고 서로 연대하고 격려해 주어야 한다.

2) 대한예수교장로회(통합)의 장애인선교 현황: 4가지 장애인선교 차원

한국의 장애인선교는 대개 개 교회 차원에서 전개되고 있고, 몇몇 장애인선교회를 중심하여 전개되고 있다. 교단 차원에서 장애인선교가 비교적 잘 조직되어 전개되는 곳은 대한예수교장로회(통합)이다.[12] 여기서

---

12) 이계윤·최대열, "총회의 장애인복지선교 현황과 장애인신학의 전망," 『장애인신학』(서울: 한국장로교출판사, 2015), 320-345 참조.

는 대한예수교장로회(통합)의 2018년 장애인선교 현황을 다음의 4가지 차원 또는 4가지 단계에서 정리하고자 한다.

첫째, 장애인교회, 장애인부서, 장애인선교회의 일선 현장에서의 실제 사역이다. 여기에서는 장애인을 위한/의한/함께하는 예배, 성경공부, 찬양집회, 간증집회, 수련회 등의 신앙 프로그램과 학업, 음악, 미술, 재능, 재활 등의 교육 프로그램과 가사, 이동, 취업, 결혼, 사회생활 등의 생활 프로그램을 주로 한다. 장애인선교의 1차 사역으로서 가장 기본적인 사역이며 현실적인 사역이다.

둘째, 총회 산하 4개의 장애인선교연합회의 사역이다. 대한예수교장로회(통합) 총회 사회봉사부 산하에는 4개의 장애 범주에 따라 4개의 장애인선교연합회가 구성되어 활동하고 있다. 곧 발달장애인선교연합회(발달장애), 시각장애인선교회(시각장애), 총회농아인선교회(청각장애), 지체장애인선교연합회(지체장애)이다. 각 선교연합회는 각 장애인선교를 활성화하고 일선 장애인선교 현장을 지원하기 위하여 각종 선교/교육 세미나, 수련회, 찬양제, 체육대회, 교재발간, 점역, 수화성경 제작 등의 사업을 하고 있다. 최근에는 각 연합회에서 국내를 넘어 해외 장애인선교에도 관심을 갖고 선교 사업을 추진하고 있다.

셋째, 총회 산하 4개 장애인선교연합회의 협의체인 "장애인복지선교협의회"의 사역이다. 장애인복지선교협의회는 매년 장애인목회자세미나, 장애인교회연합 체육대회, 장애인복지선교대회 등을 개최한다. 장애인복지선교협의회는 2007년에 "장애인복지선교지원센터"를 설립하여 각 장애인선교회의 사업을 실제적으로 지원 및 후원하고 있다. 그리고 장애인선교의 현안 문제에 대하여 총회에 질의하여 대안을 구하며, 헌의 및 건의 사항을 제안한다.

넷째, 총회의 장애인복지선교 사역이다. 총회는 장애인선교 정책을 수립하고 총회 차원의 행사를 기획 추진한다. 장애인선교 현장의 건의나 청원사항을 받아 연구하고 총회 정책에 반영한다. 총회는 매년 장애인주일기념예배와 함께 장애인주일 지키기 캠페인, 장애인선교를 위한 지침서, 매뉴얼, 정책 문서 등을 제작하여 배포하고, 또한 장애인신학 정립을 위하여 노력하고 있다. 또한 총회는 한국의 장애인사역을 위해 중앙정부와 지방자치단체와 함께 협력하며 범(汎)종단, 범(汎)교단 차원에서 논의하고, 세계의 장애인사역을 위해서 세계 교회와 협력하며 국제적 기구들과 연계한다.

Ⅳ. 장애인선교의 특징

1. 전인적인 장애인복지선교

사람은 육체나 영혼만으로 존재하는 것이 아니라 전인으로서 존재하는 인격체이다. 사람은 영적인 차원과 함께 정신적 · 신체적인 육적인 차원도 가지고 있다. 인간에게는 신체뿐 아니라 지성과 정서와 의지도 있다. 또한 사람은 내적으로 자기 자신 그리고 외적으로 가족, 이웃, 친구, 마을, 학교, 직장, 사회, 국가, 세계 등과의 수많은 관계 안에 살고 있다. 선교는 사람의 이 모든 것을 포함하고 관여하게 된다. 복음 자체가 통전적이듯 선교 또한 통전적이다.[13]

특히 장애인선교는 정신적 · 신체적으로 장애를 가지고 있는 사람들을 위한 선교이므로 장애로 인하여 제약을 받는 일상생활과 사회생활 전

---

13) 최대열, "다음 세대의 장애인선교," 『장애인사역의 신학적 의의』(서울: 세계밀알, 2018), 178–179.

반에 관여하게 된다. 장애인선교는 영적인 구원, 심리적 위안과 함께 장애인의 실생활의 문제인 치료, 교육, 취업, 결혼, 재활, 정치, 경제, 사회활동, 여가활동 등 전반적인 삶을 돌보는 사역을 필히 동반할 수밖에 없다. 장애인선교는 전인 선교이며 복지선교이다. 그래서 장애인선교는 흔히 '장애인복지선교'로 규정된다.[14)

장애인복지선교란 장애인에게 복음을 전하여 영적 구원의 기회를 제공하고, 기독교 정신에 입각하여 사회복지, 특수교육, 재활서비스 등을 제공함과 동시에 장애로 인한 사회적 차별을 극복하기 위해 장애인을 위한 인권, 복지, 사회 운동, 제도적 개선을 해나가는 총체적 선교, 곧 통전적 선교이다. 다른 선교에 비하여 장애인의 전반적인 삶의 질 개선과 사회적 인식과 구조와 제도의 개혁이 크게 부각된다.

2. 장애인의 가족 또는 주변인을 통한/향한 관계 선교

장애인도 고유하고 동등한 인격을 가지고 있다. 장애인도 인생의 자기결정권을 가지고 있다. 장애인에게 복음을 전하고, 장애인시설이나 기관에 가서 무턱대고 복음을 전한다고 장애인이 당연히 수용하고 믿게 되는 것이 아니다. 장애인도 수많은 사회적 관계 속에 살아간다. 장애인에게 복음을 전하는 데에도 인격적인 관계를 통하여 복음이 전달된다. 장애인에게 복음을 전하는 데에 무엇보다 우호적이고 신뢰할만한 관계를 통한 전도가 효과적이다.[15) 그래서 장애인선교에서는 관계선교가 중요하다.

---

14) 총회사회봉사부 편, "대한예수교장로회 총회 장애인헌장," 『총회 사회선교 정책문서집』(서울: 한국장로교출판사, 2005), 78–86. 대한예수교장로회(통합) 총회는 2001년 9월 20일 제 86회 총회에서 장애인헌장을 채택하였는데, 여기서 총회의 장애인선교 방향 및 정책의 개념을 "장애인복지선교"로 규정하였다.

15) 리 스트로벨 & 마크 미텔버그/홍병룡 옮김, 『다음 세대를 위한 관계 전도법』(서울: 포이에마, 2016); 이상만, 『오이코스 전도 이야기: 전도가 즐거워지는 신개념 전도법』(서울: 생명의말씀사, 2009) 참조.

또한 장애인선교는 장애인 한 사람을 전도하는 것으로 끝나는 것이 아니다. 그것은 장애인을 중심으로 그와 긴밀한 관계 안에 있는 사람들을 향한 또 다른 관계 선교로 이어진다. 장애인을 중심으로 한 관계는 대부분 주로 사랑과 보호와 책임의 관계이다. 그 가운데서도 특히 가정이 제일 기본적인 일차적인 관계이다. 그러므로 장애인선교는 관계 선교이고, 가정 선교라는 특징을 갖는다.

가정은 사회의 가장 기초적인 단위이다. 가정은 1차 집단으로서 가족구성원들에게 생계와 안전과 보호와 지지와 원조의 기반이다. 장애인도 마찬가지여서 장애인을 가장 가까이서 사랑으로 돌보는 곳이 가정이고, 돌보는 사람들도 주로 가족이다. 장애를 사회적인 문제로 인식해 감에도 불구하고 여전히 장애인에 대한 1차적인 책임, 특히 육체적·정신적·경제적 부담은 여전히 가족들의 몫으로 남아 있다. 그래서 장애인선교는 자연스럽게 돌봄의 책임을 가지고 있는 가정 선교나 주변인 선교와 연계되어 있다.

2018년 현재 장애인이 약 750만 명에 이른다고 한다면, 이것은 4인 가정을 기준으로 할 때 서너 집 건너 한집마다 장애인을 가족 구성원으로 두고 있는 셈이다. 가족 중에 장애인이 있으면, 장애인만 아니라 장애인의 모든 가족들 또한 생활에서 상당한 제약을 받는다. 부모는 죄책감, 양육노동, 경제적 부담, 미래에 대한 염려를 갖는데, 대개 특히 어머니가 가장 큰 몫을 감당한다. 아버지 또한 가정, 직장, 사회생활에서 상당히 위축되곤 한다. 이런 현상은 부부간 갈등, 불화, 별거, 이혼으로 이어지기도 한다. 장애인의 형제자매들도 어려서부터 상대적으로 관심과 애정의 결핍이라는 상처와 함께 장애형제에 대한 죄책감과 책임감을 가지고 자란다. 그러므로 장애인선교는 장애인뿐만 아니라 또한 장애인의 가족도 고려하여 사랑으로 섬긴다.

종종 가족이 없거나 또는 가족과 떨어져서 홀로 사는 장애인을 보게 된다. 장애인 자립생활 운동으로 이런 현상이 증가할 수 있다. 그럴 경우에도 장애인을 중심으로 그들을 돕고 있는 보호자, 이웃, 친구, 사회복지사, 활동보조인, 자원봉사자에게 사랑의 관계를 통해서 복음이 전파되고 선교가 이루어진다.

장애인도 사람이며 사회적 존재이다. 장애인도 가까이 가족, 친지, 친구, 봉사자 등 수많은 인간관계 속에 살아간다. 장애인을 통해 가족과 주변 사람들에게 복음이 전파되기도 하고, 그 역으로 가족과 주변 사람들을 통해서 장애인에게 복음이 전파되기도 한다. 그래서 장애인선교와 함께 또한 의료인 선교, 특수교사 선교, 사회복지사 선교, 사회복지 종사자 선교도 중요하다.

3. 장애인과 평생 함께하는 선교

장애인이 살다가 비장애인이 되는 경우는 현실적으로 매우 드물다. 물론 의료기술의 발전과 기적적인 신유로 말미암아 장애가 치유되는 예가 없는 것은 아니다. 그러나 대개 한번 장애인이면 평생 장애인으로 살아간다. 그것이 의료적인 관점에서 장애 개념이 갖는 특징 중의 하나이다. 장애가 평생 지니고 살아야 하는 삶의 조건이듯이 장애인선교 또한 장애인과 평생을 함께하게 되는 선교이다. 장애인의 경우에 장애로 인하여 삶의 자리에 대한 이동이나 관계의 변화가 쉽지 않다. 심지어 장애 아동이 어린 시절에 장애인 시설에 입소하여 노인이 되기까지 한 시설에서 평생을 사는 경우도 있다. 장애인선교는 평생 선교이다.

그러므로 장애인선교는 마치 가족처럼 평생을 내다보며 함께 인생을 설계하고 계획하고 도전하여야 한다. 그런 점에서 장애인선교는 다른 어떤 선교보다 훨씬 더 교회 공동체와 긴밀히 연관되어 있어야 한다. 교회는 횡적으로 인간의 각 생애 단계를 살고 있는 구성원을 두루 가지고 있으며, 종적으로 한 개인이 전 생애를 살아가는 평생을 모두 담고 있다. 실제로 교회는 전 생애를 걸쳐 다양한 연령의 성도들을 구성원으로 가지고 있어서 쉽고 자연스럽게 각 연령에 해당하는 장애인 사역을 전개하기에 매우 유용하다.

평생 선교로서 장애인선교는 특히 교육이나 양육을 강조한다. 왜냐하면 평생을 내다 볼 때에 기독교의 기본적인 신앙교육과 함께 또한 교회와 하나님나라의 일군으로서의 사명을 감당하기 위해서 교육과 양육이 필요하기 때문이다. 평생 교육과 평생 돌봄은 인간이 생애 주기에 따라 기본적으로 어떤 변화를 겪으며 무엇을 필요로 하는지 알게 하였고 생애 주기에 따라 어떤 일을 할 수 있는지 준비할 수 있게 하였다. 교회는 기본 사명으로 교육을 가지고 있으며, 그래서 교육선교나 양육선교를 전개한다.[16]

장애인선교의 중요한 특징 중의 하나는 교육 선교, 특히 양육 선교이다. 선교는 장애인에게 복음을 전하는 것으로 끝나는 것이 아니라 회심 이후 교회에 안정적으로 정착하고, 교회의 온전한 구성원이 되어 교회에 동등하게 참여하며 신앙이 성장하고, 교회의 일군으로서 동등하게 교회에서 일하도록 하는 데까지 이른다.[17] 그리고 이것이 가능하도록 의식과 여건과 환경을 조성해 주어야 한다. 특히 장애인의 재능과 은사를 개발하여 교회는 물론 나아가 사회에서 의미 있고 가치 있는 인생을 살면서 그리스도인으로서 하나님나라를 이루는데 기여하도록 교육/격려/지

---

16) 대한예수교장로회 총회교육부, 『평생교육 커리큘럼의 이론과 실제』(서울: 한국장로교출판사, 2000) 참조. 이 책은 덕수교회의 교육 프로그램을 예로 삼았다.

17) 이후천, 『현대 선교학의 이슈들』(서울: 대한기독교서회, 2008), 148–149. 이후천은 전도-정착-양육-훈련을 통한 시스템 선교론을 주창한다.

원 하여야 한다.

4. 장애의 특성에 따른 전문적인 선교

장애인선교는 예수 그리스도를 믿고 복음을 전하고자 한다면 누구
나 할 수 있다. 그러나 장애인선교를 잘 하려면 장애의 특성과 장애인의
삶과 그리고 장애인 개인에 대해서 계속 배우고 점점 더 알아가야 할 필
요가 있다. 모두가 장애인복지 전문가가 되어야하는 것은 아니지만, 장
애인선교를 하다보면 어느새 점점 전문가가 되어가고 있음을 발견한다.
장애인선교는 일종의 전문인 선교이기도 하다.[18]

장애는 삶의 조건들 중 매우 영향력 있는 것으로 인간이 삶을 살아
가는 데 있어서 전 분야에 걸쳐 큰 영향을 미친다. 휠체어 장애인은 어디
를 가고자 한다면 어떤 경로를 택할 것이고, 소요 시간을 계산하여 언제
출발할 것인가를 미리 고민한다. 지체장애인들은 사람들이 많아 복잡한
곳을 피하는 경향이 있고, 농아인은 농아인끼리 모이는 모임에 매우 적
극적이다. 특히 농아인의 경우에는 강력한 결속력을 가지고 있는 농(聾)문
화를 형성하고 있다. 그래서 장애인선교는 타문화권 선교로 설명되고 그
방법론이 적용되기도 한다.[19]

나아가 장애인선교라고 해서 다 같은 장애인선교로 생각해서는 곤
란하다. 현재 15가지 법정 장애 범주는 그 나름대로 저마다 독특한 특성

---

18) 전문인 선교에 관하여서는 이수환, 『전문인 선교론』(파주: 한국학술정보, 2011); 김태연, 『전문인 선교전략』(
  서울: 보이스사, 2010); 한국전문인선교협의회 편, 『선교의 패러다임이 바뀐다: 전문인 선교의 전문인 진단』
  (서울: 창조, 2000) 참조.
19) 타문화 선교에 관하여서는 신성주, 『타문화 선교 리더십』(서울: 생명의양식, 2009); 스티브 호크, 빌 테일러,
  한철호/양명호 옮김, 『글로벌 미션 핸드북: 타문화 선교, 어떻게 준비할 것인가』(서울: IVP, 2014); 드웨인 엘
  머/윤서연 옮김, 『문화의 벽을 넘어 현지인과 친구되다』(고양: 예수전도단, 2009) 참조.

을 가지고 있다. 농아인 선교와 발달장애인 선교는 상당히 다르고, 정신
장애인 선교와 시각장애인 선교 역시 상당히 다르다. 장애인선교 안에서
조차도 장애 범주에 따라 타문화권 선교가 적용된다. 그러므로 각 장애
의 특성을 고려한 장애인선교 정책과 프로그램들이 개발되어야 하고, 장
애별 사역 전문가들이 육성되어야 한다. 그럼에도 불구하고 장애인끼리
만 어울리는 것은 결코 바람직한 것이 아니다. 그러므로 장애인선교는 특
성화와 함께 통합화의 선교가 요구된다.

5. 교파와 교단을 넘어 연합하는 장애인선교

장애인선교는 지역이나 국내나 국제적으로 교파를 초월하여 연합하
는 것이 가능하고 또한 매우 바람직하다. 장애인을 사랑하여서 복음을 전
하고자 할 때, 장애라고 하는 공통의 경험에 기초해서 하나님나라라고 하
는 공통의 목표를 가지고 지역 안에 속한 여러 교회들이 연합하는 것이
가능하고 바람직하다.

또한 장애인선교가 점점 더 전문화되어 가고, 지역 사회에서 장애운
동을 전개하게 됨에 따라 어느 한 교회가 장애인선교의 모든 것을 감당하
기 보다는 여러 교회가 서로 분담하고 함께 연합하는 것이 필요하다. 지
역 내의 장애인 시설이나 기관을 선교하고 봉사하는 일에도 지역의 여러
교회들이 함께 협력하는 것이 유익하고 바람직하다. 그런 점에서 장애인
선교는 말 그대로 에큐메니칼(ecumenical) 선교이다.

그래서 다른 선교에 비해 장애인선교는 정치적 진보나 보수, 종교적
진보나 보수의 장벽이 그리 높지 않다. 장애인에게 복음을 전하고, 장애
인을 위한 사회적 환경을 조성하는 일이라면 교리적 차이나 교단의 교권
이나 개교회의 성장제일주의를 넘어서 함께하고자 하는 강한 의지를 가

지고 있다. 한국기독교교회협의회(NCCK) 장애인소위원회와 세계밀알연합과 한국장애인사역연구소의 신학과 사역의 거리가 멀지 않아 언제든 함께 연대할 수 있다. 초교파로 모이는 부산 · 경남장애인부서연합회의 활동은 장애인 연합선교의 하나의 좋은 예이다.

6. 장애인이 주체적으로 참여하는 선교

모든 선교의 진정한 주체는 삼위일체 하나님이시다. 현실에 있어서 하나님의 선교에 참여하는 주체는 성령 안에서 일하는 성도와 교회와 선교회이다. 예수 그리스도를 믿는 사람이라면 성령의 능력 안에서 누구나 선교할 수 있다. 종종 장애인선교를 비장애인이 장애인에게 하는 선교로 획일화하고 고착화하는데, 그것은 큰 오해이다. 선교는 장애가 없어서 장애 있는 사람에게 할 수 있는 것이 아니라 복음이 있어서 복음이 없는 사람에게 하는 것이다. 선교란 장애와 무관하게 먼저 복음을 받은 사람이 다음에 복음을 받을 사람에게 전하는 것이다. 오랫동안 장애인은 선교의 대상이었으나, 이제는 믿음의 장애인 자신이 장애인선교의 주체로 나서기 시작하였다. 그런 의미에서 장애인선교는 또한 당사자주의 선교이다. 장애성도는 장애 당사자이며 복음의 당사자이다.

장애운동에는 당사자주의가 있다. 장애인의 인권과 복지와 재활에서 장애인 당사자의 목소리가 꼭 필요하기 때문이다. 장애인 스스로 자기의 인생과 사회에서 결정권을 발휘하기를 원하며, 이것은 당연한 것이다. 장애인을 위한 비장애인 주도의 결정과 시행은 정작 장애인 당사자에게는 오히려 불리하고 불편하고, 차별이 될 수 있다. 제임스 찰턴(James Charlton)은 '우리 없이 우리에 대한 것은 없다'(Nothing about us without us)고 당사자주의를 부르짖었다.[20] 장애인선교가 꼭 비장애인만 하거나 반대로 꼭 장애인만 하는 것은 결코 아니다. 장애인선교도 장애인을 배제한 선교가 아니라 장애인이 함께하는 선교가 되어야 한다. 모든 선교에 장애인이 함께해야 한다. 모든 선교는 인간의 것이 아니라 삼위일체 하나님의 선교이기 때문이다.

장애인선교는 장애인에 의해 전개됨으로써 보다 큰 영향력을 끼치고 효과적인 결과를 거두고 있다. 그것은 장애인이 겪었던 수많은 고난과 차별의 경험을 가지고 그 가운데서 만난 예수 그리스도를 전할 때에 같거나 유사한 고난과 장애와 상처와 상황을 가지고 있는 장애인에게 훨씬 더 호소력 있게 전달되어 선교가 이루어지기 때문이다. 이것은 역사적으로 장애인복지에서의 당사자주의[21]와 맞물려 더욱 자극을 받았다. 장애인이 언제나 선교의 객체로 머물러 있는 것이 아니라 신앙과 신학의 주체가 되고 전도와 선교의 주체가 되고 있다.

장애인 자신이 장애인의 문제에 대해서 고민하고, 장애인선교의 정책을 수립하고 행사를 기획하고 프로그램을 개발하는 것은 매우 유익한 일이며, 이러한 현상이 사회 전반으로 확대되어 가는 추세이다. 최근 정부나 지자체나 기업이 건물 하나를 건축하더라도 장애인 체험단을 모집하여 모니터링을 하여 보완하고 있다. 그러므로 장애인선교에 언제나 장애인이 동등한 멤버로서 참여하는 것이 바람직하고 효과적인 일이다. 장애인선교가 아니더라도, 다른 모든 선교에서도 장애인이 꼭 동역자로 참여하여야 한다.

---

20) 제임스 찰턴/전지혜 옮김, 『우리 없이 우리에 대한 것은 없다』(서울: 울력, 2009).
21) 조한진, 『한국에서 장애학하기』(서울: 학지사, 2013), 27-28, 183. 당사자주의 또는 당사자원칙은 장애인의 주체성, 자기결정권, 그리고 장애인 집단의 장애인의 공동체성을 강조한다.

7. 장애에 대한 편견을 깨는 선교

장애인선교는 장애로 인한 편견을 깨는 사역을 한다. 사회에는 장애인에 대한 편견이 많다. '장애인은 무능하다.' '장애인은 무지하다.' '장애인은 무례하다.' '장애인은 폭력적이다.' '장애인은 위험하다.' '장애인은 뭘해도 안 된다.' 그래서 종종 '장애인은 무시하거나 차별해도 된다.' 또는 '장애인은 가급적 멀리해야 한다.'는 태도와 행동을 갖게 된다. 이런 편견이 사회를 지배하고 있으면, 그 안에 있는 비장애인은 물론 장애인 본인도 사회의 장애인 소외와 차별을 정당하게 생각하게 된다. 장애인선교는 이러한 장애에 대한 편견을 복음에 기초하여 깨뜨리고 바로잡는다.

장애인선교는 장애에 관하여 시민의식과 사회의식과 교회 의식을 새롭게 하는 선교이다. 장애인선교는 장애인만 아니라 비장애인과 사회 전반의 의식을 복음적인 의식으로 각성시키는 하나님나라의 선교이다. 복음은 장애인 또한 하나님의 영광을 위한 존재로서 하나님나라의 백성이며 하나님나라를 일구는 주역이라고 깨우쳐 준다(요 9:3).[22] 장애인선교는 장애인과 비장애인의 편견과 차별의 장벽을 무너뜨린다. 비장애인이 가지고 있는 장애인에 대한 공포와 교만과 차별의 정당화를 무너뜨리고, 장애인이 가지고 있는 자기비하와 절망과 차별의 정당화를 무너뜨린다.[23]

장애인선교는 또한 교회 안에 있는 장애에 대한 편견을 바로잡는다.

22) 정승원, "하나님 나라 주역으로서의 장애인," 『성경과 장애인』(서울: 세계밀알, 2013), 123.

23) J. Moltmann, "Liberate yourselves by accepting one another," Nancy L. Eiesland & Don E. Saliers, Human Disability and the Service of God(Nashville: Abingdon Press, 1994), 105-122. 몰트만은 장애인과 비장애인이 만남으로써 장애인이 당하고 있는 억압과 차별 그리고 비장애인이 가지고 있는 두려움과 비인간성으로부터 해방되고 하나님의 형상으로서 서로를 치유하는 치유의 공동체를 만들어 갈 수 있다고 주장한다.

장애인이면 무조건 죄인이고, 치유되지 않으면 무조건 믿음이 없어 치유되지 못하는 것이고, 장애인이면 무조건 교회의 리더가 되어서는 안 된다는 고착화된 편견을 수정한다.[24] 기독교의 신앙 안에서 장애를 딛고, 장애와 함께, 장애를 넘어서 교회와 세계에서 일하는 사람이 많다. 장애인선교는 기독교 정신에 기초하여 장애에 대한 교육을 장애인은 물론 비장애인에게도 병행하여야 한다. 왜냐하면 교회는 장애를 넘어서 장애인과 비장애인 모두 그리스도 안에서 한 몸을 이루는 공동체이기 때문이다.

8. 교회를 교회답게 하는 장애인선교

교회는 예수 그리스도의 몸으로서 하나님나라를 향한 선교를 계승한다. 예수 그리스도가 타인을 위한 존재이듯 그의 몸인 교회 또한 세상을 위한 존재이다. 교회가 세상을 위해 하는 가장 기본적인 것이 선교이며, 교회가 세상을 위해 하는 모든 것이 선교이다. 교회의 근본 사명은 선교이며, 교회의 모든 일은 선교와 연관된다.[25]

최근 교회의 정체성을 재확인하고 사회적 영향력을 개선하는 대안 중의 하나로 떠오르는 것이 복지선교이다.[26] 자칫 교회가 세상 가운데에

---

24) 최대열, 『성서, 장애 그리고 신학』 149-176. 교회에 만연된 대표적인 장애 이데올로기가 '죄-장애 이데올로기'와 '믿음-치유 이데올로기'이다. '죄-장애 이데올로기'란 장애를 무조건 죄로 인한 것으로 보고 장애인을 죄인으로 정죄하는 것이고, '믿음-치유 이데올로기'란 장애인이 치유되지 않는 것은 장애인 당사자가 믿음이 없기 때문이라고 단정 짓고 정죄하는 것이다.

25) 교회의 본질로서 선교에 관하여서는 대릴 구더/조범연 옮김, 『교회의 선교적 사명에 대한 신선한 통찰: 교회의 계속적인 회심』; 마이클 프로스트, 앨런 허쉬/지성근 옮김, 『새로운 교회가 온다』(서울: IVP, 2009); 크리스토퍼 라이트/한화룡 옮김, 『하나님 백성의 선교』(서울: IVP, 2012); 그레고리 비일/강성열 옮김, 『성전 신학: 하나님의 임재와 교회의 선교적 사명』(서울: 새물결플러스, 2014); 크레이그 밴 겔더/최동규 옮김, 『교회의 본질』(서울: 기독교문서선교회, 2015) 참조.

26) 최무열, 『한국교회와 사회복지』(서울: 나눔의집, 2004), 455-467. 최무열은 오늘날 선교의 위기상황을 극복하고 양극화 현상을 극복하기 위한 바람직한 교회 모델로 교회의 사회복지를 말한다. ; 김은수, 『사회복지

서 세속에 젖어 힘을 잃고, 맛을 잃고, 향기를 잃기가 쉽다. 종종 교회가 세상의 빛과 소금이 아니라 오히려 세상으로부터 비난과 지탄을 받게 되기도 한다. 복지선교는 교회를 교회답게 살린다. 단순히 교회의 이미지 관리를 위한 것이 될까봐 사회복지 전문가들은 교회의 복지를 불편하게 생각하곤 한다. 그러나 교회는 세상의 환심 때문이 아니라 본질상 하나님의 뜻을 따라 세상을 구원하고 하나님나라를 이루고자 한다. 세상의 복지가 아니라 하나님나라를 향한 디아코니아의 섬김이 교회의 본질이다.

오랫동안 한국 교회는 복지선교에 소극적이었다. 거기에는 한국 교회의 개교회주의와 성장제일주의가 근저에 자리 잡고 있다. 복지선교 중에서도 장애인선교에 대해서는 더욱 소극적이고 부정적이다. 그것은 장애인선교가 일종의 3D사역(Difficult, Dangerous, Dirty)이고, 좀처럼 괄목할만한 결과를 기대하기 어렵기 때문이다. 경제적인 논리에 따라 장애인선교는 많은 비용에 비해 결과가 매우 보잘 것 없다고 생각한다. 특히 발달장애인선교 사역이 그렇다.[27] 선교를 하더라도 이왕이면 결과나 유행에 따라 주목받고 좋은 결과를 기대할만한 선교를 선호하는데, 장애인선교는 결코 그렇지 못한 것이다.

장애인선교는 결과보다는 방법, 행사보다는 사람, 이익보다는 사랑을 우선하고, 오직 사랑과 섬김으로 하는 선교이다. 오늘날 교회를 그리스도의 몸으로 새롭게 함에 있어서 장애인선교의 장점은 기독교의 사랑(agape)으로 한다는 것이다. 교회는 주님 안에서 사랑으로 하나 되는 공동체이다. 교회에는 장애에 대한 편견과 소외와 차별을 넘어서는 믿음과 사랑과 소망이 있다. 교회 안에서 장애인과 비장애인이 서로 사랑하는 것

와 선교』(서울: 대한기독교서회, 2014), 17–21. 김은수 역시 한국교회 침체를 극복할 방법으로 통전적 선교를 제시하고 실천적인 봉사로서 기독교의 사회복지를 주장한다.

27) 최대열 · 이상록, 『교회와 발달장애인』, 203–204.

만으로도 세상을 향해 하나님나라를 보여주며 선교를 가능케 한다(요 13:34-35). 교회가 그리스도의 몸이라고 한다면, 장애인과 같은 연약한 지체가 더 큰 관심과 사랑을 받아야 한다(고전 12:22-26). 교회는 주님의 사랑 안에서 사귀는 형제자매공동체이며 장애를 넘어 장애 · 비장애인공동체이다.

장애인선교는 교회의 본질을 회복하는 계기가 될 수 있고, 교회를 교회로서 살아 움직이게 하는 좋은 방법이 될 수 있다. 장애인선교는 교회로 하여금 지역사회에서 빛과 소금으로 드러나게 한다. 교회는 장애인 선교 가운데 주님의 사랑을 재확인하고 그 사랑을 본받아 실천하며 살게 된다. 장애를 넘어서 교회 안에서 서로 사랑하는 공동체가 교회이다. 교회 밖의 장애인에게 복음으로 사랑의 손길을 내미는 공동체가 교회이다.

9. 장애차별의 사회를 변혁하는 선교

장애인선교는 개인선교인 동시에 사회선교이다. 거기에는 크게 두 가지 이유가 있다. 첫째로 복음의 사회성 때문이고, 둘째로 장애 또한 사회적 개념이자 사회적 현실이기 때문이다. 예수 그리스도가 전한 하나님 나라의 복음은 개인의 심령뿐 아니라 사회를 넘어 전 세계의 현실에도 해당하는 것이다. 또한 세상에 장애인은 없고 오직 장애 사회가 있을 뿐이라는 말처럼 장애란 실제로 개인적인 문제를 넘어 사회적 개념이며 사회적 현실이다. 장애인선교가 전인적인 복지선교라고 한다면, 장애인선교는 장애인의 일상생활과 사회생활 전반에 걸쳐 시민의식의 개혁과 함께 건축, 법률, 제도, 문화 등의 사회적 기반을 개혁하는 사역을 진행하여야 한다. 그런 의미에서 장애인선교는 사회선교이다.[28] 보다 정확히 말하면 장애인선교는 사회와 세계의 전 분야를 포함하는 하나님나라의 선교이다.

장애인의 인권과 복지에 대한 시민의식은 여전히 편견과 차별 가운데 있지만, 이전에 비하면 상당히 개선되고 있다. 사회는 장애인의 인권과 복지를 위한 법 제정과 제도 정비와 시설 운영과 프로그램 개발과 봉사자 개발과 후원 사업에도 더욱 열심을 내고 있다. 사회에 만연한 차별을 극복하는 것은 오직 삼위일체 하나님의 사랑이다. 주님 안에는 어떠한 차별도 없다(롬 3:22, 10:12, 갈 3:28, 골 3:11, 약 2:9).

다만, 장애인선교 현장에서의 심각한 고민거리는 정부 주도의 사회복지 체제에서 장애인선교가 그 수고와 노력에 비하여 제대로 평가받지 못하고 있으며, 오히려 소외와 차별을 받고 있다는 점이다. 현행 장애인복지에 관한 법과 제도는 기독교 선교의 고유성이나 특수성을 고려하지 않는다. 교회나 선교회가 장애인과 관련하여 수많은 좋은 일들을 하고도 언제나 사회로부터 비판과 감시의 대상이 되는 이유이다. 교회가 사회의 본을 보여주는 것과 별도로 이제 시대가 종교적 자유에 따라 서비스를 제공받을 권리의 시대에 돌입하고 있다. 이에 장애인선교를 지원하고 최소한 안전망을 확보할 법과 제도를 마련하고, 정·관·민의 관계를 상호 우호적인 관계를 형성해야 할 과제가 있다.

---

28) 지역사회를 위한 선교에 관하여서는 정원범, 『사회선교 · 목회 · 21세기』(서울: 한들출판사, 2006); 이정서, 『기독교사회복지와 사회선교』(파주: 교육과학사, 2009) 참조; 밥 모피트 & 칼라 테쉬/민요섭 옮김, 『예수님이 시장이라면』(서울: 서로사랑, 2008), 31. 만약 예수님이 시장이라면 당신의 지역사회는 어떻게 변할 것인가? 이 책은 지역사회의 문화를 변혁시키는 교회의 지역선교를 제안하고 있다.

10. 여러 선교와 연대하는 장애인선교

세계보건기구가 장애 인구를 15%로 추정하였는데, 그 수치의 장애인은 세계 어느 나라에나 있는 것이다. 최근 한국의 복지선교에 있어서 시사적 이슈와 가시적 기대 효과와 절박한 현실 때문에 다른 선교에 우선성을 두고 장애인선교를 식상한 것으로 미루어 두는 경향을 발견하게 된다. 시대적으로 다문화가정, 탈북인, 유아나 노인 복지선교 등에 관한 사회적 관심이 고조되고 있으며, 교회의 선교에서도 이 분야가 부각되어 각광을 받고 있다.

그러나 사실 장애인선교는 어느 복지선교와도 연대해야 하는 것이다. 왜냐하면 아동, 여성, 청소년, 다문화가정, 탈북인, 노숙인, 외국인근로자 등 어떤 사회적 마이너리티 그룹에든지 장애인이 존재하기 때문이다. 마이너리티는 사회에서 이중삼중의 고난과 소외와 차별을 겪고 있는데, 마이너리티 안에서도 장애인은 또 다시 이중삼중의 고난과 소외와 차별을 받는다. 장애인선교 내에서도 장애의 특성상 중복장애인이나 특히 발달장애인에게서 가중적인 고난과 소외와 차별을 발견한다.

그러므로 장애인선교는 여러 선교들과 함께 교류하고 연대하고 협력하여야 한다. 선교의 대상과 관련해서는 빈민선교, 다문화가정 선교, 탈북인 선교, 노숙인 선교 등과 더욱 긴밀하게 협력해야 하고, 선교의 방법이나 성격과 관련해서는 의료인 선교, 병원선교, 학원선교, 복지선교와도 밀접히 연계하여야 한다. 하나님나라를 향하여 함께 연대하는 선교는 비단 장애인선교만이 아니라 하나님의 모든 선교가 취해야 할 태도이다.[29] 장애인선교는 선교 속의 선교이며, 선교를 엮는 선교 간의 선교로

---

29) 멕 크로스만/정옥배 옮김, 「Mission Exposure: 세계 선교에 대한 성경적 · 역사적 · 전략적 · 문화적 · 동역적 관점」(고양: 예수전도단, 2007), 268–278. "선교란 혼자서 할 수 없다. 한 개인이 아무리 대단해도 개인

서 좋은 모델이다.

11. 모든 사람을 위한 장애인선교

장애인선교는 장애인만 위한 것이 아니다. 장애인선교는 모두를 위한 선교이다. 장애 인구가 사회의 15%라고 해서 장애인선교가 단지 15%의 장애인만을 위한 선교는 결코 아니다. 이것은 세 가지 의미에서 그러하다. 첫째, 장애의 개념과 장애인의 범위가 변화함에 따라 모든 인간이 장애인이 될 수 있기 때문이다. 실제로 장애인의 95% 이상이 후천적 장애인이며, 장애는 누구에게나 발생할 수 있다. 노화와 함께 장애를 수반하는 것은 특별한 일이나 소수의 사람의 일이 아니라 모든 사람에게 일반적이고 자연스러운 일이다. 고령사회에 진입하면서 이러한 장애 현상은 더욱 흔한 일이 될 것이다. 그런 의미에서 비장애인을 가리켜 예비적 장애인, 잠재적 장애인, 일시적으로 건강한 몸을 가진 사람이라고 부를 수 있다.

둘째, 장애인선교를 하면서 주위에 있는 가족이나 봉사자나 관계자들에게도 선교가 일어나기 때문이다. 장애인이 전하는 복음과 간증이 꼭 장애인에게만 유효한 것은 아니다. 장애인의 간증을 들으며 회심하고 교회로 나오는 비장애인도 많거니와 자신의 신앙을 바로잡는 비장애인도 많다. 장애인선교는 노인 선교와 맞물려 모든 사람들을 위해 준비하는 선교이며 언제 누구에게나 일어날 수 있는 장애에 대해서 준비하는 선교이다.

만으로는 절대 충분하지 않다. 교회, 선교기관, 평신도들이 함께 비전을 품어야 한다." 필자는 장애인선교야말로 필히 동역적 선교가 되어야 한다는 생각이다. 장애인선교는 개인을 넘고, 개교회를 넘고, 개교단을 넘어서 하나님나라를 위하여 함께 연합하고 동역하여야 한다.

셋째, 장애는 개인의 문제가 아닌 사회적 문제이다. 사회의 장애에 대한 관심과 장애인에 대한 의식은 장애인만 아니라 비장애인에게도 보이게 그리고 또한 보이지 않게 영향을 미친다. 장애인선교가 사회 전반을 기독교에 우호적으로 변화시키고, 사회 전반을 보다 따뜻하고 살기 좋게 변화시킨다. 장애인선교의 내용과 방법과 영향은 비장애인을 포함하여 사회 전반에 적용된다. 그런 점에서 장애인선교는 장애인만을 위한 선교가 아니라 비장애인을 포함한 모든 사람을 위한 선교이다.

12. 복음의 기본에 충실한 장애인선교

모든 선교가 복음에 충실하겠지만, 장애인선교는 그 내용과 방법에서 더욱 선교의 기본자세에 충실한 선교이다. 복음이란 구세주 예수 그리스도를 말하며 그를 통한 하나님나라를 말한다. 최근 사회의 장애인복지가 상당히 발전함에 따라 장애인선교는 오히려 보다 더 어렵고 힘들고 가난하고 중한 장애인을 찾아 나서고 있다. 교회가 장애인에게 복지의 방식으로 접근한다고 하더라도 교회는 복음에의 접근이 더 어려운 장애인들을 계속 찾아 내려가야 한다.

장애인선교는 기본적으로 예수 그리스도의 모습에서 본을 찾는다. 예수 그리스도는 하나님 아버지와 근본적으로 동등하시나 인간의 몸을 입고 이 땅에 오셔서 십자가에 죽으시기까지 자신을 낮추어 섬겼다(빌 2:6-8). 예수 그리스도는 자신을 선한 목자로 지칭하며 잃어버린 한 마리 잃은 양을 찾기 위해 십자가의 고난을 감당하였다(요 10:11-15). 모든 선교가 이러한 예수의 삶을 따르는데, 장애인선교는 더욱 그렇게 자신을 낮추어 더욱 낮은 곳을 향하여 내려간다. 장애인선교는 복음의 정신을 따른 아래로의 선교이고, 섬김과 희생의 선교이다.

복지사회가 되면서 장애인을 위한 예배는 교회의 고유 사명으로 남아 있지만, 그 외의 여러 복지 사역은 대부분 정부나 복지관이나 장애인 시설들에 의해 진행되고 있다. 사회복지란 운영상 대개 위로부터 또는 위를 향한 복지를 지향한다. 그로 인해 낮은 곳에는 여전히 많은 사랑의 손길이 절실히 요구되고 있고, 사회에는 복지의 사각지대와 틈새가 많이 있다. 장애인선교는 복지의 틈새와 복지의 사각지대를 찾아 내려간다. 장애인선교는 예수 그리스도의 복음과 사랑을 가지고 더 낮은 곳으로, 더 심한 장애를 가지고, 더 힘겨운 시간을 보내고 있는 사람을 찾아내려가야 한다.[30] 이것이 장애인선교가 출발한 동기이며 또한 계속해서 견지해야 할 기본적인 자세이다.

V. 결어: 모든 선교의 종합적 본으로서 장애인선교

장애인선교는 우선적으로 장애인을 위한 선교이다. 왜냐하면 현실적으로 장애인이 다른 어떤 부류의 사람에 비해 복음과 교회생활에서 소외되고 차별받고 있기 때문이다. 장애인선교는 장애인에게 예수 그리스도의 복음을 전하여 삼위일체 하나님나라를 맛보며 그 나라를 바라보고, 그 나라를 살게 하는 것이다. 장애인선교의 내용은 주 예수 그리스도의 복음과 삼위일체 하나님나라이다.

장애인선교는 장애인에 대한 관심과 사랑으로 시작하는 선교이다. 장애인선교는 장애인을 죄와 장애와 절망으로부터 구원하는 선교이고, 사회적인 소외와 차별과 억압과 악한 구조로부터 해방하는 선교이다. 장

---

30) 최대열, "다음 세대의 장애인선교," 196.

애인선교는 비단 장애인에게만 해당하는 것이 아니라 비장애인과 또한 사회 전체를 치유하고 해방시킨다. 그리하여 장애인선교는 삼위일체 하나님나라를 이루어가는 선교이다.

앞서 장애인선교의 특징을 12가지로 요약 정리하였는데, 이 특징의 대부분이 꼭 장애인선교에만 해당하는 것은 아니다. 사실 여러 다른 선교에도 동일하게 해당되는 것인데, 다만, 장애인선교에서 그 특징이 보다 분명하고 확연하게 드러나는 것일 뿐이다. 그러므로 장애인선교의 여러 특징들은 다른 선교들에도 적용되거나 접목될 필요가 있다.

예수 그리스도의 몸 된 교회라고 한다면, 장애인선교는 마땅히 우선하고 힘써야 할 선교이다. 이 시대 잃어버린 한 마리 양의 대표적인 그룹이 바로 장애인이라 할 수 있고, 예수 그리스도가 사랑으로 함께하고 치유한 부류가 장애인이기 때문이다. 또한 교회는 복지 시대에 장애인 사역을 끊임없이 요청받고 있다. 갈수록 장애 인구가 증가할 것이며, 장애인에 대한 사회적 관심도 커지면서 교회를 향한 장애인사역 요청도 커져갈 것이다.

그동안의 장애인선교를 돌이켜 볼 때, 장애인선교는 여전히 교회적 관심, 성도의 장애인 교육, 교회의 편의시설 확충과 완전한 참여, 전문사역자의 육성, 장애인선교 프로그램의 개발, 장애인선교신학의 정립, 신학교에서 장애인선교 관련 과목의 개설, 장애인 복지선교 시설을 위한 법과 제도의 정비, 재정적 후원 등의 과제를 안고 있다.[31]

---

31) 최대열의 장애복지선교를 위한 "정책 건의," 대한예수교장로회 용천노회, 『총회 장애인복지선교 정책 마련을 위한 기초조사 보고서』(서울: 대한예수교장로회 용천노회, 2007), 44–56. 필자는 이글에서 1) 지속적이며 정례적인 실태조사, 2) 장애인 교회와 장애인 부서의 증설, 3) 장애인 교회의 자립화, 4) 장애인 교회 교역자의 생활 대책, 5) 장애인 교회 교역자의 양성, 6) 장애인 교회 교역자의 교육, 7) 장애인 교회(부서)의 네트워크, 8) 지역사회에서의 장애인선교를 위한 연합, 9) 총회와 노회 차원의 장애인 교회에 대한 관심과 후원, 10) 장애인선교후원회의 활성화와 기금의 운영을 제안하였으며 결론적으로 이를 감당할 총회 장애인사역 전담기구의 운영을 건의하였다; 최대열, "다음 세대의 장애인선교," 190–198. 필자는 다음 세대를 1) 저출산

장애인선교는 매우 종합적인 선교이다. 장애인선교의 특징은 이것을 잘 말해주고 있다. 장애인선교는 비단 장애인만 위한 것이 아니라 장애인 주위의 가족, 보호자, 사회복지사, 봉사자를 선교하고, 더 나아가 비장애인과 사회 전체를 선교하는 결과를 가져온다. 또한 다른 마이너리티 그룹 안에도 장애인이 존재하고 있음을 고려한다면, 장애인선교는 여러 선교와 협력하는 선교가 되어야 한다.

　그러므로 장애인선교는 여러 선교들 중의 하나이지만 동시에 그것을 넘어서 모든 선교가 가질 수 있고, 가져야할 모든 것을 가지고 본을 보여주는 선교라고 말할 수 있다. 그래서 장애인선교를 잘하는 성도나 교회라고 한다면, 하나님이 맡겨주시는 다른 어떤 선교나 사역도 충분히 잘 감당할 수 있으리라고 확신한다. 삼위일체 하나님의 선교를 온전히 이루기 위하여 모든 선교는 장애인선교를 포함해야 하고, 장애인선교는 다른 모든 선교들과 연대하여야 한다.

시대 2) 사회의 장애인복지의 확대 3) 교회 장애인선교의 위축 4) 세계화·디지털 시대 5) 장애에 대한 이해와 태도의 변화 6) 불확실성의 시대로 전망하며 그에 따른 장애인선교의 대안을 제안하였다.

제8장

함께 걸어가는 장애신학

| 제 8 장 |

함께 걸어가는 장애신학*
– 현대신학에서 장애신학의 좌표와 전망

I. 서언: 길 위의 장애신학

신학이 하나님의 계시에 의하여 시작된 사랑과 믿음과 소망의 학문이지만, 또한 인간이 하는 학문이라는 점에서 모든 신학은 하나의 길 위의 신학이다. 그것은 모든 인간이 길 위의 존재이며, 하나님이 그 도상에서 인간을 만나주시기 때문이다.[1] 인간은 누구나 인생의 여정 가운데 있으며, 그 가운데서 하나님과 자신과 세계에 관하여 질문하고 사고하며 살아가는 존재이다. 신학은 유한한 인간이 생의 여정에서 하나님을 만나고 알아가는 길이며, 하나님의 은혜를 찬송하며 경배하는 길이며, 하나님나라를 향하여 하나님의 뜻을 이루어가는 길이다.

길 위의 신학이란 신학이 학문으로서 확장과 체계화를 거듭하지만, 하나님나라의 완성에 이르기까지 언제나 미완성 작품으로서 되어감의 신

---

* 이글은 필자가 2015년 5월 30일 세계밀알연합이 주관한 제10회 장애인신학세미나에서 발표한 글로서 『하나님 나라와 장애인』(서울: 세계밀알, 2015)에 수록되어 있다.
1) 김도훈, 『길 위의 하나님』(서울: 조이웍스, 2014), 8. 김도훈은 길 위의 그리고 길 끝의 인간이 의미 있으려면, 그 길을 걸으며 만나는 모든 질문에 답변해 줄 수 있고, 그 답변에 의미를 부여해 줄 수 있는 존재가 있어야 하는데, 그분이 바로 하나님이라고 규정함으로써 길 위의 신학의 근거를 확보한다.

학이라는 사실을 의미한다. 그것은 계속해서 하나님을 알아가는 앎의 신학이며, 계속해서 하나님의 구원과 경륜을 찬양하는 송영의 신학이며, 계속해서 하나님나라를 소망하고 지향하는 하나님나라의 신학이며, 계속해서 하나님나라를 바라보며 하나님의 뜻대로 살아가고자 하는 삶의 신학이다.

모든 신학이 길 위의 신학이라고 한다면, 신학은 겸손과 진실의 자세로 하나님을 알아가고 하나님의 뜻대로 살아가는 여정에서 다른 신학들과 함께 걸어가며 손을 잡아야 한다. 신학은 먼저 하나님과의 대화를 통하여 하나님과의 더 깊은 교제로 나아가고, 세계와의 대화를 통하여 세계 가운데 하나님의 뜻을 이루어 가는 하나님나라의 여정에서 그 길을 걸어가고 있는 여러 신학들과 함께 걸으며 대화하여야 한다. 신학이 함께 길을 걸으며 함께 손을 잡는다는 것은 하나님의 은혜를 함께 나누는 방법이며 하나님나라를 위해 함께 협력하는 방법이다.

장애신학 역시 하나의 '길 위의 신학'이다. 장애신학도 완성된 신학이 아니라 여전히 하나의 '되어감의 신학'이다. 현대신학의 역사에서 다른 신학과 비교하면, 장애신학은 신학적 개념이나 방법이나 내용에 있어서 상당부분 배우며 뒤쫓아 가고 있는 신학으로 후발주자인 셈이다. 오늘 신학계에는 이미 여러 신학적 전통이 있고, 최근에 부상하고 있는 여러 신학도 있다. 장애신학은 이러한 신학들과 대화함으로써 하나님의 존재와 역사에 대한 풍성한 자료를 나누어 받아야 하고, 장애신학의 고유한 자료를 나누어 주어야 한다.

이글은 장애신학이 하나님나라를 향한 길을 걷고 있는 하나의 신학으로서 여러 신학들과 함께 상호간에 대화와 협력 가운데 삼위일체 하나님나라 신학의 보다 풍성한 은혜를 나누고자 하는 글이다. 장애신학이 여러 신학과의 대화를 통하여 내적으로 장애신학의 체계를 구성하고 현대

신학에서의 신학적 좌표를 확인하는 동시에 나아가야 할 방향을 찾고, 외적으로 다른 신학들에게 장애신학의 경험과 자료를 나누어주고, 교회와 세계의 현장에서 장애인선교에 기여하고자 한다.

현대에는 많은 신학사조가 있고, 한 신학사조 안에도 여러 신학자가 있고 신학자마다 사상의 차이가 있고, 한 신학자의 사상도 계속해서 변한다. 이글에서는 현대 신학에서 괄목할만한 성장을 보인 신학 사조를 선별하여 장애신학과 관련하여 역사적 전개를 따라 고찰하고자 한다.[2] 전통적인 신학, 오순절 신학, 남미 해방신학과 흑인신학과 여성신학, 그리고 생태신학, 디아코니아 신학이 그것이다. 이것은 또한 필자를 포함하여 이 땅의 많은 장애인들이 경험한 신학의 역사이기도 하다.

이글에서는 먼저 선별한 신학이 발흥하게 된 배경과 문제를 소개하고, 다음으로 그 신학 사조의 특징적인 신학 내용을 개관하고, 끝으로 그 신학과 장애신학과의 접목 또는 적용으로써 글을 전개하고자 한다. 이 글은 현대의 여러 신학에 관한 상세한 미시적인 연구는 뒤로 남겨둔 채, 장애신학과의 동행을 위하여 현대의 여러 신학을 포괄적으로 개관하는 거시적인 연구이다.

---

2) 현대 신학 개관을 위해 다음의 자료를 주로 참조. 데이비드 포드/류장열 · 오홍명 · 정진오 · 최대열 옮김, 『현대신학과 신학자들』(서울: 기독교문서선교회, 2006); 스탠리 그렌츠 & 로저 올슨/신재구 옮김, 『20세기 신학』(서울: IVP, 1997); 박만, 『최근신학연구』(서울: 나눔사, 2002); 유진열, 『21세기 현대신학』(서울: 대한기독교서회, 2010. 이 책들에는 현대의 많은 신학들이 소개되어 있는데, 장애신학은 모든 신학에 관심을 가지고 있으며 실제로 모든 신학과 접촉 가능하다. 제3세계의 장애신학과 그리고 장애 예술신학에 대한 관심 또한 커져 가고 있다.

II. 전통적인 신학으로부터의 출발

장애신학은 신학자나 그의 공동체가 서 있는 전통과 상황에 따라 차이가 있겠지만, 대개 전통적인 신학으로부터 출발한다. 여기서 전통적인 신학이란 이글의 성격상 엄격한 구분을 접어두고, 지난 2천년 동안 교회를 통해 전해져 내려온 신학을 포괄적으로 지칭한다. 성서에 기초하여 고대 교부들로부터 어거스틴의 신학, 아퀴나스의 신학, 루터와 칼빈 등 종교개혁자들의 신학, 그리고 이후 교리적 차이에도 큰 맥락상 함께 하는 정통 교회의 여러 교파 신학이 포함된다.[3]

전통적인 신학이란 고대 교회로부터 현대 교회에 이르기까지 정리된 교의학적 공통 내용들을 담고 있다. 그것은 성서 전체를 통합적으로 정리한 것으로서 기독교의 진리 체계이며 교회가 지켜야 할 규범적 체계이다. 그 진리 체계는 니케아–콘스탄티노플 신조나 사도신경의 구조와 내용을 따라 신론, 삼위일체론, 창조론, 인간론, 기독론, 구원론, 성령론, 교회론, 성례론, 종말론 등으로 정리될 수 있다. 전통적인 신학이 정통 교회로부터 전수받았고 이미 배경 신학으로 전제되어 있다는 의미에서 다음에 살펴볼 신학들에 비하면 위로부터의 신학이다.[4] 역사적으로 이것은 오랫동안 주로 서구 중심의 신학이었다.

전통적인 신학에서 기독교의 문제는 죄이다. 죄는 여러 문제들 중의 하나가 아니라 인간의 모든 문제와 세계의 모든 문제의 근원이다. 아담

---

3) 전통적인 신학의 역사에 관해서는 알리스터 맥그래스/소기천 · 이달 · 임건 · 최춘혁 옮김, 『신학의 역사』(서울: 知와 사랑, 2005); 신학과 교리별 역사적 전개에 관해서는 알리스터 맥그래스/김홍기 · 이형기 · 임승안 · 이양호 옮김, 『역사 속의 신학』(서울: 대한기독교서회, 2011); 전통적인 신학의 내용에 관해서는 다니엘 밀리오리/신옥수 · 백충현 옮김, 『기독교 조직신학 개론: 이해를 추구하는 신앙』(서울: 새물결플러스, 2012) 추천.
4) 닐 오메로드/정재현 옮김, 『오늘의 신학과 신학자들』(서울: 한들출판사, 2007), 38–43. 오메로드는 19세기까지의 전통신학을 형이상학적이고, 지성주의적이고, 비역사적이고, 독단적이라고 평가한다.

과 하와가 마귀의 유혹에 빠져 하나님의 말씀에 불순종함으로 죄가 시작되었다. 전통적으로 죄는 인간과 하나님과의 관계에서 이해되었다. 하나님과의 단절, 관계의 파괴, 인간의 탐욕과 불순종, 인간의 교만과 태만과 거짓, 인간의 자기중심적 삶 등을 의미한다.[5]

하나님이 인간을 죄로부터 구원하기 위해서 친히 인간의 몸을 입고 성육신하였다. 예수 그리스도는 하나님의 유일하신 아들로서 이 땅에 사람의 몸으로 와서 하나님나라의 복음을 전하였고, 기적을 베풀었고, 제자를 양육하였고, 결국 모든 인간의 모든 죄를 감당하시고자 십자가에 죽었다가 사흘 만에 부활하였다. 전통적인 신학에서 예수 그리스도는 구원자이다. 그는 인간의 죄의 문제를 해결하셨고, 하나님과 인간을 다시 하나로 화해시켰다. 그러므로 예수 그리스도를 구주로 믿으면, 그는 구원을 얻고 하나님의 자녀가 되고 교회 공동체의 일원이 된다. 전통적인 신학에서 죄란 분명히 전 인류적인 것임에도 불구하고 여전히 개인적인 것으로 강조되었다.

교회는 예수 그리스도를 구주로 믿고 삼위일체 신앙을 고백하는 성도들의 공동체이다. 교회는 하나님의 백성, 예수 그리스도의 몸, 성령의 전이다. 성도는 교회를 통하여 은혜를 받고, 교회 안에서 예배와 삶을 통하여 하나님께 영광을 돌리며 예수 그리스도를 통하여 계승된 교회적 사명에 참여함으로써 하나님나라의 삶을 살아간다. 교회는 그리스도의 복음을 세계 열방에 전하는 전도와 선교를 중요한 사명으로 삼고 있다.

지난세기 전통적인 신학에서 최고의 재발견은 '하나님나라'와 '삼위일체'이다. 20세기 종말론의 재발견과 함께 신학의 중심 주제는 하나님나라가 되었다. 쿨만(O. Cullmann), 큄멜(W. G. Kümmel), 리델보스(Hermann

---

5) 김균진, 『기독교신학2』(서울: 새물결플러스, 2014), 372-388.

Ridderbos)를 통하여 복음의 절정으로 예수 그리스도가 선포한 하나님나라가 부각되었다. 래드(George E. Ladd)에 따르면, 하나님의 나라는 역사적으로 예수 그리스도로 선취되어서 성령 안에서 마지막 완성을 향해 나아가고 있는 현실이다(already but not yet).[6] 이후로 하나님나라는 개인의 영적 · 심리적 영역을 넘어서 사회와 생태계에 이르는 전 세계를 포함하는 영역으로 확장되었다. 하나님나라는 피안의 세계를 넘어 이 땅의 현실 세계에서 성령으로 말미암아 하나님의 뜻이 이루어지는 정의와 평화와 기쁨의 세계이다.

기독교의 신론은 삼위일체론이다. 삼위일체론은 오랫동안 난해하고 비실천적이어서 신학이나 교회에서 기피하여 왔는데, 지난 세기 후반 삼위일체 하나님에 대한 연구는 '삼위일체 르네상스'라 할 만큼 크게 발흥하였다.[7] 삼위일체론은 기독교의 정체성에 대한 현대적 해명뿐 아니라 현대 세계의 문제를 해결하는 주요 원리와 방법으로 제시되었다. 몰트만은 1980년 『삼위일체와 하나님나라』를 출간하였는데,[8] 그는 사회적 삼위일체론을 전개하여 삼위의 페리코레시스적 사랑의 친교를 교회와 사회의 현실적 모델로 제시하였다.

장애신학은 전통적인 신학을 배경으로 하고 있으며 전통적인 신학으로부터 출발하였다. 따라서 장애신학 역시 전통적인 신학에 크게 기초하고 있다. 그런데 전통적인 신학은 오랜 세월 보편적 인류를 대상으로 형성되어서 개인이나 그룹의 특수한 상황이나 경험을 미처 고려하지 못한 한계를 가지고 있다. 울리히 바하(Ulich Bach)는 전통적으로 기독교의 인

---

6) 조지 래드/이태훈 옮김, 『예수와 하나님의 나라』(서울: 엠마오, 2001), 141.

7) Thomas R. Thompson, *Imitatio Trinitatis: The Trinity as social model in the Theologies of Jürgen Moltmann and Leonardo Boff*, Ph. D. Dissertation(Princeton Theological Seminary, 1996), 3.

8) 위르겐 몰트만/김균진 옮김, 『삼위일체와 하나님의 나라』(서울: 대한기독교서회, 1982).

간론이 보편적인 이념으로서의 인간을 논의해 온 결과로 사회에서 특이한 존재로 취급되던 장애인과 같은 사람들을 미처 고려하지 못했다는 의미에서 그동안의 신학적 인간론을 '균열된 인간론'이라고 비판하였다.[9] 이러한 특별한 인간, 아니 개별적인 인간에 대한 신학적 연구는 단순히 인간론의 문제가 아니라 인간 실존과 그가 속한 사회가 가지고 있는 수많은 문제들을 포괄한다. 김홍덕은 장애신학이 본래 따로 존재할 이유는 없지만, 그동안의 신학이 장애인들에게 편파적이고 무관심한 신학이 되었기에 몸의 신학과 체현신학의 소개와 더불어 장애신학의 정립을 제안하였다.[10] 장애신학이 전통의 신학을 '장애 입은 신학'이나 '장애를 일으키는 신학'이라고 말하는 것은 이러한 맥락에서이다.

III. 오순절 신학과의 함께 걸음

역사적으로 교회가 사막화되고 신학이 사변화 되고 나면, 언제나 생동적인 새로운 전환이 진행되었다. 모두 같은 형태는 아니지만, 중세의 수도원, 신비주의, 종교개혁, 독일의 경건주의, 영국의 감리교, 미국의 대부흥 등이 대표적인 예들이다. 오순절 운동 역시 당시 교회의 무기력한 신앙에 반발하여 성서의 초대교회 오순절 사건의 재현에 대한 갈망으로부터 출발하였다.

오순절 운동은 1901년 캔사스州 토페카(Topeka)에 있는 팔함(Charles F. Parham)의 베델성경학교에서의 부흥운동과 1906년 로스앤젤레스의 아

---

9) 울리히 바하, "신학적 주제로서 장애인," 위르겐 몰트만/정종훈 옮김, 『하나님나라의 지평 안에 있는 사회선교』(서울: 대한기독교서회, 2000), 138–139.
10) 김홍덕, 『장애신학』(대전: 대장간, 2010), 37–44.

주사 거리선교(Azusa Street Mission)에서 일어난 시모어(William J. Seymour)의 부흥운동으로부터 시작되어서 미국 전역으로 번져 나갔다. 그것은 곧 북미와 유럽으로 확산되었고, 이후에 아시아와 남미의 전 세계로 확산되었고, 반세기 후에는 은사 위주의 부흥운동에 이르기까지 이어지며 확장되었다.[11] 지난 세기 기독교 영역에서 일어났던 가장 괄목할만한 일들 중의 하나가 바로 오순절 운동의 약진이다.

오순절 신학은 전반적으로 전통적인 신학의 교리에 기초하고 있는데, 다만 성령론에서는 큰 차이를 보이고 있다. 오순절 신학은 성령체험을 강조한다. 오순절주의에서 성령체험은 성령세례와 그 결과로 일어나는 성령의 은사들에 대한 체험이다. 오순절 신학은 성령세례를 중생 이후의 별도의 사건으로, 방언을 성령세례의 우선적인 표징으로 보고, 성령세례를 적극적으로 사모해야 한다고 강조한다.[12] 성령세례에는 성령의 은사들이 따르는데, 오순절주의는 일반적인 은사보다는 특별하게 드러나는 은사들을 더 높이 평가한다. 방언을 성령세례를 입증하는 기준으로 삼고, 신유의 은사를 강조하여 집회 중에 신유의 기적을 재확인한다.[13] 오순절 신학에서 교회는 믿음의 공동체인데, 특히 성령의 은사공동체로서 부각된다.

오순절 신학은 교리적으로 특별히 신유론을 추가하여 강조한다.[14]

---

11) 벨리마띠 캘케이넨/김명남 옮김. 『21세기 성령론』(서울: 프라미스, 2005). 오순절운동의 기원에 대한 역사와 논쟁에 대해서는 특히 107–109.

12) 프레데릭 브루너/김명용 옮김. 『성령신학』(서울: 나눔사, 1989), 56–62.

13) 앞의 책, 149–159; 오순절주의의 성령론에 대한 비판으로는 김명용, 『열린신학 바른교회론』(서울: 장로회신학대학교 출판부, 2005), 232–273. 김명용은 오순절주의의 성령론이 성령세례를 회심 이후 또 하나의 일회적 사건으로 보고, 방언의 은사만 월등히 강조하고, 인간의 고난에 대한 통찰과 사회적·역사적 책임감을 결여하고 있다고 비판한다.

14) 가이 더필드 & 반 클리브/임열수 옮김, 『오순절 신학』(서울: 성광문화사, 2007), 제7장 신유론. 특히 685–688. 신유 받지 못하는 이유는 1) 구원받기 전에 치료를 간구하기 때문이거나 2) 잘못된 목적으로 치료를 구하기 때문이거나 3) 그리스도보다 사역자를 바라보기 때문이거나 4) 불순종 때문이거나 5) 생활 속에서 고백하

더필드(Guy Duffield)는 '신유론'에서 사람이 치유 받지 못하는 이유를 소개 하였는데, 이것은 치유의 실현성 논란을 떠나서 치유 받지 못하는 성도 와 기독교 공동체를 위험에 빠뜨릴 수 있다. 개혁주의 전통은 대개 예수 그리스도의 신유나 기적의 현대적 재현을 인정하지 않는다. 카이퍼(A. Kuyper)는 초자연적 은사를 부인하지는 않았지만, 핫지(C. Hodge), 워필드 (B. B. Warfield), 오웬(J. Owen), 후크마(A. A. Hoekema), 개핀(R. B. Gaffin Jr.) 등 대 부분의 개혁주의 신학자들은 초자연적 은사를 인정하지 않았다.

장애신학에게 처음 만난 오순절 신학은 매우 솔깃하다. 오순절 신학 은 성령체험으로 인한 기적적이고 확증적인 신앙을 강조하는데,[15] 특히 육체적 장애도 치유된다고 주장한다. 이에 대해 장애신학은 반문한다: 장 애가 죄의 결과인가? 모든 장애가 다 치유되어야 하는 것인가? 치유되지 않으면, 장애인의 믿음이 없는 것인가? 사실 이 질문은 꼭 오순절 신학에 만 아니라 모든 전통적인 신학에 해당하는 것인데, 오순절 신학이 치유 와 기적과 복을 특별히 강조함으로써 장애신학과 정면으로 충돌하게 된 것이다.

한편, 장애신학은 하나님나라를 향해 함께 걷는 신학의 길에서 오순 절신학을 재고해 보아야 한다. 오늘날 세계에서 일어나고 있는 성령의 크 고 놀라운 역사를 결코 무시할 수 없다. 성령의 역사는 개인의 내면에서 부터 사회적 정의와 생태계의 샬롬에 이르기까지 광범위하고 다양하다. 그렇다면, 성령의 역사 안에서 장애인의 육체적 치유는 불가능한가? 교 회와 선교의 현장에서는 육체적 치유, 곧 병자와 장애인에 대한 신유의 역사가 일어나고 있음이 계속해서 보고되고 있다.[16] 장애신학은 성령 안

지 않은 죄가 있기 때문이거나 6) 불신앙 때문이거나 7) 응답받을 때까지 믿음에 서 있지 못하기 때문이다.
15) 정해주, 『오순절 신학의 이해와 원리』(서울: 성광문화사, 2002), 151, 181. 삼위일체는 체험신앙에 의해 고백되고 실천적인 삶의 내용에 표현된다.
16) 노윤식, "진정한 민중 종교 현상으로서의 신적 치유," 『치유와 선교』(서울: 다산글방, 2000), 83-86.

에서의 치유의 가능성을 열어 놓아야 하고, 오순절신학은 하나님나라를 향한 통전적인 치유로 확장해 나아가야 한다.

IV. 남미 해방신학과의 함께 걸음

남미 해방신학은 근대 서구가 남미를 식민지로 개척하면서부터 구축된 남미의 오랜 경제적 빈곤을 배경으로 하고 있는데, 직접적으로는 지난세기 전반에 전개되었던 '개발'(development)의 실패로부터 출발하였다. 경제적 약탈과 예속 상태에서 선진국의 원조에 기초한 개발 정책은 군부나 관료집단들의 독재와 억압으로 경제·정치적 침탈 구조를 강화시켰다.

1968년 메델린(Medellin) 주교 회의는 가난한 자들 또한 하나님의 백성이며 인간으로서의 가치를 가지고 있으며, 교회는 사회의 구조적인 악에 대하여 도전하고 극복해야할 것을 선언하였다. 1971년 구티에레즈(Gustavo Gutiérrez)는 『해방신학』을 출간하였는데, 그는 남미 상황에서의 경제·사회·정치적 해방, 역사적으로 의식하고 책임지는 인간의 해방, 그리고 죄로부터의 해방과 하나님과의 교제를 주장하였다.[17] 남미 해방신학에서의 문제는 가난과 억압인데, 그것은 개인이 아니라 가난과 억압에서 벗어나지 못하게 하는 사회적 구조, 곧 정치적이고 경제적인 착취와 억압구조에 따른 것이다. 해방신학에서 죄는 인간의 이기적인 탐욕에서 시작하지만 불의로부터 벗어날 수 없게 된 사회의 악한 구조를 포함한다.

남미 해방신학에서 예수는 해방자이다. 예수 그리스도는 인간을 죄

---

17) 구스타포 구티에레즈/성염 옮김, 『해방신학』(왜관: 분도출판사, 2000), 204–208.

의식과 불의한 사회로부터 해방시킨다. 1972년 보프(Leonardo Boff)는 『해방자 예수 그리스도』를 출간하였는데, 그는 하나님나라가 영토가 아니라 새로운 질서이며 영적인 것만 아니라 물질세계까지 포함하는 총체적인 것이라고 주장하였다. 해방이란 하나님나라에 합당한 사고와 행동을 포함한 인간 세계의 혁명인데, 예수 그리스도는 인간의 억눌린 양심을 해방시키고 인간과 사회를 변혁시키는 해방자이다.[18]

남미 해방신학에서 교회는 예수 그리스도의 해방의 역사를 계승한다. 교회는 가난한 자들을 위한 교회로서 하나님나라를 향하여 역사적 해방의 성사를 전개하는 공동체이다. 남미 해방신학의 특별한 교회는 소위 '기초교회공동체'(Basic Ecclesial Communities)로 불린 바닥공동체이다. 이 교회는 사회의 가장 가난한 사람들이 신앙으로 모여 살며 서로 돕고, 함께 성서를 읽고 자신의 삶에 비추어 해석하고, 그에 따라 해방운동을 전개하고자 하였던 신앙생활공동체이다. 이 교회는 전도가 아니라 해방이 교회의 선교임을 강조하였다.[19]

남미 해방신학은 오늘날 신학을 한다는 것에 몇 가지 중요한 점을 가르쳐 주었다. 첫째, 신학은 현실적인 삶의 자리로부터 출발한다. 남미 해방신학은 가난한 사람을 위하여 가난한 사람들의 삶으로부터 출발하였다. 둘째, 신학은 자신들의 경험에서 기독교의 진리를 표현한다. 남미 해방신학은 가난한 자들을 위해서 가난한 자들의 입장에서 하나님, 죄, 은혜, 예수 그리스도 등에 대한 새로운 해석을 시도하였다.[20] 셋째, 신학은 개인적인 차원을 넘어서 사회적 차원을 고려한다. 남미 해방신학은 개인의 회심

---

18) 레오나르도 보프/황종렬 옮김, 『해방자 예수 그리스도』(왜관: 분도출판사, 1993), 89-110.

19) 장윤재, "남미 해방신학과 교회론," 한국조직신학회 편, 『교회론』(서울: 대한기독교서회, 2009), 392-403. 기초교회공동체는 1963년 브라질에서 처음 시작되어 전 남미에 약 8~10만개의 교회에 1백만~2백만 명의 성도에 이르렀던 대표적인 가난한 자들의 교회 운동이다.

20) 레베카 촙, "라틴 아메리카 해방신학," 『현대신학과 신학자들』, 656-657 참조.

이나 위로가 아니라 하나님의 정의를 위하여 사회적 불의와 구조적인 악에 맞서 투쟁하였다.

장애신학은 처음부터 장애인의 현실적인 삶의 자리에서 출발함으로써 사회적인 차원이 부각되었다. 장애란 개인의 문제를 넘어 사회적, 정치적, 경제적, 문화적인 문제이기 때문이다. 장애신학은 장애인의 개인적인 치료나 재활보다는 장애인의 신앙사건과 장애를 차별하는 사회의 변혁에 대한 관심으로부터 출발하였다. 그런 점에서 남미 해방신학의 전개와 방법과 내용은 장애신학을 전개하는 데에 매우 유용하다.

남미의 장애신학자 보르톨레토(Fernando Bortolleto)와 메네세스(Alexandra Meneses)는 남미에서 장애는 사회·경제적으로 가장 심한 가난의 표현이라고 주장하였다.[21] 페르난데즈(Noel Fernández)는 남미 해방신학이 가난한 사람들에 대해서 신학적으로 풍성했지만 장애인에 대해서는 부족하였음을 지적하며 해방하시는 하나님(a Liberating God)은 또한 장애인을 포용하시는 하나님(an Encompassing God)이라고 주장하였다. 그는 포용을 넘어 통합되는 공동체, 곧 장애인을 포함하여 모든 사람이 함께하며 모든 사람을 위한 교회가 되어야 할 것을 촉구하였다.[22]

V. 흑인신학과의 함께 걸음

흑인신학은 16~17세기 이래 오래된 흑인 노예들의 억압과 차별의

---

21) Fernando Bortolleto, "Disability and poverty," *First Latin American Consultation on Theology and Disability*(Kenya: WCC EDAN, 2011), 44–45; Alexandra Meneses, "Disability and poverty," *First Latin American Consultation on Theology and Disability*(Kenya: WCC EDAN, 2011), 52–53.
22) Noel Fernández, "Latin American Theology and Disability," *First Latin American Consultation on Theology and Disability*(Kenya: WCC EDAN, 2011), 104–107.

경험을 배경으로 1960년대 미국의 시민권 운동(Civil Rights Movement)의 맥락에서 출발하였다. 특히 마르틴 루터 킹 등이 참여한 흑인인권운동과 말콤 엑스 등이 주도한 흑인파워운동으로부터 직접적인 영향을 받았다. 1966년의 The National Committee of Negro Churchmen 선언문과 1968년의 The Theological Commission of the National Conference of Black Churchmen 보고서를 거치면서 신학 작업이 진행되었다. 제임스 콘(James Cone)은 Black Theology and Black Power(1969), A Black Theology of Liberation(1970), The Spirituals and the Blues(1972), God of the Oppressed(1975) 등을 저술하면서 흑인신학을 주도하였다. [23]

흑인신학은 흑인에 대한 인종차별의 문제에서 출발하여 흑인의 해방을 일차적인 목표로 삼았다. 흑인신학은 남미 해방신학과 마찬가지로 차별의 문제를 개인이 아니라 사회적인 차원에서 접근하였는데, 특히 흑인의 고난을 사회문화적인 차원에서 해석하였다. 흑인신학은 먼저 흑색(Blackness)에 대하여 신학적으로 검토하였다. 그동안 백인 위주의 미국 사회에서 흑색은 죄악, 흑암, 추함, 나태함 등의 이미지가 되었고, 흑인들에게는 억압과 차별과 고통의 상징이 되었는데, 흑인신학은 이러한 흑과 백의 이분법적인 상징성을 극복하고, 오히려 흑색은 아름답다고 천명함으로써 흑인으로서의 진정한 정체성을 확립하고자 하였다.

흑인신학에서 하나님은 억눌린 자, 특히 인종차별에 억눌린 흑인을 해방하시는 분이다. 하나님의 흑색은 하나님을 이해하는 열쇠로서 백인들의 하나님 이해와 예리하게 구별된다. 콘에 따르면, 억눌린 자의 하나님은 노예의 속박의 사슬을 깨뜨리시는 혁명의 하나님이다. 그런 의미에

---

23) 흑인신학의 역사적 전개에 관해서는 Gayraud S. Wilmore, Black Theology: A Documentary History, 1966-1979(New York: Orbis Books, 1979).

서 그는 "하나님은 흑색이다(God is black)."[24]라고 선언하였다.

흑인신학에서 인간은 본질적으로 자유를 갈망하는 존재이다. 자유는 모든 억압을 거부하고 주체적인 인간으로 살아가게 하는 능력이다. 콘은 흑인의 억압 상황에서 "자유는 억압의 반대이지만, 그러나 오직 억압당하는 자만이 진실로 자유롭다."고 인간 실존의 역설을 말한다.[25] 콘에 따르면, 죄는 공동체적 개념으로 흑백의 인종차별의 상황을 전제한다. 흑인이 흑인의 정체성을 잃어버리고 백인이 흑인을 억압하는 것이 죄이다.[26] 흑인이 흑색을 인정하고 백인의 흑인에 대한 억압에 저항함으로써 자유를 획득하고, 백인은 억압을 회개하고 더 이상 억압자이기를 포기할 때 자유를 얻게 되며, 흑인과 백인의 화해가 가능하다.[27]

흑인신학은 흑인 해방의 원천을 예수 그리스도에게서 찾아서 흑인 그리스도를 주창하였다. 클리지(Albert Cleage)는 혈통적으로 백인이 아닌 흑인 예수를 주창하였고, 콘(James Conn)은 역사적 예수에게서 억눌린 자이며 억눌린 자를 위한 흑인 그리스도를 주장하였고, 로버츠(Deotis Roberts)는 흑인의 경험에 기초하여 보편적 그리스도를 흑인 그리스도로 부를 권리를 주장하였다.[28] 흑인신학에서 예수 그리스도는 친히 억압당한 자로서 억압당하는 자와 함께 살고, 억압당한 자의 해방을 위해 십자가를 지셨다. 흑인영가에서도 하나님과 예수 그리스도는 억눌린 흑인을 이해하고 위로하고 해방시키는 해방자로 표현되었다.[29]

남미 해방신학이 가난한 자의 빈곤으로부터의 해방을 사회구조적으

---

24) James Cone, *A Black Theology of Liberation*, 20th Anniversary Edition(New York: Orbis Books, 2001), 63-64.

25) James Cone, *A Black Theology of Liberation*, 87.

26) 앞의 책, 107-108.

27) 제임스 콘/현영학 옮김, 『눌린 자의 하느님』(서울: 이화여자대학교 출판부, 1994), 311-326.

28) 켈리 더글라스/오덕호 옮김, 『흑인 그리스도』(서울: 한들출판사, 2000), 91-122.

29) 제임스 콘/현영학 옮김, 『흑인영가와 블루스』(서울: 한국신학연구소, 1987), 55-85.

로 주창한 신학이라면, 흑인신학은 흑인의 인종차별로부터의 해방을 사회문화적으로 주창한 신학이다. 남미 해방신학과 마찬가지로 흑인신학은 흑인의 삶의 자리에서 흑인의 문제를 신학적으로 접근하였다는 데에서 의의를 발견할 수 있다. 또한 일차적으로 흑인의 해방을 주장하였지만, 곧 그것을 넘어서 백인의 해방을 주장하였다는 데에서 큰 의미를 갖는다.

장애신학 또한 흑인신학처럼 장애차별로부터의 해방을 주장한다. 장애인의 해방은 인간의 영적인 차원에서의 해방, 인간의 자율적인 삶으로의 해방, 사회적인 차별로부터의 해방으로서 인간 본연의 해방이다. 김성원에 따르면, 그것은 인간의 총체적인 재활이다.[30] 그는 인간의 영적 · 육체적 · 정신적 · 사회적 · 생태적 등 모든 관계에서 회복과 치유와 해방을 총체적 재활이라는 개념으로 표현하고 있다.

몰트만은 장애인만의 해방이 아니라 비장애인의 해방을 주장하였다. 장애인은 장애인을 억압하고 있는 장애차별의 사회 현실과 장애인 차별을 정당화하는 그릇된 인식에 저항하고 그로부터 해방되어야 하고, 비장애인은 장애와 건강에 대한 그릇된 이념과 장애인에 대한 오해와 공포로부터 해방되어야 한다.[31] 장애신학은 흑백이 분명하고 영구적인 흑인신학과 달리 장애인과 비장애인의 차이가 가변적이어서 흑인신학이 흑인의 해방과 더불어 백인의 해방을 주장하는 것보다 훨씬 더 용이하게 장애인만의 해방이 아니라 동시에 비장애인의 해방을 주장한다.

---

30) 김성원, 『장애도 개성이다』(서울: 인간과복지, 2005), 85–120.
31) Jürgen Moltmann, "Liberate Yourselves by Accepting One Another," Nancy L. Eiesland & Don E. Saliers ed. Human Disability and the Service of God(Nashville: Abingdon Press, 1998), 105–122.

VI. 여성신학과의 함께 걸음

전통적인 신학은 보편적인 인간을 언급함으로써 남자와 여자를 크게 부각시켜 구분하지 않았으나, 그것은 현실적으로 남성중심의 가부장제 문화권 속에서 가부장제적 사고로 전개되어 왔다. 여권 신장의 역사는 영국에서 여성의 참정권이 허용되면서 시작되었다. 여권 신장을 배경으로 1960년대 여권 운동의 발흥 가운데 여성신학이 출발하였다.

데일리(Mary Daly)는 *The Church and the Second Sex*(1968)와 *Beyond God the Father*(1973)를 출간하여 여성신학을 주도하였다. 그녀의 "만약 하나님이 남성이라면, 남성은 곧 하나님이다."라는 격언은 기독교가 남성을 여성보다 우월한 존재로 고양시켰고 성차별을 정당화 하였다고 지적하였다.[32] 피오렌자(Elisabeth Schüssler Fiorenza)는 *In Memory of Her*(1984)에서 성서 연구를 통하여 초대 교회에 교회를 평등한 사도들의 공동체로 만들고자 하는 시도가 있었음을 밝혀내었다. 러셀(Letty Russell)은 *Human Liberation in a Feminist Perspective—A Theology*(1974)에서 여성해방신학을 전개하였다. 류터(Rosemary Radford Rueter)는 *Sexism and God—Talk: Toward a Feminist Theology*(1983)에서 전통적인 기독교신학의 주요 교리들을 해석하면서 그 안에 담겨져 있는 성차별을 지적하였다. 그녀는 여성의 교회를 출애굽 교회로서 그리스도의 진정한 사명을 따라 지구를 약속의 땅으로 변화시키기 위하여 '어머니—아버지 하나님'이라는 주제를 주창하였다.[33]

---

32) Mary Daly, *Beyond God the Father: Toward a philosophy of woman's liberation*(Boston: Beacon Press, 1973), 19.
33) Rosemary Radford Ruether, *Woman-Church: Theology and Practice of Feminist Liturgical Communities*(San Francisco: Harper & Row, 1985), 72.

페미니즘이라는 단어는 여성주의 내에서도 상이한 연구의 목적과 방법과 의미로 쓰이고 있기 때문에 하나로 단정 짓기는 어렵지만, 여성신학은 여성들의 역사적 현실에 대한 이야기, 주체와 언어와 정치에서 여성에 대한 이론적 탐구, 기독교 해방을 위한 변혁적 실천을 공통적으로 담고 있다. 여성신학은 기독교 해방을 위한 변혁적 실천으로 기독교적 상징과 교리에 대한 재해석, 교회의 본질에 대한 재고와 재구성, 페미니즘 윤리학의 전개와 실천적 운동을 전개한다.[34]

여성신학은 전반적으로 남성의 가부장제적인 하나님 개념보다는 여성의 자애로운 하나님 개념을 가지고, 하나님의 여성적인 속성들을 부각시키려 하였다. 여성신학에서 죄란 개인의 죄의식을 넘어 여성차별의 사회의 구조적인 악을 특별히 지적한다. 여성신학은 여성으로서의 경험, 특히 성차별적인 경험으로부터 자신의 이야기를 풀어 신학적인 작업을 전개한다. 여성신학에서 예수 그리스도는 여성을 억압하고 차별하는 사회적인 악한 구조로부터 해방시키는 해방자이다. 예수 그리스도의 몸인 교회는 성차별 없이 사랑으로 운영하는 몸의 지체들의 유기체이다. 교회 안에는 성차별뿐 아니라 어떠한 차별도 없는 형제자매공동체가 되어야 하고, 이를 위하여 교회는 차별을 타파하는 해방과 투쟁의 공동체가 되어야 한다.

장애신학은 여성신학으로부터 보다 많은 것을 배우고 공유할 수 있다. 흑인이나 여성처럼 장애 또한 특별한 경우가 아니고서는 평생을 지니고 살아야 할 중요한 삶의 조건이기 때문이다. 여성신학은 임시적 집단이 아니고서는 항상 존재해야 하는 인류의 절반에 대한, 절반에 의한, 절반을 위한, 절반과 함께하는 위한 신학이다. 세계보건기구는 장애 인

---

34) 레베카 촙, "페미니즘 신학과 여성신학," 『현대신학과 신학자들』, 616.

구를 사회의 약 15% 이상으로 규정하고 있는데, 이 수치는 통계학적으로 항상 어느 정도 존재하게 되는 장애인 숫자임을 분명히 하고 있다.

　장애신학도 여성신학과 비슷하게 그 안에 상이한 여러 신학적 노선들 내포하고 있다. 전통적인 신학의 패러다임에서 장애인에게 전도하기 위한 장애신학이 있고, 성서와 교리를 장애인의 시각에서 재해석하고자 하는 장애신학이 있고, 교회를 중심으로 장애인을 둘러싼 사회의 차별구조를 해방하고자 하는 장애신학이 있고, 그리고 이것을 신학이라고 말할 수 있을지 모르지만, 성경과 교회의 범위를 떠나서 장애인을 위한 사회적 운동을 전개하는 장애신학도 있다.

　여성신학이 여성 자신의 경험으로부터 신학적인 작업을 전개하듯이 장애신학 또한 장애인의 수많은 삶의 경험, 특히 장애차별적인 경험으로부터 신학적인 작업을 전개하곤 한다. 이것은 장애신학의 정체성과 관련된 것으로서, 만약 장애인이 아니거나 장애의 경험이나 상황에 직면하지 않는다면, 구지 장애신학으로 자리매김하거나 존재해야할 이유도 근거도 필요도 목적도 없기 때문이다.

　아이에스랜드(Nancy L. Eiesland)는 여성 장애인으로서 *The Disabled God*(1994)에서 해방신학의 방식을 따라 여성 장애인의 삶의 이야기로부터 장애 해방신학을 전개하였다. 그녀는 장애 차별적인 구조를 변혁하고 새로운 현실을 만들기 위하여 '장애 입으신 하나님'이라는 상징적 이미지를 주창하였다.[35]

---

35) Nancy Eiesland, *The Disabled God: Toward a Liberatory Theology of Disability* (Nashville: Abingdon Press, 1994), 31-48. 특히 여성장애인 Diane Devris와 Nancy Mairs의 삶의 이야기로부터 장애해방신학을 출발한다.

VII. 생태신학과의 함께 걸음

생태신학은 지난 세기 후반 생태계 파괴의 위협으로부터 출발하였다. 근대 기술문명의 발전 속에 생활의 풍요와 편리는 가져왔지만, 반대로 생태계 파괴로 인한 지구 파멸이라는 위협을 안게 되었다. 이 생태계의 위기는 인종, 민족, 성, 지역, 계급, 계층을 구별하지 않고 전(全) 인류에게 다가온 것이었다.

1967년 린 화이트(Lynn White, Jr.)는 생태계의 위기는 역사적으로 기독교의 인간중심적인 자연관에 근거하고 있다고 주장하였다. 아메리(C. Amery) 또한 성서의 창조신앙에 기초한 기독교의 무차별적인 개발이 생태계의 위기를 가져왔으며, 드레버만(E. Drewermann)도 인간중심적인 기독교가 환경위기를 야기하였다고 주장하였다. 이들은 주로 창세기 2장에 나오는 하나님의 형상(Imago Dei)으로서의 인간의 땅의 지배를 문제 삼았다. 신학은 자연파괴와 관련하여 기독교의 자연관, 나아가 세계관을 점검하였다.

1981년 윈터(Gibson Winter)가 자연 세계의 해방을 부르짖었고, 구스타프슨(James Gustafson)은 인간 중심에서 하나님 중심의 관점으로 전환하여 자연을 바라볼 것을 주장하였다. 1985년 몰트만은 『창조 안에 계신 하나님』에서 삼위일체론적 창조론을 전개하며 생태계 문제에 대답하였다. 베리는 생태계의 문제를 경제정의나 윤리의 문제가 아니라 신학의 문제로서 자연 안에 계신 하나님과 하나님의 계시로서 자연을 볼 것을 주장하였다. 신학은 생태문제와 관련하여 기독교의 세계관이 인간중심이 아니라 하나님 중심의 관점이고, 그것은 하나님 안에서 인간과 자연을 포함하는 생태학적 관점임을 재발견하였다. 사실 자연 파괴의 원인은 인간의 탐욕에 있다. 인간의 탐욕은 인간과 자연을 이분법적 주객도식으로 분리 착취하였고, 과학연구와 기술개발에 책임적 윤리를 다하지 못하게 하였고, 자유주의와 신자유주의 경제 구조에 편승하여 더욱 거대화 되었다.[36]

생태신학은 기독교의 세계관이 인간중심이 아니라 전 생태계를 포용하는 하나님 중심의 삼위일체론적 세계관임을 드러내었다. 인간이 세계의 중심이나 최고가 아니고, 자연은 인간의 삶의 환경이나 인간이 마음대로 지배할 대상도 아니다. 자연은 하나님이 아름답게 창조하신 피조물이며, 인간 또한 피조물의 일부이다. 인간은 하나님이 창조하신 자연과 교제하며 사랑으로 돌보아야 한다.

프란츠 알트(Franz Alt)에 따르면, 예수의 삶과 교훈에는 생태적 이미지와 생태 윤리가 가득차 있다. "예수는 신학자이면서 생태주의자였다. 그의 신학은 생태적 신학이다."[37] 노영상은 삼위일체론적 생태신학과 그에 따른 삼위일체적 생명과 샬롬의 문화를 제안하였다.[38] 전현식은 생태적 관점에서 교회의 정체성, 역할 및 사명을 재구성하는 생태교회론을 생태해방공동체로서의 교회, 하나님의 집으로서의 교회, 성육신 교회, 하나님의 몸으로서의 교회라는 4가지 모델로 제안하였다.[39] 김도훈은 삼위일체 하나님의 생태적 패러다임에서 철저한 생태학적 회개와 실천을 살아가는 생태 영성을 주장하였다.[40]

맥페이그(Sallie McFague)는 에코페미니스트로서 하나님을 세계와 관련하여 아버지, 주인, 지배자라는 은유에서 어머니, 연인, 친구로 전환하여 사고하였다. 어머니로서의 하나님은 세계를 그의 자궁으로부터 출생

---

36) 김균진, 『자연환경에 대한 기독교신학의 이해』(서울: 연세대학교 출판부, 2006), 55–84.

37) 프란츠 알트/손성현 옮김, 『생태주의자 예수』(서울: 나무심는사람, 2003), 33–34.

38) 노영상, 『기독교와 생태학』(서울: 성광문화사, 2008), 25–32, 58–91. 노영상은 노쓰코트(Michael S. Northcott)의 3유형의 생태신학(인간중심, 신 중심, 생태중심적 생태신학)을 포괄하고자 한다.

39) 전현식, "생태신학과 교회론," 한국조직신학회(편), 『교회론』(서울: 대한기독교서회, 2009), 466–481.

40) 김도훈, 『생태신학과 생태영성』(서울: 장로교신학대학교 출판부, 2009), 33.

하였고(아가페), 연인으로서의 하나님은 세계 구원을 위해 몸소 사랑을 구현하였고(에로스), 친구로서의 하나님은 친구의 사랑으로 세계를 유지한다(필리아). 세계는 하나님의 몸이고, 우리는 세계를 사랑으로 돌보아야 하는 것이다.[41] 류터(Rosemary Radford Ruether)는 생태계 파괴의 주요 원인을 남성적인 지배적 폭력으로 보았고, 그로 인해 생겨난 여성에 대한 억압과 자연에 대한 착취의 사회 문화에 대하여 약자를 보호하시는 하나님의 정의와 율법과 모든 생명을 친밀하게 부르시는 가이아의 사랑으로 지구의 모든 생명체들의 관계를 치유하고, 생태학적 공동체를 치유하기를 희망하였다.[42]

생태신학은 단순히 자연 파괴의 문제를 넘어서 전 생태계의 위기, 곧 현대 세계의 총체적 위기의 문제를 담고 있다. 장애신학과 관련하여 직접적으로 생태계 위기로 인한 장애발생을 넘어서 장애를 바라보는 세계관의 문제를 담고 있다. 생태계의 파괴는 곧 전 인류적으로 장애를 초래하고 있기 때문이다. 체르노빌 사건과 같은 원자력 사고, 온난화에 따른 이상 기후로 인한 대형재해와 같은 경우는 개인의 주의나 부주의의 문제가 아니다.

생태신학은 장애의 발생과 밀접하게 연관이 있을 뿐만 아니라 또한 장애를 가진 채 생활하는 것과도 관련된다. 생태신학은 생태를 넘어서 생명을 주제로 삼는다. 그것은 장애를 가진 사람의 인권과 인간다운 삶에 대한 보장으로 이어지는데, 사람뿐만 아니라 동물과 식물의 생태계 전체에 해당하는 것이다. 앤드류 린지(Andrew Linzey)는 생태신학을 지나 동물신학에서 동물을 '같은 하나님의 동료 피조물'(creatures of the same God)로

---

41) Sallie McFague, *Models of God: Theology for an Ecological, Nuclear Age*(Philadelphia: Fortress Press, 1987), 105–179.

42) 로즈메리 류터/전현식 옮김, 『가이아와 하느님: 지구 치유를 위한 생태 여성 신학』(서울: 이화여자대학교 출판부, 2006), 15–26.

보고 동물에게 주어진 권리에 따라 동물을 돌볼 것을 주장하였다.[43] 장애신학은 생태신학과 함께 장애동물과 장애식물의 장애생태계를 장애의 관점에서 바라보게 한다. 생태신학은 장애신학에게 장애를 가진 사람이나 사회만의 문제가 아니라 장애를 가진 동물, 나아가 장애를 가진 전 생태계를 주제로 삼게 한다.

VIII. 디아코니아 신학과의 함께 걸음

디아코니아는 기독교 사회봉사이다. 디아코니아는 성서에 기초한 것으로서 교회의 시작부터 지금까지 교회의 역사와 함께 전개되어 왔다.[44] 이글에서 디아코니아 신학을 마지막으로 다루는 것은 필자의 경험상 한국의 전래 시기와 사역 현장과의 긴밀한 관계 때문에 최근에 이르러 장애신학이 자주 접하고 있기 때문이다.

디아코니아는 요한 힌리히 비헤른(Johann Hinrich Wichern)으로부터 체계적으로 전개되었다. 비헤른은 1820년대 산업혁명 후 독일의 심각한 사회적 문제에 관심을 갖고 1833년 함부르크 근처에 고아원 '라우에 하우스'(Raue Haus)를 세워 아동들을 총체적으로 돕기 시작하였다. 그는 루터의 이웃을 돕는 정신에 기초하여 '내부선교'(Innere Mission)를 제안하였고, 1848년 독일 '교회의 날'(Kirchen Tag)에 산업혁명으로 말미암은 사회문제에 대한 교회의 각성과 교회의 책임을 촉구하였다. 그는 예수의 사랑과 헌신에 기초하여 개인적 디아코니아, 교회적 디아코니아, 사회적 디아코니

---

43) 앤드류 린지/장윤재 옮김, 『동물신학의 탐구』(대전: 대장간, 2014), 74; 린지는 생태신학과 동물신학을 죽임의 윤리(채식 관련), 고통의 문제, 인간의 환경(동물 경영)에 대한 입장의 차이로 구분한다. 104-114.
44) 지난 2천년 동안 전개된 교회의 디아코니아의 역사에 관해서는 Paul Philippi, "디아코니아의 역사," 파울 필리피(편)/지인규 옮김, 『디아코니아』(용인: 프리칭아카데미, 2010), 12-78.

아의 세 형태의 디아코니아를 구분하여 전개하였다. 교회의 핵심은 디아코니아인데, 디아코니아는 예수의 무한한 사랑과 헌신으로부터 출발한다. 하나님나라는 예수의 사랑과 헌신으로부터 출발하여 디아코니아를 지속적으로 성장해 가는 것이다.[45]

1948년에 출범한 독일개신교협의회(EKD)는 정관 15조 1항에서 "디아코니아는 교회의 본질이자 삶의 표현"이라고 하였고, 그에 따라 '교회의 집사직', 곧 목사의 직무와 같은 선상에서 평신도들의 봉사직무를 확립하였다.[46] 1957년 내부선교회와 개신교 원조국은 하나의 기관으로 융합하여 일하다가 1975년 디아코니아 사업단(Diakonische Werke der Evangelischen Kirche in Deutschland)으로 합쳐졌다. 1989년 새로운 교회법 시스템이 '헤센 나사우'에 들어와서 디아코니아의 틀을 형성하였다. "서로 공동체의 구성원으로서 봉사하고, 지역 사회의 봉사자로서 어려움이 있는 사람들에게 예수님의 사랑을 전한다." 이에 지역교회는 디아코니아 정신으로 교회 공동체 구성원을 서로 섬기면서 또한 시민들의 삶을 도와주는 일을 해야 한다.

필리피(Paul Philippi)는 '그리스도 중심의 디아코니아'를 전개하였다. 그는 디아코니아를 기독론과 교회론의 근거로 삼았다. 그에 따르면, 그리스도 사건은 근본적으로 디아코니아의 구조를 가지고 있으며, 교회의 디아코니아는 본질적으로 그리스도를 따르게 된다. 예수 그리스도의 성육신, 세례, 십자가 사건과 부활에 대한 기독론적인 인식은 디아코니아의 근거이다. 디아코니아는 교회공동체의 구조 원리이며 삶의 형태로 이해될 뿐만 아니라 교회의 본질적 표지로서 유효하다.

예수 그리스도는 기독교인과 교회의 삶에서 모든 것의 본이 되는데,

---

45) 김옥순, 『디아코니아 신학』(서울: 한들출판사, 2011), 277.
46) 앞의 책, 336.

기독교의 사회복지에서도 본이다.[47] 디아코니아 신학에서, 예수 그리스도는 전형적인 디아코노스(διάκονος), 곧 섬기는 사람이다. 디아코니아 신학은 예수 그리스도의 본을 따라 교회가 사회적인 문제에 적극적으로 책임을 다하는 것을 교회의 정체성으로 삼고 있다. 디아코니아 신학에서 교회는 세상을 향한 섬김의 공동체이다. "전체로서의 교회 공동체는 특별히 디아코니아를 위해서 부름 받았다. 모든 교회 교인들은 실천할 수 있는 범위 안에서 이 부름에 응답하여야 한다."[48]

초기 기독교의 교회는 예수 그리스도의 삶을 전제와 근거로 삼아서 디아코니아를 실천하였다. 그것은 그리스도의 인간을 위한 대속적 죽음과 대리적 고난에서 기원한다. 예수는 하나님나라의 도래를 선포하고 가르치고 몸소 살았다. 그의 삶은 진실로 하나님나라와 관련되어 있다. 그래서 기독교적 디아코니아의 특징은 그리스도의 대속적 죽음과 하나님나라의 도래에 기초하고 있다.[49]

울리히 바하(Ulich Bach)는 세상의 성공을 추구하는 바알적 디아코니아 신학에 반대하여 고난을 포용하는 야웨적 디아코니아 신학을 전개하였다. 그는 그동안 장애인을 고려하지 못한 균열된 인간학을 비판하며 장애인을 신학의 주제로 삼았다.[50] 김옥순은 교회의 본질을 디아코니아로 파악하고, 여러 다양한 영역의 디아코니아를 소개하였다. 특히 장애인 디

---

47) 데렐 왓킨스/박종옥 옮김, 『기독교사회복지』(서울: 베드로서원, 2003), 154. 기독교 사회복지 사역의 방법론에서 기독교신학적 이해는 성육신이다. 하나님의 본성과 활동은 예수 그리스도 안에 사랑과 긍휼과 희생적인 봉사의 표현으로 계시되었다. 성육신은 기독교 사회복지 사역자에게 동기(motive), 주제(motif), 방법(method)을 제공한다.

48) Paul Philippi, *Christozentrische Diakonie*(Stuttgart: Evangelisches Verlagswerk, 1975), 100, 112, 316.

49) Friedrich Wilhelm Horn, "Diakonische Leitungen Jesu," in 게르하르트 쉐퍼 & 테오도르 슈트롬/홍주민 옮김, 『디아코니아와 성서』(서울: 한들출판사, 2013), 184-185.

50) 울리히 바하, "신학적 주제로서 장애인," 『하나님나라의 지평 안에 있는 사회선교』(서울: 대한기독교서회, 2000), 123-143.

아코니아 신학을 바하의 신학에 기초해서 장애인의 신앙고백, 디아코니아의 주체로서 장애인, 장애인과 함께 하는 온전한 교회를 소개하였다.[51] 김한호는 독일의 장애인 디아코니아 현장을 소개하며 한국에서 장애인 디아코니아를 장애인 통합사역에 접목시켜 소개하였다.[52]

디아코니아 신학은 역사적으로 해방신학들보다 앞선 전통적인 신학에 속한다고 말할 수 있다. 디아코니아 신학은 교의학적 내용에 있어서는 전통적인 신학에 기초하고 있는데, 다만 이론적 신학이 아니라 실천적인 신학이고, 개인적인 신학이 아니라 사회적인 신학이다. 다른 상황신학과 비교하면, 제도권 신학이라는 데에서 이론이나 선언에 그치지 않고 현실에서 실효적인 신학이라는 특징을 가지고 있다.

디아코니아 신학은 장애신학에 비하면 그 범위가 매우 넓다. 실제로 디아코니아에서 장애인은 섬기고 봉사해야 할 고아, 노인, 병자, 외국인 등 수많은 대상들 중의 하나이다. 디아코니아의 현장은 비단 장애인 뿐 아니라 사회에서 소외나 차별을 경험하며 도움을 필요로 하는 모든 그룹이 일차적인 대상이 된다. 그러므로 실제로 장애인뿐 아니라 가난한 사람, 아동, 여성, 병자, 노인 등 다양한 그룹이 디아코니아 사역의 대상에 해당된다.

디아코니아 신학은 모든 사람을 위한 것이지만, 은연중에 섬기는 자와 섬김을 받는 자로 구분함으로써 이분법적 분리의 위험을 가지고 있다. 장애인 또한 섬김의 주체가 될 수 있지만, 디아코니아는 비장애인 주도의 섬김을 은연중에 전제하고 있다. 또한 디아코니아 신학은 독일에서 출발하여 독일의 사회구조에 매우 적합하고 효과적이지만, 한국의 정부 주

51) 김옥순, 『디아코니아 신학』(서울: 한들출판사, 2011), 444–453과 김옥순, "디아코니아 관점에서 본 장애인과 함께하는 교회공동체," 『장애인신학』(서울: 한국장로교출판사, 2015), 288–297.
52) 김한호, 『장애인과 함께하는 디아코니아』(서울: 한장연, 2009).

도의 일반사회복지 상황과 다종교사회 상황에서는 어떻게 자리매김 할 수 있을 것인지는 여전히 어려운 과제이다. 그래서 자칫 디아코니아 신학이 교회의 자원봉사교육으로 위축될 위험이 있다. 장애신학은 장애(인)를 포함하여 사회 전반의 문제에 대하여 섬김의 자세로 접근하고 있는 디아코니아 신학과 손을 더욱 더 견고하게 맞잡을 필요가 있다. 그것은 장애신학이 최근 부각되는 공적신학과 손을 맞잡아야 함과 같은 맥락이다.

IX. 결어: 하나님나라를 향해 함께 걸어가는 장애신학

현대 신학은 여러 가지 특징을 가지고 있다. 전통적인 신학의 유산, 주관성의 강화, 개인적인 경험 중심, 사회 · 경제 · 문화적 상황의 부각, 전통주의에 대한 도전과 해체, 다양한 접근의 연합 등이다.[53] 그 중에 특히 두 가지의 상반되는 경향을 가지고 있다. 첫째로 경험과 상황에 근거한 다양한 상황신학들의 부상이다. 남미 해방신학, 흑인신학, 여성신학, 민중신학, 아시아신학, 아프리카 신학, 생태신학 등 수많은 상황신학들이 있다. 둘째로 이러한 많은 신학들이 신학의 학문적 체계화 길에서 다른 전통의 신학은 물론 타학문과도 계속해서 교류하고 대화해 나가는 것이다. 현대의 모든 신학들이 집중하고 있는 주제는 '하나님나라'와 '삼위일체'이다. 신학마다 관점과 해석의 내용은 차이가 있더라도 이 두 주제가 현대 신학의 주제어(key word)이다.

장애신학 역시 이 세상의 모든 신학과 마찬가지로 하나의 '길 위의 신학'이다. 따라서 다른 여러 신학들이 걸어갔던 길을 거의 따라 가고 있

---

53) 데이비드 포드, 『현대신학과 신학자들』, 33–52; 박만, 『최근신학연구』, 6–19; 유진열, 『21세기 현대신학』, 26–31 참조.

다. 다른 신학들이 처음 발흥하게 된 동기의 문제를 넘어서 점차 성서신학적, 조직신학적, 실천신학적 연구로 전개되었던 것처럼[54] 장애신학도 그 여정을 따라가고 있다. 장애인의 실존적인 문제, 교회와 사회에서의 소외와 차별의 문제에 대한 신학적인 답변을 넘어서 장애신학의 체계화와 간학문적 접근이 시도되고 있다.[55]

아이에스랜드(Nancy Eiesland)가 장애 해방신학을 전개하였고, 하우어스(Stanley Hauerwas)는 장애인의 고난에 대하여 기독교 윤리학적 관점에서 분석하였고,[56] 헐(John M. Hull)은 시각장애인의 관점에서 성서를 해석하여 빛을 넘어 어둠 속에 계신 하나님을 찾았고,[57] 히칭(Roger Hitching)은 몰트만의 교회론에 기초하여 농아인에게 적합한 신학적 인식과 함께 치유공동체, 친교공동체, 해방공동체의 교회론을 제안하였고,[58] 타타린 부부(Myroslaw Tatarin & Maria Truchan-Tataryn)는 장애와 관련하여 삼위일체론으로부터 친교 안에서 개성을 유지하고 개성으로서 친교를 구성하는 통합공동체의 근본 패러다임을 도출하였다.[59]

---

54) 신학은 본질적으로 학문적 체계화와 심화를 향하여 나아간다. 지난 세기 해방신학들도 마찬가지이다. 남미 해방신학을 하나의 예로 들면, 1975년 보니노가 남미의 혁명적 상황에서 문제를 제기하며 참여하는 해방신학을 전개하였고, 1976년에 소브리노(John Sobrino)는 남미 해방신학의 기독론을 다룬 *Jesus the Liberator*를 출간하였고, 레오나르도 보프는 1981년 해방신학의 교회론에 이어서 1988년 *Trinity and Society*를 출간하여 해방신학의 관점에서 삼위일체론을 해석하였다.

55) 국내에서는 세계밀알연합의 『신학으로 이해하는 장애인』(2009)과 『성경과 장애인』(2013), 한국기독교교회협의회의 『장애인 차별과 교회』(2008)와 『장애 너머 계신 하나님』(2012), 대한예수교장로회(통합)의 『장애인신학』(2015)이 좋은 예이며, 이 책들에 수록된 장애신학의 연구가 이를 입증하고 있다. 장애신학의 성서해석과 관련하여서는 최대열, 『성서, 장애 그리고 신학』(서울: 나눔사, 2015) 참조.

56) John Swinton, "The Importance of Being a Creature: Stanley Hauerwas on Disability," in *Disability in the Christian Tradition*(Grand Rapids: W. B. Eerdmans Publishing, 2012), 512-525.

57) John M. Hull, *In the Beginning There was Darkness*(Harrisburg: Trinity Press International, 2002), 4.

58) Roger Hitching, *The Church and Deaf people*(Carlisle: Paternoster, 2003), 217-220.

59) Myroslaw Tataryn & Maria Truchan-Tataryn, *Discovering Trinity in Disability*(New York: Orbis Books, 2013), 22-23, 116-117.

장애신학은 홀로 모든 것을 다하는 그(the) 신학이 아니라 다른 신학들과 함께 손을 잡고 하나님나라를 향하여 길을 걸어가는 하나의(a) 신학이다. 그것은 다른 신학들도 마찬가지이다. 다른 신학들 또한 신학이 처음 생겨나게 되었던 동기 주제에서 출발하여 각 신학의 관점에서 성서와 교의를 재해석하였고, 그리고 현실에서 새로이 마주하는 여러 문제들에 대하여 신학을 개진하였는데, 장애(인)라는 주제에 대해서도 마찬가지이다. 남미 해방신학이 가난한 장애인으로부터 장애(인)라는 주제에 눈을 뜨게 되었고, 여성신학이 여성 장애인으로부터 장애(인)라는 주제에 눈을 뜨게 되었다. 장애신학 또한 장애인을 통하여 세계의 모든 문제들에 관심을 갖게 되었고 다른 신학들과의 손을 잡고 연구를 계속하게 되었다.

장애신학은 전통적인 신학을 기초로 출발하였는데, 전통신학들은 장애인의 문제에 미처 관심을 갖지 못하였다. 장애신학은 오순절신학의 성령세례를 넘어 세계적인 차원에서 성령을 전망하지만, 장애인에 대한 존중과 장애인에게 일어나는 성령의 다양한 역사를 주목할 필요가 있다. 장애신학은 남미 해방신학, 흑인신학, 여성신학에게서 삶의 자리에서 출발하여 사회적 해방을 추구한다는 점에서 많은 신학의 방법과 내용을 공유하는 한편, 또한 이들 신학에게 장애인에 대한 관심을 촉구한다. 장애신학은 장애(인)의 문제를 생태계와 관련하여 생태신학적인 관점을 확충한다. 장애신학은 장애인을 위한 신학에서 디아코니아 신학과 손을 맞잡지만, 장애인에 의한 신학 또는 장애인과 함께 하는 신학으로 디아코니아 신학을 보완한다.

장애신학은 분명히 장애를 가진 사람, 나아가 장애를 경험하는 사람으로 인하여 촉발되고 출발한 신학이다. 그러나 그것이 결코 장애인에게만 머물러 있거나 장애인만을 위한 신학은 아니다. 장애신학은 개인의 장애를 극복하고 사회의 장애차별 구조를 해방시키는 것에 머물러 있지 않다. 장애신학은 장애로부터 출발하지만 장애와 비장애의 장벽을 넘어 모든 사람을 위한 신학이다.[60] 그리고 장애신학은 장애인의 경험의 관점에서 만나는 하나님에 관한 신학이고, 그 관점에서 인간과 사회와 세계 가운데 이루어가는 하나님나라의 신학이다. 장애신학은 장애신학을 넘어 다른 신학의 방법론과 내용을 위하여 기여하며, 다른 신학들과 함께 어울리고 적용할 수 있는 관점과 방법과 내용을 제공한다.

장애신학은 장애인이 신학의 주체가 되기도 하고 신학의 대상이 되기도 한다. 장애신학은 장애를 매개로 장애인과 함께 비장애인을 포용하는 모든 사람을 위한 신학이다. 장애신학은 장애(인)가 계기가 되어 교회 안에서 예배와 친교가 만나고, 교회 밖으로 선교와 복지가 만나는 신학이다. 장애신학은 장애(인)가 계기가 되어 사회에서 사랑과 정의가 만나는 신학이다. 장애신학은 신학의 어떤 한 분과나 현대의 특정 신학의 것만이 결코 아니다. 장애(인)는 모든 신학과 신학의 전 분야가 관심을 가져야 할 중요한 주제이고, 장애신학은 모든 신학과 신학의 전 분야에 보다 풍성한 신학의 방법과 내용을 보충할 수 있다.

길 위의 모든 신학들은 다 하나님의 영광을 위하여 하나님의 뜻을 이루며 하나님나라를 향하여 걸어가고 있다. 장애신학은 삼위일체 하나님나라의 신학이다. 장애신학은 구원과 해방과 평화의 신학이다. 장애신학은 모든 사람을 위한 모든 사람의 신학이다. 장애신학은 사람을 넘어 사회와 전 생태계를 위한 신학이다. 이 세상의 모든 신학들은 삼위일체 하나님나라를 향한 길을 걸어가고 있다. 그 길은 하나님의 뜻을 이루며 하나님께 영광을 돌리는 길이며, 인류를 포함한 모든 세계를 하나님의 구

---

60) 최대열, "모든 사람을 위한 장애신학," 『장애인신학』(서울: 한국장로교출판사, 2015), 26–49. 이글은 장애-인간론, 상호의존의 인간론, 유니버설 디자인적 사고, 공적신학 논의에 기초하여 장애신학이 장애인만 아니라 모든 사람을 위한 신학임을 주장한다.

원과 생명과 사랑으로 초대하며 이루어 가는 길이다. 장애신학 역시 다른 신학들과 손을 잡고 이 길을 함께 걸어가는 것이다.

제9장

몰트만(J. Moltmann)의 장애신학

몰트만(J. Moltmann)의 장애신학*

I. 서언

　최근 장애신학에 대한 연구가 활기를 띠고 있다.[1] 이것은 외적으로
현대사회가 장애인의 인권과 복지와 삶에 대하여 많은 관심을 갖게 됨에
따라 교회 또한 장애(인)에 대하여 신학적으로 성찰할 것을 요청받고 있으
며, 내적으로 교회가 그동안 해오던 장애인 선교와 봉사에 대하여 신학
적인 검토와 정립을 요청받음과 아울러 또한 장애기독교인이나 장애인교
회가 신앙과 세계에 대하여 신학적으로 질문하여 답변할 것을 요청받고
있기 때문이다.

　현재 장애신학은 크게 세 가지 입장에서 전개되고 있다. 첫째는 장
애인 선교신학, 복지신학, 재활신학, 디아코니아신학의 입장이다. 이러

---

*이 글은 필자가 「한국기독교신학논총」 77 (2011)에 실은 글이다.
1) 최근 국내의 연구 상황을 소개하면, 2006-7년에 한국기독교교회협의회(NCCK)가 2차례에 걸친 장
　애신학포럼을 하고 그 결과를 책자로 발간하였다. 한국기독교교회협의회, 「장애인 차별과 교회」(서울:
　NCCK, 2008); 2009년 세계밀알선교회가 창립 30주년 기념으로 장애신학연구 포럼을 하며 서적을 발
　간하였다. 이재서 편, 「신학으로 본 장애인」(서울: 세계밀알, 2009); 2011년 대한예수교장로회(통합)가 올
　해만 벌써 2차례 걸친 장애신학포럼을 진행하였으며 내년에도 3-4차례 포럼을 계속할 계획이다.

한 접근은 장애인을 위한 신학에서 출발하여 장애인과 함께하는 신학에 이르고 있다. 둘째로 장애인에 의한 장애인신학의 입장이다. 이것은 장애기독교인 당사자가 기독교적 진리와 교회와 세계의 현실에 대하여 질문을 하며 신학적인 작업을 하는 것이다. 특히 그동안 신학이 미처 다루지 못했던 장애인에게 장애가 되었던 신학적 주제들을 주로 다룬다. 세 번째는 장애신학의 입장이다. 이것은 장애학(Disability Studies)의 발흥과 함께 앞의 두 입장을 포괄할 뿐 아니라 장애를 주제로 다른 학문들과 연계하여 장애를 총체적으로 다룬다.[2]

어떤 사상가의 어떤 주제에 대하여 연구한다는 것은 그 자체로 흥미로운 학문적인 작업이다. 그리고 그것은 또한 오늘 우리에게 주어진 현실 문제를 해결하는데 특별한 유익을 제공해 줄 때에 그 가치가 더 커진다. 후자에 있어서 그것은 두 가지 경우로 가능하다. 하나는 그 사상가가 주어진 현실 문제에 관심을 가지고 직접 연구하는 경우이고, 다른 하나는 그 사상가의 사상이나 개념이나 방법론이 주어진 현실 문제를 다루는데 도움을 제공하는 경우이다. 오늘 우리의 장애신학을 논의함에 있어서 몰트만의 장애신학을 고찰하는 것은 이 두 가지 경우 모두를 충족시킨다.

몰트만은 세계적으로 큰 영향력을 가진 현존하는 신학자들 중의 하나이다. 그는 장애인을 형제를 둔 사람으로서 그리고 교회의 장애인 봉사에 관심을 가진 사람으로서 직접 장애(인)에 대한 신학적 성찰을 하였을

---

2) 김도현, 『장애학 함께 읽기』(서울: 그린비, 2009), 17-22. 김도현은 장애학의 특징을 첫째 장애를 개인문제가 아니라 사회적 차원의 문제로 알고 접근하는 것, 둘째 학제적(interdisciplinary) 연구방식, 셋째 장애인 차별 철폐와 권리 확보를 위한 실천 지향적 성격으로 들고 있다; 김홍덕은 장애인신학과 장애신학의 차이를 분명히 하고 있다. 김홍덕, 『장애신학』(대전: 대장간, 2010), 34-37; 선행논문 박경미, "한국인의 장애인 인식 개선을 위한 종교적, 문화적, 성서적 연구," 『한국기독교신학논총』 18 (2000)과 김성원, "재활신학을 향한 프롤레고메나," 『한국기독교신학논총』 31 (2004)도 장애신학적 접근으로 볼 수 있다. 특히 김성원의 『장애도 개성이다』(서울: 인간과 복지, 2005)는 사회, 문화, 해방, 심리, 생태 등 여러 관점에서 접근하고 있다.

뿐만 아니라[3] 또한 그의 신학은 오늘 우리의 장애신학을 구성하는데 중요한 동기와 개념과 사상과 방법론을 제공해주고 있다. 그래서 이글에서는 몰트만의 장애신학이라는 하나의 논제 아래 두 가지의 상이한 형식으로 그 내용을 전개하고자 한다. 먼저 이글은 몰트만이 장애인에 대하여 직접 언급한 글들을 정리하여 몰트만의 장애(인)에 대한 신학적인 이해를 고찰하고(II), 그리고 이어서 그의 중요한 신학적 주제들을 토대로 하여 장애신학적 구성의 가능성을 모색하고자 한다(III).

II. 몰트만의 장애(인)에 대한 신학적 이해

몰트만은 방대한 저술 가운데서 장애(인)에 대한 신학적 이해를 그의 주요저서로 다루지는 않았다.[4] 다만 『창조 안에 계신 하나님』과 『생명의 영』에서 짧은 관련 언급을 찾을 수 있다. 장애와 관련하여 직접적인 글은 그가 디아코니아나 장애인이나 건강과 관련하여 행한 강연과 저술한 논문들에서 찾아 볼 수 있다.[5] 그 중에 특히 "자유하라 그리고 서로를 수용

---

3) 위르겐 몰트만/이신건 옮김, 『생명의 샘』(서울: 대한기독교서회, 2000), 94. "나의 큰형도 심각한 장애인이었다." 그리고 Jennie W. Block, *Copious Hosting: A Theology of Access for People with Disabilities* (New York: Continuum, 2002), 163.

4) 몰트만의 방대한 저술 중에서 주요저서로 꼽는 것은 초기의 3대 저서인 『희망의 신학』(1964), 『십자가에 달리신 하나님』(1972), 『성령의 능력 안에 있는 교회』(1975)와 그 이후 조직신학적 기여를 위한 6대 저서 『삼위일체와 하나님의 나라』(1980), 『창조 안에 계신 하나님』(1985), 『예수 그리스도의 길』(1989), 『생명의 영』(1991), 『오시는 하나님』(1995), 『신학의 방법과 형식』(1999) 등이다.

5) 위르겐 몰트만/정종훈 옮김, 『하나님 나라의 지평 안에 있는 사회선교』(서울: 대한기독교서회, 2000); 장애신학에 대한 세계교회협의회의 작업이 "A Church of All and for All"(2003)이라는 중간문서로 출간되었는데, 그 내용이 몰트만의 장애 이해와 맥을 같이하고 있다. 세계교회협의회/최대열 옮김, "모든 사람의, 모든 사람을 위한 교회," 『장애인 차별과 교회』, 224-259 참조.

하라"⁶⁾는 장애(인) 이해와 관련하여 탁월한 글이다. 여기서는 주로 이 논문을 중심으로 다룬다.

1. 장애신학을 위한 존재론과 방법론

장애(인)를 어떻게 보는가는 그의 신학적 이해를 결정짓는 매우 중요한 주제이다. 몰트만은 장애인에 대한 존재론적 질문에 대하여 '장애'라는 특성보다는 '사람'이라는 보편으로부터 출발한다. 이것은 몰트만이 다양한 부류의 사람들 사이에 얽혀 있는 사회적인 문제에 접근하는 신학의 공통적인 존재론이기도 하다.

> 나는 근본적으로 '장애인'이란 없으며, 있다면 오직 '사람'이 있을
> 뿐이라는 확신을 가지고 시작한다. 건강하고 능력 있는 사람들의
> 사회가 그것을 근거로 그들을 가리켜 '장애인'이라고 규정하고,
> 그것에 따라서 그들을 공적인 삶으로부터 배제시켜 버린 이러저
> 러한 어려움을 가진 사람들. 그러나 그들은 모두 각자 사람이며
> 다른 모든 사람들과 동일한 인간의 존엄성과 동일한 인권을 가지
> 고 있는 존재이다.⁷⁾

그렇다고 해서 몰트만이 사람을 보편적인 개념이나 형상으로 추상화시키는 것은 결코 아니다. 오히려 그 반대이다. 그는 현실 세상에 존재하는 실제적인 인간을 말한다. 그에게 사람이란 복음서에서 예수가 만났

---

6) 앞의 책, 69–98. 동일한 논문이 Nancy L. Eiesland and Don E. Saliers(ed), *Human Disability and the Service of God*(Nashville: Abingdon Press, 1998), 105–121에 실려 있는데, 이글에서는 이 둘을 대조하여 인용한다. 글의 인용 쪽수는 『하나님 나라의 지평 안에 있는 사회선교』를 따른다.
7) 앞의 책, 70.

던 병들고 가난하고 도움이 필요한 바로 그런 구체적이고 현실적인 사람이다. 그런 점에서 몰트만은 질병이란 인간에게서 이상한 것이 아니라 오히려 인간의 본질이라고 말한다. 그렇다면 또한 이글의 논제와 관련하여 장애는 인간의 본질이라고 말할 수 있다. 사실 그렇다. 절대적으로 무장애적 존재는 오직 하나님일 뿐이며 모든 인간은 장애를 가진 존재이다.

> 건강한 사람과 장애인 사이에는 어떤 구분도 없다. 모든 사람의 삶에는 그 한계와 약점과 연약함을 가지고 있다. 우리는 모두 빈 손으로 태어나고 어쩔 도리 없이 죽는 운명이다. 그러므로 사실 장애 없는 삶과 같은 것은 존재하지 않는다. 그것은 단지 인간의 일부분이 장애를 입었다고 비난하는 강자들이 만들어낸 건강에 대한 단지 이념일 뿐이다.[8]

또한 장애(인) 문제를 어떻게 해결할 것인가 역시 매우 중요한 문제이다. 몰트만은 장애(인) 문제뿐만 아니라 여러 부류의 사람들 사이에 갈등의 문제를 해결하는데 기독교신앙에 기초하여 서로 사랑으로 용납하라는 방법론을 사용한다. 이것은 몰트만이 다양한 부류의 사람들 사이에 얽혀 있는 사회적인 문제에 접근하는 신학의 공통적인 방법론이기도 하다.

몰트만은 사회가 "끼리끼리 잘 모인다."는 아리스토텔레스의 유유상종(類類相從)을 사회의 질서와 윤리의 원리로 채택하고 있음을 지적한다. 이것은 사회에서 쉬운 일이고 흔한 일이다. 그러나 이러한 원칙은 또한 다른 사람에 대한 분리, 소외, 배타, 대적, 추방으로 치닫게 한다. 인종차별, 성차별, 세대갈등, 계급갈등이 이 원리의 현실적인 산물이기도

---

8) 앞의 책, 78.

하다. 그리고 거기에 장애인과 비장애인의 차별과 소외와 갈등이 있다. 몰트만은 이 원칙이 장애인들에게는 '한센병자신드롬'(Aussätzigensyndrom)을 만들어내고, 비장애인들에게는 '두려움의 신드롬'(Angstsyndrom)을 만들어내었다고 지적한다.[9]

몰트만은 이 갈등과 대립의 사회적 문제에 대하여 기독교 신학적인 답변을 제시한다. 기독교 신앙은 세상의 자기보증이라는 관념 속에서가 아니라 칭의의 은혜 속에 자유를 누리고 있기 때문에 예수 그리스도의 사랑으로 서로를 용납하게 되는 것이다. 기독교 신앙 안에서 장애인과 비장애인은 서로 구분하고 증오하고 대적해야할 존재들이 아니다. 장애 문제만이 아니라 인종, 성, 세대, 계급 등 모든 문제들이 신앙 안에서는 대립이 아니라 화해된다. 교회의 원리는 유유상종이 아니라 주님 안에서 서로 용납하는 것이다.

> 결과적으로 기독교 공동체의 원리는 더 이상 "끼리끼리 잘 모인다"가 아니라 "그리스도께서 우리를 받아 하나님께 영광을 돌리심 같이 너희도 서로 받으라"(롬 15:7)라는 원리이다. 그러므로 기독교 공동체는 차이를 상호위협이 아니라 서로 동일하지 않은 부분들로 구성되어 풍요를 경험하는 공동체이다. 이 공동체는 칭의의 은혜를 사회적으로 구성한 형태이다.[10]

---

9) 앞의 책, 63. "차별하는 사회에서 장애인들의 권리회복을 위한 노력"에서 몰트만은 장애인을 위한 구체적인 권리로 자신을 주장할 권리와 (성인으로 대우받을 수 있는) 성장할 권리를 주장한다.
10) 앞의 책, 25~26. 또한 위르겐 몰트만/곽미숙 옮김, 『세계 속에 있는 하나님』(서울: 동연, 2009), 192~195.

2. 장애인의 해방

몰트만은 장애인의 해방을 말한다. 사람에게는 두 가지 장애가 있다. 하나는 교정되거나 제거될 수 없는 지속적인 장애이다. 이것은 세계보건기구(WHO)의 장애정의 ICIDH에서 '손상'에 해당하며, ICF에서 '신체기능과 구조'에 해당한다.[11] 쉽게 말하면 신체적이고 정신적인 손상이다. 몰트만은 이러한 장애를 가진 사람들에게 먼저 이 장애와 함께 살아가는 법을 배워야하고 이 장애와 함께 자기 자신을 사랑하는 것을 배워야 할 것을 주장한다. 이것이 장애인의 첫 번째 해방이다.

또 하나의 장애는 비장애인 위주의 사회가 규정해 놓고 운영하고 있는 불의한 장애이다. 이것은 ICIDH에서 '장애'와 '사회적 불리', ICF에서 '개인적인 상황'과 '사회적 상황'에 해당한다. 사실 몰트만이 진정으로 말하고자 하는 장애인의 해방은 바로 이 두 번째 장애로부터의 해방이다. 위에 언급한 첫 번째 해방도 이 두 번째 해방 없이는 불가능하다. 이 장애의 해방 없이는 장애인도 비장애인도 모두 불의하고 불행한 삶을 살아갈 수밖에 없다.

그럼, 몰트만이 말하는 장애인의 두 번째 해방은 무엇인가? 그것은 장애인을 억압하고 있는 이념과 의식과 법률과 제도와 문화와 관습의 모든 사회적 불이익으로부터의 해방이다. 이를 위하여 먼저 장애인이 저항해야 한다. 장애인의 사회적 불이익에 대한 저항은 장애인 당사자의 이기주의로부터 출발하는 것이 아니라 오히려 "네 이웃을 네 몸과 같이 사랑하라"는 계명에 기초하여 자기를 사랑하고 이웃을 사랑하는 사랑의 발

---

11) WHO는 장애에 대한 정의를 1980년 ICIDH에서 논의를 거쳐 2001년 ICF로 변경하였다. ICIDH란 International Classification of Impairments, Disabilities and Handicaps이고, ICF란 International Classification of Functioning, Disability and Health이다. 김도현, 『장애학 함께 읽기』, 56-61참조.

로이다. 신앙은 이 저항을 하는데 가로막고 있는 어려움들, 특히 사회가 장애인에게 고정화시켜 놓은 정체성과 역할을 깨치고 나아가 자신이 할 수 있다고 믿는 것보다 훨씬 더 많은 일들을 할 수 있게 한다.

장애인은 분명히 도움이 필요한 존재이다. 그러나 몰트만은 그것이 '동정'이 아니라 '우정'이 되어야 한다고 주장한다. 동정은 보호하고 돌보고 지도한다는 명분 아래 오히려 장애인을 스스로 아무것도 할 수 없는 사람으로 만들어 버린다. 동정은 장애인에게 그 자신의 가치와 그 자신의 삶을 발견하게 해주는 섬기는 사랑이 아니라 오히려 자유롭고 치유되게 하는 것을 방해하는 섬김의 무력화를 가져온다. 그러나 우정은 그렇지 않다. 우정은 사랑의 교제 속에서 도움이 필요한 사람의 고유한 삶을 존중함으로써 함께 의미를 얻는다. 그러므로 우정에는 돕는 사람과 도움을 필요로 하는 사람 사이의 구분이 없다.[12]

그리고 몰트만이 말하는 장애인의 이 두 번째 해방은 잘못된 이념들로부터의 해방을 포함한다. 이러한 이념들은 비장애인들이 정해놓은 것들이며 관습 속에 답습되고 재교육되며 내면화된 것들이다. 몰트만은 이것을 "낙담과 슬픔으로부터의 해방"이라고 말한다. 장애인으로 하여금 무가치한 존재로 느끼게 하는 것은 건강하고 능력 있는 자들의 편견으로부터 나온 것이다. 그러한 편견은 어느새 장애인 속에 내면화되어 장애인들의 눈에도 자기 자신을 추하고 무능력하고 무용지물의 것으로 보게 만든다. 몰트만은 이에 대하여 자기 자신의 삶을 발견하고 그것을 사랑하는 것을 배울 것을 주장한다. 사실 이것은 이미 위에 언급한 장애인의 첫 번째 해방이다. 그리고 몰트만의 장애인의 이러한 자기사랑은 하나님이 나를 사랑하시는 것에 기초하고 있다.

---

12) 위르겐 몰트만, 『하나님 나라의 지평 안에 있는 사회선교』 76-77.

사실 하나님은 우리가 있는 그대로 우리 모두를 사랑하신다. 다른 어떤 모습으로가 아니라 우리가 있는 모습 그대로 말이다. 그리고 이것 때문에 우리는 또한 하나님이 사랑하시는 우리 자신을 사랑할 수 있다. 이러한 깨달음 후에도 여전히 그 자신에게 절망하는 사람은 사실 그 자신에게 절망한 것이 아니라 하나님께 절망한 것이다.[13]

3. 비장애인의 해방

몰트만은 장애인의 해방과 함께 또한 비장애인의 해방을 말한다. 앞서 언급한 장애인의 해방은 비단 장애인에게만 해당되는 것이 아니다. 오히려 비장애인에게 더 해당하는 것이다. 왜냐하면 장애인의 장애는 사실 비장애인과 그들 위주의 사회가 만들어 놓은 편견과 이기주의와 권력추구의 산물이기 때문이다. 몰트만은 특히 비장애인은 두 가지로부터 해방되어야 한다고 주장한다.

첫째로 비장애인은 그들 자신이 건강하다는 전제로부터 해방되어야 한다. 앞서 언급했듯이 이 건강은 비장애인들이 가정해 놓고 스스로 세뇌되어버린 건강에 대한 허위이념일 뿐이다. 몰트만에 따르면 진정한 건강은 이와 사뭇 다른 것이다.

진정한 건강은 사랑할 수 있는 능력이며, 고난 받을 수 있는 능력이며, 죽음으로 나아가는 능력이다. 건강은 신체기관의 상태가 아니라 오히려 자신의 신체의 상이한 상태들과 마주쳐 그것들을

---

13) 앞의 책, 79-80.

다룰 수 있는 영혼의 능력이다.[14]

둘째로 비장애인들은 장애인들에 대한 두려움으로부터 해방되어야
한다. 몰트만이 제시하는 통계에 따르면, 비장애인들은 장애인들을 만나
기를 두려워하고, 장애인들에게 어떻게 대해야 할지 몰라 두려워하고, 더
나아가 장애인이 존재하는 것 자체를 두려워한다. 이러한 장애인의 존재
에 대하여 느끼는 불안은 많은 방어기제를 만들어 내었는데, 그것은 장
애인들을 더 심하게 차별하고 소외시키고 추방시켜 버리는 의식과 제도
와 문화들이다.

몰트만은 이러한 두려움을 극복하기 위해서 삶에 대하여 완전히 새
로운 접근을 하는 것이 필수적이라고 주장한다. 장애인을 만남으로써 장
애를 둘러싼 비인간적인 허위이념들이 깨뜨려지기 시작한다. 장애인을
만나는 것은 처음에는 불안감을 가질 수밖에 없다. 그러나 이것은 일종
의 필수적이고도 유익한 불안감이다. 그런 점에서 장애인은 비장애인의
치유를 돕는 조력자들이다.

> 장애인들은 건강과 능력에 대한 자기 자신의 신뢰를 허물고 그것
> 을 하나님에 대한 신뢰 안에서 찾도록 도와준다. 장애인을 만남
> 으로 동요된 비장애인들은 자기추구와 공포로 가득한 자기증오
> 로부터 자유롭게 되어 진정한 자기사랑을 발견하게 된다. 이를
> 위해서 장애인들은 어느 누구도 줄 수 없는 도움을 제공해준다.[15]

---

14) 앞의 책, 78. 같은 책에 실린 몰트만의 다른 글 "질병과 건강의 이해를 위한 명제들." 119-122. 몰트만은 건
강이란 단순히 질병과 결함이 없는 상태가 아니라 그것들과 더불어 살며 행복과 고난과 삶과 죽음을 의미
있는 것으로 만드는 능력으로 본다. 또한 『창조 안에 계신 하나님』 317-323 참조.
15) 앞의 책, 83.

4. 예수 그리스도의 장애치유

몰트만은 예수 그리스도의 치유에 대하여 질문한다. 예수 그리스도는 무엇으로 병자를 치유하시는가? 그의 치유의 능력이 어디에 있는가? 그는 그 대답을 마태복음 8장 16-17절에 인용된 선지자 이사야의 말씀(사 53:4)에서 찾는다. "그가 우리의 연약한 것을 친히 담당하시고 병을 짊어지셨도다." 몰트만에 따르면, 예수 그리스도는 질병을 버리거나 제거함으로서가 아니라 오히려 그것들을 자신에게 짊어지움으로써 치유하신다. 사람들은 예수의 초자연적인 능력에 의해서가 아니라 오히려 그의 상처들에 의해 치유 받은 것이다.

> "그가 채찍에 맞음으로 우리가 나음을 입었도다." 이것이 가장 중요한 것이다. 예수가 치유하신 것은 그의 신성을 통하여서가 아니라 오히려 그의 인성을 통하여서이고, 그의 초능력을 통하여서가 아니라 그 자신을 우리의 고통과 죽음을 위하여 내어줌을 통하여서이다.[16]

몰트만은 예수 그리스도의 참된 인성을 인식하는 고대교회의 신학적 원리인 "수용되지 않은 것은 치유되지 않는다."는 명제를 말한다. 이것은 하나님의 아들이 현실적이고 구체적인 인간이 되셨음을 말한다. 예수 그리스도 안에서 하나님 자신이 인간이 되셨다. 하나님이 인간이 되셨다고 하는 것은 영원하신 하나님께서 인간의 제한되고 죽을 수밖에 없는 측면을 받아들여 그의 삶의 일부로 삼으셨을 뿐만 아니라 장애입고,

---

16) 앞의 책, 86-87. 위르겐 몰트만/김균진 옮김, 『생명의 영』(서울: 대한기독교서회, 1992), 258-259 참조.

병들고, 무기력하고 무능력한 측면까지도 받아들이셨다는 것을 의미하는 것이다. 하나님이 인간의 연약함을 자신의 것으로 받아들임으로써 치유하시는 것이다.

몰트만에 따르면, 진정한 치유는 사귐에 있다. 치유는 서로 나누고 모든 것 안의 부분이 되는 것에 있다. 하나님은 그의 영원한 사랑의 일부분이 되어버린 우리의 고통에 참여하심으로 우리를 치유하신다. 하나님은 전적으로 깨질 수밖에 없는 연약한 인간의 본성을 수용하셔서 그의 영원한 신적인 본성을 부여하심으로써 그것을 치유하신다.

> 하나님께서 우리의 장애를 입으셨고 그것을 그의 영원한 삶의 일부로 만드셨다. 그분은 우리의 눈물을 수용하셔서 그분 자신의 고유한 고통의 일부로 만드셨다. 하나님이 모든 질병과 염려를 치유하시는 것은 그 분이 몸소 모든 질병과 염려를 감당하시고 그것들을 자신의 고난과 자신의 염려로 만드셨기 때문이다.[17]

5. 은사로서의 장애

몰트만은 매우 도발적이고 성가신 명제를 제시한다. 그것은 "모든 장애는 은사이다"라는 명제이다.[18] 명제 자체에 대한 논의에 앞서 장애의 문제를 해결하는 방향에 대해 먼저 생각해 볼 필요가 있다. 대개 지금까지의 장애 문제의 해결은 한편으로 장애인을 비장애인 위주의 사회로 치료, 교육, 재활, 적응시키고 다른 한편으로 장애인을 포용하는 사회라는 방향으로 전개되었다. 이것은 달리 말하여 장애인을 그의 존재 자체로 인

---

17) 앞의 책, 87.
18) 앞의 책, 92~93. 『생명의 영』 260 참조.

정하거나 장애를 유익한 것이 바라보는 것이 아니라 무익한 존재로 취급하거나 해악한 것으로 바라보는 것이다. 이에 반하여 은사가 장애라고 하는 선언은 공동체 속에서 장애인의 존재 가치와 장애의 유익함을 재발견하고 인정하는 것이다.

몰트만은 사람이 결여된 것에만 초점을 맞추고 경직되어 있기 때문에 장애의 은사됨을 발견하지 못하고 있다고 지적한다. 사람들은 흔히 장애만을 응시해서 무능력한 사람이라고 생각한다. 자기 자신의 삶의 가치 기준으로부터 벗어나서 생각하면 다른 사람의 특별한 가치와 의미를 발견할 수 있다. 단적으로 장애인이 나와 나의 삶에 어떤 의미인가를 묻노라면 신속하게 장애인들의 은사됨을 발견하게 되는 것이다. 이 명제는 장애(인)를 기존 사회의 왜곡된 기준에서 벗어나 다시 보도록 만든다.

바울은 성령의 은사와 능력 가운데에서 오직 힘과 능력만이 아니라 또한 고난과 좌절과 슬픔을 열거한다(고후 4:7 이하). 또한 바울은 하나님께서 그의 나라를 위해 선택하여 부르신 사람을 열거할 때 가장 먼저 약하고 멸시받으며 어리석고 어린아이 같은 사람을 말한다(고전 1:26 이하). 몰트만에 따르면 은사란 세상적인 기준에 따라 힘 있고 능력 있고 재능 있는 것만이 아니라 그것이 어떤 것이든 하나님의 부르심과 부여하심에 있는 것이다.

> 성령의 은사는 주님께서 누군가를 부르실 때 그가 자기 자신을 발견하는 상황 안에서 생겨난다. "오직 주께서 각 사람에게 나눠 주신 대로 하나님이 각 사람을 부르신 그대로 행하라"(고전 7:17). 따라서 유대인 됨은 이방인 됨과 같이 성령의 은사이다. 결혼하는 것과 홀로 사는 것 모두가 그리스도의 공동체로 부르시는 소명 안에서 생겨난 성령의 은사이다. 결과적으로 장애를 통하여

사람들이 세상에서 하나님의 형상과 영광이 되도록 부름을 받은 것이라면, 장애를 갖는다는 것은 그것이 어떠한 형태이든지 또한 성령의 은사인 것이다.[19]

바울은 교회를 그리스도의 몸으로 표현한다. 교회는 부르심을 받은 구성원들이 각양 은사를 발견하고 그것을 가지고 하나님나라를 향한 자신의 과제를 인식하고 수행하는 공동체이다. 이 몸에는 여러 지체들이 있는데, 물론 거기에는 약한 지체도 있다. 하나님은 이 약한 지체들에게 최대의 영예와 영광을 주신다(고전 12:23). 왜냐하면 하나님은 약하고 연약한 지체들을 하나님나라를 위해 가장 필요로 하시기 때문이다. 교회는 은사공동체이며 모든 은사공동체는 섬기는 공동체이다. 왜냐하면 은사는 언제나 섬기기 위한 것이기 때문이다.[20]

몰트만에 따르면, 장애는 고난당하시는 그리스도의 반영이 될 수 있기에 성령의 은사이다. 인간의 차원에서 모든 장애는 하나님의 차원에서 일종의 은사이다. 장애인은 다른 사람에게 인간의 상처와 연약함을 들여다보는 통찰력과 자신의 삶의 세계의 인간성을 들여다보는 통찰력을 제공한다. 장애인을 통하여 사람들은 그들을 무한히 사랑하시는 구체적인 하나님, 고난당하시는 하나님, 살아계신 하나님을 알 수 있게 된다. 모든 장애는 은사이다.

6. 장애 치유공동체로서의 교회

몰트만은 교회를 치유공동체로 설명한다. 몰트만의 고백처럼, 우리

---

19) 앞의 책, 93.
20) 앞의 책, 94. 『생명의 영』 261-263 참조.

는 신체적인 장애를 제거할 수 없다. 그러나 장애인에게 장애를 입히는 사회적 장애는 극복할 수 있다. 장애인과 비장애인의 병든 관계를 치유할 수 있다. 그것은 누가 누구를 도와주는 권력추구의 돌봄이나 도움을 통해서가 아니라 연대와 함께 살아가는 삶을 통하여 일어난다. 이 공동의 삶으로부터 도울 수 있는 능력도 생겨나고 도움을 받을 수 있는 능력도 생겨난다. 그리고 이 상호적인 도움은 애정과 존경을 결합하고 있는 우정에서 생겨난다. 우정의 상호 인정과 존경의 기초 위에서만 돌봄이 도움을 제공하는 사람에겐 권력추구가 되지 않고 도움을 받는 사람에겐 비참함이 되지 않기 때문이다.

몰트만은 이런 기초와 방향 위에서 장애인과 비장애인이 함께하는 공동체를 희망한다. 세계교회협의회가 "장애인이 없는 교회는 장애 있는 교회이다"라고 말한 바 있는데, 몰트만도 이에 동의한다. 그런데 그것은 단순히 외형적인 물리적 통합만을 의미하지 않는다. 그것은 예수 그리스도의 몸으로서 장애를 은사로 인정하고 장애인을 주님의 몸의 지체로서 인정하고, 서로 사랑의 교제 안으로 받아들일 때에 진정으로 가능한 것이다.

> 치유는 공유하고(teilen), 참여하고(teilnehmen), 나누어주는(mitteilen) 데 있다. 하나님은 우리의 고난을 공유하시고 자신을 우리 인간들에게 나누어주심으로 우리가 구원을 받는다. 이제 우리는 공동체 안에서 공유하고 참여하고 나누어주고 그리고 상호인정함으로써 치유할 수 있다.[21]

---

21) 앞의 책, 122.

그런데 몰트만의 이러한 치유공동체로서 교회의 모습은 현실적으로 비장애인 위주의 허위 이념과 권력추구의 돌봄과 구조적 차별이 지배하는 사회 속에서는 장애해방을 위한 투쟁의 양상을 갖게 된다. 그것은 불의한 장애에 대한 저항이며 진정한 건강과 사랑에 대한 자유이며 하나님나라를 향한 희망이다. 그러므로 몰트만의 장애치유공동체로서의 교회는 또한 현실적으로 장애해방공동체로서의 교회이다.

> 치유공동체는 장애인들을 해방시키고 그들 자신의 삶을 인정받도록 하기 위해 장애인을 필요로 한다. 치유공동체는 우리의 변화된 세계를 필요로 한다. 그래서 보다 큰 인간성과 친절함이 거기에서 확산되도록 말이다. 우리 모두가 거기에서 하나님의 사랑에 근거하여 서로를 위해 공동으로 받은 삶을 사랑하는 법을 배우도록 말이다.[22]

지금까지 고찰해본 바, 몰트만의 장애에 대한 신학적 이해는 장애인과 비장애인과 그들이 이루고 있는 사회 모두를 위한 하나의 장애 해방신학이다. 그것은 장애인을 해방시키고, 비장애인을 해방시키고, 장애사회를 해방시키는 것이다. 그 해방은 예수 그리스도의 십자가와 부활에 기초하며 하나님나라를 희망하며 그것에 비추어 변혁하는 해방이다. 그것은 장애인을 장애사회의 현실과 그 속에 강요된 자기 억압과 증오로부터 해방시키는 것이고, 비장애인을 다름의 차이를 용납하고 사랑하지 못하는 이기주의와 자기 권력을 추구하는 봉사로부터 해방시키는 것이고, 장

---

22) 앞의 책, 98; 지난 세기 장애인들과 함께 함으로써 큰 영향을 끼친 영성신학자 헨리 나우웬도 '상처받은 치유자'와 '개성과 축복으로서의 상처'와 '장애인의 은사: 은사파트너'를 말한다. 그러나 나우웬은 이것을 세상을 향하여 사회정치적으로 전개하지는 않는다. 헨리 나우웬, 『상처 입은 치유자』(서울: 두란노, 1999), 110–111, 126; 『아담, 하나님이 사랑하시는 자』(서울: IVP, 1998), 59–60; 『영성에의 길』(서울: IVP, 1996), 36–50 참조.

애인과 비장애인 모두를 죄악으로 이끌어가는 사회구조와 비장애인 위주로 차별하는 모든 불의한 사회 현실로부터 해방시키는 것이다.

III. 몰트만의 신학을 토대로 한 장애신학

몰트만의 저술은 방대하며 그의 신학적 관심은 다양하고 그의 영향력도 신학은 물론 사회전반에 미치고 있다. 신학계에서도 그의 신학에 관하여 수많은 논의와 토론들이 있어왔다.[23] 그의 신학과 논의의 모든 부분을 장애신학에 적용하기에는 필자의 능력과 이글의 분량이 허락하지 않는다. 그래서 여기서는 그의 신학의 주요 주제가 이미 소개되고 있는 초기 3대 저서의 기독교의 희망과 하나님의 고난과 삼위일체론과 교회론에 제한하여 장애신학과의 연관 내지 수용 가능성을 다루고자 한다.[24]

---

23) 1985년에 나온 몰트만의 출판목록을 보면 그 때에 이미 528개에 이르는 설교와 논문과 강연과 저서들이 있다: 몰트만의 신학개관을 위해서 이형기, 『알기 쉽게 간추린 몰트만 신학』(서울: 대한기독교서회, 2001); 리처드 버캠/김도훈 · 김정형 옮김, 『몰트만의 신학』(서울: 크리스천헤럴드, 2008); Geiko Müller-Fahrenholz, *The Kingdom and The Power-The Theology of Jürgen Moltmann*(Minneapolis: Fortress Press, 2001) 참조: 몰트만의 신학에 관한 논문집의 하나로 국내에서는 한국조직신학회에서 출간한 『한국조직신학논총』 12집이 있다. 『희망과 희망 사이-몰트만과 그의 신학』(서울: 한들출판사, 2005).

24) 몰트만의 신학은 후기에 갈수록 더 체계화되고 풍성해지지만, 이미 초기 3대 저서에 그 중요한 신학적 맹아들이 들어 있다고 말할 수 있다. 리처드 버캠은 몰트만의 신학을 개관하면서 주요 신학 이념을 다음과 같이 소개한다. "몰트만의 초기 저서에서 가장 중요한 지배적 신학 이념은 예수의 십자가와 부활에 대한 변증법적 해석인데, 이것은 후기 저서의 가장 중요한 신학적 원리가 되는 삼위일체론의 특별한 형식 안에 추후 포함된다. 『희망의 신학』에서 십자가에 달리신 그리스도의 부활은 종말론적인 관점에서 이해되었고, 변증법적인 약속과 희망 그리고 사명이라는 주제에 의해 해석되었던 반면, 『십자가에 달리신 하나님』에서 부활하신 그리스도의 십자가는 신정론 문제의 관점에서 이해되었고 변증법적인 사랑과 고난 그리고 연대성이라는 주제에 의해 해석되었다. 마지막으로 『성령의 능력 안에 있는 교회』가 이 도식을 완성하는 것으로 볼 수 있는데, 여기서 십자가 및 부활 사건으로부터 그 사명을 얻은 성령은 하나님께 버림받은 세계를 하나님의 현존으로 채우고, 전 세계가 예수의 부활에 상응하여 변모될 도래하는 그 나라를 준비함으로써, 변증법적 해결 방향으로 실재를 이끌어가는 것이다." 리처드 버캠/최대열 옮김, "위르겐 몰트만," 『현대 신학과 신학자들』(서울: 기독교문서선교회, 2006), 341-342.

1. 희망의 신학과 장애 해방신학

몰트만을 역사에 처음 알린 저서는 『희망의 신학』(1964)이다. 몰트만은 이 책에서 기독교의 종말론을 재발견하여 신학의 정향으로 세우고 기독교적 희망을 주장하였다. 그의 종말론적 정향은 이후 그의 신학전체를 일관되게 이끌어가고 있다. 희망의 신학이 담고 있는 내용이나 영향력은 다음의 문장 그대로이다.

> 실로 종말론은 희망의 대상만이 아니라 그것에 의해 움직이는 희망까지 포괄하는 기독교적 희망에 관한 가르침이다. 기독교는 단지 부록에서만이 아니라 전적으로, 그리고 완전히 종말론이요, 희망이며, 앞을 바라는 전망이요, 앞으로 나아가는 행진이다. 그러므로 그것은 또한 현재의 타개와 변혁이기도 하다.[25]

기독교의 신앙은 주어진 현실이 어떠하든지 본질적으로 희망으로 가득 차 있다. 절망은 불신앙의 죄이다. 기독교의 종말론은 예수 그리스도로 말미암아 이 세상에서 희망의 사고를 하고 희망의 실천을 하게 한다. 기독교의 희망은 세상 일반의 막연한 미래가 아니라 예수 그리스도의 부활과 미래에 기초한 것이다. 예수 그리스도의 부활이 아니면 그것은 기독교적인 것도 아니고 신앙도 아니다. 예수 그리스도께서 죽은 자 가운데서 다시 살아나심으로 불의와 절망과 죽음에 맞선 희망이 되셨으며, 그의 미래는 세계의 최종적인 완성에 대한 희망을 가져왔다.

여기서 부활하신 예수 그리스도는 십자가에 달리신 분과 동일하신

---

25) 위르겐 몰트만/이신건 옮김, 『희망의 신학』(서울: 대한기독교서회, 2002), 22.

분이시다. 몰트만은 이 양자의 동일성을 "모순을 통해서만 존재하는 변증법적 동일성"이요 "동일성 속에 존재하는 변증법"이라고 말한다. 이것은 현실 세계의 모든 모순 가운데서도 결국 종말에 완성되어질 하나님나라를 향하여 나아갈 희망의 원동력을 제공해준다. 그러므로 몰트만에게 있어서 희망의 신앙은 미래를 향한 변혁의 희망이 되고, 교회는 하나님나라를 위한 변혁의 공동체가 된다. 교회가 하는 복음 선포나 선교도 단순한 신앙과 희망의 전파가 아니라 삶의 역사적 변혁인 것이다.

몰트만이 말하는 희망은 본래 하나의 신학적, 종말론적 개념이지만 그 속에 정치적 의미를 함유하고 있으며 정치적 기능을 가지고 있다. 기독교의 희망은 비인간적이며 불의한 현실에 대해 언제나 변혁적이며 혁명적인 기능을 갖는다. 그것은 주어진 현실과 타협하고 그것에 안주하지 않고 오히려 궁극적으로 새로운 것, 그리스도의 부활의 하나님을 통한 모든 사물들의 새 창조를 지향한다. 이러한 몰트만의 희망의 신학은 몰트만으로 하여금 정치신학으로 나아가게 하였으며, 또한 해방신학, 민중신학, 여성신학 내지 생태여성신학에 크게 영향을 주었다.[26] 다음은 몰트만이 『희망의 신학』 13쇄 서문에 부친 머리말이다.

> 희망의 신학이 다른 나라에 끼친 영향은 개인적으로 나의 모든
> 직접적인 영향을 넘어선다. 오히려 희망은 제3세계의 나라들로
> 부터 새롭고 매력적인 형태로 내게 되돌아왔으며, 그 이후 나의
> 신학 작업에 영향을 끼쳤다. 그것은 바로 미국의 제임스 콘의 흑
> 인신학, 구스타보 구티에레즈와 혼 소브리노의 해방신학, 한국의
> 서남동과 안병무의 민중신학이다. 행동하는 희망은 많은 다양한

---

26) 김균진, "희망의 하나님─희망의 종교," 『희망과 희망 사이』 50-55.

정치적, 문화적 상황 속으로 옮겨졌다. 왜냐하면 희망은 항상 오직 상황 속에서만 활동하기 때문이다. 하지만 성서적 회상과 약속의 본문은 어디서나 동일하다. 앞에서 말한 영역에서 희망의 신학이 영향을 끼칠 수 있었던 것은 역사적 해방과 종말론적 구원에 대한 일관된 전망 때문이었다고 나는 생각한다.[27]

그렇다고 한다면 이러한 몰트만의 희망의 신학은 오늘 우리의 문제인 장애신학에도 동일한 영향력을 미치고 있다고 말할 수 있다. 장애로 인한 장애인의 차별과 절망, 비장애인의 소외와 죄악, 그리고 이들로 구성된 사회의 불의와 억압은 모두가 기독교의 희망을 위하여 제거되어야 할 불의한 것들이고 변혁되어야 할 교회와 사회의 현실이기 때문이다.

희망의 신학에 영향을 받아 일어났던 해방신학의 맥락에서 아이에스랜드가 하나의 장애해방신학을 시도하였다.[28] 아이에스랜드는 장애인의 삶의 경험으로부터 출발하여 장애인이 경험한 하나님을 정리하고 장애인이 마주치는 수많은 사회적 장애들과 맞서 투쟁하며 그동안 장애차별을 정당화하였던 신학에 대하여 신학적 혁명을 시도하였다. 이것은 그동안 전개되었던 해방신학, 민중신학, 여성신학, 흑인신학 등의 결과에

---

27) 위르겐 몰트만, 『희망의 신학』, 8-9. 또한 『신학의 방법과 형식』, 201-321 참조.

28) Nancy L. Eiesland, *The Disabled God*(Nashville: Abingdon Press, 1994). 이 책의 부제는 *Toward a Liberatory Theology of Disability*이다. 레베카 촙(Rebecca S. Chopp)이 *The Disabled God*에 붙인 서문(9쪽)에 따르면, "아이에스랜드의 작업도 다른 해방신학들과 마찬가지로 장애인의 목소리에, 억압적인 구조와 신념에, 그리고 새로운 이미지와 현실을 형성하는 데에 그 초점을 두었다. 많은 해방신학자들과 마찬가지로 아이에스랜드도 인간의 보편적인 경험과 기독교의 상징에 있어서의 본질주의(essentialism)라고 하는 생각들로부터 벗어나서 장애인은 자신들을 장애라고 하는 어떤 본질주의적인 의미 안에서 규정하지 않고, 오히려 해방을 향한 보편적인 역사적 과업 안에서 규정한다. 해방을 향한 이 과업 안에서 그리고 이 과업을 통하여 이 과업에 참여함으로 해서 장애인들은 지금 일어나고 있는 해방적인 변혁과 또한 해방적인 변혁을 일어날 것을 기대하는 자기명명(self-naming)의 행동으로 꿈과 바라는 바와 자원들과 그리고 투쟁들을 이야기한다."

기인한 바 크지만 그 동기를 부여하였던 몰트만의 희망의 신학에 기초하고 있다.

이글의 II장에서 이미 살펴본 장애에 대한 몰트만의 신학적 이해도 장애해방신학적 맥락에 서 있다. 몰트만은 장애인의 해방과 비장애인의 해방으로 장애의 해방을 말하였는데, 적어도 그런 차원에서 장애에 대한 몰트만의 신학을 장애해방신학이라고 말할 수 있다. 몰트만의 장애해방신학은 불의한 장애현실 세계에 대하여 종말론적 희망을 가지고 끊임없이 하나님나라를 향하여 현실을 해방시키기 위하여 저항하고 투쟁할 것을 메시지로 담고 있다.

2. 십자가에 달리신 하나님과 장애 입으신 하나님

몰트만은 『십자가에 달리신 하나님』(1972)에서 예수 그리스도의 십자가 사건을 통하여 하나님께서 고난당하는 세상과 함께 고난당하신다는 주제를 다루고 있다. 몰트만은 하나님의 고난에 대한 질문을 통하여 그리스도의 십자가의 고난의 위상, 인간에 대한 하나님의 사랑, 그리고 인간의 고난의 문제인 신정론을 다루고자 한다.[29] 이것은 기독교 신앙에서 십자가 신학을 말하는 것이며, 하나님의 사랑의 자유를 말하는 것이며, 인간의 고난에 찾아오시고 공감하시는 하나님을 말하는 것이다.

몰트만에 따르면, 하나님은 예수 그리스도의 십자가의 고난과 죽음에서 결정적으로 계시되었는데, 이것은 하나님이 버림받은 모든 자의 고난은 물론 모든 무고한 자의 고난까지 걸머지셨다는 것이다. 하나님이 십자가에서 고난당하신다는 것은 무감정 또는 무감동의 철학적 신 개념과

---

29) 리처드 버캠, 『몰트만의 신학』, 83-92. 이형기, 『알기 쉽게 간추린 몰트만 신학』, 121-127.

정면으로 대립되는 것이다. 헬라철학에 따르면 신은 고난당할 수 없는 존재이다. 그래서 몰트만은 십자가 사건을 "하나님 개념 안에서의 혁명"이라고 말한다. 하나님은 사랑이시기 때문에 고난을 당하시는 것이다. 하나님이 고난당하심으로 현실 세계에서 고난당하는 모든 사람들을 수용할 수 있게 된다.

> 부활하신 그리스도는 십자가에 달리신 그리스도로서 모든 사람을 위하여 존재하신다. 십자가에 달리신 하나님은 하나님의 아들의 죽음, 곧 하나님께 버림받으심을 통해서 모든 불신앙의 인간들과 하나님께 버림받은 인간들의 인간적인 하나님이 되신 것이다.[30]

몰트만은 십자가에서 당한 하나님의 고난을 성부와 성자와 성령이신 삼위일체 하나님의 고난으로 해석한다. 성자만이 아니라 성부도 성령도 고난 가운데 있는 것이다.

> 십자가에서 성자께서 고난을 받으시고 죽으신다. 성부가 성자와 함께 고난을 받으셨다. 그러나 동일한 방법으로가 아니다. 우리가 하나님에 대한 단순한 이해를 포기한다면, 하나님이 십자가에 죽으셨으나 죽지 않으셨다고 하는 역설에 대한 삼위일체론적 해결책이 있다.[31]

몰트만의 십자가에 달리신 하나님은 철학적 신 개념에 대하여 하나

---

30) 위르겐 몰트만/김균진 옮김, 『십자가에 달리신 하나님』(서울: 한국신학연구소, 1979), 227.
31) 앞의 책, 203.

의 혁명이다. 이러한 몰트만의 하나님 개념은 여러 상황신학의 경험과 접근에서 흑인 하나님, 여성 하나님 등으로 새롭게 표현되었다. 장애(인)와 관련하여 쿠퍼(B. Cooper)와 아이에스랜드에 의해 "The Disabled God"(장애 입으신 하나님)[32]이라는 개념이 등장하였다.

아이에스랜드는 "장애 입으신 하나님"이라는 표현을 사용해줄 것을 당부한다. 왜냐하면 그것은 인식론적으로 하나님에 대한 이미지에서 예수 그리스도를 장애 입으신 하나님으로 표현함으로써 장애인이 자신의 고난을 헤아리는 하나님으로 쉽게 접근가능하기 때문이다. 장애 입으신 하나님으로서 예수 그리스도는 하나의 상징적인 원형을 제공하고 기독교의 상징, 은유, 의식, 그리고 교리들을 장애인에게 접근 가능하도록 하고 그들의 건강한 몸의 편견을 제거하는 재사고의 신학적 과제에 문을 개방한다.[33] 또한 존재론적으로 예수 그리스도는 장애 입으신 하나님으로 표현 가능하기 때문이다. 예수 그리스도는 성육신하신 하나님으로 구체적이고 현실적인 장애를 경험하는 인간의 모습으로 오셔서, 육체적인 고통과 상처와 죽음의 고난을 당하시고, 부활하셔서도 역시 손상 입은 손과 발의 표식으로 자기 자신을 나타내시기 때문이다.[34]

장애 입으신 하나님이라는 표현이 갖는 영향력은 대단하다. 이에 대한 찬반의 논란이 있지만, 몰트만의 십자가에 달리신 하나님에서 하나님

---

32) The Disabled God에 대한 적당한 번역을 찾기가 쉽지 않다. 그것은 장애 다음에 붙일만한 마땅한 한국어 동사가 없기 때문이다. 그래서 '장애하나님'을 주로 사용한다. 이글에서 구지 '장애 입으신 하나님'으로 번역 사용하는 것은 두 가지 이유에서 이다. 하나는 신성모독의 논란을 피하고 스스로 현실적인 인간의 몸으로 성육신하신 하나님을 표현하기 위한 것이고, 다른 하나는 '장애 입은'과 반대되는 '장애 입히는' (사람이나 사회나 신학)을 대조적으로 표현하기 위해서이다; 헐은 The Blind God을 말하였으나 실제로 그가 의도하는 것은 시각장애인의 시각장애하나님과 정안인의 정안하나님에 대한 이미지를 극복하려는 것이다. John M. Hull, *In the Beginning There Was Darkness*(Harrisburg: Trinity Press International, 2002), 127–148.
33) Nancy L. Eiesland, *The Disabled God*, 104. 그리고 구체적인 장애인의 사례로 31–48 참조.
34) 앞의 책, 98–105.

의 고난과 더불어 대답하고자 하였던 질문이 적어도 장애인들에게는 장애 입으신 하나님을 통하여 여전히 계속되고 있다. 이것은 세계에서 존재하는 모든 현실적인 사람들이 하나님을 경험하는 자리이며 자신과 세계에 대하여 질문하는 물음의 한 구체적인 모습이기도 하다.

3. 사회적 삼위일체론과 사회·정치적 프로그램

몰트만 신학의 중요한 내용 중의 하나가 그의 삼위일체론이다. 『십자가에 달리신 하나님』에서 시도되었던 십자가 사건에 대한 삼위일체론적 해석은 『성령의 능력 안에 있는 교회』를 거쳐 1980년 그의 조직신학을 위한 기여의 첫 번째 책 『삼위일체와 하나님의 나라』(1980)에서 그 면모를 나타내었는데, 몰트만 스스로 밝히듯이 이 삼위일체론은 이후 그의 신학의 주요 해석원리가 되었다.[35]

몰트만의 삼위일체론은 사회적 삼위일체론이다. 그것은 고대의 최고 실체나 근대의 절대주체에 근거한 군주신론적인 일체가 아니라 삼위일체의 세 인격들의 상호사랑의 사귐 안에서 일치를 가리킨다. 그리고 몰트만은 이것을 삼위일체의 세 인격은 서로 다른 인격 속에 의지하고 침투하여 존재하며 또한 함께 사역하는 순환의 페리코레시스로 설명한다.

> 인격의 개념이 삼위일체론적으로 이해된다면, 다시 말해 관계적
> 으로 그리고 역사적으로 이해된다면, 삼위일체의 인격들은 공통
> 된 신적인 본질 가운데에서 실재할 뿐만 아니라 다른 인격들과의

---

35) Jürgen Moltmann, *A Broad Place-An Autobiography*(Minneapolis: Fortress Press, 2008), 285–294; 하나의 예로 몰트만은 "성령의 사귐: 삼위일체적 성령론"에서 삼위일체적 인간론, 삼위일체적 교회론, 삼위일체적 성서론, 삼위일체적 찬미론을 전개하였다. 『삼위일체와 하나님의 역사』, 128–150.

관계 속에서 실존한다. 그뿐만 아니라 그들은 서로 상대방 안에서 그리고 상대방을 통하여 생동한다.[36]

페리코레시스의 정교한 방법으로 삼위성과 일치성이 결합된다. 그것은 삼위성을 일치성으로 환원시키지도 않고 일치성을 삼위성으로 해소시키지도 않는다. 삼위일체의 인격들의 영원한 페리코레시스 속에 삼위일체성의 일치성이 있다. 순환론적으로 이해할 때 삼위일체의 인격들은 영원한 삶의 순환 속에서 자기 자신을 통하여 그들이 일치성을 형성한다.[37]

몰트만은 이 사회적 삼위일체론을 신학적 교리의 틀에서 벗어나 그의 신학의 실천적 성향을 따라 교회와 사회 현장에 개혁의 모델로 제시한다. 그는 정치신학의 노선에 따라 사회를 지배하고 있는 신학이 일신론에 기초하고 있음을 지적하며 이제 삼위일체론으로써 이를 극복해 나갈 것을 주장한다. 몰트만은 삼위일체론이 교회와 사회의 모델이 되고 질서가 되고 프로그램이 되어야할 것을 주장한다.[38]

삼위일체론은 오랫동안 이론적 난해성과 신앙적 무용성으로 사변적인 교리로 취급되었다. 그러던 것이 몰트만의 사회적 삼위일체론 이후 신앙적 실천과 사회적 적용에로 논의가 활발히 전개되었다. 몰트만의 삼위일체론은 모든 신학적 주제와 사회적 문제에 적용된다. 삼위일체론의 실천적 원리는 개인적으로 다양성 안에서 하나 됨과 상호 내주하는 관계적인 삶과 사랑과 섬김의 삶을 제시하며, 정치·경제·사회·생태적 영역에서

---

36) 위르겐 몰트만, 『삼위일체와 하나님의 나라』, 210.
37) 앞의 책, 211.
38) 앞의 책, 228-263. 『신학의 방법과 형식』, 352-353 참조.

하나님께서 이루시는 사랑과 자유와 평등의 공동체가 인간사회 체제에 대한 모범적 프로그램으로 제시된다.[39]

몰트만의 삼위일체론은 장애신학의 구성을 위해서도 필수적이다. 장애 문제 역시 인종, 성, 계급, 문화 간의 갈등과 마찬가지로 서로 다름을 인정하지 못하고 하나의 이념으로 획일화시키는 데에서 출발한다. 이 글 II장에서 살펴본 몰트만의 지적처럼 장애인의 장애는 비장애인이 만들어 놓은 기준에 미치지 못할 때 차별하고 억압하고 소외시키는 것으로 전개되었다. 그러므로 장애신학에서도 몰트만의 삼위일체론적 사유는 중요하다. 왜냐하면 삼위일체론은 장애와 비장애 그리고 장애 안에서도 서로 다양한 장애를 가진 사람들이 서로의 차이를 존중해 주면서 사랑으로 함께 존재하며 함께 이루어가는 사회를 지향하게 하는 이론적인 토대요 실천적인 모델과 프로그램이 되기 때문이다.

4. 장애해방공동체와 장애형제자매공동체로서 교회

몰트만은 『희망의 신학』과 『십자가에 달리신 하나님』으로부터 형성한 그의 신학의 정향을 가지고 『성령의 능력 안에 있는 교회』(1975)에서 하나님나라를 향한 예수 그리스도의 교회로서 본질적으로 세상을 향하여 선교하는 변증법적 희망의 교회론을 전개한다. 그는 『성령의 능력 안에 있는 교회』의 부제를 "메시아적 교회론에 대한 기여"라고 붙이고 있는데, 이것은 "기독론에 기초를 두고 종말론을 지향하는 교회론"을 의미하며, 달리 말하면 "하나님의 영광과 세계의 해방을 향한 교회론"이다.[40]

몰트만은 정치신학을 거치면서 교회가 비정치적일 수 없음을 분명

---

39) 곽미숙, 『삼위일체론: 전통과 실천적 삶』, 174, 위르겐 몰트만, 『신학의 방법과 형식』, 352–353 참조.
40) 이상직, "몰트만의 교회론: 하나님의 영광과 세계의 해방을 위한 교회론," 『희망과 희망 사이』, 226.

히 하며 세상 현실에 대하여 비판적이며 해방을 주는 과제를 가지고 있는 정치적 교회임을 주장한다. 교회는 세상의 권력과 결탁하여 지배하는 것이 아니라 오히려 억압받는 사람들과 함께 고난 받음으로 하나님의 역사에 참여하여야 한다.

> 교회는 피조물의 해방에서 하나님에 대한 찬미에 참여한다. 영의 활동을 통해서 이것이 일어나는 곳에는 어디나 교회가 있다. 참된 교회는 해방을 받는 자들의 찬미이다. 교회는 인간의 서로 서로의 연합, 사회의 자연과의 연합, 피조물의 하나님과의 연합에 참여한다. 비록 항상 단편적이고 허약하다고 해도 이러한 연합들이 일어나는 곳에는 어디나 거기에 교회가 있다. 참된 교회는 사랑의 친교이다. 사랑은 하나님의 고난의 역사에 참여한다. 사람들이 자기의 십자가를 지고 자신을 내어줌이 십자가에 죽은 자의 형상과 같이 되는 곳에서는 어디나, 영의 탄식이 자유를 향한 부르짖음이 들려지는 곳에서는 어디나 거기에 교회가 있다. 참된 교회는 "십자가 아래에 있는 교회"이다.[41]

몰트만에 따르면, 교회는 도래하는 하나님나라를 향한 선교에 매진하는 "메시아적 친교공동체"이다. 그는 그리스도의 교회에 부합하는 그리고 세상에 제시할 정치형태로 '우정의 친교' 형태를 제시한다. 이것은 사회적 삼위일체론을 거치면서 형제자매공동체로서의 교회로 구체화된다. 몰트만은 삼위일체의 사귐을 교회에 적용하여 성령의 사귐 안에서 지배나 종속이 아닌 사랑에 의해 해방된 남자와 여자들의 사귐을 표현하여

---

41) 위르겐 몰트만/박봉랑 외 옮김, 『성령의 능력 안에 있는 교회』(서울: 한국신학연구소, 1984), 78-79.

형제공동체가 아닌 형제자매공동체라고 말한다.[42] 이것은 교회의 모든 친교에 적용가능하다. 성이 아니라 장애를 기준으로 말한다면 교회는 "사랑의 장애 · 비장애인공동체"이기도 하다.

몰트만의 교회론은 장애신학이 적용하기에 매우 유용하다. 특히 장애인을 포함하여 모든 부류의 사람들의 상처를 치유하는 공동체로서, 그리고 차별하고 소외시키고 억압하는 모든 불의한 세계에 대하여 투쟁하는 해방공동체로서, 그리고 모든 사람에게 주어진 성령의 은사들을 일깨우는 성령의 생명을 수여하는 현존을 경험하는 은사공동체로서, 그리고 장애와 비장애인이 사랑으로 함께 친교하는 형제자매공동체로서 그의 교회론은 유용하다. 실제로 히칭은 몰트만의 교회론과 연관하여 청각장애인을 위한 신학을 전개하였다.

히칭은 몰트만의 신학, 특히 그의 교회론의 유용과 적용을 말한다. 몰트만은 억압받고 소외된 부류들에게 관심을 갖는데 장애로 인해 고난당하는 사람들에게도 관심을 갖는다. 몰트만은 종말론적 초점을 가지고 현실세계를 해석하고 이해하는데 해석학적 도구로 역동적이고 관계적인 범주들과 관점들을 사용하는데 이는 청각장애인들에게 매우 친근하다. 몰트만은 하나의 교회 모델을 고정시키지 않고 오히려 하나님나라의 관점에서 마땅히 그렇게 되어야할 교회에 대하여 우리로 하여금 온전한 이해를 갖도록 의도한다. 그의 해방의 종말론은 사회적 삼위일체론을 통합하여 교회의 교권적인 구조에 도전하며 삼위일체의 관계를 이루도록 한다. 몰트만의 교회론은 교회의 청각장애인들에게 해방의 관점을 제공한다.[43]

---

42) 위르겐 몰트만, 『삼위일체와 하나님의 역사』 138-141.
43) Roger Hitching, *The Church and deaf People*(London: Paternoster, 2003), xvii-xxi. 몰트만은 히칭의 책에 붙인 서문에 다음과 같이 적고 있다: 서구신학이 계급주의적 패러다임에서 친교의 패러다임

지금까지 몰트만의 신학 가운데 장애신학과 직접 연관될 만한 주제들을 간략하게 살펴보았다. 사실 더 많은 몰트만의 신학 주제들이 장애신학에 접근·접목 가능하며 심도 있게 연구되어야 할 것이다.[44] 그것이 필요한 것은 장애신학으로서는 직면한 많은 문제들을 해결하기 위하여 더 풍성한 신학의 이론적 기초와 방법과 내용을 확보해야 하기 때문이고, 또한 그것이 가능한 것은 몰트만의 신학으로서는 많은 실천성과 개방성을 가지고 있기 때문이다. 리처드 버캠은 몰트만 신학의 두 가지 방법론적 원리를 언급하였다. 첫째는 몰트만의 신학이 실천과 송영을 지향하고 있다는 점이다. 이것은 몰트만의 신학은 처음부터 매우 강력한 실천적 계기를 내포하고 있는 것이다. 둘째는 몰트만의 신학은 대화에 대한 개방성이다. 몰트만은 신학의 완결된 체계를 만들려 하지 않고 다른 학문분야들과 대화함으로써 그 문을 계속해서 열어두고 있다.[45] 몰트만의 신학이 갖는 실천성과 대화의 개방성이야말로 장애신학으로 하여금 접근을 가능케 하고 있으며 또한 접목해야할 이유이다.

으로 변화하고 있다. 하나님의 개념에서 일신론적인 전능자가 페리코레시스의 풍성한 관계에 있는 삼위일체 하나님의 사귐으로 대치되고 있다. 왜냐하면 하나님은 사랑이시기 때문이다. 하나님 안에 있는 사귐은 전 세계적인 차원의 사귐 안에서 창조세계와 인간존재와의 사귐에 상응한다. 이 인간의 사귐에 대한 가장 좋은 표현은 '우정'이다. 왜냐하면 우정은 봉사와 존경을 결합하기 때문이다.

44) 하나의 예로 생태학적 장애신학의 연구가 시급하다. 몰트만은 지난 세기말 인류공동체가 직면한 생태계의 위기와 관련하여 생태신학을 전개하였다. 장애는 인간만의 문제가 아니다. 인간의 욕심에서 출발한 수많은 기술의 남용과 무분별한 자연의 파괴는 동물의 장애를 넘어 모든 생태계의 장애를 가져오고 있다.

45) 몰트만도 자신의 신학의 특징을 다음과 같이 말한다. "나의 신학의 구상을 몇 구절로 요약하자면, 나는 적어도 다음과 같은 특징을 가진 신학을 추구한다고 말할 수 있다. 나는 성서적인 근거를 갖는 신학, 종말론적인 방향을 갖는 신학, 정치적인 책임을 갖는 신학을 하려고 노력한다. 바로 이러한 점에서 나의 신학은 분명히 하나님 자신 때문에 괴로워하며 기뻐하는 신학, 항상 놀라는 신학이다." 『삼위일체와 하나님의 역사』, 355-356.

IV. 결어

이 글은 몰트만의 장애신학에 대한 하나의 연구이다. 교회 안팎으로 요청받고 있는 장애(인)에 대한 신학적 이해와 이를 넘어 장애신학의 구성을 위하여 몰트만의 신학을 정리하고 그 가능성을 보고자 한 시도이다. 몰트만은 장애(인)에 대하여 심도 있는 신학적 성찰을 보이고 있으며, 그의 신학의 여러 주제들은 장애신학을 구성하는데 중요한 통찰력을 제공해주고 있다. 이글을 통하여서 몰트만을 장애신학자로, 그의 신학을 장애신학으로 축약시키려는 것은 결코 아니지만, 연구의 결과 또한 그렇게 주장해도 큰 반대는 없을 것이다.

몰트만은 장애를 기준으로 장애인과 비장애인을 구분하지 않는다. 오히려 그는 장애를 모든 인간의 본질적인 것으로 그래서 모든 인간이 장애인이며 동시에 모든 인간이 온전한 인간임을 주장한다. 그는 사회에 만연한 장애와 비장애인을 구분하고 차별하고 있는 그릇된 의식과 삶으로부터 장애인과 비장애인과 그리고 사회 모두를 예수 그리스도의 서로 용납하는 사랑으로 해방시킬 것을 주장한다. 그런 의미에서 몰트만의 장애신학은 하나의 장애해방신학이다. 그러나 그의 장애해방신학이 기존의 해방신학과 다른 것은 억압자로부터 피억압자의 해방이 아니라 장애인과 비장애인 그리고 그들을 둘러싼 사회 모두의 해방이라는 점에서 중요한 차이가 있다.

몰트만은 현존하는 최고의 신학자로 그의 신학은 기독교계는 물론 전 세계 다방면으로 큰 영향력을 미치고 있다. 그중에 특히 중요한 신학적 정향(또는 주제)은 희망의 종말론, 십자가에 달리신 하나님, 삼위일체, 성령론적 교회론이라고 말할 수 있다. 몰트만은 하나님의 약속에 기초해서 종말론적으로 도래하는 하나님나라에 대한 희망을 말한다. 이것은 장애신학을 위한 기본적인 정향이며 사회변혁의 목표이며 동력이 된다. 십자가에 달리신 하나님은 고난당하시는 하나님을 말함으로써 모든 고난당하는 자들의 위로와 희망이 되신다. 장애신학에 있어서 이것은 장애 입으신 하나님을 통하여 모든 장애인들의 위로와 희망을 제공한다. 몰트만의 삼위일체론은 사회적 삼위일체론으로 세 위격들의 사랑의 사귐인 페리코레시스를 중요 내용으로 삼고 있으며, 이것은 그가 모든 교의학적 주제들을 해석하는 틀로 제시된다. 몰트만에게서 삼위일체의 사랑의 사귐은 인간관계와 교회권력과 사회정치에까지 적용된다. 삼위일체는 장애신학에 있어서도 마찬가지로 가장 기본적인 핵심 내용이다. 몰트만은 교회를 성령의 역사 안에서 이해하며 또한 교회 넘어 세계 가운데 역사하시는 성령론을 제시한다. 장애신학에서 교회는 다양한 성령의 경험 속에 있으며, 그 가운데에서는 장애는 교회와 세계를 섬기도록 주어지는 성령의 은사로 이해될 수 있는 근거를 제공한다. 또한 몰트만에 따르면, 교회는 장애치유공동체이며 장애해방공동체이며 장애형제자매공동체이다. 몰트만은 전 세계가 직면한 생태계의 위기에 대응하여 생태신학과 생명의 신학을 주창한다. 그의 이러한 생태신학은 장애신학으로 하여금 장애 입은 사람만이 아니라 장애 입은 생태계와 세계를 포용하도록 인도하는데, 이것은 앞으로 장애신학이 다루어야 할 중요한 과제이기도 하다. 결론적으로 몰트만의 장애신학은 하나의 희망의 신학이며, 해방신학이며, 십자가신학이며, 삼위일체 신학이며, 성령의 신학이며, 교회의 신학이라고 할 수 있으며, 그러한 장애신학의 구성을 위하여 해석과 적용의 가능성을 제공해 주고 있다.

제10장
———
나우웬(H. Nouwen)의 장애신학

나우웬(H. Nouwen)의 장애신학*

I. 서언

장애(인)에 대한 사회적 관심이 커져가면서 기독교계에서도 장애에 대한 담론이 늘어가고 있다. 전통적으로 신학 분야에서 장애(인)에 대한 언급은 거의 찾아보기 힘들었고, 기껏해야 인간론이나 신앙론이나 신정론에서 간헐적으로 언급될 뿐이었다. 그러나 최근에는 기독교계 안팎에서 매우 다양한 방식과 내용으로 장애에 대한 논의가 전개되고 있다.

장애(인)에 대한 현대 기독교계에서의 담론은 꼭 전문 신학자들에 의해 논문의 형식으로만 진행되는 것은 아니다. 장애당사자 기독교인의 간증, 수필, 복음성가, 시를 통하여 진행되기도 하고, 기독교인 사회복지사나 봉사자들의 언행과 감상을 통하여 이루어지기도 하고, 장애인 사역자들의 설교와 강의를 통하여 전개되기도 한다.[1]

---

*이 글은 필자가 「한국조직신학논총」 35(2013)에 실은 글이다.

1) 국내에 소개된 대표적인 예로 레나 마리아/유석인 옮김, 「발로 쓴 내 인생의 악보」(서울: 토기장이, 2003); 송명희, 「공평하신 하나님」(서울: 드림북, 2006); 이재서, 「내게 남은 1%의 가치」(서울: 토기장이, 2008); 김선태, 「땅을 잃고 하늘을 찾은 사람」(서울: 생명의말씀사, 2008); 닉 부이치치/최종훈 옮김, 「닉 부이치치의 허그」(서울: 두란노, 2010); 강영우, 「내 눈에는 희망만 보였다」(서울: 두란노, 2012); 김해영, 「청춘아,

따라서 전문적인 신학 작업으로서의 장애에 대한 논의는 오히려 후속 작업이 되는 경향이 있다. 최근 학문으로서의 신학 영역 안에서도 장애(인)에 대한 연구들이 점차 증가하고 있다. 넓게는 신학의 실천성을 강조하는 행동신학이나 삶의 신학에서, 좁게는 신학의 한 분과인 실천신학, 특히 디아코니아, 선교신학, 치유신학에서 전문적인 논의가 이루어지고 있으며, 해방신학이나 영성신학에서도 장애(인)가 중요한 주제가 되고 있다.[2]

지난 40여 년간 세계적으로, 특히 한국에서 잔잔하면서도 큰 감동을 끼치며 가톨릭과 개신교, 목회자와 평신도를 넘어 장애(인)에 대한 관심과 담론을 주도해온 한 인물이 있다. 그는 장애인은 아니었으나 장애인과 함께 생활하며 신학을 하였던 헨리 나우웬(Henri J. M. Nouwen, 1932-1996)이다.[3] 나우웬이란 인물을 어떤 분야의 어떤 신학자로 규정할 것인지는 논란의 여지가 있지만, 대개 목회신학자로 규정한다. 그의 글은 소박한 삶의 경험에서 출발하여 논리적으로 차분하게 전개되는데, 그 안에는 하나님과의 교통 속에 생겨난 강력한 영적 에너지가 들어 있어서 독자들의 삶과 관계와 세상을 변화시키고 있다.

이 글은 목회신학자 헨리 나우웬의 장애신학을 고찰하고자 하는 시도이다.[4] 달리 말하면 목회신학자이지만 또한 그를 장애신학자로 조명해

가슴 뛰는 일을 찾아라』(서울: 서울문화사, 2012) 등을 찾아볼 수 있다.

2) 이와 관련하여 최대열, "장애인신학의 역사와 전망," 『장애 너머 계신 하나님』(서울: 대한기독교서회, 2012), 11-36 참조.

3) 이강학, "고통과 치유: 헨리 나우웬과 한국 개신교," 조나단 뱅손 · 가브리엘 언쇼 엮음/박일준 옮김, 『헨리 나우웬의 하나님 찾기: 생명의 수레바퀴를 돌려라』(서울: 동명사, 2011), 57-58.

4) 나우웬이 기독교계에 미친 영향은 광범위하였다. 그의 죽음 10주기를 맞이하여 2006년 5월에 대규모 국제 학술대회가 진행되었는데, 거기에서는 나우웬이 생전에 씨름하였던 오늘 기독교인들에게 중요한 다양한 주제들이 폭넓게 다루어졌다. 나우웬이 몸담았던 장애인공동체 데이브레이크의 예배당에서의 환영회로 학술대회를 시작하였는데, 아쉽게도 그 대규모 학술대회에서 장애신학은 다루어지지 않았다. 그 국제학술대회의 결과 출판물이 『헨리 나우웬의 하나님 찾기: 생명의 수레바퀴를 돌려라』이다.

보고자 하는 시도이다. 왜냐하면 그의 삶과 영성과 신학은 대부분 장애인과의 삶 속에서 얻어진 것이며 또한 상처받은 현대인들, 특히 장애인에게 강력한 영적인 힘을 공급해주고 있기 때문이다. 그럼에도 불구하고 지금까지 장애신학의 관점에서 그의 신학을 조명하거나 구성하려는 신학적인 시도가 거의 없었다. 그래서 이 글은 먼저 장애신학자로서 나우웬의 생애를 간략하게나마 소개하고, 그리고 그의 저서들에서 장애신학을 위한 주제들, 곧 인간의 존재와 마음, 연약함의 신학, 은사로서의 장애를 정리하며 그의 평생의 주제였던 상처 입은 치유자의 삶을 장애신학의 이념으로 구성해보고자 한다.

II. 영성신학자 나우웬: 장애신학자 나우웬[5]

헨리 나우웬은 1932년 1월 24일 네덜란드의 네이께르끄(Nijkerk)에서 태어났다. 그는 사제가 되기 위해 1950년 위트레히트(Utrecht)에 있는 신학교에 입학하여 수학하였고, 1957년 예수회의 사제로 서품을 받아 위트레히트의 사제로 임명받았다. 그리고 그는 네이메겐(Nijmegen) 가톨릭대학교에서 6년간 심리학을 공부하였다. 1964년 그는 미국으로 건너가 캔자스주에 있는 메닝거 클리닉(Menninger Clinic)에서 2년간 신학과 심리학을 통합

---

5) 이 글의 2장은 헨리 나우웬의 생애를 간략하게 요약하였다. 보다 자세한 그의 사역과 저술에 대하여서는 나우웬의 전기 작가들이 저술한 마이클 오로린/마영례 옮김, 『헨리 나우웬』(서울: 가치창조, 2005); 드아드르 라누에/유해룡 옮김, 『헨리 나우웬과 영성』(서울: 예영커뮤니케이션, 2003); 마이클 포드/박조앤 옮김, 『헨리 나우웬』(서울: 두란노, 2003); 나우웬 사후 그의 주위의 가족과 친지들이 그를 추모하여 기록하여 엮은 베스 포더 엮음/신현복 · 신선명 옮김, 『헨리 나우웬, 내 영혼의 친구』(서울: 아침영성지도연구원, 2010); Jurjen Beumer, *Henri Nouwen*(New York: Crossroad Publishing Company, 1997); Wil Hernandez, *Henri Nouwen*(New York: Paulist Press, 2006); Robert Jonas, *Henri Nouwen*(New York: Orbis Books, 1998) 참조.

한 임상목회과정을 연구하였다. 그는 젊은 나이에 인디애나 주에 있는 노트르담(Notre Dame) 대학에서 심리학을 가르치기 시작하였다. 1968년 네덜란드로 돌아가 암스텔담의 목회연구소에서 목회심리학과 기독교영성을 가르쳤으며, 1971년 위트레히트 대학 박사과정에서 수학하였고, 그해 미국으로 돌아와 예일(Yale) 대학교의 교수가 되었다.

앞서 목회에 대한 저서들과 토마스 머튼(Thomas Merton)에 관한 연구서를 출간하기도 하였지만,[6] 그의 대표적인 저서는 1972년에 출간한 『상처 입은 치유자』[7]였다. 그는 이 책으로 일약 세계적인 신학자가 되었다. 이 책은 현대인의 고난과 상처에 정면으로 다가선 영성 치유서로서 현대 기독교인과 사역자의 삶에 대하여 진지하게 성찰하도록 한 책이다.

그는 예일 대학교에서 강의하면서 영성과 신학과 관련하여 저술 활동을 계속하였다. 그러던 중 1978년 사랑하는 어머니가 세상을 떠났다. 그는 어머니라는 존재와 함께 가정이 주는 안정을 잃었으며 급하게 인생과 사역의 의미와 목적을 찾게 되었다. 어머니를 기념하는 책을 저술하기도 하였지만,[8] 1981년 마침내 그는 예일 대학교를 사임하고 자신의 삶에 대한 무거운 책임감을 가지고 하나님의 뜻을 알고자 남미의 빈민가로 들어가서 민중들과 함께 살며 사역을 하였다. 1982년 그러나 그는 저항적이고 운동적인 사역이 자신에게 적절하지 않음을 깨닫고 미국으로 돌아와 1983년 하버드(Harvard) 대학에서 가르치기 시작하였다.

그러나 그것도 그에게 참된 평안과 행복을 안겨주지는 못하였다. 그

---

6) 헨리 나우웬은 1969년 *Intimacy*(『친밀함』), 1971년 *Creative Ministry*(『영성의 씨앗』), 1972년 *With Open Hands*(『열린 손으로』)와 토마스 머튼에 관한 연구서인 *Thomas Merton: Contemplative Critic*을 출간하였다.

7) 헨리 나우웬/최원준 옮김, 『상처 입은 치유자』(서울: 두란노, 1999).

8) Henri Nouwen, *In Memoriam*(Noter Dame: Ave Maria, 1980). 그리고 2년 후 또 다시 어머니를 기억하며 *A Letter of Consolation*(New York: Harper& Row, 1982)을 저술하였다.

는 고백하기를 1980년대 초 하버드 대학에서 보낸 마지막 학기는 자신의 인생 전체를 통틀어 가장 불행했던 시기였다고 회고한 바 있다.[9] 왜냐하면 그는 당시 하나님이 자신에게 원하시는 길을 간절히 찾고 싶어 했지만, 그 길을 좀처럼 발견할 수 없었기 때문이었다. 그 때까지의 경험, 곧 교구 목회나 연구소나 대학 강단이나 빈민가 사역이나 다시 돌아온 대학 강단이나 그 어디에서도 그는 참된 평안과 보람과 지속하고 싶은 사역의 방향을 얻지 못하고 있었다.

그러던 중 1984년 그는 장 바니에(Jean Vanier)가 세운 지적장애인들의 공동체인 프랑스 트로슬리(Trosley)에 있는 라르쉬(L'Arche, 방주) 공동체에 약 30일간 머무르게 되었다. 거기에 머무르는 동안 그에게 장애인공동체 사역에 대한 관심이 생겨나기 시작하였다. 그래서 1985년 그는 강의하던 하버드 대학을 떠나 약 1년간 트로슬리에서 장애인들과 함께 살면서 신학적 성찰과 영적인 저술 작업을 수행하였다.[10] 그는 장애인들과의 교제 속에서 고난과 상처를 통하여 하나님께로 함께 나아가는 방법과 그 고난과 상처를 함께 나누며 위로하며 치유하는 경험을 하게 되었다. 이듬해인 1986년 그는 캐나다 토론토(Toronto)에 있는 라르쉬 공동체 데이브레이크(Daybreak, 새벽)로 들어가 그 공동체의 주임 사제가 되면서 장애인공동체 사역에 완전히 정착하였다. 이 시점이야말로 그의 생애에서 진정으로 실천하는 영성신학자가 되는 시점인 동시에 장애신학자가 되는 시점이었다고 말할 수 있다.[11]

---

9) 헨리 나우웬/최종훈 옮김, 『집으로 돌아가는 길』(서울: 포이에마, 2010), 23, 35.

10) 헨리 나우웬/신현복 옮김, 『새벽의 영성』(서울: 아침영성지도연구원, 2004), 11–17. 나우웬이 프랑스의 트로슬리에 있는 라르쉬 공동체에서 1년간 장애인들과 함께 생활하며 캐나다의 데이브레이크로 옮겨가기까지의 삶과 감상과 영성과 결단을 기록한 일기가 바로 *The Road to Daybreak*(이 책의 원서명)이다.

11) 나우웬이 트로슬리를 거쳐 데이브레이크에 정착하는 이 역사적인 전환기에 대하여서는 마이클 오로린, 『헨리 나우웬』, 142–163과 마이클 포드, 『헨리 나우웬』, 197–217 참조.

그는 생애 마지막 10년을 장애인공동체인 데이브레이크에서 살았다. 그는 매일 공동체의 장애인들과 더불어 대화하고 교제하고 돌보고 섬기면서 하나님께로 나아갔고, 그 가운데에서 얻은 영적인 교훈들을 가지고 저술 작업들을 계속하였다. 그는 그 공동체에서 장애인들과 자원봉사자들과 함께 그렇게 살다가 1996년 9월 21일 심장마비로 죽어 토론토 근처의 묘지에 묻혔다. 그는 평생에 약 40여권의 저서를 남겼는데, 그 책들은 현대 기독교인들에게 사랑 안에서 서로 의존하며 위로하는 삶, 진정한 의미의 영적인 삶을 추구하도록 큰 영향을 주고 있다.

여기서 중요한 사실은 그의 주요 저서들, 특히 영성의 완숙한 경지의 저서들이 대부분 그가 데이브레이크에서 장애인들과 함께 살면서 쓴 책들이라는 사실이다. 그리고 그 책들의 내용 또한 홀로 수행하는 단독자로서의 철학적 사고와 사색이 아니라 장애인과의 교제 가운데 장애인과 함께한 신학적 성찰과 명상이라는 사실이다.

나우웬의 장애신학을 연구하기 위하여 주목해야할 책들은 초기의 대표적인 저서 『상처 입은 치유자』와 생애 후기에 데이브레이크에서 장애인과 함께 살면서 저술한 대표적인 저서 『죽음, 가장 큰 선물』, 『여기 지금 우리와 함께 하시는 하나님』, 『영성에의 길』, 그리고 그가 공동체에서 신학적으로 친하게 교제하였던 영성의 파트너 장애인 아담(Adam Arnett)을 추모하여 쓴 『아담: 하나님이 사랑하시는 자』이다.[12] 이 글은 나우웬의 이 저서들을 중심으로 그의 장애신학을 정리하고자 한다.

---

12) 헨리 나우웬/홍석현 옮김, 『죽음, 가장 큰 선물』(서울: 홍성사, 1998); 장미숙 옮김, 『여기 지금 우리와 함께 하시는 하나님』(서울: 은성, 1995); 김명희 옮김, 『영성에의 길』(서울: IVP, 1996); 김명희 옮김, 『아담, 하나님이 사랑하시는 자』(서울: IVP, 1998). 이 책들은 모두 나우웬의 데이브레이크 생활의 절정기에 쓰인 책들이다. 앞의 두 책은 원서가 1994년, 세 번째 책은 1995년, 그리고 마지막 책인 『아담』은 그의 사후 1997년에 출간되었다.

III. 상호의존적 존재로서의 인간: 장애신학의 인간론

나우웬은 인간을 의존적인 존재로 규정한다. 인간은 연약하여서 결코 혼자 살아갈 수 있는 존재가 아니다. 인간은 본질적으로 무엇인가에 의존하여 살아가는 존재이다. 나우웬은 이러한 인간의 본성을 가리켜 '인간의 의존성'이라고 말한다. 인간의 일생이란 의존으로 시작해서 의존으로 끝나는 것이다.

나우웬에 따르면, 심지어 예수의 생애조차도 주위의 사람들에게 철저하게 의존하여 살아가셨던 삶이다.[13]

> 하나님은 작은 아기가 되셨다. 그 작은 아기는 부모나 유모, 자기를 돌보는 사람들에게 전적으로 의존하고 있는 것이다. 하나님은 아주 무력한 사람이 되어 많은 사람의 도움 없이는 먹거나 마시거나 걷거나 말하거나 놀거나 일할 수 없도록 되기를 원하신 것이다. 하나님은 자라서 우리 가운데 사셨고 복음을 선포하기 위해 인간에게 의존하는 자가 되셨다. 하나님은 정말 무력한 자가 되고자 마음을 먹었고, 우리 가운데 하나님 자신의 사명이 실현되는 일을 위해서 전적으로 우리에게 의존하시게 되었다.... 이것이 바로 성육신의 신비이다.... 이것이 예수님의 이야기이다.[14]

예수 자신이 상호의존의 존재이며 이 세상에서 상호의존의 존재로 사셨을 뿐만 아니라 또한 오늘 상호의존의 존재로 살고 있는 우리의 모델이다. 예수는 하나님의 참 형상으로서 우리 존재의 모델이며 삶의 모델

---

13) 헨리 나우웬, 『죽음, 가장 큰 선물』, 35.
14) 헨리 나우웬, 『영성에의 길』, 64-65.

이며 관계의 모델이며 사역의 모델이다.

　모든 인간은 의존 가운데 살아가는데, 그것은 특히 다른 사람들과의 상호의존에서 잘 드러난다. 인간은 서로서로 의지하고 살아가는 존재이다. 그러한 인간적인 의존은 그 근원을 살펴볼 때, 하나님과의 영적인 의존 안에 깊이 연결되어 있는 것이다. 그러므로 인간의 모든 의존들 가운데 진정으로 인간을 자유롭게 하는 의존은 하나님에 대한 의존이다. 그러므로 인간의 삶이란 무엇보다 먼저 하나님께 의존하는 삶이며, 또한 현상적으로 인간들의 상호의존적인 삶으로 나타나는 것이다.[15] 나우웬은 이 진리를 일찍이 간파하였지만, 장애인과 함께 살았던 공동체의 삶 가운데서 이 진리를 더욱 확신하게 되었다. 그가 지적장애인들과 함께 살면서 공동체의 식구들로부터 상호의존을 느끼고 배우고 실제로 살게 된 것이다.

　공동체에서 그가 경험하는 기쁨은 서로 다름이나 자아성취에서 오는 기쁨이 아니라 서로 같음과 상호의존의 형제자매 됨에서 발견하는 기쁨이다. 그것은 강할 때 보다는 오히려 약할 때 더 잘 느끼고 더 잘 발견하게 된다.

> 우리는 우리를 갈라놓는 차이를 뛰어넘어 하나의 공통된 인간성을 공유함으로써 서로에게 속해 있다. 삶의 신비는 우리가 힘 있고 강할 때가 아니라 상처받기 쉽고 연약할 때 우리의 하나 됨을 발견하게 된다는 데 있다[16]

　그리고 그것은 인간이 이 세상에서 맞이하는 최후의 순간인 죽음 앞

---

15) 헨리 나우웬, 『죽음, 가장 큰 선물』 37.
16) 앞의 책, 50.

에서 더욱 그렇다. 인간은 고난당하고 상처받고 연약할 때 더욱 누군가를 찾아 의존하게 되고 그 상호의존에서 삶의 기쁨과 의미를 발견하게 되는데, 모든 인간이 맞이하는 죽음 앞에서는 최고 절정에 이르게 된다. 이 깨달음 역시 나우웬이 그의 공동체에서 함께 살았던 장애인들의 연약함과 장애인들의 죽음을 경험하며 얻게 된 것이다.

그러므로 나우웬의 이러한 상호의존이라는 인간 존재론은 인간의 본질을 사귐으로 이끌어간다. 나우웬에게서 '사귐'이라는 단어가 주체로서 인간의 실천적인 행위성을 강조한다면, '상호의존'은 인간의 존재론적인 차원을 강조하고 있는 것이다. 인간은 본질적으로 이미 서로 의존되어 있는 존재이며 따라서 인간의 삶이란 서로 사귀며 교제하며 살아가는 것이다.

나우웬의 이러한 인간 이해는 분절되고 분리된 삶의 방식을 가진 현대인들에게 시사하는 바가 매우 크다. 특히 다양한 멤버들이 하나의 공동체를 지향할 때에는 상호의존은 더욱 절실하고 분명하게 요구되고 나타난다. 그는 데이브레이크의 공동체에서의 삶을 통해 이 사실을 철저하게 경험하였고 확신하였다. 그의 인간존재론은 장애인과 비장애인을 구별하지 않는다. 장애인이든 비장애인이든 인간은 모두 다 상호의존적인 존재로서 함께 살아가는 것이다. 나우웬은 장애인과 함께 살면서 이 진리를 더 분명하고 확실하게 깨닫고 경험하게 된 것이다. 상호의존의 인간론은 오늘 우리의 장애신학을 구성하는데 가장 기본적인 존재론이다.

Ⅳ. 인간성의 근원으로서 사랑: 장애신학의 출발로서 사랑

나우웬에 따르면 인간은 상호의존적인 존재이다. 개인은 독자적으로 존재하는 것이 아니라 상호의존 속에 존재하는 것이고, 상호의존은 개인들이 서로 얽혀 살아가는 삶을 구성하는 관계이다. 개인과 상호의존은 서로 분리 될 수 있는 것이 아니다. 그러면 이러한 상호의존적인 인간 존재를 가능하게 하는 인간의 본질은 무엇인가? 나우웬은 그것을 '인간의 마음', 특히 '사랑하는 마음'이라고 답하였다.

나우웬은 데이브레이크의 여러 장애인들(아담, 존, 로이, 로지, 마이클 등)과 함께 대화하고 교제하였는데, 그중 가장 많이 교제하였으며 교훈을 얻었던 인물이 아담(Adam)이었다. 아담은 공동체에서 가장 연약한 사람이었으며 따라서 가장 많은 도움을 필요로 한 사람이었다. 실제로 그 혼자서는 대부분의 일상생활을 감당할 수 없었다. 그런데 나우웬은 바로 그 아담에게서 가장 많은 것을 배웠다. 그래서 아담이 죽었을 때, 나우웬은 장애인 아담의 생애를 예수의 생애에 견주어 『아담, 하나님이 사랑하시는 자』라는 책을 저술하였다.[17]

나우웬은 아담의 가르침 속에서 인간의 본질, 곧 인간의 인간됨을 다음과 같이 회상하여 적고 있다.

> 아담은 거듭거듭 말하였다. 우리를 인간이 되게 하는 것은 지식이 아니라 우리의 마음이다. 생각하는 능력이 아니라 사랑하는 능력이다.... 아담은 온전한 사람이다. 그저 사람일뿐인 것도 아니고, 반만 사람인 것도 아니며, 거의 사람인 것도 아니다. 그는

---

17) 아담 아네트는 나우웬에게 있어서 매우 특별한 인물이었다. 아담 아네트는 1996년 2월에 사망하였으며, 그를 기념하며 글을 준비하였던 헨리 나우웬은 그해 9월에 사망하였다. 그래서 이 책 『아담, 하나님이 사랑하시는 자』는 이듬해인 1997년에 출간되었다. 그 외에 아담에 대해서는 마이클 오로린, 『헨리 나우웬』, 164-173과 로버트 더백이 엮은 헨리 나우웬/출판부, 『희망의 씨앗』(서울: 두란노, 2001), 297-317 참조; 그리고 베스 포더, 『헨리 나우웬 내 영혼의 친구』, 79-81. 이글은 마이클이 동생 아담이 죽은 후 나우웬과의 에피소드를 적은 글이다.

온전하고 완전한 사람이다. 그가 가진 것이 마음뿐이기 때문이다. 그리고 하나님의 형상과 모양대로 만들어진 것이 바로 우리의 마음이다.[18]

인간의 인간됨, 곧 인간의 본질은 무엇인가? 교의학적으로 질문하여 하나님의 형상(Imago Dei)이란 무엇인가? 나우웬은 그것을 바로 '인간의 마음', 그것도 '사랑하는 마음'으로 보고 있다. 사랑하는 마음이란 오늘의 현실 세상이 분리하고 차별하는 장애나 자기 자신이 거절하고 싶은 상처를 포용하는 동시에 넘어서는 것이다. 나우웬이 말하는 마음이란 인간이 생각하는 자리인 지성이나 그에 반대되는 개념으로 인간의 감정이 거하는 자리를 의미하는 것이 아니다.

> 내가 말하는 마음이란 하나님이 믿음과 소망과 사랑이라는 그분의 선물들을 우리에게 감추어두신 인간 존재의 중심을 의미하는 것이다. 소위 지성이라고 하는 것이 이해하고, 문제를 파악하고, 실재의 다양한 측면을 분별하고, 삶의 신비들을 규명해 낸다면, 반면 마음은 우리를 관계 안으로 들어가게 하고 하나님의 자녀요, 서로의 형제자매가 되게 하는 것이며, 또한 우리의 지성이 그 힘을 행사할 수 있기 훨씬 전에, 우리의 마음이 이미 신뢰하는 인간관계를 개발시킬 수 있는 것이다.[19]

나우웬은 마음을 지식이나 감정과 대비하여 설명하였다. 그가 설명한 '마음'이란 지식이나 감정과 동일선상에서 비교되기 훨씬 이전의 것이

---

18) 헨리 나우웬, 『영성에의 길』, 40.
19) 앞의 책, 41.

며 보다 근원적인 것이다. 사랑하는 마음은 가장 근원적인 인간성이다. 세상은 흔히 인간을 신체적 건강이나 지능적 사고나 기술적 능력으로 평가하고, 그리고 그것에서 인간의 가치를 찾으려 한다. 그러나 나우웬은 우리 삶의 근거가 사람의 중심에 있는 하나님의 형상인 '사랑하는 마음'에 있다고 주장한다. 그에 따르면, 이 세상에서 상처 입은 사람이나 약한 사람이나 장애인을 대할 때에 그들을 사랑하는 것 보다 앞서 다른 어떤 시각으로 바라보고 평가하고 대하는 세상 인간들의 모든 시각과 태도는 이미 사람의 본질, 인간의 근원성을 상실한 것이라고 말할 수 있다. 나우웬에게 있어서 영적인 삶이란 마음과 관계된 것이며 마음의 자리에서, 그것도 사랑의 마음의 자리에서 이루어지는 것이다.[20] 이러한 나우웬의 인간의 본질에 대한 이해는 장애신학뿐 아니라 인간이 하는 모든 신학의 가장 기본적인 출발 자세이다.

V. 연약함의 신학: 장애신학

나우웬은 시종일관 세계 안에서 인간이 당하는 고난과 상처에 대하여 영성신학적으로 접근한다. 그의 신학은 당연히 인간의 강함이 아니라 인간의 약함으로부터 출발한다. 인간은 자신의 힘으로 위대한 신앙이나 행적을 이루어서 영광을 누리는 존재가 아니라 오히려 수많은 고난 가운데 상처받고 고통당하며 그래서 구원과 위로를 구하는 연약한 존재이다. 더욱 그의 데이브레이크 공동체는 세상에서 연약한 중에서도 더 연약한

20) 헨리 나우웬/윤종석 옮김, 『스무살 마크에게 띄우는 헨리 나우웬의 영성편지』(서울: 복 있는 사람, 2000), 16; 아울러 몇 가지 주요 주제들을 가지고 나우웬과 나눈 대화를 엮어 만든 책인 필립 로드릭 엮음/윤종석 옮김, 『사랑의 존재』(서울: 청림출판, 2010), 60-71, 130-135. 제5장 "마음"과 제13장 "영성" 참조.

지적장애인들이 모여 사는 공동체였으며, 그는 바로 그곳에서 인간의 연약함을 경험하였고 그곳을 영성의 자리로 삼아 신학을 하였다. 윌 에르난데즈(Wil Hernandez)는 이러한 나우웬의 여정을 '불완전의 영적 여행'이라 불렀으며, 그의 영성을 '불완전의 영성'이라고 불렀다.[21)

　　나우웬은 세상에서 가장 연약한 장애인들과 함께 교제하면서 오히려 그들에게서 나올 수 없을 것 같은 전혀 다른 평안함을 발견하게 되었다. 도대체 이 평안함은 어디서 오는 것인가? 나우웬은 아담과의 교제 속에서 그 평안의 근거가 무엇인가를 추적하였다.

> 어디서 이런 평안을 찾을 수 있겠는가? 그 대답은 분명하다. 그
> 것은 연약함 가운데서이다. 무엇보다 우리 자신의 연약함 가운데
> 서, 우리가 가장 심한 상처를 느끼고, 가장 불안하고, 가장 심한
> 고통을 느끼며, 가장 두려움을 느끼는 우리 마음의 그 장소에서
> 이다.... 우리가 가장 연약한 자가 되는 바로 그곳에 이 세상에 속
> 하지 않은 평안이 숨겨져 있다.[22)

　　나우웬은 이것을 '연약함의 신학'이라고 불렀다. 연약함의 신학은 단순히 약자들의 변명도 아니고 약자들을 위한 변호도 아니다. 만약 연약함의 신학이 약골들을 위한 신학이 된다면, 그것은 이미 오래전에 니체(Friedrich W. Nietzsche)가 비판한 대로 무능력, 굴복, 자학, 삶의 모든 패배에 대한 변명거리로서 가난한 이들을 계속해서 그들의 가난에 머무르게 하고 비굴한 복종의 상태에서 종교지도자들에게 계속 충성하도록 할 뿐이

---

21) 윌 에르난데즈, "불완전의 영성," 『헨리 나우웬의 하나님 찾기』, 193. 이에 관한 보다 상세한 내용은 Wil Hernandez, *Henri Nouwen: A Spirituality of Imperfection*(New York: Paulist Press, 2006) 참조.
22) 헨리 나우웬, 『영성에의 길』, 50.

다. 만약 그렇다면 그것은 극도로 위험한 무력함의 영성, 약함의 영성, 적음의 영성으로 존재할 뿐이다.[23)

나우웬이 말하는 연약함의 신학은 외견상 그런 함정을 갖고 있는 것처럼 보이지만, 결코 그런 신학이 아니다. 그의 연약함의 신학은 오히려 오늘 무력함과 약함과 그것을 당연히 여기는 패배감에 빠져있는 현대인들에게 도전한다.

> 연약함의 신학은 우리에게 도전한다. 사회와 교회의 힘 있는 자들이 우리를 지배하도록 하는 세속적인 연약함이 아니라, 인간의 상처를 치유하고 이 땅을 새롭게 하는 하나님의 능력의 진정한 통로가 되도록 우리를 열어주시는 바 하나님께 전적으로 그리고 무조건적으로 의뢰하는 것으로서 연약함을 바라보라고 한다. 연약함의 신학은 능력, 하나님의 능력, 모든 것을 변혁시키는 사랑의 능력을 주장한다. 진정 연약함의 신학은 권력 쟁탈전에 얽매여 있는 인류를 보며 울고 계시는 하나님의 모습을 보여주며, 또한 이 동일한 권력 쟁탈전이 소위 종교적인 사람들에게서도 탐욕스럽게 사용되고 있음을 보시고 화내고 계심을 보여주는 신학이다. 진정 연약함의 신학은 하나님이 어떻게 완전히 무력한 모습으로 역사 속에 들어오심으로써 세상과 교회의 권력 쟁탈전의 모습을 폭로하시는 지를 보여주는 신학이다. 연약함의 신학은 궁극적으로 하나님이 우리 인간들에게 신적인 능력을 주셔서 고개 들고 자신감 있게 이 땅을 걸을 수 있도록 하는 것이다.[24)

---

23) 앞의 책, 68-70.
24) 앞의 책, 70.

나우웬의 연약함의 신학은 인간의 연약함에 하나님이 능력을 부어주시는 신학이다. 고린도후서 12장 10절의 말씀처럼 인간의 약함 속에서 하나님의 강함이 드러나게 된다. 그러므로 나우웬의 연약함의 신학은 결코 약골들을 정당화시키며 약골로 머무르게 하는 신학이 아니라 연약함의 두려움을 벗어나 자신의 빛을 밝히고 하나님나라의 사역을 하게 하는 사랑의 능력을 주창하는 남녀들을 위한 신학이다.[25]

나우웬이 이 신학을 '연약함의 신학'이라 부르는 것은 바로 이 연약함의 자리에서 이 신학이 시작되기 때문이다. 인간이 연약할 때에 바로 그곳에서 세상을 지배하는 우리의 익숙한 방식들이 제거되기 시작하기 때문이다. 연약하여 아무 것도 할 수 없을 때에 비로소 우리는 우리가 무엇인가 많은 일을 하고, 많은 생각을 하고, 우리의 만족을 위해 하는 모든 것으로부터 떠나도록 부르심을 받는다. 우리는 연약함 가운데서 하나님으로 말미암아 평안을 누리게 된다. 연약함의 자리에서 구성되는 신학은 인간의 것이 아니라 하나님의 것이 된다. 그러므로 나우웬이 이 신학을 '연약함의 신학'이라고 부르는 것은 전적으로 인간의 연약함에 대한 기억이며 또한 전적으로 하나님의 강함에 대한 찬양이다. 루터의 십자가의 신학이나 몰트만의 십자가의 신학과 마찬가지로 나우웬의 연약함의 신학은 세상적인 성공이나 영광의 신학이 아니라 자기를 낮추어 인간의 모습으로 오신 예수 그리스도 안에서 성육신의 하나님을 발견하고, 자기 십자가를 지고 예수 그리스도를 따라가는 사랑과 고난과 믿음의 삶을 말하고 있다.[26]

나우웬은 연약함의 신학을 아담과의 대화와 교제 속에서 철저하게 깨달았다. 그것은 아담의 연약함 속에 있는 평안함에서 발견한 것이었으

---

25) 앞의 책, 71-72.
26) 알리스터 맥그래스/정진오·최대열 옮김, 『루터의 십자가 신학』(서울: 컨콜디아사, 2002), 191-198 참조.

며, 아담의 가르침 속에서 알게 된 것이었다. 그렇다고 하면 아담은 이미 '장애신학자'였다고 이름 할만하다. 특히 그는 자신의 연약함을 알고 인정하고 고백하고, 바로 그래서 더욱 하나님에게 집중하고 하나님을 의지하고, 하나님으로부터 존재의 의미와 목적과 능력을 얻고, 세상이 지배하는 모든 불의한 권력의 방식과는 전혀 다른 참된 평안과 자유와 사랑의 삶을 추구하였던 것이다. 아담이야말로 장애당사자로서 장애신학자 중의 하나였고, 나우웬 또한 비장애인으로서 장애신학자 중의 하나였다고 말할 수 있다.

나우웬의 연약함의 신학은 또한 오늘 우리의 장애신학을 구성하는 데 중요한 근거와 방향과 좋은 본을 제공해준다. 장애신학 또한 현실적으로 처음부터 장애라고 하는 인간의 연약함으로부터 출발할 수밖에 없다. 때로 장애인의 존엄과 인권을 위해 장애를 예찬하기도 하지만, 장애는 여전히 현실 세상에서 연약함의 대표이며 연약함의 상처이고, 계속해서 차별받은 대표적인 삶의 조건이며 상황이기 때문이다. 그러나 장애신학은 인간의 나약함과 사회의 차별을 정당화하거나 거기에 머물러 있는 것이 아니라 오히려 연약함 가운데 하나님의 은혜와 능력을 구하며 불의와 증오와 차별의 현실에 저항하고 정의와 사랑과 평화의 하나님나라를 지향한다. 그러므로 오늘 우리의 장애신학의 한 성격이 바로 나우웬의 연약함의 신학과 맥을 같이하고 있다고 할 수 있다.

VI. 개성과 축복으로서의 상처: 장애 은사론

나우웬은 그의 대부분의 책에서 인간을 고난 가운데 상처 입은 존재로 보고 있다. 나우웬은 프레드(Fred Bratman)에게 보낸 편지 형식으로 된 책 『이는 내 사랑하는 자요』에서 하나님의 사랑하는 자로서 사는 것에 대하여 말하고 있다. 하나님의 사랑하는 자로 산다는 것은 구체적으로 첫째 선택받은 자, 둘째 축복받은 자, 셋째 상처 입은 자, 그리고 넷째 나누어주는 자로 살아간다는 것이다. 나우웬은 하나님의 사랑하는 자가 우리의 현실이며, 우리는 그 사실을 알아야 하고 또한 그렇게 살아야 한다고 주장한다.

인간은 모두가 다 상처를 가진 존재이다. 나우웬은 그 상처의 의미를 추적한다. 나우웬은 상처가 존재에 대한 무언가를 드러낸다고 말한다.

> 고통과 아픔은 단순히 우리 삶의 성가신 방해거리가 아니라 오히려 그것들은 우리의 독특함과 가장 깊은 개성에 대해 알게 해준다. 내가 어떤 상처를 받았는지 이야기한다는 것은 나에게 있는 독특한 무언가를 이야기하는 것이다.[27]

모든 인간은 저마다 다 상처를 가지고 있는데, 그것은 결코 비교될 수 없는 개인의 고유한 것이다. 각각의 개인이 갖고 있는 상처들로 그 사람들의 개별성이 구성된다. 그런 의미 선상에서에서 본다면 장애란 특정된 사람들에게 붙이는 똑같은 꼬리표가 아니라 모든 인간들이 저마다 가지고 있는 개성인 것이다. 변화와 정도의 차이는 있겠지만, 모든 인간은 상처와 장애와 더불어 살아가는 것이다. 상처나 장애는 모든 인간의 보편성인 동시에 각자 가지고 있는 바로 그 상처나 장애가 각 개인의 개성이다.

나우웬은 그 상처에 반응하는 방법을 두 가지로 제시하였다. 그것은

---

27) 헨리 나우웬/김명희 옮김, 『이는 내 사랑하는 자요』(서울: IVP, 2002), 75.

현대인들에게 상처와 더불어 삶을 살아갈 수 있게 하는 영적인 지혜이다. 첫째는 그 상처와 친해지라는 것이고, 둘째는 그 상처를 축복 아래로 가져다 놓으라는 것이다.

> 먼저 상처와 친해진다는 것은 매우 어색하며 부자연스러운 일이다. 사람은 일반적으로 아픔과 고통을 무시하고 회피하고 부인하고 거리를 두고 싶어 한다. 물론 그렇게 되기를 원한다고 되는 것도 아니다. 이러한 상처에 대한 진정한 치유를 향한 첫걸음은 고통으로부터 도망가는 것이 아니라 오히려 고통을 향해 한걸음 다가가는 것이다. 인간의 고통은 우리가 그토록 원하는 기쁨과 평화의 장애물이 아니라 오히려 그곳에 이르게 하는 수단이 될 수 있는 것이다.[28]

나우웬은 상처를 기쁨과 평화를 향하여 가는 수단이요 여정으로 보고 있다. 이것을 역으로 말한다면 상처 없이 그리고 그 상처를 가까이 하지 않고 그 상처와 친해지지 않고는 기쁨과 평화에로 갈 수 없다는 뜻이기도 하다.

상처에 대한 나우웬의 두 번째 처방은 그것을 축복 아래로 가져다 놓으라는 것이다. 상처를 축복 아래 가져다놓는 일은 상처와 친해지는 일을 위한 전제조건이기도 하며 또한 그 역이기도 하다.

> 보통 우리가 상처를 대면하다 두려워하는 이유는 그것을 저주 아래에 놓고 살기 때문이다. 상처를 저주 아래 놓고 산다는 것은 우

---

28) 앞의 책, 79-82.

리의 아픔을 자신에 대한 부정적인 느낌과 일치시키는 것으로 받아들인다는 말이다. 그것은 그 상처로 말미암아 자신이나 타인을 '가치 없는 존재'로 규정하는 것이다. 그러나 계속해서 우리를 사랑받는 자로 부르시는 하나님의 목소리를 주의 깊게 듣는다면, 우리의 상처를 우리가 가치 없는 존재라는 두려움의 확인으로 보지 않고 우리에게 주어진 축복을 깊게 하고 정화하는 기회로 보고 살아가는 것이 가능해질 것이다.[29]

이것은 상처를 저주가 아닌 축복으로 보는 것이다. 상처를 더 이상 부정적인 것으로 받아들이지 않고 긍정적인 것으로 받아들이는 것이다. 상처가 바로 하나님의 부르심을 들을 수 있는 자리가 되는 것이다.

상처에 대한 나우웬의 두 가지 처방은 세상이 불결하고 부정하다고 거부하는 것을 깨끗하고 정하다고 수용하는 것이다. 나우웬은 지적장애인들과의 삶으로부터 우리의 상처가 오히려 우리의 삶을 구성하는 데에 얼마나 필수적인 부분인지를 점점 더 잘 깨닫게 되었다고 고백하고 있다. 그 상처를 기꺼이 받아들이고 우리를 사랑 받는 자로 부르신 그분의 빛 가운데로 그 상처를 가져옴으로써 우리의 상처를 다이아몬드처럼 빛나게 만들 수 있다고 그는 주장한다.[30]

장애란 바로 그런 것이다. 나우웬이 개성과 축복으로 보는 상처의 대표적인 것이 바로 장애이다. 그 깨달음을 얻고 확신한 것도 그가 함께하며 교제하였던 장애인으로부터이다. 지금도 여전히 세상의 시각은 장애와 장애인을 부정적인 것으로 간주하고 취급한다. 비장애인 개인과 장애 차별적인 사회는 물론이고 심지어는 그러한 사회적인 통념과 가치 속

---

29) 앞의 책, 83-84.
30) 앞의 책, 86.

에서 장애인 당사자조차도 자기 자신을 불결하고 부정하고 그래서 거부당하고 차별받아 마땅하다고 생각한다. 그러나 그것은 기독교적 사고가아니라 세상의 사고이며, 하나님의 생각이 아니라 세속적인 인간의 생각이다. 나우웬의 처방처럼 장애신학은 장애를 멀리하거나 꺼려하는 것이아니라 오히려 가까이하여 친해지고, 장애를 하나님의 심판이나 저주로보는 것이 아니라 하나님의 축복과 은사로 인정하고 받아들이는 것이다.

VII. 함께하는 장애인과 비장애인: 은사 파트너로서 장애인과 비장애인

나우웬은 자신이 장애인공동체 속에서 장애인들과 지내다보니 장애인을 너무 낭만적으로 생각한 나머지 행여나 인간의 수치스런 상황을 너무 고상하게 만들고 있지는 않은지 자문하기도 하였다. 그러면서도 그는공동체의 한 인물인 아담에게서 '평안'이라는 은사를 발견하였다. 나우웬에 따르면 그의 공동체에서 가장 심한 장애를 가진 아담이 다른 사람들에게 평안을 주는 은사를 가졌다는 것이다. 나우웬은 그것을 가리켜 '아담의 연약함 안에 숨겨진 평안'이라고 불렀다. 그것은 분명히 세상에 속한것이 아닌 것으로서 분명히 세상을 위한 은사이다. 나우웬은 아담 외에도 라파엘과 다른 장애인들에게서도 이 평안의 은사와 함께 또 다른 은사들을 발견하였다.[31]

나우웬이 장애인 아담을 접하면서 느끼는 평안은 분명 세상적인 시각으로 장애인과 비장애인을 비교하는 데에서 오는 것이 결코 아니다. 그

---

31) 헨리 나우웬, 『영성에의 길』, 36. 또한 50 참조.

것은 분명히 하나님이 주신 것이다. 그러기에 그것이야말로 성령의 은사인 것이다. 나우웬은 아담에 대해 다음과 같이 평하였다.

> 아담은 굉장한 내적인 빛을 소유한 존재였다. 그것은 하나님으로부터 말미암은 것이었다. 아담에게는 내면의 공간을 채우고자 하는 마음의 산란함이나 집착이나 야망이 거의 없었다. 따라서 아담은 하나님을 위해 마음을 비우는 영적 훈련을 할 필요가 없었다. 소위 그의 장애가 그에게 이러한 선물을 준 것이다. 그에게는 하나님이 결코 지적이고 정서적인 탐구의 주제가 되지 않았다. 예수님처럼, 그의 사랑받음, 하나님을 닮은 모습, 화평케 하는 사역은 그를 하나님으로부터 보내심을 받은 자로 환영하고자 하는 사람들만이 인식할 수 있었다.[32]

나우웬이 보기에 아담은 장애 때문에 주님께로 쉽게 갈 수 있었고, 장애 안에서 평안의 은사를 가지고 사역할 수 있었다. 나우웬은 이 대목에서 아담의 장애를 영성과 은사의 우선적인 호혜적 조건으로 보고 있다. 장애는 분명히 하나님의 은사일 수 있는데, 그것은 장애인이기에 우선적으로 주어진 것이며, 어떤 능력과 무관하게 하나님의 은혜로 주어진 것이다. 장애인의 존재는 세상적인 권세나 능력이 아니라 하나님으로부터 부여받은 그 존재 자체로서 이미 충분한 의미를 갖는 은사라고 할 수 있다.

나우웬은 아담과 같은 장애인에게 있는 은사가 은사로서 널리 알려지기 위해서는 누군가가 그것을 들어 올려서 전해주어야 한다고 말한다.

---

32) 헨리 나우웬, 『아담, 하나님이 사랑하시는 자』, 30.

그리고 그것은 아마도 장애인들을 위한 자원봉사자의 몫이 되어야 한다고 주장한다. 그러므로 나우웬에게 있어서 봉사자가 된다는 것은 달리 말해서 장애인들이 그들의 은사를 나눌 수 있도록 도와주는 것이다.[33] 장애인의 은사 역시 다른 사람들과 더불어 나누어질 수 있는 것이고 나누어져야 하는 것이다. 왜냐하면 은사란 모름지기 누군가 한 개인 자신만을 위한 것이 아니라 공동체를 위하여 서로에게 나누어져야 하는 것이고(롬 12:3-13, 고전 12:4-31, 14:12),[34] 무엇보다 나우웬에게 있어서 인간이란 상호의존적 존재이며 인간의 삶이 상호의존적 삶이기에 은사 역시 상호의존적인 은사이기 때문이다. 기독교 공동체는 모든 멤버들이 획일화되고 균등화되는 집단이 아니라 개인에게 주어진 서로 다른 각자의 은사를 발굴하여 서로를 섬기는 도구로 삼는 사랑과 섬김의 공동체이다. 공동체에서 각자의 재능은 경쟁의 대상이 아니라 공동체의 일원으로서 서로를 분리시키는 것이 아니라 서로를 연합시키는 은사가 되는 것이다.[35]

이러한 상호의존의 은사들은 상호 돌봄을 통해 발견되고 전개된다. 나우웬은 아담과 사귀면서 아담을 통해 진정한 돌봄은 상호적인 돌봄이라는 사실을 발견하였다.[36] 나우웬은 돌보는 일의 아름다움이란 돌봄을 제공하는데 있지 않고 오히려 그로부터 은사를 함께 나누는 데 있음을 계속해서 상기시켜 주었다. 그는 아담과의 상호적인 은사를 통해 다음과 같이 배웠다.

돌보는 것이란 주는 것만큼 받는 것이며, 요구하는 것만큼 감사

33) 헨리 나우웬, 『영성에의 길』, 36-37.
34) 헨리 나우웬/윤종석 옮김, 『영성수업』(서울: 두란노, 2007), 171-180. 나우웬에 따르면, 은사의 열매는 사역이고, 사역은 본래 혼자 하는 것이 아니라 공동체로 하는 것이고, 사역의 핵심은 감사와 긍휼에 있는 것이다.
35) 헨리 나우웬 외/김성녀 옮김, 『긍휼』(서울: IVP, 2002), 130.
36) 헨리 나우웬, 『아담, 하나님이 사랑하시는 자』, 59.

를 표현하는 것이며, 자기 존재에 대한 확신을 구하는 것만큼 그
에게 주는 능력이 있음을 확인시켜 주는 것이다. 아담을 돌보는
일이란, 우리가 돌볼 때 그로 하여금 우리를 돌보도록 허락받는
것이었다. 그리고 나서야 아담과 그를 돌보는 사람은 상호관계와
풍요로움 가운데 자라나는 것이다.[37]

　　나우웬은 사역이란 무엇보다 우리가 섬기는 사람들로부터 하나님의
축복을 받는 것이라고 말한다. 그 축복은 하나님의 얼굴을 얼핏이라도 보
는 것이며, 하나님을 보는 것은 바로 천국의 전부인 것이다. 나우웬은 예
수의 얼굴에서 하나님을 볼 수 있고, 우리의 돌봄을 필요로 하는 모든 사
람에게서 예수의 얼굴을 볼 수 있다고 말한다.[38] 이것은 꼭 비장애인이 장
애인을 대하여서만도 아니고 그 역만도 아니다. 그러므로 양창삼은 비장
애인들에게 오히려 자신 안에 있는 장애를 보고 발견하라고 나우웬의 영
적인 교훈과 삶을 권면한다.[39]
　　인간이 상호의존적인 존재요 하나님 안에서 우리가 한 공동체이고
은사가 상호적인 것이고 사역이 공동의 사역이라 한다면, 장애인이나 비
장애인이나 누구든지 주님 안에서 함께할 때에 구별이나 차별 없이 서로
가 서로에게서 하나님의 얼굴을 발견하고 천국을 맛보게 되는 것이다. 은
사의 상호작용이란 상호의존 가운데 사랑의 교제로 온전한 공동체를 이
루며 공동체 안에서 함께 누리는 진정한 축복이요 사역인 것이다.

---

37) 앞의 책, 59–60.
38) 헨리 나우웬, 『여기 지금 우리와 함께 하시는 하나님』, 116.
39) 양창삼, 『헨리 나우웬의 실천하는 영성』(서울: 예찬사, 2007), 124–127.

VIII. 상처 입은 치유자: 장애신학의 이념과 사역

나우웬은 일찍이 『상처 입은 치유자』에서 이 시대에 필요한 사역자의 표상을 '상처 입은 사역자'로 내세웠다. 그것은 모든 사람이 상처 입은 존재이지만, 사역자는 하나님 안에서 자신의 상처를 돌보는 것과 함께 다른 사람들의 상처를 치유할 수 있도록 준비해야 한다는 것이다. 그러므로 상처 입은 사역자는 동시에 상처를 치유하는 사역자이다.[40] 초기에 헨리 나우웬은 사역자의 개인적 외로움과 직업적 외로움을 중요한 상처로 언급하였다. 그것은 사역자가 인간으로서의 고독을 느낄 뿐 아니라 사역자로서 자신의 직업적 영향력이 감소하고 있음을 자각하기 때문이었다. 그러나 후기에 나우웬은 인간의 모든 상처, 특히 장애인공동체에서 장애인과 함께 살면서 인간에게 있는 다중의 상처들을 발견하였다.

나우웬에 따르면 사역자는 다른 사람들이 일반적으로 하는 것보다 더 주의 깊게 상처를 싸매야한다. 자기 자신의 고통을 깊이 이해할 때 사역자는 자신의 약점을 강점으로 바꿀 수 있으며, 자신들의 고통을 잘못 이해하여 어둠속에서 길을 잃고 헤매는 사람들에게 사역자 자신의 경험을 치유의 원천으로 제공할 수 있다. 그러나 그것이 영적 노출증(spiritual exhibition)으로 오해되거나 오용되어서는 안 된다. 그렇게 노출된 상처는 오히려 악취를 풍길 뿐 치유의 능력이 없기 때문이다.[41]

나우웬은 상처가 치유 능력의 원천이 되는 비결을 환대(hospitality)에서 찾았다.[42] 나우웬이 말하는 환대에는 집중(concentration)과 공동체

---

40) 헨리 나우웬, 『상처 입은 치유자』, 110-111; 양창삼, 『헨리 나우웬의 실천하는 영성』, 175-178 참조.
41) 헨리 나우웬, 『상처 입은 치유자』, 117-118.
42) 나우웬에게 "환대란 낯선 이가 들어와 친구가 될 수 있는 자유로운 공간을 창조하는 것"을 의미한다. 이 주제와 관련하여서는 나우웬의 묵상집인 찰스 링마/홍순원 옮김, 『헨리 나우웬과 떠나는 길』(서울: 죠이선교

(community)라는 개념이 포함되어 있다. 참된 환대를 위해 필요한 전제조건인 집중은 명상과 묵상으로 이어지고, 그것들은 공동체 안에서 가능한 것이다. 기독교 공동체가 치유의 공동체가 될 수 있는 이유는 그곳에서 상처가 치료되고 아픔이 경감되어서가 아니라 상처와 아픔이 새로운 비전을 위한 출구나 기회가 되기 때문이다.[43]

> 사망과 질병과 상처…. 이 모든 것들은 우리의 행복을 방해하기 때문에 사람들은 이것들을 감추려한다. 그러나 많은 재활프로그램들은 고통을 함께 나누는 것이 치료의 시작이라는 것을 강력히 증언한다. '연약함 안에서의 교제'를 새롭게 경험할 때, 슬픔의 빛 가운데서 참 기쁨이 솟아날 수 있다. 우리는 우리 자신의 힘으로 문제를 스스로 해결하려 한다. 그러나 하나님이 우리에게 서로를 주신 것은 상호사랑의 공동체를 이루게 하기 위함이다. 그곳에서 우리는 기쁨이 다른 이들만을 위한 것이 아니라 우리 모두를 위한 것임을 발견할 수 있는 것이다.[44]

이 시대에 모든 이들, 곧 상처받은 이들을 위한 사역자는 자기 자신의 상처를 하나님 앞에서 형제자매들과 함께 사랑의 사귐 가운데 치유를 경험한 사역자이다. 거기서 하나님은 우리의 고난을 춤으로 바꾸시는 춤

회, 2004), 86–87, 142–143, 162–163, 214–215. 아울러 마이클 크리스텐슨과 레베카 레어드가 엮은 헨리 나우웬/윤종석 옮김, 『두려움에서 사랑으로』(서울: 두란노, 2011), 136–151 참조.

43) 헨리 나우웬, 『상처 입은 치유자』, 126; 나우웬의 상처에 대한 치유와 사역은 계속해서 영성신학적으로 구체화되어 갔다. 특히 그의 책 *Reaching Out: The Three Movements of the Spiritual Life*에서는 자아와 이웃과 하나님을 향한 발돋움으로 가장 체계적으로 정리되었다. 헨리 나우웬/이상미 옮김, 『영적 발돋움』(서울: 두란노, 1998).

44) 헨리 나우웬, 『여기 지금 우리와 함께 하시는 하나님』, 53–54.

추시는 하나님이 되신다.[45] 장애인사역 현장에서 보자면, 지금은 장애인으로서 하나님 앞에서 형제자매들과 함께 사랑의 사귐 가운데 치유를 경험한 사역자가 절실히 필요한 시대이다. 장애인을 억누르는 온갖 신화적이고 사회적이며 심리적인 강제와 억압에 맞서서 하나님으로부터 오는 은혜의 치유를 경험한 사람들이 일어나서 일해야 할 때이다.

치유자는 자신의 상처를 치유하는 동시에 다른 사람들의 상처를 치유해야한다. 그것은 어떻게 이루어지는가? 나우웬은 그 치유과정을 세 가지로 설명한다.

> 첫째는 사역자들이 기억을 일깨움으로써 치유하기 시작하는 것
> 이다. 그리고 둘째는 사역자들이 우리 개개인의 상처를 받아들여
> 서 그들의 상처를 하나님이 그리스도를 통해 겪으신 고난으로 구
> 속하신 온 인류의 상처와 연결시킴으로써 사람들을 치유하도록
> 하는 것이다. 그리고 끝으로 기억을 되살리는 이 일은 사역자들
> 이 무슨 말을 하고 무슨 일을 하느냐가 아니라 자신들의 삶을 예
> 수 그리스도 안에서 하나님과 얼마나 긴밀하게 결합시키고 있느
> 냐에 의해서 실현된다는 것이다.[46]

치유자는 상처를 근거로 해서 치유하는 것이며 상처를 통로로 해서 치유하는 것이다. 장애의 상처도 마찬가지이다. 여기서 정말로 중요한 것은 그 치유의 근원이 오직 그리스도라는 사실이다. 우리의 삶이 아니라 우리 안에서 사시는 그리스도의 삶이 치유의 근원인 것이다. 근본적으로 치유는 우리 안에 사시는 그리스도로부터 나오는 것이다. 오직 그리스도

---

45) 헨리 나우웬/윤종석 옮김, 『춤추시는 하나님』(서울: 두란노, 2002), 8-12.
46) 헨리 나우웬/성찬성 옮김, 『살아있는 기억매체』(서울: 바오로딸, 1991), 30.

만이 우리의 인간적 소외를 분쇄하고, 서로 간에 깨어진 연결 관계, 하나
님과의 깨어진 연결 관계를 복원시켜 주실 수 있다.[47] 상처 입은 치유자
는 자신의 상처를 통해 이 치유를 경험한 사람이고 또 다른 상처받은 이
의 치유를 돕는 사람인 것이다.

　　기독 장애인의 삶이야말로 바로 그것이다. 특히 이 시대의 장애사역
자의 존재와 사역은 나우웬이 말하는 대로 자신의 장애를 상처로 가진 당
사자로서 그리스도로부터 치유의 경험을 가지고 또 다시 다른 사람들의
장애와 상처를 품고 함께 나아가는 것이다. 이것이 바로 오늘 장애신학
의 이념이며 장애인사역의 현실이 되어야 한다.

IX. 결어

　　헨리 나우웬의 글은 흥미로운 이야기의 형식을 가지고 있다. 그의
주변의 친구나 친지들에 관한 사례를 통하여 내용이 구성되어 영적인 진
리가 진솔하게 전개 된다. 때문에 그의 글은 독자들이 쉽게 읽을 수 있으
면서도 많은 감동을 받고 깊은 생각을 하게 만든다. 그런데 그러한 글들
에서 특정 주제를 택하여 학문적으로 정리하는 작업은 그러한 생생함과
감동을 경감시키고, 사례와 상황이 고유하게 가지고 있는 배경과 관계 속
에 담긴 의미를 놓쳐버리게 된다. 이 글도 그러한 한계를 안고 있다.

　　나우웬의 사상들은 대부분 인간의 상처에 관심을 집중하며 장애인
들과의 공동체생활을 통하여 이루어진 것들이다. 그는 심리학자이면서
목회신학자로서 학자적인 시각과 함께 공동체의 사제이면서 멤버로서 사

---

47) 앞의 책, 31.

역자적인 관심 가운데에서, 그 자신도 고백하고 있듯이, 장애인 개인들과 장애인 공동체로부터 끊임없이 무엇인가를 배우고 깨달으며 그리고 거기서 얻어진 생각들을 글로 정리하였다. 그는 인간이라는 존재가 상호의존된 존재이며 의존 가운데 살아가는 존재라고 정의한다. 그리고 그러한 인간의 의존은 하나님 안에서만 참된 자유를 누릴 수 있으며 온전한 상호의존이 생겨날 수 있다고 보고 있다. 이러한 의존은 단순히 인간의 일상적인 생활에서만의 상호의존이 아니라 또한 은사를 발견하고 개발하여 공동체와 다른 사람을 섬기는 사역자로서 사역을 감당하는 데도 마찬가지이다.

이러한 상호의존이라는 나우웬의 인간존재론을 오늘 우리의 주제인 장애와 관련하여 비장애인과 장애인에게 적용할 수 있다. 나우웬의 생각을 장애인의 입장에서 본다면 장애인은 당연히 장애인이든 비장애인이든 다른 사람과의 상호의존 안에서 살아가는 존재이다. 또한 비장애인의 입장에서 본다면 비장애인 역시 홀로 살아가는 존재가 아니라 장애인과 상호의존된 존재로서 함께 사귀고 살고 치유하고 사역해야할 파트너임을 인정하게 된다. 특히 나우웬의 실례를 반추해보면, 비장애인은 결코 일방적으로 도움을 주는 자가 아니라 먼저 장애인의 도움의 허락과 배려 속에 비장애인 자신이 '도움을 줄 수 있도록 하는 도움'을 입은 존재인 것이다.

나우웬은 현대인이 받은 상처와 장애들을 어떻게 처리해야 하는지를 알려주고 있다. 그것은 상처와 친해지고 그 상처를 은혜 아래로 가져오는 것이다. 그리하여 그 상처와 장애를 기뻐하며 더불어 살아가야 한다. 이것은 기존의 장애인도 마찬가지이다. 현재 장애인이 이미 장애인이기에 이제 더 이상의 다른 상처와 장애가 없다고 말하는 완전히 잘못된 것이다. 비장애인이 언제나 장애인이 될 수 있는 예비 장애인인 것과 마찬가지로 기존의 장애인은 장애인인 동시에 비장애인으로 오늘 또 다시 또 다른 장애와 상처를 만날 수 있고, 또 만나게 되어 있는 존재이다. 나우웬의 처방은 비장애인과 함께 장애인에게도 유효하다. 나우웬이 모든 인간은 다 저마다의 상처를 갖고 있다고 말한 것처럼 모든 인간은 다 저마다의 장애를 갖고 있다.

장애인의 입장에서 본다면 장애인에게 비장애인은 선망의 대상이나 증오의 대상이 아니다. 그들은 함께 사귀며 하나님이 주신 은사를 함께 개발하고 함께 사역할 파트너인 것이다. 특히 장애인은 자기 속에 주어진 상처와 장애를 잘 치유해야할 사명이 있다. 그것은 비장애인을 기준으로 육체적이나 정신적이나 사회적 회복에 국한된 것이 아니다. 만약 그것이라면 그것은 상처 입은 목회사역자의 몫이 아니라 재활의학과 의사나 재활치료사나 상담사나 사회복지사의 몫이다. 상처와 장애와 친해지는 것, 그것을 하나님의 은혜 아래로 가져가는 것, 그래서 그 속에 담겨진 은혜를 깨닫는 것, 자기에게 주어진 은사를 발견하고 개발하여 사역하는 것, 그것이 바로 상처받은 치유자가 걸어가야 할 길이다. 그리하여 이 시대에 상처와 장애로 고통 받고 절망하고 있는 사람들을 예수 그리스도에게로 인도하며 치유하는데 도움을 주어야 한다.

끝으로 나우웬의 글 가운데에 나타난 예수의 모습으로 그의 장애신학을 정리하고자 한다. 예수는 나우웬이 말하는 상호의존의 인간 존재이며, 사랑의 마음을 가진 존재이다. 그는 인간의 자유와 구원을 위하여 스스로 고통 가운데 상처 받으신 분이다. 그러기에 그분의 상처가 우리의 상처에 치유가 될 수 있는 것이다. 하나님은 우리에게서 고통을 제거해 주심으로써가 아니라 우리와 함께 그 고통을 나누심으로써 우리를 해방시키고자 하셨다. 예수는 우리와 고통을 함께하시는 하나님이신 것이다.[48] 예수 그리스도는 상처 입으신 사역자이다. 그는 상처 입으신 치유자이다. 그는 오늘 장애인사역자의 진정한 본이다.

예수는 고난과 상처 가운데서도 진정 그 의미를 아신 분이다. 예수의 가르침과 삶은 종종 그러한 우리의 슬픔 한복판에 기쁨이 숨겨져 있음을 보여준다. 여기에는 완전히 새로운 삶의 방법이 제시된다. 그것은 고통당하고자 하는 바램에서가 아니라 고통 가운데에서 무엇인가 새로운 것이 탄생한다는 것을 앎으로써 그 고통을 포용하게 하는 방법이다.[49] 예수는 상처 입으신 치유자로 사셨으며, 오늘 우리를 이 시대에 상처 입은 치유자로 살도록 부르고 계신다.

---

48) 헨리 나우웬/윤종석 옮김, 『스무살 마크에게 띄우는 헨리 나우웬의 영성편지』(서울: 복 있는 사람, 2000), 50. 나우웬이 그의 외조카 마크에 보내는 편지 형식의 이 책에서 그는 삶과 사역과 영성과 신학의 본을 예수 그리스도에게서 찾고 있다. 예수 그리스도는 우리 존재의 중심으로서 예수 안에서 우리는 자유케 하시는 하나님, 긍휼히 여기시는 하나님, 낮아지신 하나님, 사랑하시는 하나님, 숨어계신 하나님을 만날 수 있다.
49) 헨리 나우웬, 『여기 지금 우리와 함께 하시는 하나님』, 48~49.

강민희. "장애의 정치경제학."『한국에서 장애학 하기』. 서울: 학지사, 2014.

강영우.『내 눈에는 희망만 보였다』. 서울: 두란노, 2012.

강창욱·김해용·이준우.『장애인복지선교 개론』. 서울: 서현사, 2006.

겔더, 크레이그 밴/최동규 옮김.『교회의 본질』. 서울: 기독교문서선교회, 2015.

곽미숙.『삼위일체론: 전통과 실천적 삶』. 서울: 대한기독교서회, 2009.

구더, 대릴/조범연 옮김.『교회의 선교적 사명에 대한 신선한 통찰』. 서울: 미션툴, 2005.

구마자와 요시노부. "존재의 신학으로서 장애인신학."『장애인신학의 확립을 지향하여』. 서울: NCCK, 1994.

구춘서. "남미 해방신학의 그리스도론."『그리스도론』. 서울: 대한기독교서회, 2015.

구티에레즈, 구스타포/성염 옮김.『해방신학』. 왜관: 분도출판사, 2000.

권진관.『성령, 민중의 생명』. 서울: 나눔사, 2001.

그렌츠, 스탠리/신옥수 옮김.『조직신학: 하나님의 공동체를 위한 신학』.

고양: 크리스천 다이제스트, 2003.

그렌츠, 스탠리 & 올슨, 로저/신재구 옮김. 『20세기 신학』. 서울: IVP,
1997.

김경재. "민중신학의 신학사적 의미와 그 평가." 『한국 민중신학의 조명』.
서울: 대화출판사, 1985.

김광식. 『조직신학 (I)』. 서울: 대한기독교서회, 1988.

김균진. 『예수와 하나님 나라』. 서울: 새물결플러스, 2016.

_____. 『기독교신학 2』. 서울: 새물결플러스, 2014.

_____. 『기독교신학 1』. 서울: 새물결플러스, 2014.

_____. 『자연환경에 대한 기독교신학의 이해』. 서울: 연세대학교 출판부,
2006.

_____. "희망의 하나님-희망의 종교." 『희망과 희망 사이』. 「조직신학논
총」 12 (2005).

_____. 『기독교조직신학 IV』. 서울: 연세대학교 출판부, 1993.

_____. 『생태계의 위기와 신학』. 서울: 대한기독교서회, 1991.

_____. 『기독교조직신학 III』. 서울: 연세대학교 출판부, 1986.

김기홍. 『존 웨슬리의 성화론』. 서울: 한들출판사, 2008.

김도현. 『장애학 함께 읽기』. 서울: 그린비, 2009.

김도훈. 『길 위의 하나님』. 서울: 조이웍스, 2014.

_____. 『생태신학과 생태영성』. 서울: 장로교신학대학교 출판부, 2009.

김동건. "민중신학의 기독론." 「신학과 목회」 19 (2003).

김명용. 『열린신학 바른교회론』. 서울: 장로교신학대학교 출판부, 2005.

김석환. 『교부들의 삼위일체론』. 서울: 기독교문서선교회, 2000.

김선태. 『땅을 잃고 하늘을 찾은 사람』. 서울: 생명의말씀사, 2008.

김성원. 『장애도 개성이다』. 서울: 인간과복지, 2005.

_____. "재활신학을 향한 프롤레고메나." 「한국기독교신학논총」 31 (2004).

김영한. 『기독교 세계관』. 서울: 숭실대학교출판부, 2010.

김옥순. 『디아코니아 신학』. 서울: 한들출판사, 2011.

_____. 『디아코니아학 입문』. 서울: 한들출판사, 2010.

김은수. 『현대 선교의 흐름과 주제』. 서울: 대한기독교서회, 2010.

김재진. "예수 부활의 역사적 확실성." 『목회를 위한 교의학 주제 해설』. 서울: 대한기독교서회, 2016.

김정숙. "생태여성신학에서 조명한 우주적 그리스도론." 『그리스도론』. 서울: 대한기독교서회, 2015.

김태연. 『전문인 선교전략』. 서울 : 보이스사, 2010.

김한호. 『장애인과 함께 하는 디아코니아』. 서울: 한장연, 2010.

김해영. 『청춘아, 가슴 뛰는 일을 찾아라』. 서울: 서울문화사, 2012.

김홍덕. "장애에 대한 기독교적 이해와 과제." 『장애학으로 보는 문화와 사회』. 서울: 학지사, 2015.

_____. 『장애신학』. 대전: 대장간, 2010.

나우웬, 헨리/최종훈 옮김. 『집으로 돌아가는 길』. 서울: 포이에마, 2010.

_____/윤종석 옮김. 『영성 수업』. 서울: 두란노, 2007.

_____/신선명 옮김. 『나 홀로, 주님과 함께』. 서울: 아침영성지도연구원, 2006.

_____/신현복 옮김. 『새벽의 영성』. 서울: 아침영성지도연구원, 2004.

_____/편집부 옮김. 『세상의 길 그리스도의 길』. 서울: IVP, 2003.

_____/송인설 옮김. 『영성의 씨앗』. 서울: 그루터기하우스, 2003.

_____/조현권 옮김. 『열린 손으로』. 서울: 성바오로출판사, 2003.

_____/윤종석 옮김. 『춤추시는 하나님』. 서울: 두란노, 2002.

_____/김명희 옮김. 『이는 내 사랑하는 자요』. 서울: IVP, 2002.

_____/윤종석 옮김.『친밀함』. 서울: 두란노, 2001.

_____/윤종석 옮김.『스무살 마크에게 띄우는 헨리 나우웬의 영성편지』. 서울: 복있는사람, 2000.

_____/최원준 옮김.『상처 입은 치유자』. 서울: 두란노, 1999.

_____/윤종석 옮김.『거울 너머의 세계』. 서울: 두란노, 1998.

_____/홍석현 옮김.『죽음, 가장 큰 선물』. 서울: 홍성사, 1998.

_____/김명희 옮김.『아담, 하나님이 사랑하시는 자』. 서울: IVP, 1998.

_____/이상미 옮김.『영적 발돋움』. 서울: 두란노, 1998.

_____/박동순 옮김.『영혼의 양식』. 서울: 두란노, 1997.

_____/김명희 옮김.『영성에의 길』. 서울: IVP, 1996.

_____/장미숙 옮김.『여기 지금 우리와 함께 하시는 하나님』. 서울: 은성, 1995.

나우웬, 헨리 외/김성녀 옮김.『긍휼』. 서울: IVP, 2002.

노영상.『기독교와 생태학』. 서울: 성광문화사, 2008.

노윤식. "진정한 민중 종교 현상으로서의 신적 치유."『치유와 선교』. 서울: 다산글방, 2000.

뉴만, 지니& 타다, 조니/홍원팔 옮김.『장애인, 그들도 하나님의 자녀입니다』. 서울: 알돌기획, 1994.

뉴비긴, 레슬리/최형근 옮김.『삼위일체적 선교』. 서울: 바울, 2015.

_____/홍병룡 옮김.『교회란 무엇인가?』. 서울: IVP, 2010.

대한예수교장로회총회 교육부.『평생교육 커리큘럼의 이론과 실제』. 서울: 한국장로교출판사, 2000.

대한예수교장로회총회 사회봉사부.『총회 사회선교 정책문서집』. 서울: 한국장로교출판사, 2005.

대한예수교장로회 용천노회.『총회 장애인복지선교 정책 마련을 위한 기초조사 보고서』. 서울: 대한예수교장로회 용천노회, 2007.

더글라스, 켈리/오덕호 옮김.『흑인 그리스도』. 서울: 한들출판사, 2000.

더필드, 가이&클리브, 반/임열수 옮김.『오순절 신학』. 서울: 성광문화
사, 2007.

덜레스, 에버리/김기철 옮김.『교회의 모델』. 서울: 한국기독교연구소,
2003.

도우즈, 가반/강현주 옮김.『문둥이 성자 다미안』. 서울: 바다출판사,
2001.

두란노 편집부.『장애인』. 서울: 두란노, 1991.

라누에, 드아드르/유해룡 옮김.『헨리 나우웬과 영성』. 서울: 예영커뮤니
케이션, 2003.

라이트, 크리스토퍼/한화룡 옮김.『하나님 백성의 선교』. 서울: IVP,
2012.

래드, 조지/이태훈 옮김.『예수와 하나님의 나라』. 서울: 엠마오, 2001.

레스텔, 도미니크/김성희 옮김.『동물도 지능이 있을까』. 서울: 민음in,
2006.

로드릭, 필립 엮음/윤종석 옮김.『사랑의 존재』. 서울: 청림출판, 2010.

로제, 베른하르트/구영철 옮김.『기독교 교리사』. 서울: 컨콜디아사,
1988.

로핑크, 게르하르트/정한교 옮김.『예수는 어떤 공동체를 원했나?』. 왜
관: 분도출판사, 1985.

류장현. "민중신학과 교회론."『교회론』. 서울: 대한기독교서회, 2009.

류터, 로즈메리/전현식 옮김.『가이아와 하느님: 지구 치유를 위한 생태
여성 신학』. 서울: 이화여자대학교 출판부, 2006.

_____/안상님 옮김.『성차별과 신학』. 서울: 대한기독교출판사, 1985.

류홍주.『당신에게 고백하고 싶습니다』. 서울: 나됨, 2003.

린지, 앤드류/장윤재 옮김.『동물신학의 탐구』. 대전: 대장간, 2014.

링마, 찰스/홍순원 옮김.『헨리 나우웬과 떠나는 길』. 서울: 죠이선교회, 2004.

마리아, 레나/유석인 옮김.『발로 쓴 내 인생의 악보』. 서울: 토기장이, 2003.

맥그래스, 알리스터/김홍기 · 이형기 · 임승안 · 이양호 옮김.『역사 속의 신학』. 서울: 대한기독교서회, 2011.

_____/소기천 · 이달 · 임건 · 최춘혁 옮김.『신학의 역사』. 서울: 지와사랑, 2005.

_____/전의우 옮김.『한권으로 읽는 기독교』. 서울: 생명의말씀사, 2009.

_____/정진오 · 최대열 옮김.『루터의 십자가 신학』. 서울: 컨콜디아사, 2001.

명성교회 사랑부.『소망 그리고 사랑』. 서울: 나눔사, 2013.

모피트, 밥 & 테쉬, 칼라/민요섭 옮김.『예수님이 시장이라면: 지역 사회 선교 전략』. 서울: 서로사랑, 2008.

몰트만, 위르겐/곽미숙 옮김.『세계 속에 있는 하나님』. 서울: 동연, 2009.

_____/이신건 옮김.『희망의 신학』. 서울: 대한기독교서회, 2002.

_____/김균진 옮김.『신학의 방법과 형식』. 서울: 대한기독교서회, 2001.

_____/정종훈 옮김.『하나님 나라의 지평 안에 있는 사회선교』. 서울: 대한기독교서회, 2000.

_____/이신건 옮김.『삼위일체와 하나님의 역사』. 서울: 대한기독교서회, 1998.

_____/김균진 옮김.『생명의 영』. 서울: 대한기독교서회, 1992.

_____/김균진 옮김.『창조 안에 계신 하나님』. 서울: 한국신학연구소,

1987.

_____/박봉랑 외 옮김. 『성령의 능력 안에 있는 교회』. 서울: 한국신학연
구소, 1984.

_____/김균진 옮김. 『삼위일체와 하나님의 나라』. 서울: 대한기독교출판
사, 1982.

_____/김균진 옮김. 『십자가에 달리신 하나님』. 서울: 한국신학연구소,
1979.

민영진 외. 『한국 민중신학의 조명』. 서울: 대화출판사, 1985.

밀리오리, 다니엘/신옥수 · 백충현 옮김. 『기독교 조직신학 개론』. 서울:
새물결플러스, 2012.

바르트, 칼/박순경 옮김. 『교회교의학 I/1』. 서울: 대한기독교서회, 2003.

_____/최종호 옮김. 『교회교의학 IV/2』. 서울: 대한기독교서회, 2012.

바하, 울리히/정종훈 옮김. 『하나님나라의 지평 안에 있는 사회선교』. 서
울: 대한기독교서회, 2000.

박경미. "한국인의 장애인 인식 개선을 위한 종교적, 문화적, 성서적 연
구." 「한국기독교신학논총」 18 (2000).

박만. 『현대 삼위일체론 연구』. 서울: 대한기독교서회, 2003.

_____. 『최근신학연구』. 서울: 나눔사, 2002.

박숭인. "장애인신학 이해하기." 『소수자의 신학』. 서울: 동연, 2017.

박재순. "장애인에 대한 조직신학적 접근." 『장애인 차별과 교회』. 서울:
한국기독교교회협의회, 2008.

박정세. "장애인 선교 서설." 「현대와 신학」 22 (1997).

_____. "고난의 문제." 『현대인과 기독교』. 서울: 연세대학교 출판부,
1989.

뱅손, 조나단 & 언쇼, 가브리엘/박일준 옮김. 『헨리 나우웬의 하나님 찾

기: 생명의 수레바퀴를 돌려라』. 서울: 동명사, 2011.

버캠, 리처드/김도훈 · 김정형 옮김. 『몰트만의 신학』. 서울: 크리스천헤
럴드, 2008.

_____/최대열 옮김. "위르겐 몰트만." 『현대 신학과 신학자들』. 서울: 기
독교문서선교회, 2006.

벌코프, 루이스/박문재 옮김. 『기독교 교리사』. 고양: 크리스천다이제스
트, 2008.

베르까우어, G. C/나용화 · 이승구 옮김. 『개혁주의 교회론』. 서울: 기독
교문서선교회, 2006.

보프, 레오나르도/이세형 옮김. 『삼위일체와 사회』. 서울: 대한기독교서
회, 2013.

_____/황종렬 옮김. 『해방자 예수 그리스도』. 왜관: 분도출판사, 1993.

본회퍼, 디트리히/유석성 · 이신건 옮김. 『성도의 교제』. 서울: 대한기독
교서회, 2010.

볼프, 미로슬라브/황은영 옮김. 『삼위일체와 사회』. 서울: 새물결플러스,
2012.

부이치치, 닉/최종훈 옮김. 『닉 부이치치의 허그』. 서울: 두란노, 2010.

브루너, 프레드릭/김명용 옮김. 『성령신학』. 서울: 나눔사, 1989.

비일, 그레고리/강성열 옮김. 『성전 신학: 하나님의 임재와 교회의 선교
적 사명』. 서울: 새물결플러스, 2014.

사랑의교회 사랑부. 『붙잡아주시는 사랑』. 서울: 사랑플러스, 2018.

사쏘, 달 G & 꼬지, R/이재룡 · 이동익 · 조규만 옮김. 『신학대전 요약』.
서울: 가톨릭대학교 출판부, 2001.

사예스, 호세 안토니오/윤주현 옮김. 『교회론』. 서울: 가톨릭출판사,
2012.

서남동. "현재적 그리스도." 『전환시대의 신학』. 천안: 한국신학연구소, 1976.

서창원. "흑인신학의 그리스도론." 『그리스도론』. 서울: 대한기독교서회, 2015.

_____. 『제3세계 신학』. 서울: 대한기독교서회, 1993.

세계교회협의회/최대열 옮김. "모든 사람의, 모든 사람을 위한 교회." 『장애인 차별과 교회』. 서울: 한국기독교교회협의회, 2008.

_____. "값 비싼 헌신." 『신앙과 직제와 삶과 봉사의 합류』. 서울: 한국기독교교회협의회, 2009.

_____/김동선 옮김. 『통전적 선교를 위한 신학과 실천』. 서울: 대한기독교서회, 2007.

_____/이형기 옮김. 『WCC 역대 총회 종합보고서』. 서울: 한국장로교출판사, 1993.

세지이, 프랑크/이수지 옮김. 『동물들의 사회』. 서울: 알마, 2009.

소망교회 소망부. 『하나님께 영광 그리스도 안에서 하나』. 서울: 소망교회 소망부, 2014.

손창남. 『직업과 선교: 모든 성도를 위한 부르심』. 서울: 죠이선교회, 2012.

송명희. 『공평하신 하나님』. 서울: 드림북, 2006.

순더마이어, 테오/채수일 옮김. 『선교신학의 유형과 과제』. 서울: 대한기독교서회, 2001.

쉐퍼, 게르하르트 & 슈트롬, 테오도르/홍주민 옮김. 『디아코니아와 성서』. 서울: 한들출판사, 2013.

슐라이어마허, 프리드리히/최신한 옮김. 『기독교신앙』. 서울: 한길사, 2006.

스트로벨, 리 & 미텔버그, 마크/홍병룡 옮김. 『다음 세대를 위한 관계 전
　　도법』. 서울: 포이에마.

신성주. 『타문화 선교 리더십』. 서울: 생명의양식, 2009.

아우구스티누스/성염 옮김. 『삼위일체론』. 왜관: 분도출판사, 2015.

아키이에 H. 니노미야/전광현 옮김. 『사회복지 신학』. 서울: 예영커뮤니
　　케이션, 1999.

안교성. 『장애인을 잃어버린 교회』. 서울: 홍성사, 2003.

안병무. 『갈릴래아 예수』. 천안: 한국신학연구소, 1990.

안산제일교회 사랑부. 『사랑, 장애를 넘어 영혼을 보다』. 서울: 안산제일
　　교회 사랑사역위원회, 2016.

알트, 프란츠/손성현 옮김. 『생태주의자 예수』. 서울: 나무심는사람,
　　2003.

양창삼. 『헨리 나우웬의 실천하는 영성』. 서울: 예찬사, 2007.

에르난데즈, 윌/박일준 옮김. "불완전의 영성." 『헨리 나우웬의 하나님 찾
　　기』. 서울: 동명사, 2011.

엘머, 드웨인/윤서연 옮김. 『문화의 벽을 넘어 현지인과 친구되다』. 고양:
　　예수전도단, 2009.

오로린, 마이클/마영례 옮김. 『헨리 나우웬』. 서울: 가치창조, 2005.

오메로드, 닐/정재현 옮김. 『오늘의 신학과 신학자들』. 서울: 한들출판
　　사, 2007.

오민수. "구약성경의 장애 스펙트럼과 그 이해의 범주들." 『장애인사역의
　　신학적 의의』. 서울: 세계밀알, 2018.

오트, 하인리히/김광식 옮김. 『신학해제』. 서울: 한국신학연구소, 1988.

올슨, 로저 & 홀, 크리스토퍼/이세형 옮김. 『삼위일체』. 서울: 대한기독
　　교서회, 2004.

왓킨스, 데렐/박종옥 옮김. 『기독교사회복지』. 서울: 베드로서원, 2003.

웰스, 데이비드/이승구 옮김. 『기독론』. 서울: 부흥과개혁사, 2015.

윙엘, 에버하르트/백철현 옮김. 『하나님의 존재는 되어감 속에 있다』. 서울: 그리스도교신 학연구소, 1988.

유경동. "삼위일체신학과 장애신학." 『장애 너머 계신 하나님』. 서울: 대한기독교서회, 2012.

유엔인권위원회/이익섭 옮김. 『인권과 장애』. 서울: 한국DPI, 1992.

유진열. 『21세기 현대신학』. 서울: 대한기독교서회, 2010.

유해룡. "그리스도의 고난과 장애인의 고난에 대한 영성학적 고찰." 『장애인상담과 선교를 위한 정책자료집』 8 (1997).

유해무. 『삼위일체론』. 서울: 살림, 2010.

윤철호. "신약성서의 그리스도론." 『그리스도론』. 서울: 대한기독교서회, 2015.

_____. "구원론적 관점에서 본 장애인신학." 『장애인상담과 선교를 위한 정책자료집』 4 (1997).

은준관. 『신학적 교회론』. 서울: 한들출판사, 2006.

이강학. "고통과 치유: 헨리 나우웬과 한국 개신교." 『헨리 나우웬의 하나님 찾기』. 서울: 동명사, 2011.

이계윤. "장애인신학의 정의와 이해." 『장애인신학』. 서울: 한국장로교출판사, 2015.

_____. 『장애를 통한 하나님의 역사』. 서울: 한국밀알선교단 출판부, 2002.

_____. 『장애인 선교의 이론과 실제』. 안양: 한국특수요육연구소 출판부, 1996.

이계윤 · 최대열. "총회의 장애인복지선교 현황과 장애인신학의 전망."

『장애인신학』. 서울: 한국장로교출판사, 2015.

이동영. 『송영의 삼위일체론』. 서울: 새물결플러스, 2017.

_____. "조직신학적 관점에서의 장애신학의 구성 가능성의 모색." 『성경과 장애인』. 서울: 세계밀알, 2013.

이범성. "장애인신학과 선교." 『장애인신학』. 서울: 한국장로교출판사, 2015.

이상만. 『요이코스 전도 이야기: 전도가 즐거워지는 신개념 전도법』. 서울: 생명의말씀사, 2009.

이상직. "몰트만의 교회론: 하나님의 영광과 세계의 해방을 위한 교회론." 『희망과 희망사이』. 「조직신학논총」 12 (2005).

이성분. "레오나르도 보프의 사회적 삼위일체론." 연세대학교 석사학위 논문, 2000.

이수환. 『전문인 선교론』. 파주: 한국학술정보, 2011.

이재서. 『내게 남은 1%의 가치』. 서울: 토기장이, 2008.

이재서 외. 『신학으로 이해하는 장애인』. 서울: 세계밀알, 2009.

이정서. 『기독교사회복지와 사회선교』. 파주: 교육과학사, 2009.

이준우. 『우리가 아끼고 사랑해야 할 사람들』. 서울: 여수룬, 1994.

이진형. "장애자 선교를 위한 교회의 역할." 침례신학대학교 석사학위 논문, 1993.

이채영. 『삶이 복음이다』. 서울: 예영커뮤니케이션, 2014.

이현모. 『현대선교의 이해』. 대전: 침례신학대학교 출판부, 2007.

이형기. "교회의 본질과 교회의 공적책임." 『공적신학과 공적교회』. 서울: 킹덤북스, 2010.

_____. 『하나님나라와 교회』. 서울: 한들출판사, 2005.

_____. 『알기 쉽게 간추린 몰트만 신학』. 서울: 대한기독교서회, 2001.

이후천.『현대 선교학의 이슈들』. 서울: 대한기독교서회, 2008.

일본기독교교회협의회/한국기독교교회협의회 옮김.『장애인 신학의 확립을 지향하여』. 서울: 한국기독교교회협의회, 1994.

임성빈. "장애인신학의 올바른 방향 모색."「장애인 상담과 선교를 위한 정책자료집」 5 (1997).

장윤재. "남미 해방신학과 교회론."『교회론』. 서울: 대한기독교서회, 2009.

전경연. "민중신학의 평가."『한국 민중신학의 조명』. 서울: 대화출판사, 1985.

전현식. "생태신학과 교회론."『교회론』. 서울: 대한기독교서회, 2009.

정미현. "여성신학과 교회론."『교회론』. 서울: 대한기독교서회, 2009.

정승원. "지적 장애인의 구원은 가능한가?"『하나님 나라와 장애인』. 서울: 세계밀알, 2015.

_____. "하나님 나라 주역으로서의 장애인."『성경과 장애인』. 서울: 세계밀알, 2013.

_____. "장애인을 위한 언약공동체 신학."『신학으로 이해하는 장애인』. 서울: 세계밀알, 2009.

정원범.『사회선교 · 목회 · 21세기』. 서울: 한들출판사, 2006.

정중호.『열왕기하』. 대한기독교서회 창립 100주년 기념 성서주석 11. 서울: 대한기독교서회, 1995.

정해주.『오순절 신학의 이해와 원리』. 서울: 성광문화사, 2002.

정훈택. "성경은 장애인을 어떻게 보는가."「목회와 신학」 (1996년 4월).

제이, E. G/주재용 옮김.『교회론의 변천사』. 서울: 대한기독교출판사, 2002.

조한진.『한국에서 장애학하기』. 서울: 학지사, 2013.

쬘레, 도로테/서광선 옮김. 『현대신학의 패러다임』. 서울: 한국신학연구
　　　소, 1993.

지지울라스, 존/이세형 · 정애성 옮김. 『친교로서의 존재』. 춘천: 삼원서
　　　원, 2012.

채은하. "구약성경에 나타난 장애인의 삶과 장애인신학의 시도." 『장애인
　　　신학』. 서울: 한국장로교출판사, 2015.

＿＿＿. "장애인 현실과 장애인 신학." 「구약논단」 27 (2008).

＿＿＿. "구약성서의 제 3세계인, 장애인과 그 신학의 모색." 『지구화시대
　　　제3세계의 현실과 신학』. 서울: 한들출판사, 2004.

챨턴, 제임스/전지혜 옮김. 『우리 없이 우리에 대한 것은 없다』. 서울: 울
　　　력, 2009.

춉, 레베카. "라틴 아메리카 해방신학." 『현대신학과 신학자들』. 서울: 기
　　　독교문서선교회, 2006.

＿＿＿. "페미니즘 신학과 여성신학." 『현대신학과 신학자들』. 서울:
　　　기독교문서선교회, 2006.

최대열. "다음 세대의 장애인선교." 『장애인사역의 신학적 의의』. 서울:
　　　세계밀알, 2018.

＿＿＿. 『사랑부에서 사랑을 배우다』. 서울: 오주, 2016.

＿＿＿. 『성서, 장애 그리고 신학』. 서울: 나눔사, 2015.

＿＿＿. "모든 사람을 위한 장애인신학." 『장애인신학』. 서울: 한국장로교
　　　출판사, 2015.

＿＿＿. "함께 걸어가는 장애인신학." 『하나님나라와 장애인』. 서울: 세계
　　　밀알, 2015.

＿＿＿. "교회, 장애인의 벗이 되기 위한 방법과 실천 과제." 『그리스도인,
　　　작은이들의 벗』. 서울: 한국장로교출판사, 2013.

_____. "장애신학의 역사와 전망." 『장애 너머 계신 하나님』. 서울: 대한
기독교서회, 2012.

_____. "몰트만의 장애(인)신학." 「한국기독교신학논총」 77 (2011).

_____. "장애인선교신학의 정립을 향하여." 『신학으로 이해하는 장애인』.
서울: 세계밀알, 2009.

_____. "헤겔의 정신과 자연과 인간." 『생명신학 · 생태신학』. 서울: 한들
출판사, 2004.

_____. "장애 낙인화의 전도." 「기독교사상」. 2003년 4월호.

_____. "헤겔의 삼위일체론 연구." 연세대학교 박사학위 논문, 2002.

_____. "신학적 인간학에서 본 장애(인)." 『함께 불러야할 노래』. 서울: 한
국장로교출판사, 1999.

_____. "복음의 멧신저(왕하 7:1-20)." 「장애인 상담과 선교를 위한 정책자
료집」 9 (1998).

최대열 · 이상록. 『교회와 발달장애인』. 서울: 나눔사, 2014.

최무열. 『한국교회와 사회복지』. 서울: 나눔의집, 2004.

최용준. 『세계관은 삶이다』. 서울: CUP, 2008.

최윤배. 『성경적 · 개혁적 · 복음주의적 · 에큐메니컬적 · 기독교적 조직
신학입문』. 서울: 장로교신학대학교출판부, 2013.

카스퍼, 발터/박상래 옮김. 『예수 그리스도』. 왜관: 분도출판사, 1977.

캘캐이넨, 벨리마띠/김명남 옮김. 『21세기 성령론』. 서울: 프라미스,
2005.

켈리, J. N. D/김광식 옮김. 『고대기독교교리사』. 서울: 한국크리스천문
학가협회, 2004.

코플랜드, 숀/오흥명 옮김. "흑인, 히스패닉/라티노, 아메리카 원주민 신
학." 『현대신학과 신학자들』. 서울: 기독교문서선교회, 2006.

콘, 제임스/현영학 옮김. 『흑인영가와 블루스』. 서울: 한국신학연구소,
1987.

_____/현영학 옮김. 『눌린 자의 하느님』. 서울: 이화여자대학교 출판부,
1994.

쿡, 로즈마리/전해룡 옮김. 『장애 자녀 가족 상담』. 서울: 두란노, 2002.

쿤, 토마스/김명자 옮김. 『과학혁명의 구조』. 서울: 동아출판사, 1992.

큉, 한스/정지련 옮김. 『교회』. 서울: 한들출판사, 2007.

크로스만, 멕/정옥배 옮김. 『Mission Exposure: 세계 선교에 대한 성경
적 · 역사적 · 전략적 · 문화적 · 동역적 관점』. 고양: 예수전도단, 2007.

탁지일. "시각장애인 교육의 선구자 로제타 홀." 「한국기독교신학논총」
74 (2011).

틸리히, 폴/유장환 옮김. 『조직신학 IV』. 서울: 한들출판사, 2008.

_____/송기득 옮김. 『19-20세기 프로테스탄트 사상사』. 서울: 한국신학
연구소, 1980.

판넨베르크, 볼프하르트/신준호 · 안희철 옮김. 『판넨베르크 조직신학 I』.
서울: 새물결플러스, 2017.

_____/김영선 · 정용섭 · 조현철 옮김. 『판넨베르크의 조직신학 I』. 서울:
은성, 2003.

페웰, 단나/김은규 · 김수남 옮김. "이념적 성서해석: 페미니스트 비평."
『성서비평 방법론과 그 적용』. 서울: 대한기독교서회, 2011.

포더, 베스 & 브라운, 수잔 & 쿨터, 필립/신선명 옮김. 『헨리 나우웬, 내
영혼의 친구』. 서울: 아침영성지도연구원, 2010.

포드, 데이비드/류장열 · 오홍명 · 정진오 · 최대열 옮김. 『현대신학과 신
학자들』. 서울: 기독교문서선교회, 2006.

포드, 마이클/박조앤 옮김. 『하나님을 사랑하는 자, 헨리 나우웬』. 서울:

두란노, 2003.

프로스트, 마이클 & 허쉬, 앨런/지성근 옮김. 『새로운 교회가 온다』. 서울: IVP, 2009.

필리피, 파울/지인규 옮김. 『디아코니아』. 용인: 프리칭아카데미, 2010.

한국기독교교회협의회. 『장애인 차별과 교회』. 서울: 한국기독교교회협의회, 2008.

한국문화신학회. 『소수자의 신학』. 서울: 동연, 2017.

한국조직신학회. 『목회를 위한 교의학 주제 해설』. 서울: 대한기독교서회, 2016.

_____. 『그리스도론』. 서울: 대한기독교서회, 2015.

_____. 『교회론』. 서울: 대한기독교서회, 2009.

한성기. 『하나님의 가족』. 서울: 잠언, 1997.

함택. "구약성서에 나타낸 장애해석에 관한 조망." 『신학으로 이해하는 장애인』. 서울: 세계밀알, 2009.

허타도, 래리/박규태 옮김. 『주 예수 그리스도』. 서울: 새물결플러스, 2010.

허호익. "한국 교회의 그리스도론." 『그리스도론』. 서울: 대한기독교서회, 2015.

_____. 『신앙, 성서, 교회를 위한 기독교신학』. 서울: 동연, 2009.

현재규. 『열린 친교와 삼위일체론』. 서울: 기독교문서선교회, 2017.

호켄다이크, J. C/이계준 옮김. 『흩어지는 교회』. 서울: 대한기독교서회, 2000.

호크, 스티브 호크 & 테일러, 빌 & 한철호/양명호 옮김. 『글로벌 미션 핸드북 : 타문화선교, 어떻게 준비할 것인가』. 서울 : IVP, 2014.

호튼, 마이클/이용중 옮김. 『개혁주의 조직신학』. 서울: 부흥과개혁사,

홈즈, 스티븐 · 몰나르, 폴 · 맥콜, 토머스 · 피데스, 폴 · 섹스턴, 제이슨/

2012.

홈즈, 스티븐 · 몰나르, 폴 · 맥콜, 토머스 · 피데스, 폴 · 섹스턴, 제이슨/ 임원주 옮김. 『삼위일체란 무엇인가』. 서울: 부흥과개혁사, 2016.

황돈형. "부활체: 영의 몸이란?" 『목회를 위한 교의학 주제 해설』. 서울: 대한기독교서회, 2016.

황홍렬. "장애인선교신학 정립을 위한 한 시도." 『장애인신학』. 서울: 한국장로교출판사, 2015.

Beumer, Jurjen. *Henri Nouwen: A Restless Seeking for God*. New York: Crossroad Publishing Company, 1997.

Block, Jennie. *Copious Hosting: A Theology of Access for People with Disabilities*. New York: Continuum, 2002.

Bortolleto, Feranado. "Disability and poverty." *First Latin American Consultation on Theology and Disability*. Kenya: WCC EDAN, 2011.

Brock, Brian & Swinton, John. *Disability in the Christian Tradition*. Grand Rapids: W. B. Eerdmans, 2012.

Cone, James. *A Black Theology of Liberation*. 20th Anniversary Edition. New York: Orbis Books, 2001.

Congar, Yves. *I Believe in the Holy Spirit*. vol. 3. London: Geoffrey Champman, 1983.

Cooper, B. "The Disabled God." *Theology Today* 49 (1992).

Daly, Mary. *Beyond God the Father: Toward a Philosophy of Woman's Liberation*. Boston: Beacon Press, 1973.

Eiesland, Nancy. *The Disabled God: Toward a Liberatory Theology of Disability*. Nashville: Abingdon Press, 1994.

Eiesland, Nancy & Saliers, Don ed. *Human Disability and the Service of God.* Nashville: Abingdon Press, 1998.

Fernández, Noel. "Latin American theology and disability." *First Latin American Consultation on Theology and Disability.* Kenya: WCC EDAN, 2011.

Gutierrez, Gustavo. *The Power of the Poor in History.* New York: Orbis Books, 1983.

Hegel, G. W. F. *Vorlesungen über die Philosophie der Geschichte.* Hrsg. von E. Moldenhauer und K. M. Michel. Frankfurt: Suhrkamp Verlag, 1986.

_____. *Vorlesungen über die Philosophie der Religion, II.* hrsg. von E. Moldenhauer und K. M. Michel. Frankfurt: Suhrkamp Verlag, 1986.

Hernandez, Wil. *Henri Nouwen and Soul Care: A Ministry of Integration.* New York:Paulist Press, 2008.

_____. *Henri Nouwen: A Spirituality of Imperfection.* New York: Paulist Press, 2006.

Hitching, Roger. *The Church and Deaf People.* London: Paternoster, 2003.

Hodgson, Peter C. & King, Robert H. ed. *Christian Theology: An Introduction to Its Traditions and Tasks.* Minneapolis: Fortress Press, 1994.

Hull, John. *In the Beginning There Was Darkness.* Harrisburg: Trinity Press International, 2002.

Jenson, Robert. W. *The Triune Identity: God According to the Gospel.*

Philadelphia: Fortress Press, 1982.

Johnson, Elizabeth A. *She Who Is: The Mystery of God In Feminist Theological Discourse.* New York: Crossroad, 1992.

Jonas, Robert. *Henri Nouwen.* New York: Orbis Books, 1998.

Jüngel, Eberhart. *Gott als die Geheimnis der Welt.* Tübingen: Mohr Verlag, 1977.

Lacugna, Catherine Mowry. *God for Us: The Trinity and Christian Life.* New York: Harper Collins, 1991.

Lossky, Vladmir. *The Mystical Theology of the Eastern Church.* Cambridge and London: James Clark, 1957.

McFague, Sallie. *Models of God: Theology for an Ecological, Nuclear Age.* Philadelphia: Fortress Press, 1987.

Meneses, Alexandra. "Disability and poverty." *First Latin American Consultation on Theology and Disability.* Kenya: WCC EDAN, 2011.

Meyendorff, John. *Byzantine Theology.* Oxford: A. R. Mowbray, 1975.

Moltmann, Jürgen. *A Broad Place—An Autobiography.* Minneapolis: Fortress Press, 2008.

_____. "Liberate Yourselves by Accepting One Another." *Human Disability and the Service of God.* Nashville: Abingdon Press, 1998.

Müller-Fahrenholz, Geiko. *The Kingdom and The Power—The Theology of Jürgen Moltmann.* Minneapolis: Fortress Press, 2001.

_____. *Partners in Life: The Handicapped and the Church.* Geneva: WCC Press, 1979.

Newbigin, Lesslie. "Not Whole without the Handicapped." *Partners in Life: The Handicapped and the Church.* Geneva: WCC Publications,

1979.

Nouwen, Henri. *A Letter of Consolation.* New York: Harper & Row, 1982.

_____. *Thomas Merton: Contemplative Critic.* New York: Harper & Row, 1981.

_____. *In Memoriam.* Noter Dame: Ave Maria Press, 1980.

Olson, Roser E. & Hall, Christopher A. *Trinity.* Grand Rapids: W. B. Eerdmans Publishing Company, 2002.

Oxford-Carpenter, Rebecca. "Gender and the Trinity." *Theology Today* 41(1984).

Pannenberg, Wolfhart. *Systematische Theologie III.* Göttingen: Vandenhoeck und Ruprecht, 1993.

Philippi, Paul. *Christozentrische Diakonie.* Stuttgart: Evangelisches Verlagswerk, 1975.

Rahner, Karl. *Schriften zur Theologie.* Bd. IV. Einsleden: Benziger Verlag, 1962.

Ruether, Rosemary. *Woman-Church: Theology and Practice of Feminist Liturgical Communities.* San Francisco: Harper & Row, 1985.

Schleiermacher, F. *Der christliche Glaube.* Teilband 2. Berlin: Walter de Gruyter, 1980.

Sobrino, Jon. *Jesus the Liberator: A Historical Theological View.* New York: Orbis Books, 1993.

Swinton, John. "The Importance of Being a Creature: Stanley Hauerwas on Disability." in *Disability in the Christian Tradition.* Grand Rapids: W. B. Eerdmans Publishing, 2012.

Tataryn, Myroslaw & Truchan−Tatarin, Maria. *Discovering Trinity in Disability.* NewYork: Orbis Books, 2013.

Thompson, John. *Modern Trinitarian Perspectives.* New York: Oxford University Press, 1994.

_____. "Modern Trinitarian Perspectives." *SJT* 44 (1991).

Thompson, Thomas R. *Imitatio Trinitatis: The Trinity as social model in the Theologies of Jürgen Moltmann and Leonardo Boff.* Ph. D. Dissertation. Princeton Theological Seminary, 1996.

Torrance, Thomas F. *The Trinitarian Faith.* Edinburgh: T&T Clark, 1994.

WCC. *A Church of All and For All.* Geneva: WCC Publications, 2003.

Wilmore, Gayraud S. *Black Theology: A Documentary History, 1966−1979.* NewYork: Orbis Books, 1979.

Zizioulas, John D. *Being as Communion: Studies in Personhood and the Church.* Crestwood: St. Vladmir's Seminary Press, 1985.

부록

한국의 장애신학
A Theology of Disability in Korea

한국의 장애신학*
– 장애인과 함께 하나님의 정의와 평화의 세계를 향하여

I. 신학적 주제로서의 장애

1. 장애에 대한 사회와 장애인 당사자의 이해와 태도를 보면, 그 사회가 어떤 사회인가를 알 수 있다. 또한 장애인에 대한 교회의 이해와 태도를 보면, 하나님나라를 향한 여정에서 그 교회의 현재 위치와 나아가고자 하는 방향을 알 수 있다. 장애는 개인과 사회의 주제이고, 보다 근원적으로는 교회와 신학의 주제이다.

2. 이 글은 한국에서 전개된 장애신학에 대한 정리이다. 일차적으로는 장애인사역의 현실에 대한 한국 교회의 신학적 반성이지만, 그 방법과 내용은 장애인과 함께하는 전 세계 교회의 사역에 기여할 수 있으며, 다른 신학에도 적용할 수 있다. 장애는 가장 차별받는 사람의 주제인 동

---

* 이글은 필자가 2013년 제10차 세계교회협의회(WCC) 부산 총회 사전대회(pre–assembly) 장애인분과에서 한국교회 대표로 발표한 글이다. 발표 당시에는 '장애(인)신학'으로 표기하였으나 이 책을 출판하면서 '장애신학'으로 통일시켰다.

시에 모든 사람의 주제이기 때문이다.

II. 한국 장애신학의 여정

3. 한국의 장애신학은 한국 교회의 역사적 전개에 기초하고 있다. 한국 교회는 오랜 세월 장애인에게 복음을 전하며 장애인의 보다 나은 삶을 위하여 노력해 왔다. 그 당시 장애신학은 주로 장애인 선교, 교육, 봉사, 재활을 위한 이론적 근거와 실제적 방법을 소개하는 '장애인을 위한 신학'이었다. 이 신학의 근저에는 장애인에 대한 사랑이 있으나, 자칫 장애인을 대상화하는 위험성을 가지고 있다.

4. 그 후 장애인들이 신앙을 가지고 교회의 일원이 되면서 개인적인 고난과 사회적 차별에 대하여 신학적인 답을 찾고자 하였다. 당시의 장애신학은 장애인이 장애인의 관점에서 성서와 신앙과 교회와 사회를 해석하고 변혁하고자 하는 '장애인에 의한 신학'이었다. 이 신학은 장애인을 신학의 대상이 아닌 주체로 정립하였으나, 자칫 장애인들만의 신학으로 머무를 위험성을 가지고 있다.

5. 최근 한국의 장애신학은 이전의 주객의 이분화를 넘어서 장애라는 주제를 가지고 장애인과 비장애인이 다양한 분야에서 함께 접근하여 종합적으로 해석하고 실천하고자 하는 '장애신학'에 이르고 있다. 이 세 가지 장애신학은 지금까지 한국 교회가 걸어온 역사적 세 단계인 동시에 지금도 여전히 진행되고 있는 한국 장애신학의 세 가지 유형이다.

III. 한국 장애신학의 주요 내용

6. 그동안 한국의 장애신학이 걸어온 여정에서 얻은 중요한 내용을 요약하면 다음과 같다. '하나님은 장애인을 사랑하신다.' 이것이 바로 장애신학의 출발이요, 장애인사역의 출발이다. 하나님께서 장애인만 사랑하시는 것은 아니지만, 불편과 차별과 억압 속에서 복음과 교회에 접근이 어려운 장애인들을 누구보다 앞서 가까이하시고 사랑하신다.

7. 장애는 누구나 겪을 수 있는 삶의 여러 상황 중 하나이다. 장애는 무조건 거부되고 제거되어야 할 것이 아니라 인정되고 수용되어야 할 것이다. 믿음 안에서 장애는 하나님과 더 깊이 교제하는 은혜의 통로가 되고, 이웃과 세계와 소통하며 받은 은혜를 나누는 사역의 통로가 된다.

8. 삼위일체의 세 위격은 영원한 사랑 안에서 상호내재하며 공동사역을 하신다. 하나님의 형상은 삼위일체 하나님의 사랑의 사귐 안에 있으며, 삼위일체 하나님의 사랑의 사귐은 교회와 사회의 모델이다. 장애인은 하나님의 형상을 따라 창조되었으며, 교회와 사회의 동등한 구성원이다.

9. 예수 그리스도의 성육신은 무한한 존재가 유한한 존재가 되신 하나의 장애 사건이다. 그의 삶은 장애인과 인격적으로 교제하는 삶이요, 그의 십자가는 하나님이 스스로를 제한하신 장애의 절정이다. 그의 부활은 유한한 장애를 넘어서는 소망이다. 그의 성육신과 섬김과 십자가는 교회와 성도들에게 장애인과 함께 살아가는 자세와 방법을 제공한다.

10. 예수 그리스도의 치유는 장애인의 육적인 치료뿐만 아니라 죄의 용서, 영생, 관계의 회복, 편견으로부터의 해방, 사회로의 복귀, 하나님 나라에 대한 영적 소망 등을 포함한다. 편견으로부터의 해방은 장애인을 죄인 또는 무능한 존재로 억압하고 세뇌하는 이데올로기로부터의 해방이다. 사회로의 복귀는 장애인이 신앙을 가진 주체로서 불의와 차별의 기존 사회로의 복귀가 아닌 정의와 평화의 소망을 기대하는 새로운 사회로 복귀하는 것을 뜻한다.

11. 예수 그리스도는 세상의 정의요, 평화요, 소망이다. 그는 세상의 모든 막힌 장벽을 헐고 평화를 이루신다. 장애의 담을 허는 일은 무지와 편견과 차별과 억압과 증오와 적대에 갇혀 있는 장애인과 비장애인, 그리고 기존 사회 전체를 해방하는 일이다. 성령은 모든 죄악과 절망과 버림받음과 죽음에서 우리를 건져 내시고 하나님나라를 향해 나아가도록 소망과 용기와 능력을 주신다. 예수 그리스도는 장애인과 비장애인의 희망이며, 온 세상의 희망이다.

12. 교회는 세상을 위해 현존하는 예수 그리스도의 몸이다. 교회는 사랑으로 하나가 되는 형제자매의 공동체이며, 장애를 넘어선 장애인과 비장애인의 공동체이다. 교회는 세상을 향하여 선교하고 봉사하는 공동체이다. 장애인은 섬김의 대상이 아닌 섬김의 주체가 되어 이웃과 세상을 위해 증언하고 봉사한다. 또한 장애인은 교회의 구성원으로서 하나님께서 주신 은사와 능력으로 여러 사역에 동등하게 참여한다.

13. 교회는 이 세상에 존재하는 하나님나라의 선취이다. 장애인은 교회를 통하여 세상에서 누릴 수 없는 참 평안과 위로와 소망과 환대를

맛볼 수 있다. 교회는 하나님나라의 선취로서 장애에 대한 세상의 불의와 차별에 항거하고 변혁하는 해방공동체이다.

IV. 한국 교회의 현실에 대한 신학적 반성

14. 한국의 장애신학은 한국 교회의 상황을 비판적으로 분석하며 다음과 같은 실천적 방향을 제안한다. 한국은 역사적으로 교회가 장애인복지를 선도하였지만, 오늘날에는 장애인들이 오히려 교회 안에서 차별을 경험하고 상처를 받아 교회를 꺼리는 현상이 있다. 이는 한국 교회가 이기적인 종교적 열정과 개 교회의 성장제일주의에 빠져서 사회적 문제, 특히 장애인 문제에 관심을 잃어버렸기 때문이다.

15. 장애인에 대한 편견과 차별이 교회 안에 스며들어 있다. 더욱이 장애인을 오직 죄의 결과로 보는 신앙과 장애인이 회복되지 않는 것을 그의 불신앙 탓으로 보는 신앙이 교회에서 장애인을 정죄하고 축출하였다. 따라서 한국 사회와 교회에 만연되어 있는 장애인에 대한 차별 의식과 차별 신앙을 제거해야 한다.

16. 한국의 일부 교회만이 장애인과 함께하는 사역을 감당하고 있다. 그중에 어떤 교회는 시민의식에 따라 교회의 이미지를 개선하고 교회를 성장시키고자 장애인과 함께하는 사역을 하기도 한다. 예수 그리스도의 몸으로서 교회의 장애인과 함께하는 삶은 개 교회의 선택이 아닌 모든 교회의 본질이다.

17. 한국에는 장애인을 위한, 장애인에 의한, 장애인의 교회들이 있다. 기존 교회의 장애 차별이라는 고난 위에 세워진 장애인교회는 많은 장애인에게 구원과 위로와 소망을 주었으며, 사회를 향하여 장애인의 인권과 평등을 외치며 장애 차별에 저항하고 투쟁해 왔다. 이제 장애인교회는 장애를 넘어서 비장애인과 함께하는 통합교회로, 다른 교회들과 연대하고 협력하는 보편교회로 나아가야 한다.

18. 한국 교회의 장애인 사역은 매우 다양하다. 일부 교회는 정부나 시민단체로부터 재정적인 지원을 받아 사역하기도 한다. 중요한 것은 교회가 어떤 조직과 재정과 프로그램으로 일하는가가 아니라 어떤 의식과 방법과 목적으로 일하는가 하는 것이다. 교회는 하나님나라를 향하여 성령의 능력 안에서 예수 그리스도의 섬김의 방법으로 일한다.

19. 장애인복지에 관한 사회적 관심이 커져 가고 있다. 교회는 더 낮은 곳으로 내려가 정부와 비정부 기구에서 꺼려하는 사역들이나 미처 돌보지 못한 장애인들을 겸손과 진실함으로 섬겨야 한다. 그래서 가장 열악한 상황 가운데 있는 장애인에게까지 하나님나라의 복음을 전해야 한다.

20. 지금까지 한국 교회는 세상을 향하여 장애인의 인권과 충만한 사회 참여와 온전한 평등을 촉구해 왔다. 앞으로도 세상의 불의와 차별과 죄악에 맞서 투쟁하며, 계속해서 정의와 자비와 평화를 이루는 하나님나라를 지향해 나가야 한다.

V. 장애인과 함께하는 하나님나라를 향하여

21. 장애신학은 비장애인 주도의 질서를 정당화시키는 신학이 아니며, 장애인을 위하여 또 다른 분리를 만드는 신학도 아니다. 장애신학은 장애라는 주제를 통하여 장애인과 비장애인이 함께하며 하나님께서 기뻐하시는 정의와 평화의 하나님나라를 추구하는 신학이다.

22. 신학은 해석이고, 실천이고, 송영이고, 기도이다. 하나님나라는 삼위일체 하나님의 은혜와 능력으로 이루어진다. 그러므로 우리는 세계교회협의회 제10차 총회를 시작하며 다음과 같이 기도한다. "생명의 하나님, 한국은 물론 세계 각국의 장애인과 함께 우리 모두를 정의와 평화의 세계로 인도하소서. 아멘."

A Theology of Disability in Korea*
- Collaborating with the Disabled towards a World of Godly Peace and Justice

I. Disability as a Theological Subject

1. By observing a society's perception and attitude towards the disabled, as well as the perception and attitude of the disabled themselves, we are able to determine the kind of society it is. Likewise, when we observe a church's perception and attitude towards the disabled, we can determine its current position and intended direction in its journey towards the kingdom of God. Disability is an important theme in regard to the individual and society, and more fundamentally, it is a key motif of the Church and theology.

---

* 이 발제물의 영어 번역을 위해 2013년 당시 명성교회 영어예배부 윤성혁 전도사와 사랑부 이사랑 교사가 많은 도움을 주었다. 발표 당시 장애인을 표현하였던 본문의 the disabled는 지금은 주로 PWD(Person With Disability)로 사용된다.

2. This paper is a summary of the historical development of the Korean theology of disability. Primarily it is a theological self-reflection of the Korean Church on the true state of its ministry for the disabled. The method and content of this self-reflection, however, can make significant contributions to Church ministries implemented in collaboration with the disabled throughout the world, and may also find application in other theological areas. For the subject of disability is not just the chief concern of the most marginalized segment of society, but also a universal concern that touches everyone alike.

II. The Development of the Korean Theology of Disability

3. The theology of disability in Korea is based on the historical development of the Korean Church. For a long time the Korean Church has endeavored to spread the gospel to the disabled and to improve their quality of life. During that time, the theology of disability was for the most part a "theology for the disabled" that focused on theoretical foundations and practical methods for establishing mission work, education, service, and rehabilitation targeting the disabled. This theology of disability is rooted in love for the disabled, but it also risks the danger of objectifying the disabled.

4. Subsequently, as people with disabilities grew in faith and became members of the Church, they searched for theological answers to their

personal hardships and social discrimination. During this time the theology of disability was a "theology by the disabled" that the disabled themselves developed by interpreting the scripture and the Christian faith from their own perspective, and trying to reform the Church and the society accordingly. This theology affirms the status of the disabled as the subject and not the object of its study and praxis, but it risks the danger of remaining a theology only of the disabled.

5. In recent years, the Korean theology of disability has moved past the old subject−object dichotomy as the disabled and the non−disabled have made a joint effort in various fields to arrive at comprehensive interpretations and methods of praxis that define today's "disability theology." The above−mentioned types of theology describe the three−stage historical path taken by the Korean Church, and also characterize three different forms of the theology of disability currently prevailing in Korea.

III. Key Contents of the Korean Theology of Disability

6. The central point that can be obtained from the historical development of the Korean theology of disability is this: "God loves persons with disability." This is the starting point of the theology of disability and of the ministry involving the disabled. God's love, of course, is not limited to persons with disability, but God especially loves and

cherishes the disabled who struggle to approach the gospel and the Church in the face of all the discomfort, discrimination, and oppression that they have to endure.

7. Disability is one of those situations in life that anyone can experience. So we should not indiscriminately disapprove of and try to eliminate disability; rather we should recognize and accommodate it. Faith can transform a disability into a channel of divine grace through which one can develop a deeper fellowship with God. Disability can also serve as a means for sharing God's grace and for communicating with one's neighbors and the whole world.

8. Through eternal love the three Persons of the Triune God are in circumincession and carry out their joint ministry. The image of God lies in the communion of the Triune God's love, which provides the model of the Church and of the community. Persons of disability too are created in the image of God, and are equally members of the Church and the community.

9. The incarnation of Jesus Christ was a disabling event in which an infinite being became finite. His life was one of continuous fellowship on a personal basis with disabled people, and His crucifixion was the highest point of the self-imposed disability by which God limited Himself. His resurrection is the hope that transcends the finiteness of disability. Therefore, His incarnation, His service, and His cross provide the Church and its

members with the proper method and attitude for living in communion with the disabled.

10. The healing of Jesus Christ is not only physical, but also includes forgiveness of sin, eternal life, restoration of relationships, freedom from prejudice, rehabilitation in society, and spiritual hope towards the kingdom of God. "Freedom from prejudice" here is specifically liberation from ideologies that indoctrinate us to oppress the disabled as sinners or incompetent beings. And "rehabilitation in society" refers to the disabled as active subjects possessing faith, rehabilitating themselves not in the extant society riddled with injustice and discrimination, but rather in a new society that strives toward peace, justice, and hope.

11. Jesus Christ is the peace, justice, and hope of the world. He demolishes all barriers and brings peace to the world. Demolishing the barrier of disabilities is to liberate the disabled and non−disabled, and the extant society as a whole from the prison of ignorance, prejudice, discrimination, oppression, hatred and hostility. The Holy Spirit delivers us from all sin, despair, forsakenness, and death, and also gives us hope, courage, and the power to draw closer to the kingdom of God. Jesus Christ is the hope of the disabled and the non−disabled, and the hope of the entire world.

12. The Church is the body of Christ existing for the sake of the world. The Church is a community united in the love of its brothers and sisters, and

it is a community equally of the disabled and non-disabled that transcends the barrier of disability. The Church is a community of mission and service for the world. The disabled as the performing subjects rather than the receiving objects of mission and service are capable of witnessing and caring for their neighbors and the world. In addition, as members of the Church, people with disabilities can participate equally in various ministries by utilizing their God-given gifts and abilities.

13. The Church is what takes pride of place in the kingdom of God that is present in this world. Through the Church, the disabled can taste true peace, solace, hope, and hospitality that they cannot otherwise enjoy in this world. The Church as the primary institution in the kingdom of God is a liberating community that challenges the discrimination and injustice toward the disabled in this world.

IV. Theological Self-Reflection on the Current State of the Korean Church

14. In light of the Korean theology of disability, we may present the following critical analysis of the current state of the Church in Korea, along with some practical directions for improvement. Historically the Korean Church has pioneered welfare services for the disabled, but at present there is a tendency for the disabled to avoid the Church after experiencing discrimination within it. This is because the Korean Church has lost its

concern for social issues, especially problems facing the disabled, due to its selfish religious ardor and individual churches' exclusive emphasis on church growth.

15. Prejudice and discrimination against the disabled are deeply ingrained in the Church. The disabled have been condemned and driven out from the Church because of the false conviction that disability is a result of sin and that the disabled do not recover due to their lack of faith. Accordingly, we ought to eliminate the discrimination and false understanding of the disabled that are so pervasive in the Korean Church and society.

16. Only a few churches in Korea have taken up ministry in collaboration with the disabled. Some of these churches have established ministries with the disabled in order to promote church growth and to improve their image in response to public perceptions about them. However, living in collaboration with the disabled is not a matter of choice for individual churches, but the very essence of the Church that is the body of Christ.

17. In Korea there are churches for disabled persons, and also by disabled persons. Built on their suffering inflicted by the discrimination prevailing with in the Church, these churches by and for the disabled have afforded hope, comfort and salvation to many people with disabilities. They have also advocated human rights and equality for the disabled, and

have challenged and fought againstdiscrimination toward the disabled. Now these churches for and by the disabled must rise above the barrier of disabilities, forming a unified Church in collaboration with non-disabled people. They must grow into a universal Church that works in solidarity and cooperation with other churches.

18. The Korean Church's disability-related ministries are very diverse. Some churches get financial support from the government and civil society to do their ministries. The important thing is not the organization, financing, and the agenda of these ministries, but the awareness, method, and purpose informing their work. The Church must orient itself towards the kingdom of God, and work through the power of the Holy Spirit, in accordance with the method of service modeled by Jesus Christ.

19. There is growing social concern for the welfare of the disabled. The Church must stoop lower to serve, with humility and sincerity, those among the disabled that have been shunned or overlooked by the government and NGOs. It must proclaim the good news of the kingdom of God even to the worst off among the disabled.

20. Until now the Korean Church has been demanding that society uphold the rights of the disabled, their full participation in society, and their complete equality. The Korean Church must continue in the future to fight against discrimination, injustice, and the sins of this world, and orient itself

towards the kingdom of God that is filled with peace, compassion, and justice.

V. Toward the Kingdom of God with the Disabled

21. The theology of disability is not a theology that justifies the order established by the non-disabled, nor is it a theology that aims at a separate order for the disabled. Rather, the theology of disability is a theology that employs the motif of disability to bring together the disabled and non-disabled in a collaborative pursuit of God's kingdom of peace and justice.

22. Theology consists of interpretation, praxis, doxology and prayer. The kingdom of God is established by the grace and power of the Triune God. Therefore, our prayer in opening the 10th Assembly of the World Council of Churches is as follows, "God of life, may You lead us all, working in collaboration with the disabled in Korea and throughout the globe, to Your world of peace and justice. Amen."

글 최초 발표 목록

3장 신학적 인간학에서의 장애인 『함께 부르는 노래』(한국장로교출판사, 2000)

4장 장애신학의 교회론 『성경과 장애인』(세계밀알, 2013)

8장 함께 걸어가는 장애신학 『하나님나라와 장애인』(세계밀알, 2015)

9장 몰트만(J. Moltmann)의 장애신학 「한국기독교신학논총」 77(2011)

10장 나우웬(H. Nouwen)의 장애신학 「한국조직신학논총」 35(2013)

부록 한국의 장애신학 「제10차 WCC 부산 총회 사전대회 장애인 자료집」
(2013.10)